# 别汉史语

中国新文学的语言问题

（增订本）

郜元宝 / 著

復旦大學出版社

# 目 录
CONTENTS

| | |
|---|---|
| 新版自序 | 001 |
| 旧版自序："研究语言"和"经历语言" | 001 |

## 上编 信念的纠葛

| | |
|---|---|
| 一 中国现代文学语言论争的五个阶段 | 003 |
| 二 母语的陷落 | 021 |
|    1. 不平等的"语言接触"：从特征比较到优劣判断 | 021 |
|    2. 知识分子对汉语言文学的普遍失望 | 028 |
| 三 "同一"与"差异" | |
|    ——现代汉语的现实构造与未来信念 | 039 |
|    1. 世界共同语和民族国家语言 | 039 |
|       • 人道主义/存在论：基本语言观的分野 | 041 |
|       • 同一与差异的神学根据 | 043 |
|       • 章太炎/吴稚晖：中国现代语言观破裂之始 | 046 |
|       • 康有为的语言大同理想 | 051 |
|       • 五四时期的世界语问题 | 054 |
|    2. "现代汉语"诸要素的内在紧张关系 | 057 |
| 四 "工具"与"本体" | |
|    ——现代汉语的功能与本质 | 071 |

|   |   |
|---|---|
|     1. 语言沦为工具 | 071 |
|     2. 母语对文学的支配 | 081 |
| 五 "音本位"与"字本位" | |
|     ——中国文学中的"说"与"写" | 095 |
|     1. 听汉语说话 | 095 |
|     2. 言文分离的基本判断 | 099 |
|     3. 各种解决方案 | 101 |
|     4. 德理达和郭绍虞 | 103 |
|     5. 字和音 | 107 |
|     6. 对立与和解 | 114 |

# 中编 文体的试验

|   |   |
|---|---|
| 一 "胡适之体"和"鲁迅风" | 123 |
| 二 "二周"文章 | 146 |
|     1. 概念之同 | 146 |
|     2. 内容之同 | 150 |
|     3. 诗与真的分野 | 151 |
|     4. 智与情的偏重 | 152 |
|     5. "口语本位"与文言因素 | 155 |
|     6. "腔调"与"反腔调" | 156 |
|     7. 赎罪之文"离美渐远" | 159 |
| 三 鲁迅与当代中国的语言问题 | 163 |
| 四 周作人的语言论述 | 175 |
|     1. 资格、体认与核心概念 | 175 |
|     2. 语文论述之矛盾与文章特质之关系：欧化与口语 | 177 |
|     3. 重思想轻文辞："采纳古语"的二元标准 | 183 |

## 目录

    4. 摈弃"古今骈散"的"音乐性":"腔调"问题　　189

五　1942 年的汉语　　196

    1. 1942：新的文学群落的崛起　　196

    2. "打扫"：一个既新又旧的语言传统的确立　　207

    3. 白话文：在自我反省中成熟　　215

    4. "给他们许多话"：胡风、路翎与鲁迅传统　　222

    5. 结语：中国文学语言的一次短暂的凝定　　232

六　方言、普通话及中国文学南北语言不同论

    ——从上海话说起　　234

七　"文学的国语"怎样炼成:《围城》的语言策略　　259

    1. 从张先生一家说起　　259

    2. 两套语言　　263

    3.《围城》主要人物的语言身份　　263

    4. 钱锺书的"语文狂"：强化国语/弱化方言　　268

    5. 不平等的"双语"结构：通语之"形"/方言之"影"　　271

    6. 南北方言差异在文学上的解决　　274

    7. 方言/乡土写作与超方言/都市写作：两种遗产　　276

八　"次殖民地"·"文字游戏国"　　278

九　千古一哭有素芳

    ——读《创业史》札记　　286

十　汉语的被忽略与汪曾祺的抗议　　313

十一　汪曾祺写沪语　　316

十二　声音、文字及当代汉语写作　　331

十三　李锐："自己说话"及其限度　　342

十四　孙甘露：酿造语言的烈酒　　346

十五　韩少功：超越修辞学　　349

十六　王蒙文体之一：戏弄与谋杀　　353

| | 1. 讽刺作家的虚拟化抒情 | 353 |
| | 2. 在乌托邦:语言一元化运动 | 354 |
| | 3. 指涉语言的语言游戏 | 357 |
| | 4. 迷狂语言中存在的丢失 | 358 |
| | 5. 快速说话的语言热症 | 360 |
| | 6. 反写作:卫护纯洁的虚无 | 362 |
| 十七 | 王蒙文体之二:说话的精神 | 365 |
| 十八 | 离开诗 | |
| | ——关于诗篇、诗人、传统和语言的一次讲演 | 373 |
| 十九 | 中国作家的"外语"和"母语" | 387 |
| 二十 | 指尖上的汉语 | 395 |

# 下编 余 论

| 一 | 文学是借助文字来发挥语言奥妙的艺术 | 401 |
| | 引言 | 401 |
| | 1. 现代语言学割裂语言/文字的关系 | 401 |
| | 2."新文学"的理论/实践的分野 | 403 |
| | 3. 举例:当代作家普遍缺乏语文基本功 | 406 |
| | 4. 回到现代:一些作家、批评家的文字语言的自觉,启发当下 | 409 |
| 二 | 什么是好的汉语 | 411 |
| 三 | 为什么粗糙? | |
| | ——"中国现代知识分子语言观念与现当代文学之关系"引论 | 416 |
| | 1. 流行的中国现代文学史忽略了语言文字的重要性 | 416 |

2. 应重释"文学革命"与"语言革命"之关系,并阐明
中国文学"古今之分",就语言文字而言,乃"精粗
之别" ……………………………………………… 418
四 文体学的小说批评方法 ……………………………… 426
五 道术必为天下裂,语言尚待弥缝者
——中国现代学术的语文认同 ………………………… 436

**原跋:我怎么"研究"起语言来** …………………… 466

# 新 版 自 序

本书曾经作为陈思和先生主编的"20世纪文学史理论创新探索丛书"之一，于2010年9月由山东教育出版社推出第一版，至今已逾七载。

此次重版，有所调整。增加了《中国现代文学语言论争的五个阶段》一文冠于"上编"（也是全书）之首。删去"上编"最末的《百年未完的命运之争》，以避免内容的重复。

"下编"改为"中编"，并新添《"文学的国语"怎样炼成》《素芳之哭及其他》《汪曾祺写沪语》三篇。

原属"中编"的《为什么粗糙？》《文体学的小说批评方法》移至"下编余论"。"余论"部分增加了新写的三篇：《文学是借助文字来发挥语言奥妙的艺术》《什么是好的汉语》《道术必为天下裂，语言尚待弥缝者》。

总计删一篇，添七篇，保留原来的序跋，并订正了原版几处错字。

这三十篇文章最早写于1992年，最迟写于2017年，跨越二十五个春秋。倘若用现代作家常见的感伤口气来说，就是弹指一挥，整整四分之一世纪过去了，而我在"现代汉语和中国现当代文学互动关系"题目下的"研究成果"，除开札记随笔集《时文琐谈》（北京大学出版社2014年），剩下的全在这里了，也可发一叹。

过去四五年间，围绕相关话题的国际学术研讨会先后在浙江师范大学、华东师范大学、复旦大学、北京大学召开过四次,国内外同行的新说新见更不断涌现,探索的广度和深度都不是我开始进入这个领域时能够想到的。之所以还敢拿出这些半新半旧、粗疏空洞的文章,绝非自谓可以"预流",只是觉得今后也许不会再集中精力做这方面的研究,因此裒集散落的文字公诸同好,一则歇了过去的辛苦,二则也想以此献于继续前行者,给他们鼓鼓劲。

是为序。

2017年10月8日

# 旧版自序:"研究语言"和"经历语言"

## 一

汉语在现代的转变,是近百年中国文化一个基本事实,也是全部中国现代文化按一定逻辑向前演进的平台与载体。各学科已经有许多关于现代汉语的研究,可以肯定,这种研究还会越来越丰富,但现代汉语研究的基本信念和方法论,在诸语言科学和语言哲学彼此疏隔的工作领域一直模糊不清。语言(现代汉语)是什么?我们当以何种心态回应民族语言的现代化转变?研究现代汉语的最终目标是什么?语言,包括现代汉语,可以"研究"吗?"研究"语言又意味着什么?这些看似很浅近的问题,其实都不是遽然可以回答得了的。

我最初接触语言问题是在20世纪80年代中期,那时几乎所有文科学生都非常关心西方现代哲学,我们旁听或自学西方现代哲学,这与五四以来向西方寻求真理的中国知识分子心理相通。语言既然是经历了种种"转向"的西方现代哲学的一个主要问题,关心西方现代哲学进而关心语言,也就顺理成章。那时我也已经开始留心当代文学,在这个领域,一方面受学界影响,都喜欢谈论语言,以此作为文学"向内转"或"回归自身"的捷径,另一方面当代文学创作中出现的许多新因素,至少在表面看来(后来证明表面现象往往是本质性的)又确实和语言有关。如果说五四新文学彻底转变了中国的文学语言并进而造成一种新"国语","新时期文学"则改变了50、60、70年代中国人基本的语言经验,刷新了中国文学的"语言形象"①,因此不少敏感的批评家们纷纷要求从语言的角度来认识新时期文学所提供的经验,过去那种虚应故事的所谓风格学的印象式语言描述越来越引起不满,新批评的"细读",结构主义叙事学和符号学,以及其他各种语言哲学和语言学(语用学、语义学、社会语言学、文化语言学、话语分析)纷纷成为批评家们匆忙拾起的工具,对当代中国文学进行语言的分析,一时成为批评的时髦,至今没有退去,而且在局部问题上后出转精,超越既往。

新的问题也接踵而来。首先,并非所有的语言学理论都能用来分析80年代以后的中国文学。其次,统一的语言现象在不同的语言学理论那里往往被分割成互不关联的碎片,人们很难通过新的语言分析方法建立起关于当代汉语的共同想象。另外,与"20世纪中国文学""新文学整体观"和"重写文学史"等宏大历史意识相比,在当代新时期短暂的文学实践领域谈论汉语问题,眼界也显得过于狭小。如何在更高的历史整体性思维框架内建立语言研究和当代文学、当代生活的深刻联系,如何将当代文学中的语言问题纳入整个现当代文学史的整体架构,就成为一个无法回避的问题。

## 二

在这种情况下——也是在写了几篇从语言角度研究当代文学的文章之后——我开始接触海德格尔的著作。那已经是20世纪90年代初了。

海德格尔从语言和存在的关系入手,追问语言的本质以及人对语

---

① "汉语形象"是北京师范大学王一川教授的概念,详见他的《汉语形象美学引论》(广东人民出版社1999年版)和《汉语形象与现代性情结》(台湾大路国际文化出版事业股份有限公司2001年版)。近年来,王一川更将他的汉语形象研究集中于文学史领域,目前正主持一个题为"现当代文学中的汉语形象"国家社科项目,笔者也忝列其间,承担一子课题研究任务。

言的态度,虽不能帮助我们理解现代汉语的具体问题,却有登高望远的气势,足以打破在语言问题上已经或正在造成的分裂、僵化与狭隘局面。

在展开任何意义上的语言研究之前,必须获得有关语言是什么的先行领会。在这一点上,许多"语言学家"交了白卷,或者以引述、借用的方式敷衍过去。海德格尔之前,并非没有"语言是什么"的答案,但人们过于计较这些答案的对错,却忘了追问获得这些答案的方法。海德格尔介入语言问题,首先显示了方法上的自觉。《存在与时间》(1927)第三十四节"在此与言谈,语言""闲谈",第五十六节"良知的呼声性质",第五十七节"良知之为烦的呼声",从"基础存在论"的"在世结构"的分析着手,追问语言存在的本质。后来的著作,如《形而上学导论》(1935)、《荷尔德林与诗的本质》(1936)、《论艺术作品的本源》(1936—1950)、《早期希腊思想》(1943—1954)、《论人道主义的信》(1946)、《什么召唤思?》(1951—1952)、《通向语言之路》(1959)等,则通过细致解读"诗歌中的语言"而直接谈论语言与存在的关系。海德格尔前后期论述语言的具体方式有所不同,内容基本一致,都是努力显明语言存在的奥秘,在欧洲—西方语言科学和语言哲学系统之外回答语言是什么这个根本问题,并在这过程中示范了一种反"专题化"的自由进入语言和谈论语言的朴素方式;他在语言问题上的方法论自觉,可说是一种返朴归真式的革命。

《存在与时间》第一步工作,是区分"语言"和"言谈"。语言是人说出的话与写下的字,相当于后期著作所谓"人说话"。"言谈"则是此在"在世界中存在"的"展开状态",是人的存在的"公开"(opening)和"揭示"(revealing),相当于后来讲的"语言""存在的语言""说"。他这样表述"语言"(人言)和"言谈"(存在的语言)的关系:"言谈是生存论上的语言","语言的生存论基础是言谈","把言谈道说出来即成为语言"。《存在与时间》已经拒绝了哲学人道主义对人的规定,"此在"相当于后来《论人道主义的信》所说的"人的本质的赤贫状态",即回到"存在"平面的"人"。"人"的本质须从他的具体存在方式即"在世界中存在"来领会。"世界"不是环绕人、包围人的"客观环境","在世界中存在"也并非空间意义上"一个在另一个之中";"世界"和"在……之中"都是人的存在(此在)的"展开状态"。人与"周围世界照面的在者"打交道曰"烦忙",与人打交道曰"烦神",人的存在完全交托于"烦",于是有"世界",有"在……之中"。《论人道主义的信》说:"'世',在'在世'这个规定中的意思,根本不是一个在者,也不是一个在者的范围,而是在的敞开状态。只要人是存在着的人,人就在而且就是人。这个人站在在的敞开状态中去,而在就作为此种敞开状态自己在……'世'就是在的澄明"。《艺术作品的本源》也将"世界的世界化"作为人的存在的敞开。

海德格尔正是从"在世界中存在"这个基本结构出发阐明"言谈"的本质。此在的"展开"并非此在从封闭的"主体"和"我"的"内部"走出而走进"外部世界"。形而上学的哲学人道主义讲人和世界,将二者的绝缘设为前提,之后再来探索二者的因缘。海德格尔讲"此在"与"世界",竭力避免这种主客体分裂:"世界"不是外在于人的陌生而冷漠的环境,乃是人的存在的展开。人不断将自己展开为世界,"抛投"为各种"烦",海德格尔称这种情形为此在"道出自身":"言谈"。"言谈"不是一般意义上的人说话,而是此在"道出自身"的可能性。

"言谈"不是人道主义的"人言",而是人的存在道出自己。"存在"即"言谈"。

由此,海德格尔进一步解释古希腊对人的本质的规定:"人表现为言谈的存在者。"他说,"人表现为言谈的存在者,并不意味着唯人具有发音的可能性,而是意味着人这个存在者以揭示着世界和揭示着此在本身的方式存在着。"此在本身就是存在的一种"现象",是存在说出自己的"言谈"。在西方哲学史上,上述希腊式的人的定义往往被翻译为 animal rationale("理性的动物"),这就根本没有触及人的存在的基础,海德格尔认为这一翻译"遮盖了此在定义所从出的现象的基地"。

《存在与时间》对"言谈"的解说,将存在(首先是人的存在)与语言完全重合。他虽然没有像后期著作那样明确提出"语言的存在——存在的语言",但基本思路已经逼近这个结论。《存在与时间》的"言谈"就是后期著作的"说"——"存在的语言"。"语言在本质深处并不是有机体的吐白,也非生物的发声。因此,语言绝不能从字形性质方面来适合其本质地加以深思,也许连从意义方面思考语言的本质都不算妥当。语言是存在本身既澄明着又遮蔽着的到来"[1],"慎勿将发声和表达当作人言的决定性因素"[2]。

海德格尔解说语言的本质,关键是反对从哲学形而上学对人的解释出发想到人的本质、人的逻辑、人的理性、人的发音、人的表达、人的交流。他承认有必要从语法逻辑、含义表达、发声、字形等方面考察语言,但反对用这种考察取代对语言的本质的"思",因为如果满足于这种考察,语言的全部奥秘就止于人,罄于人,而语言和人共同的存在基础就都被忘却。他反对沙特所谓"严格说来我们在一个其上只有人的平面上"的论断,认为"严格说来我们在一个其上只有在的平面上"[3]。只有在"在的平面上"才能思考"语言的本质"。

将语言问题从"人"拉回到"在"(海德格尔有时也称之为"天命""天道"),其积极意义,就是冲破哲学形而上学的人道主义对"人"和"人言"的狭隘理解,这对我们理解语言问题——比如,汉语的现代化转变以及我们应有的态度——有一种解放之功。

谈论语言就是谈论我们的生存,正如维特根斯谈所说,"想象一种语言,就是想象一种生活方式"。这就允许(要求)我们以一个业余爱好者的身份,在专业的往往也并不高明的语言学之外观察我们所置身的语言世界。

---

[1] Letter on Humanism,*Basic Writings*,p.206.
[2] *Poetry,Language,Thought*,p.209.
[3] Letter on Humanism,*Basic Writings*,pp.213—214.

## 三

中国历史上,像近代以来那样大规模地讨论语言,大概从未有过。中国知识分子一直生活在汉语世界里,以这个世界为"家",偶尔的反思也决不超出这个家,决不从中分离出来,站在这个家外面"客观地"审视它。

对中国人来说,近代以来的语言反思所采取的乃是前所未有的来自欧—西的新方式。近代以来,中国知识分子谈论语言的哲学基础始终局限于海德格尔反复批驳过的形而上学哲学的人道主义语言观。研究中国现代知识分子的语言观念,就是研究这种来自欧—西的认识语言的新方式如何逐渐被中国知识分子所接受。做这种研究,海德格尔试图跳出从古希腊直到现代的欧—西传统语言观的思考,就相当具有参考价值。

在关于语言的对话中,海德格尔曾经请教一位日本学者:"在你们的语言中,有没有一个词正好和我们西方人所说的'语言'相匹配? 如果没有,你们又是如何体验我们称之为'语言'的那回事?"①海德格尔认为,西方人给语言的命名,像 glossa、lingua、langu、language,都跳不出形而上学哲学人道主义对语言的理解,所以他甚至说,"长期以来,每当思考语言的本质时,我都很不情愿再用'语言'这个词"②。实际上,现代中国知识分子也并不情愿使用"语言"这个概念来指称他们所遭遇的语言难题,这从他们理解这个概念时彼此之间存在的无比纷乱的歧义便可以清楚地看出来。如果我们考虑到论述语言问题的中国现代知识分子所经受的实际的语言体验,我们甚至很难在他们那里找到绝对没有"错误"的统一的语言概念。

---

① *On the Way to Language*, p.23.
② *On the Way to Language*, p.47.

现代中国语言学发展的方向,是语言研究的对象从古典语言学家比如威廉·冯·洪堡特所理解的人类精神之表现的广义的语言,变为被索绪尔大幅度收缩的狭义的语言。在这过程中,现代汉语研究越来越满足于探索似乎一下子就定型了的现代汉语内部各因素及其结构与功能,至于现代汉语一刻也不能分离的现代中国人的精神与生存,特别是这种血肉联系在语言观上的投射,则一直被忽视。不知道从什么时候开始,现代中国知识分子算是普遍接受了索绪尔的"语言"概念,即他为现代语言学规定的纯而又纯的那个研究对象,但有一点可以肯定,索绪尔式的语言概念在中国的确立,乃是以遮蔽中国知识分子的语言体验为前提。一般的现代汉语研究既是非历史的,更是非存在的:一般的现代汉语研究好像一下子就抓住了没有经过现代中国人苦苦思考的现成的欧—西"语言"概念。这种架空的"语言之研究",因为和现代中国人具体的"语言之体验"无关,无论如何"科学",也是无根基的。在大量的所谓现代汉语研究中,甚至感受不到活的语言的气息。这种研究既然将作为研究对象的语言处理为死的材料,由此展开的有关语言的谈论,当然也是非语言和反语言的。那种研究死语言的所谓科学性语言,也是死的。

语言无处不在。任何关于语言的谈论也还是语言,人永远无法跳出语言来客观地审视语言。既如此,又怎能指望语言科学的客观性公正性?通常的办法是在日常语言之外另造一套超然的、主体可以控制的描述性语言,所谓"元语言"(meta-language)或"超语言"(super-language)作为工具,来探索语言世界的奥秘。但"元语言""超语言"都是根据已有的语言设计,到底无法超出作为研究对象的语言事实。语言学家为了寻找合用的"超语言"或"元语言",绞尽脑汁,另铸新词,往往脱离了语言经验,成为用过即弃的终归没用的摆设。海德格尔认为语言科学的这种狂妄企图所依据的哲学基础,就是把语言当作外在于人的客体对象的形而上学哲学。

把一事物当作客体对象,把人当作主体,就同时将该事物和人从各自存在的根基处孤立出来,使之成为无根的"存在者",结果只能获得主体对客体的"认识论上的正确性",而不能触及某一事物(比如语言)存在论上的"真理性"。认识论问题在我们和事物的关系上并非第一位的;认识无论如何正确,也不能揭示事物存在的真理。"正确认识"或许可以满足一时的实用之需,终究不够,因为我们和事物之间并不只是认识与实用的关系。海德格尔强调要在存在论上澄明人和语言的关系,不可满足于有关语言的任何形而上学的科学和哲学认识,不可仅仅把语言当作"世界内可以通达的在手边的工具",而遗忘"语言的存在"就是"存在的语言",就是人的存在本身。

现代欧—西语言学尽管派别繁多,各不相谋,但都被一个共同的信念所支持:只要将语言当作纯粹客观的对象加以细密审慎之研究,语言的"本质""规律"就可以随着科学知识的累积和科学方法的改善而逐渐为人所知,语言也因此最终可以为人所驾驭。海德格尔怀疑这种科学的语言观,他认为科学并不能触及语言存在的更深的奥秘。一块花岗岩存在着,始终藏匿其秘密。如采取科学方法把花岗岩砸碎,研究其数学、物理、化学的成分、结构、性能,这都是可能的,却永远无法把握这块花岗岩的存在,因为不管科学的研究如何深入,花岗岩的本质"很快就又退回到那沉重的重力中,退回到它的无数碎片的体积中"。同样,"色彩光亮闪耀,也只想光亮闪耀,如果我们通过测定其波长,依靠理性概念加以分析,它马上就会消逝"。相反,"只有当人们不想揭示它的秘密,认识它的本质时,它才可能真正作为其自身显现出来"[①]。古希腊人说"自然往往喜欢自己躲起来",海德格尔对这句话的解释是:事物的真实存在总是拒绝人们对它作单纯科学的探究。

海德格尔并非否定一切语言科学,他只是说,科学地认识语言是一

---

[①] *Poetry*,*Language*,*Thought*,pp.46-47.

回事,在存在论上追问语言又是另一回事。后者不是要在语言之外寻找一套阿基米德式支点式的"元语言"或"超语言"来客观而公正地描述语言对象,而是生活呼吸于由语言所命名的世界中,超越单纯的"认识活动",反省人所经受的确凿的语言体验:

"谈论语言的本质,就是要求我们迎接一种语言之体验的可能。"

进入某种"语言之体验",我们和语言就能够结成"本质而自由的关系",在这种关系中,语言的真理才得以显现,人也才可能进入了其本己的生存。不必担心语言是否会疏远我们,是否"合用",更不必担心对语言的认识是否正确。"语言之体验"远比认识和利用语言重要。

何谓"语言之体验"?

"'体验'是一种'经受'。经受对某一事物的'体验',物,人,神,意味着让这事物落到我们头上,撞击我们,支配、统治和改变我们。我们说'经受'体验,这尤其是指:此一体验并非属于我们自己纯粹主观的行为;'经受'在这里指的是经历一事物,忍受一事物,把这事物当作撞击我们并且要求我们屈服于它、顺从于它的东西,接受过来,承认它是某种自行产生、自行到来、自行出现的事物本身。

所以,经受一种语言之体验,就是要进入语言,顺从语言,并让我们本己地被语言的召唤所触动。倘若人真的能在语言中找到他生存的本己居所——不管他是否意识到——那么我们所经受的这种语言之体验,就会触动我们的生存和语言之间最内在的联系。我们说着语言的人,也就会一天天地在自己的时间(生存)中,被这样的体验所改变。"①

体验语言,关键就是要打破人与语言之间形而上学的主—客相对局面,让人和语言在共同的存在本源上结成"本质而自由的关系"。"语言之体验"就是海德格尔经常讲的"让在"(letting-being),即让存在者(人与言)如其所是地"给出"。比如,让语言说出自己,"承认它是某种

---

① *On the Way to Language*, p.57.

自行产生,自行到来,自行出现的事物本身",而这就是"存在者的真理的成为和发生"①。

海德格尔描述的这种"语言之体验",类似《庄子·达生》中所讲的人与物之间融然无碍的"适","忘足,履之适也。忘要,带之适也",真正的"适"是"忘适之适"。庄子还讲过"忘言",人和语言之间也该有"忘适之适"的关系。海德格尔要人忘记和语言之间利用与被利用的、认识与被认识的关系,先于认识和利用,在存在论基础上直接"经受"一种"语言之体验"。

"语言之体验"的目的当然不是像一般的语言科学那样积累有关语言的知识,构筑有关语言的哲学—科学体系,以便利用和主宰语言。"语言之体验"也可说是一门语言科学,但"科学"一词在这里应该取其本义,即海德格尔所谓"此在(人)的一种本己生存方式",人在此一"科学"中"被这样的体验所改变","找到他本己的居所"。

"语言之体验",也相当于海德格尔在《艺术作品的本源》中倡导的对艺术品"同样是诗意的创造"的"保护"(preserving)。"体验"语言,"保护"作品,也是"体验"和"保护"人的存在,因为在此一"体验"和"保护"中,人真正进入了"思"的境界。"思"一物,乃思此物值得一思之处(thinking-worthing),即按照此物的要求来"思","回应"其本己的"呼声",作此一呼声的"看守者""警戒者"。"思"语言,"追问"语言,"体验"语言,就是让自己学会倾听语言深处的声音,"听"而然后有所"说",但这"说"乃是语言借人之口说出自己的存在。

民族语言的翻天覆地的变化,看似几个人或一群人叫嚣鼓吹的结果,实则是语言(存在)自身在发生变化。倾听此一变化,将这一变化"当作撞击我们并且要求我们屈服、顺从于它的东西接受过来",才能恰如其分地参入变化之中,而非狂妄地充当主宰。

---

① *Poetry*, *Language*, *Thought*, p.71.

旧版自序:"研究语言"和"经历语言"

　　海德格尔一生都在追问语言,却始终对语言保持高度敬畏。他说过,"谈论语言比撰写有关沉默的文章或许更糟糕。我们并不想对语言施暴,迫使它落入事先规定好了的观念的掌握。我们不希望把语言的本质归结为一个概念,好让它充当一个普遍有效的语言观,而把所有更进一步的洞察放在一边"①。追问语言和警惕这种追问的困难,始终是海德格尔思想高度统一的两个方面。他鼓励人们勇敢地走向语言,又提醒人们不要轻易为任何关于语言的概念所俘虏。

　　海德格尔承认,这个"思",不可能提供形而上学式的"存在是什么"的终极答案,也不可能提供形而上学式的"语言是什么"的终极答案,但这样的"思"有可能引导我们走在通往语言的路上,有可能让我们学习一种谈论语言的方式:有可能使我们关于语言的谈论成为一种切实的语言之体验。无论追问存在还是追问语言——二者根本是一回事——海德格尔总那么迂回曲折、吞吞吐吐、小心翼翼、欲言又止,——其"思"的魅力正在其中。

　　"思"不是武断地囊括作为客体对象的存在和语言,"思"乃是教我们回想起我们就在某种存在和语言的体验中。所以,与其说海德格尔为我们提供了一种语言哲学,不如说他以自己虔诚的思和说,向我们展示了追问语言的某种经验。他不是研究语言,而是经历语言,也经历人们的语言的经历。

　　这对我个人最大的启发,是让我认清了原来完全没有必要妄图按照现代语言学的某种模式来描写汉语哪怕是在文学领域的任何细微变化。我所能做的,仅仅是随意观察现代中国知识分子谈论语言的语言,查勘他们那并不能完全归入"语言之研究"的"语言之体验"。这固然谈不上研究语言,甚至也并不能够如我一开始所设想的那样,通过谈论语言来开拓观念史研究的新领域,顶多只是以现当代中国知识分子和作

---

① *Poetry*,*Language*,*Thought*,pp.190-191.

家们有关语言的谈论为材料,用近乎文学的方式来描绘他们与语言问题周旋时所显示的现代中国特有的生存体验。现代中国知识分子和作家们的语言观念、语言体验、生存体验,紧密联系在一起。这个朴素的事实,使我有勇气一再走近语言,分享他们——往往也是我自己的——语言经验。

## 四

的确,要揭示在汉语的现代化转变中所发生的丰富而真实的"事件",不妨绕过"语言研究",潜入众人的"语言体验",看看被"语言研究"视为当然的"语言"概念在成立过程中引发了怎样丰富而复杂的观念纠葛,刺激了怎样丰富而复杂的语言运用即文体实践。

值得庆幸的是,大多数谈论语言的中国现代知识分子都有一种特殊身份,即都是知识驳杂、过渡性很强的"文人",而非后来清一色的"语言学家"。无论那些为后来的"语言学家"所鄙弃的毫无科学性可言的关于语言的随便猜想,还是貌似纯理论的讨论,都不曾失掉他们的不那么容易驯服的"语言体验"。或许,正因为他们都拥有现代语言理论无法化约的丰富的"语言体验",才不得不在可通约的现代语言理论层面激烈交锋。这些交锋在"成熟"的语言学家看来或许不够科学,但如果我们不是要从这些争论中为今天的语言科学萃取有用的材料,而是帮助我们自己回到被今天的语言科学所遮蔽的"语言体验",那么,这些并不科学的有关语言的谈论,和作家们的文体实践一样,岂不正是我们应该利用的材料?

这本小书因此也分为三部分,"上编"并不系统更不详备地罗列了一些围绕语言的观念之争,"中编"是关于几个作家的文体风格的杂记,"下编"是此外的一些余论,探讨从语言问题角度从事文学批评和文学史叙述的可能的路径,以及和文学语言几乎同时演进的现代中国人文学术共同体的语言变迁大势。

有别于古代和近代汉语，现代汉语翻开了汉语历史的新页；有别于语言学研究，现代中国知识分子的语言体验呈现了这一历史新页的别一面相。本书从语言体验角度探索现代汉语的发展，具有双重别异性，故曰"汉语别史"。

2005 年 6 月 11 日初稿

2017 年 3 月 3 日改定

# 上编 信念的纠葛

# 一　中国现代文学语言论争的五个阶段

## 一

五四到 20 世纪 40 年代末，围绕文学语言和一般应用文体的论争，先后经历五个阶段。

第一阶段即白话文运动时期，主题是"以白话代文言"。"白话"包括各方言区和各阶层丰富的口语，也不排斥依然活在当代人口头的一部分古白话书面语乃至成语和文言遗产，笼统称为"活人的语言"稍嫌宽泛，胡适后来将其凝练成作为"活的语言"的"国语"，白话文运动的目标就是让"全国的人渐渐都能用它（按即"国语"）说话，读书，作文"①。这是建立现代民族国家日常语言生活及其上层建筑的必要条件，也可说是五四前后提出的诸多现代化方案中最基本的一条。以后的文化建设，包括复杂多变的文学运动，均有赖于这个语言现代化方案的渐次展开。

文学对这一现代化方案有独特的反作用力。胡适提出"国语的文学——文学的国语"的口号②，意在阐明"新文学"与新"国语"的互动关系，为五四前后白话文运动奠定了比较稳固的总体理论框架。主角是

---

① 胡适《中国新文学大系·建设理论集导言》（1935）。
② 胡适《建设的文学革命论》（1918），《中国新文学大系·建设理论集》，胡适编。

"白话文",因其语言基础是"国语",周作人又称之为"国语文",基本的策略,是鲁迅、傅斯年、刘半农、周作人、胡适等在"第一个十年"反复论述、后来又不断修补的所谓"博取"各地口语、外来(主要是欧化)词汇句法以及适量文言,再"杂糅调和,适宜地或吝啬地安排起来"①。诸家论述丰富,彼此也有差异,但大致不超出胡适的框架:"国语的文学——文学的国语。"

但这个框架相当宽松开放,给后来继续探索和论争预留了极大的空间。

"白话文"的语言基础是作为"活的语言"的"国语",当时只能是以北方方言为基础的"官话",但五四以后,语言环境不断变化,新"国语"不可能总停留于旧官话的水平,这就要处理不断变化的新国语及其书写系统与各地方言、外来(欧化、日化)语以及文言的关系。但具体怎样"博取",怎样"杂糅调和,适宜地或吝啬地安排起来"?解决这些问题,不可能要求草创阶段的白话文理论一蹴而就。

比如,方言与文学的关系。鲁迅反对纯用一地方言,也反对方言土语用得太多,太生僻,主张"博取"各地方言,并不在乎别人所嘲讽的"南腔北调"②,《阿Q正传》中赵太爷骂"阿Q,你这混小子"就是北方话。赵秀才骂阿Q"王八蛋",作者特地注明这是未庄人平时很少使用的"官话"。胡适《文学改良刍议》(1917)只模糊提出"八曰不避俗字俗语",在和林纾论战中,欣然欢迎对方作为罪状之一的"引车卖浆者之流"的口语。这都可以理解为部分地接纳方言。但胡适很快进而提倡"方言文学",表彰"粤讴"代表的"粤方言文学"以及《海上花列传》代表的"吴方言文学",认为这才是新文学语言的康庄大道,甚至还设想《阿Q正传》若纯用绍兴方言,当更加成功③。这就和鲁迅对方言与文学的说法有

---

① 周作人《〈燕知草〉跋》(1928年11月22日)。
② 鲁迅《〈南腔北调集〉题记》(1933年12月31日)。
③ 胡适《吴歌甲集序》(1925)。

了根本区别。1934年有人将《阿Q正传》搬上舞台,让阿Q大讲绍兴话,鲁迅就不以为然,批评改编者是"随手胡调""眼睛也是为俗尘所蔽"①,似乎就是对九年前胡适的"胡说"的答复。至于白话文要接近口语到什么程度,鲁迅和胡适的意见也相去甚远。胡适要求绝对的"白",但往往因为并不知道真实的口语是怎样的,而强迫自己的白话书面语竭力靠近想当然的实际并不存在的白话,因此弄得不伦不类,比如不说"胡适日记",偏说"胡适的日记",以为这就是彻底的白话了。鲁迅因为清楚地认识到"在进化的链条上,一切都是中间物"②,并不追求绝对的"白",宁可满足于"文白夹杂",他的文章在力争口语化的前提下,并不排斥文言和白话书面语固有的表现法。鲁迅杂文集没有一部的书名夹有"的"字以显示彻底的口语化。至于造句、选词(练字)方面离开口语之远,就更是和胡适形成鲜明对照了。鲁迅的杂文和散文诗中甚至故意使用大量对偶句,并坦率承认这是过去在私塾长期"做对子"养成的"积习"③,就更是胡适所不敢苟同的了。先驱者意见的不一致,为日后争端埋下了伏笔。

又比如,五四白话文理论对"欧化"的程度与方式并无明白界定。何为"好的欧化",何为"恶劣的欧化",始终扯不清。"欧化"主要表现为大量使用外来语呢,还是直接模仿西方的语法,也没有明确交代。等到30年代初提出"文艺大众化",同时中国传统散文趣味浓郁而文言成分激增的"小品文"大行其道,五四初期未曾预料到的新的语言动向与"欧化"迎头相撞,于是欧化、文言和口语的比例以及各种语言要素"调和"的好坏与否,在五四一代人相互之间以及第二、第三代作家那里显出明显差异,这才引起不断的反省乃至激烈论争。在文学创作、文学翻译和文学批评中,大家对"欧化"的认识不断进步,获得不断自觉,不再停留

---

① 鲁迅《且介亭杂文·答〈戏〉周刊编者信》(1934年11月14日)。
② 鲁迅《写在〈坟〉后面》(1926年11月11日)。
③ 鲁迅《南腔北调集题记》(1933年12月31日)。

在五四初期以"学衡派"为代表的围绕《马氏文通》功过的讨论，至于章士钊对"的底吗呢"的印象式批评，更不值一提了。比如鲁迅坚持"直译"，希望借此为中国输入更精密的语法，他的译文势必趋于极端欧化，但鲁迅小说、杂文和散文诗就尽量口语化。尽管如此，必要时他也并不拒绝欧化语法，但鲁迅创作中的欧化语法不同于翻译，已经尽可能和口语、白话书面语乃至文言精心调和起来，成为"鲁迅风"的有机组成部分了。比如他的一些看似古怪却朗朗上口的长句子，以及李长之曾经拍案叫绝的杂文和《野草》中对于"然而"之类连接词的巧妙运用。

再比如，白话文的书写工具当然是汉字，但从白话文理论提出之初，汉字的地位就不很稳固。白话文倡导者们继承清末吴稚晖等人的"废汉文议"，相信汉字只是暂时工具，将来总要被拼音文字取代，甚至有"汉字不灭，中国必亡"的口号。胡适1935年写《中国新文学大系·建设理论集导言》时还说，"如果因为白话文学的奠定和古文学的权威的崩溃，音标文字在那不很辽远的将来替代了那方块的汉字做中国四万万人的教育工具和文学工具了，那才可以说是中国文学革命的更大的收获了。"可见五四以后，尽管大家都在使用唯一可用的汉字，但许多人并没有放弃以拼音文字取代汉字的理想，形形色色的"新文字"方案层出不穷。具体到作家创作，对周作人所谓"因了汉字而生的种种修辞方法"①的借鉴与否和倚轻倚重，也就会造成语言风格上日益明显的差异，从而造成白话文阵营内部的分裂。周作人对新近作家"细腻流丽"的白话就感到不足，提出"涩味与简单味"的期待②。刘半农留法归来，对新一代作家的语言和做派深致不满，禁不住"老实说了罢"③。闻一多说新诗有"欧化的狂癖"，指斥许多新诗人"要把新诗作成完全的西文

---

① 周作人《谈龙集·〈扬鞭集〉序》(1926年5月30日)。
② 周作人《〈燕知草〉跋》(1928年11月22日)。
③ 刘半农《老实说了罢》。

诗",为此他在肯定"《女神》之时代精神"之后,马上又批评《女神》过于欧化而缺乏"地方色彩"①。鲁迅后来也指出胡适的白话文像"茶淘饭",没有余味②。

新文化阵营内部对理想的"国语的文学——文学的国语"的不同表述开启了日后纷争,但新文化阵营内部这种纷争的前提是肯定白话文的总体方向,与后来历次论争中因为不满白话文的时代局限而得出完全否定的结论,有本质的区别。

## 二

第二阶段是1928年"革命文学论争"。"创造社"个别人物20年代中期就提出"民众艺术"(成仿吾)和"阶级斗争"的口号。1928年前后,成仿吾更提出"印贴利更追亚"(小资产阶级)的"意德沃罗基"(意识形态)需要再次"奥伏赫变"(扬弃),而当务之急是革命的小资产阶级作家必须获得"proletariat"(普罗大众)的"意识",浑然忘记了不久前他们还将文学创作的规律、技巧与作家个性视为神圣不可侵犯的艺术之宫的柱石("为艺术而艺术")。经此急转弯,也不可能像"文学革命"时代那样从正面继续强调文学语言的重要性③。1924年,成仿吾还要求民众

---

① 闻一多《女神之时代精神》(1923年《创造周报》第四号)、《女神之地方色彩》(1923年《创造周报》第五号)。
② 鲁迅《二心集·关于翻译的通信》(1931年12月28日)、《花边文学·玩笑只当它玩笑(上)》,1934年7月18日。
③ 成仿吾1924年的《民众艺术》认为,"民众的艺术"(民众自己拥有和创造的民间艺术)"只在浅薄的娱乐与低级的教化,它们还不知有人生的批评与美的创造。这样的东西,我们似不应假以民众艺术的称号",而"关于民众的艺术"(用民族生活做材料写进作品)虽有艺术价值,但"大多数尚是从贵族的艺术家手里弄出来的……与静物般的民众未免太不相干了……实是不能称谓民众艺术的"。只有"为民众的艺术","特点是能给大多数人以精神上的益处与美感而不失艺术上的价值",才配称为民众艺术,但这不必迁就民众的水平而放弃创造,民众须依靠教育程度的提高来学会欣赏,"艺术愈进化,便愈和民众无关,然而这是民众教育上的缺陷,不能把责任推到艺术的进化上来。""艺术家只要稍存民众意识,他的作品不怕民众不能感受……"在这种"民众艺术"理论中,艺术家自然也不必迁就民众的语言。

提高自己来迁就为民众着想的倾心创造的艺术家，到了1928年的"革命文学"论争中，革命的小资产阶级艺术家必须无条件地迁就民众，"克服自己的小资产阶级的根性，把你的背对向那被'奥伏赫变'的阶级，开步走，向那'龌龊'的农工大众！"阶级立场的大转变不仅需要在"意识形态"领域完成，还必须抵达语言层面，进到"文学革命"和"革命文学"初期都不曾梦想到的"文体永远被'奥伏赫变'的时刻"。于是"革命文学"提倡者们一面批评"文学革命"时代"有闲阶级"的"意识"和"趣味"，同时也就开始挑剔他们的语言"始终不能摆脱旧的腔调"。不仅如此，成仿吾还承认，即使"对于旧思想与旧文学的否定最为完全"的前期"创造社"本身，与"文学研究会"和《语丝》派一样，其"媒介—语体"都"与现实的语言相离那么远"。这位创造社首席批评家的结论是："我们如果还挑起革命的'印贴利更追亚'的责任起来，我们还得再把自己否定一遍（否定之否定），我们要努力获得阶级意识，我们要使我们的媒质接近农工大众的用语，我们要以农工大众为我们的对象。"①从此，"引车卖浆者之流"的语言就被带上一顶阶级论的帽子，一跃而为"农工大众的用语"。

这或许就是30年代中期陈望道等一批上海文化人提出的"大众语"的前身？按照成仿吾的逻辑推下去，"革命文学论争"势必要涉及文学语言的大众化，但事实上，后来居上的"创造社"晚期诸君子并没有突出语言问题，整体上这场讨论基本忽略了文学语言。

不是他们不想提语言问题，而是有难言之隐。1928年"革命文学论争"的健将们自己的语言依然是成仿吾在《从文学革命到革命文学》中坦率承认的前期创造社的语言面貌："A.极力求合于文法。B.极力采用成语，增造语汇。C.试用复杂的构造"（也许还应该加上"不避欧化"），甚至有过之而无不及。这样的"媒质—语体"不仅不能"接近农工大众的

---

① 以上引文，均见成仿吾《从文学革命到革命文学》（1927年11月16日写，原载1928年2月《创造月刊》一卷九期）。

用语",也"与现实的语言相离那么远",甚至还比不上他们所反对、所鄙视的《新青年》、"文学研究会"和《语丝》派的清白爽利、自然多样、文从字顺、温文尔雅。创造社晚期诸君子嵌满西文和尚未取得大家认可的生造的外来语(理论术语)的文章,属于五六年前闻一多批评的"欧化的狂癖",经常遭到论敌鲁迅的揶揄,他们当然不愿以己之短来攻人之长了。

语言的"奥伏赫变"本来是"革命文学"题中应有之义,但恰恰在这方面他们有难言之隐,只好轻轻滑过去了。

我把"革命文学论争"算作现代文学语言论争第二阶段,是想强调这场论争对文学语言的忽视本身也是一种语言思想和语言态度。文学革命的主要内容就是语言变革,从"文学革命"转到"革命文学",竟然略过了自己也已经意识到了的语言问题,这本身就包含一种对语言的认识,说明"创造社"晚期诸君子虽然认为五四语言变革远没有完成,但比起"意识"的"奥伏赫变",语言的"奥伏赫变"并不重要。其次,恰恰是这场整体上忽略语言的文学论争彻底结束了现代文学的五四时期,开启了一个新阶段,此后语言问题又被频频提起,但观念上已经和五四不同,许多地方恰恰是反五四的,其基本内容就蕴涵在以成仿吾为代表的创造社批评家初步表述的语言观念中,核心目标就是要把五四多元语言框架和语言方案压缩为以"普罗大众"为唯一服务对象的一元化语言道路。"革命文学"论者因为自身的难言之隐而语焉不详,但总体的理论构想已合乎逻辑地包含了这一终极指向。有鉴于此,我认为"革命文学论争"是现代文学语言观念演进的重要一环,尽管其特点是在具体语言问题上留下大段空白,但这个空白必然会被继起的论争合乎逻辑地弥补,最终从根本上改变"文学革命"时期提出的那套平实宽广的语言现代化方案。

## 三

第三阶段,是由刚从中共领导岗位退下来而潜伏上海、关心指导正在兴起的左翼文学运动的瞿秋白对"大众文艺"的理论探索。这个阶段从内容和组织上延续了第二阶段,但作为一种"补课",突出了第二阶段不曾深度触及的具体的语言形式问题。郭沫若说,"我所希望的新的大众文艺,就是无产阶级文艺的通俗化!"郭是1928年"革命文学论争"主导者之一,他所谓"通俗化"包括语言形式的通俗易懂,所以是率先为"革命文学"忽略语言文字的缺陷"补课"。1931年11月左联执委会决议说,"作家必须竭力排除知识分子式的句法,而去研究工农大众言语的表现法。"与"工农大众言语"相比,五四以来通行的白话文就显得落伍甚至反动了,瞿秋白称之为不古不今半文半白非驴非马的"骡子话""骡子文学"。针对五四期间界线模糊的新"国语",瞿秋白认为到了30年代已经出现了"各省人用来互相谈话演讲说书的普通话",这"才是真正的现代的中国话"。具体地说,"新兴阶级在五方杂处的大都市里面,在现代化的工厂里面,他的言语事实上已经在产生一种中国的普通话(不是官僚的所谓国语),容纳许多地方的土语,消磨各地土话的偏僻性质,并且接受外国的字眼,创造着现代的政治技术科学艺术等等的新的术语"①。瞿秋白认为五四时期胡适等人提出的"国语"这个名称"本来是不通的",他说"国语"有三层意思,一是相对于外国语而言的"本国(本民族)的言语",一是由统治阶级指定的强迫少数民族共同使用的语言("国定的言语"),一是相对于方言的"全国的普通话",他认为自己所说的"现代的中国话""中国的普通话"乃是第三种意义上的"国语",并强调这个意义上的"国语"当时业已进化到更加为大众所熟悉的程度,至于胡适之所谓的白话,他认为"已经被五四式的新士大夫和章回体的市侩文丐垄断去了",所以五四时代开始建设的"国语"属于"官僚的所谓国语"②。诚如有学者指出的,瞿秋白的上述主张,"是从使用者的身

---

① 参见瞿秋白《学阀万岁!》(1931年6月10日)、《鬼门关以外的战争》(1931年5月30日)、《大众文艺的问题》(1931年10月25日)、《普洛大众文艺的现实问题》(1932年3月5日)等文。
② 见瞿秋白《学阀万岁》的一条自注,《瞿秋白文集》(二),人民文学出版社1953年版,页699。

份或语言作品的思想内容方面论断语言形式的,因而模糊了语言文字的全民性。这既抹煞了已行白话的普遍价值,也不利于传统语言成分的吸收和利用,而有碍于普通话的丰富和发展"①。人为切割语言共同体,给被切割为彼此孤立的未必真实存在的语言现象贴上阶级论的标签,这种研究语言的方式从"革命文学论争"中一露端倪,瞿秋白推波助澜,深刻影响了此后两个阶段的语言论争。

瞿秋白所谓"现代的中国话""中国的普通话",或者见于中共领导人通俗化著作(如瞿秋白自己的《东洋人出兵》以及早先为瞿所激赏的毛泽东《湖南农民运动考察报告》),但很难想象"在现代化的工厂里面"(比如上海产业阶级集中的地方)已有这种语言。郁达夫《春风沉醉的晚上》(1923年)那个女工陈二妹就是一例,她只能操"柔和的苏州音",逼得第一人称叙述者"只能把她的言语译成普通的白话"。郁达夫1932年创作的《她是一个弱女子》后半部分写冯世芬进入沪西和沪东的工厂,参加1927年上海工人迎接北伐军的大罢工和攻击孙传芳残部的武装暴动,以及1932年中日上海军事冲突过后冯世芬为过去的同学郑秀岳收尸,也仍然没有看到"中国的普通话"。相反,在瞿秋白亲自介入下完成的《子夜》里面那些只会说作家赋予的政治口号的工人语言何其虚假苍白,而稍后更加了解上海产业工人的夏衍的《包身工》(1935)恰恰透露了上海杨树浦纱厂内部华洋杂糅、方言和国语并存的真实的语言环境!《包身工》里面的语言和瞿秋白描绘的"中国的普通话"相差甚远。对此茅盾倒是有清醒认识,"在目前,我以为到底不能不用通行的'白话'——宋阳(瞿秋白)先生所谓'新文言'。现在通行的'白话',尚不至于像宋阳所说的那样罪孽深重无可救药,而且也不是完全读不出来听不懂"。与此同时,茅盾还对上海"钢铁工人,印刷工人,纺织工

---

① 高天如《中国现代语言计划的理论和实践》,复旦大学出版社1993年10月第1版,页125。

人,和码头工人"做了番实地调查,发现"五方杂处的大都市如上海的新兴阶级普通话还是一种上海白做骨子的'南方话'","即使在一地的新兴阶级有其'普通话',而在全国却没有。宋阳先生所描写得活龙活现的'真正的现代中国话'何尝真正存在。新兴阶级中并无全国范围的'中国话'"①。《子夜》的工人语言虚假苍白,源于茅盾的创作理念,另一方面也是因为茅盾忠实于他所了解的上海产业工人的语言实际。他遵循着五四以来绝大多数新文学作家的语言策略,一律将人物的庞杂生僻的方言"译成"通行的为白话书面语,由此创造"国语的文学—文学的国语",而不是把瞿秋白构拟出来的所谓"真正的现代中国话"硬塞给产业工人。

瞿秋白还规劝"最亲密的同志"鲁迅放弃"用文言做本位"的"直译"欧化文,转而追求"中国人口头上可以讲得出来的白话"。但瞿秋白在鲁迅那里碰了软钉子。正如在回顾"革命文学论争"的时候鲁迅承认自己在思想内容上只能写"反叛的小资产阶级的反抗的,或暴露的作品"②,针对瞿秋白在语言形式上的过激要求,鲁迅也坚持认为他还不能创作或翻译"什么人全懂得的书",他的读者必须是"有略能识字的";针对他们,只有那"特别的白话""四不像的白话"才是现实的③。鲁迅在这点上和茅盾的上述见解基本一致,他甚至提醒人们,文艺大众化的前提是作为大众的读者必须有"相当的程度……否则,和文艺即不能发生关系,若文艺设法俯就,就很容易流为迎合大众,媚悦大众。迎合和媚悦,是不会于大众有益的"。他希望有更多一些"为大众设想的作家,竭力来作浅显易解的作品,使大家能懂,爱看,以挤掉一些陈腐的劳什子。但那文字的程度,恐怕也只能到唱本那样"。因此,当时所能做到的大众化,还只是"使大众能鉴赏文艺的时代的准备","倘若此刻就要

---

① 止敬(茅盾)《问题中的大众文艺》,《文学月报》一卷二号。
② 鲁迅《二心集·上海文艺之一瞥》(1931年)。
③ 这一节瞿秋白和鲁迅的话,均见《二心集·关于翻译的通信》(1931年)。

全部大众化,只是空谈……若是大规模的设施,就必须政治之力的帮助,一条腿是走不成路的。许多动听的话,不过文人的聊以自慰罢了"①。这里的部分思想,颇接近成仿吾1924年《民众文艺》一文的观点,即在为大众着想时,更强调必须坚持作家自己的立场。成仿吾说,"不必迁就民众的水平而放弃创造,民众须依靠教育程度的提高来学会欣赏",1930年的鲁迅的话说得可比1924年的成仿吾重多了,他警告文艺家不能因为想赢取"大众文艺"的好听的名号而"迎合大众,媚悦大众"。"迎合和媚悦",比成仿吾所谓"迁就"要严重得多,这主要也是因为作家鲁迅根据自己的实际经验,比批评家成仿吾更敏感地察觉到"文艺大众化"理论的负面因素可能给文艺带来的不良后果。

## 四

第四阶段,"大众语讨论"。1934年夏汪懋祖(曾任江苏省督学、全国教育学会专家会员、国立东南大学教育系主任)等倡议"复兴文言",激起以陈望道为首的沪上一批进步文人与其针锋相对,后者趁机发起"大众语讨论",一则回击"复兴文言"的声浪,同时继续"文艺大众化"未竟之业,将"文艺大众化"讨论中提出的语言诉求再往前推进一步。这场讨论虽然只持续两三个月,却承先启后,影响深远。

鲁迅在1934年8月2日《答曹聚仁先生信》中劈头就说:"关于大众语的问题,提出得真是长久了……"讨论不到两个月,怎么说"提出的真是长久了"呢?鲁迅未作解释。从他介入80年前那场讨论的方式看,当时提出的一系列问题显然令他想起五四以来近三十年同类问题引发的诸多讨论,鲁迅是把大众语讨论当做五四以来有关中国文学语言和一般应用文体从未间断的连续讨论的一个环节来把握的。

当时讨论很热闹,这里仅对照上面三个阶段,看看"大众语讨论"在

---

① 《集外集拾遗·文艺的大众化》(1930)。

打击"复兴文言"和要求白话文更倾向大众的显然的积极意义之外,是否存在一些不易察觉的认识的误区。

首先,针对白话文,当时虽然也有人说了一些公道话,比如《申报·读书问答》栏有言,"在五四时代,大众语运动是包含在白话文运动之中的。我们反对白话并不容否认白话在整个语文运动中所成就的那一部分:它宣布了'文言'的死刑,指出了今后'语文一致'的必然性";胡风(笔名高荒)就认为,"白话文的基本词汇、语法,也是劳苦大众口语的基础的部分;在内容上,白话文现在创造了不少进步的作品,是理论翻译文的唯一工具"①。但主流意见是将白话文置于他们所提倡的"大众语"对立面,不承认"大众语"乃是"白话文"自身进一步提高和改善的方向之一,而想抛开白话文另起炉灶。这一点,无疑延续了"革命文学论争"和"文艺大众化"两个阶段的阶级论思想对语言现象的生硬处理。同时,五四"白话文"运动初期对方言的崇拜,对拼音文字的幻想,在"大众语讨论"中重新奏响。表面上,这似乎仅仅继承了第二、第三阶段对五四白话文的语言形式的否定,但否定了五四白话文在语言形式上的划时代意义,也就否定了五四白话文学的巨大成就,因为白话文学和白话文密不可分。否定白话文学的巨大成就,企图后来居上,"彼可取而代之",乃是"革命文学论争"和"文学大众化"发起者们的共同心态,尽管在否定的力度和程度上有所不同。"大众语讨论"继承了第二、第三阶段对五四新文学的形式和内容的双重否定。这并非"大众语讨论"主导者的初衷,而是他们的论述逻辑在客观上必然推出的结果。

对此鲁迅有清醒意识。出于政治和战略考虑,他公开介入和支持大众语讨论,甚至承认"在交通繁盛,言语混杂的地方,又有一种语文,是比较普遍的东西,它已经采用着新字汇,我想,这就是'大众语'的雏

---

① 高荒《由反对文言文到建设大众语》,原载《中华日报》1934 年 7 月 15 日副刊《星期专论》,此处引自《胡风全集》第二卷,湖北人民出版社 1999 年 1 月第 1 版,页 62。

形"(注意只是"'大众语'的雏形"而已)。他也希望作家们为大众着想,"竭力将白话做得浅豁"。但与此同时,鲁迅接连提出了和当时多数人针锋相对的意见:"原有方言一定不够,就只好采用白话,欧字,甚而至于语法。""但精密的所谓'欧化'语文,仍应支持,因为讲话倘要精密,中国原有的语法是不够的",又因为大众往往除了"妈妈的"之外,实在"说不出别样的话来",所以"先驱者的任务,是在给他们许多话,可以发表更明确的意思,同时也可以明白更精确的意义",但这只能仰仗白话,而非那些"姑且算是向大众语去的作品"。"要不然,我们就会自己缴了自己的械"①。在这意义上,胡适追问"大众语在哪儿",跟鲁迅的意见可以相通。至于"普及拉丁化",鲁迅认为"要在大众自掌教育的时候",也就是必须在大众取得政权之后,不能单靠一班亭子间文人的吆喝。

鲁迅支持"大众语",是从中国文学语言和中国大众欣赏能力一同提高的宏观视野立论的,同时又站在五四以来白话文和白话文学的立场来考虑理想状态的"大众语"和经过几十年努力已经取得相当成就实际上也已通行适用的现代白话书面语的关系,这种态度和方法,和那些对将近二十年白话文和白话文学历史实践相对隔膜、在和"复兴文言"声浪对垒时过于强调策略和权宜之计、因袭了"革命文学""文艺大众化"两个阶段的理论偏颇而未加充分反思的"大众语"提倡者们之间,必然有很大距离。在《答曹聚仁先生信》发表之后不久,鲁迅又于1934年8月底和9月初在《申报·自由谈》连载了《文外文谈》,进一步纠正"大众语讨论"的理论偏颇,主要针对大众语提倡者们否定和轻视现代白话书面语的错误态度,同时也深刻剖析了他们对于知识阶级与大众的关系的错误理解:

"这一回,大众语文一提出,就有些猛将趁势出现了,来路是并

---

① 鲁迅《答曹聚仁先生信》。

不一样的,可是都向白话,翻译,欧化语法,新字眼进攻。他们打着'大众'的旗,说这些东西,都为大众所不懂,所以要不得。其中有的是原是文言余孽,借此来打击当面的白话和翻译的……有的是本是懒惰分子,未尝用功,要大众语未成,白话先倒——其实还是文言文的朋友——现在要说的只是那些好意的,然而错误的人,因为他们不是看轻了大众,就是看轻了自己,仍旧犯着古之读书人的老毛病。

"读书人常常看轻别人,以为较新,较难的字句,自己能懂,大众却不能懂,所以为大众计,是必须彻底扫荡的,说话作文,越俗,就越好。这意见发展开去,他就要不自觉的成为新国粹派。或者希图大众语在大众中推行得快,主张什么都要配大众的胃口,甚至于说要'迎合大众',故意多骂几句,以博大众的欢心。这当然自有他的苦心孤诣,但这样下去,可要成为大众的新帮闲的。

"说起大众来,界限宽泛得很,其中包括着各式各样的人,但即使'目不识丁'的文盲,由我看来,其实也不如读书人所推想的那么愚蠢——所以,新国粹派的主张,虽然好像为大众着想,实际上倒尽了拖住的任务——'迎合大众'的新帮闲,是绝对的要得不得的。

"由历史所指示,凡有改革,最初,总是觉悟的智识者的任务。但这些智识者,却必须有研究,能思索,有决断,而且有毅力……他利导,却并非迎合。他不看轻自己,以为是大家的戏子,也不看轻别人,当作自己的喽啰。他只是大众中的一个人,我想,这才可以做大众的事业。"

长期以来,鲁迅这些意见实在被过于忽视了,以为支持大众语的鲁迅和在上海亭子间提倡大众语的那些文化人都是一个想法。另外,鲁迅这些话不仅针对大众语讨论中的"错误"有效,再往上溯,也同样适用于他对"革命文学""文艺大众化"理论偏颇的针砭,甚至提前预知了第五阶段真的"新国粹派""'迎合大众'的新帮闲"的登场。

## 五

第五阶段,40年代初期"民族形式"和毛泽东《在延安文艺座谈会上的讲话》发表前后。在"民族形式讨论"中,一方面是胡风坚持的中国新文学是"世界进步文学在中国新拓的支流"的说法,一方面则希望从"民间形式""民族形式"中直接产生"中国作风和中国气派"。到了《讲话》,则是继"革命文学论争"、左联执委会决议、"文艺大众化"和"大众语"之后,从政策和原则的高度提出学习工农兵和人民群众的语言:

> "许多文艺工作者由于自己脱离群众,生活空虚,当然也就不熟悉人民的语言,因此他们的作品不但显得语言无味,而且里面常常夹杂着一些生造出来的和人民的语言相对立的不三不四的词句。同志们爱说'大众化',但是什么叫做大众化呢?就是我们的文艺工作者的思想感情和工农兵大众的思想感情打成一片。而要打成一片,就应当认真学习群众的语言。如果连群众的语言都有许多不懂,还讲什么文艺创造呢?"

为了响应这个高度政策性和原则性的号召,周扬甚至提出在小说的人物对话之外,还要对知识分子的叙述描写的语言进行一番"打扫":

> "他(按指赵树理)在做叙述描写时也同样用的群众的语言,这一点我以为特别重要。写人物的对话应该用口语,应当忠实于人物的身份,这现在是在没有谁作另外的主张的了;唯独关于叙述的描写,即如何写景写人等等,却好像是作者自由驰骋的世界,他可以写月亮,写灵魂;用所谓美丽的辞藻,深刻的句子;全不管这些与他所描写的人物与事件,是否相称以及有无必要。要创造工农兵

文艺,这片世界有打扫一番的必要①。

周扬所谓"打扫",正是鲁迅《门外文谈》所说的"扫荡":"读书人常常看轻别人,以为较新,较难的字句,自己能懂,大众却不能懂,所以为大众计,是必须彻底扫荡的,说话作文,越俗,就越好。这意见发展开去,他就要不自觉的成为新国粹派。"厥后文章,乃果辗转不逾此界,都成了"新国粹派""'迎合大众'的新帮闲"的天下,"和人民的语言相对立的不三不四的词句"(毛泽东)被喝令禁止了,"写月亮,写灵魂……所谓美丽的辞藻,深刻的句子"(周扬)被"打扫"了,"较新,较难的字句"(鲁迅)被"彻底扫荡"了,中国文学语言还剩下来什么呢?这是研究那以后至今的中国文学时值得留心的一件大事。

也有反对的声音。比如关于群众语言,当时公认为最能采纳方言土语的青年小说家吴组缃就发表了一篇文章,叫《文字永远追不上语言》(1942),反对文学语言(他所谓"文字")亦步亦趋追随方言土语,认为作家不必为了竭力靠近那实际无法靠近的异常丰富复杂的口语而放弃进一步锻炼提高五四以来的书面语。这是很有说服力的,尤其出于《一千八百担》的作者之口。

胡风和路翎则继承鲁迅思想,认为老百姓的语言资源有限,不足以作为文学语言的唯一依靠。他们甚至从"精神奴役的创伤"进一步提出"语言奴役的创伤"。群众语言是他们长期经受精神奴役而在语言上留下的"创伤",如何值得作家们不加选择地匍匐膜拜?所以,鲁迅所谓"给他们许多话",乃是胡风、路翎的主要用力方向:

"又谈到小说语言的问题。胡风说,我的小说采取的语言是欧

---

① 周扬《论赵树理的创作》,原载《解放日报》1946 年 8 月 26 日,引自《周扬文集》(一),人民文学出版社 1984 年版,页 424。

化的形态,在这方面有过很多的争论。我小说人物的对话缺少一般的土语,群众语言。他说,他隔壁的朋友向林冰就说过,我写的工人,衣服是工人,面孔、灵魂却是小资产阶级。还说:'人物缺少或没有大众的语言,大众语言的优美性被你摒弃了,而且大众语言是事实,你不尊重事实了。'我说我的意见是,不应该从外表与外表的多量取典型,是要从内容和其中的尖锐性来看。工农劳动者,他们的内心里面是有着各样的知识语言,不土语的,但因为羞怯,因为说出来费力,和因为这是'上流人'的语言,所以便很少说了。我说,他们是闷在心里用这思想的……当然这种情况不很多,知识少当然是原因,但我,作为作者,是既承认他们有精神奴役的创伤,也承认他们精神上有奋斗,反抗这种精神奴役的创伤的。胡风便大笑了。喜欢大笑也是他的特点。我说,我想,精神奴役创伤也有语言奴役创伤,反抗便会有趋向知识的语言。我说,我是浪漫派,将萌芽的事物夸张了一点。胡风又大笑了。①"

七十多年前的对话令人神往。他们在鲁迅的思想道路上探索,但有些方面比鲁迅想得更深,也说得更明白,更精彩了。这种探索,虽然在"打扫""扫荡"知识分子语言的潮流中淹没已久,但后起的聪明的作者们还是不难加以赓续,只要有足够的探索精神和足够的知识储备。

### 结语

从以上简单回顾可以见出,五四白话文运动在语言观念上比较松散多元,此后历次论争对五四的先驱性开拓不无补苴罅漏之功,但往往因一时潮流的引导而偏于一端,未能妥善处理语言诸要素的关系,突出

---

① 路翎《一起共患难的友人和导师——我与胡风》(1989年4月23日),原载晓风编《我与胡风——胡风事件三十七人回忆》,宁夏人民出版社1993年版;转引自鲁贞银、张业松编《路翎批评文集》,珠海出版社1998年版。

某一要素而压抑其他,或出于政治的需要拟想出并不存在的语言而要求作家采用,甚至从政治原则的高度勒令作家放下一种被贴了政治标签的语言,去学习另一种同样被贴了政治标签的语言。随着历史的演进,语言观念反而呈现混乱退化之势。将上述五个阶段视为连续展开的过程来考察,检讨后起的讨论如何应对先前的讨论所获得的认识成果,并结合各个时期文学创作与批评的语言实践,或可看出每个阶段语言论争的核心问题、进步意义和认识误区,为研判当下中国文学语言状况提供有益的借鉴。

2014 年 10 月 13 日写<br>
2014 年 11 月 14 日改

## 二　母语的陷落

### 1. 不平等的"语言接触"：从特征比较到优劣判断

19世纪末以迄于今，中国知识界连续发起了关于语言文字的多次大讨论，从清末维新派人士的汉语拼音方案、裘廷梁《论白话为维新之本》倡议"崇白话而废文言"，到民国初年关于读音统一和注音字母的争论，从《民报》主编章太炎和《新世纪》主编吴稚晖关于"废除汉文采用万国新语"的争论到五四文学革命，从白话《圣经》的出版、《尝试集》和《狂人日记》的发表到30年代初激进的批评家激烈攻击五四白话文，从30年代初期的"文言复兴运动"到"大众语"和"新文字"的运动以及"国语罗马字"和"拉丁化新文字"的竞争，从40年代初"民族形式"的讨论到延安整风运动中关于文风的特别强调直至所谓"毛语""毛文体"的诞生与流行，从"赵树理方向"的确立到50年代"新诗格律"的再争论，从中、小学语文课程的反复争夺战（改"国文课"为"国语课"、是否"读经"以及白话文范文的选择）到文学翻译的"顺与不顺""意译""直译""硬译"和学术上专门术语的翻译问题、新名词引进问题、欧化语法问题以及文学创作中作家个人的文体追求，这些从来不曾中断的围绕语言问题的激烈争论，以及在此过程中产生的来自语言也归于语言的困惑与反思，动员了绝大多数关心现代中国文化的知识分子。

这里所说的知识分子，不仅包括钱玄同、刘半农、陈承泽、陈望道、王力、吕叔湘等语言学家,还有学者型政治家或社会活动家如章士钊、孙中山、吴稚晖、陈独秀、瞿秋白、毛泽东、胡乔木、周文等,也有奠定中国现代哲学基础的哲学家如章太炎、蔡元培、张东荪、冯友兰、石谦等;有文学家和文学翻译家如鲁迅、周作人、废名、俞平伯、刘半农、徐志摩、闻一多、朱自清、许地山、冯至、陈梦家、何其芳、沈从文、巴金、穆旦、路翎、汪曾祺、王蒙、韩少功、李锐、贾平凹、莫言、孙甘露、阎连科等,也有批评家成仿吾、胡风、梁实秋、朱光潜、叶公超、李长之等;有文史学家王国维、陈寅恪、胡适、吴宓、梅光迪、钱穆、傅斯年、郭绍虞、陈子展、钱锺书等,也有科学家任鸿隽、胡先骕以及从胡愈之、陶行知到王懋祖等各个层次的教育家。他们往往兼跨多个领域,文化身份相当复杂。这份名单自然还可以开列得更加详细一些。不过,仅仅以上所举已足以说明语言问题在现代中国具有多么严重的意义,以至于被它所吸引的不是某一个或某几个文化领域,而几乎是现代中国知识分子全体。

语言文字问题之所以成为现代中国知识界一个绝大的争点,起因乃是中西方的"语言接触"。

明清两代,大量西方传教士来华宣教,开始了中西方真正的"语言接触"。先是天主教徒为了传教,一方面向中国介绍西方科技,另一方面则努力学习中国语言文字,以便更好地和中国士人沟通,"中国语文的研究,虽然不是当时的主题,偶有著作都不过为了他们同伴学习中国语文的方便,但就为了他们所作是为他们同伴的方便,常用罗马字母来注汉字的读音,就此引起了汉字可用字母注音的感想,逐渐演进,形成二百年后制造推行注音字母或拼音字母的潮流"①。最早从事这项工作的当推意大利人利玛窦和法国人金尼阁(Nicolas Trigault)。利玛窦1605年出版《西字奇迹》,今已难睹全豹。金尼阁《西儒耳目资》作于

---

① 陈望道《中国拼音文字的演进》,引自《陈望道语文论集》,上海教育出版社1980年8月第一版,页406。

1625年,成于1626年,自称沿袭利玛窦所创体制,即用利玛窦二十五字母"互相结合,上加五个字调记号,来拼切一切汉字的读音。于是汉字读音就显得极其简单,极其有条理。不但把向来被人认为繁杂的反切,开了一条所谓'不期反而反,不期切而切'的简易途径,并且立刻引起了中国好些音韵学家对于这种简易的拼音文字向往的热忱"①。方密之(以智)《通雅》成于1639年,书中再三称引《西儒耳目资》,如说"西域音多,中原多不用也,当合悉昙等子与大西《耳目资》通之","字之纷也,即缘通与借耳。若事属一字,字各一义,如远西因事乃合音,因音而成字,不重不共,不尤愈乎"。所谓"因事乃合音,因音而成字",也可视为汉字拼音化主张的萌芽。传教士的方法震动了中国音韵学家,直接启示他们在西方拼音文字帮助下寻求对汉字记音系统进行更完善的描写②。稍后刘献庭(继庄)的《新韵谱》即在这种刺激下撰成,钱玄同说刘氏已清楚认识到"必须用了音标,方能分析因素,方能表注任何地方之音",罗常培《刘继庄的音韵学》一文则认为该书重要之点就是"着眼于统一国语与调查方言"。钱玄同甚至认为,《新韵谱》成书之年(1692)实可作为"国语运动"的纪元③。

经过两百多年的沉寂,至19世纪后半期,基督教徒继天主教传教士之后来华宣教,他们和汉语言文字变革有关的一项重要工作便是大量翻译《圣经》,除文言文和"浅文理"译本之外,还有用罗马字拼音翻译各地土白的《圣经》,影响极大,不仅《圣经》本身得以流行,许多目不识丁的普通民众也因此学会了用罗马字来应付日常生活④,这就有力地推动了清末一批民众教育家基于改良思想而发动的声势浩大的注音或

---

① 陈望道《中国拼音文字的演进》,见倪海曙编《中国语文的新生》。
② 罗常培《耶稣会教士在音韵学上的贡献》对此有详细论述,该文载《国立中央研究院历史语言研究所研究集刊》第一分。
③ 钱文载《国语周刊》三十二至三十四期,转引自黎锦熙《国语运动史刚》。
④ 顾长声《传教士与近代中国》,上海人民出版社1981年4月第1版,页448;另参见陈健夫著《近代中华基督教发展史》,海天出版社1989年7月第1版。

拼音文字运动。闻风而动的先是福建人、早期制造切韵字母的文字改革家卢憨章,他于1892年出版的《一目了然初阶(中国切音新字厦腔)》是第一个由中国人自己创制的字母式汉语拼音方案。卢氏认为"中国字或者是当今普天之下之字之至难者",主张"切音字与汉字并列",和汉字有同等地位,既可以通过它学习汉字,也可代替汉字。

由于清政府和改良派的支持,发明汉语拼音方案的人士层出不穷。所有这些作始者都生活在厦门、上海、香港、天津、杭州等通商口岸(卢憨章为福建同安人,住厦门,蔡锡勇福建龙歙人,沈学上海人,力捷三福建永泰人,王炳耀广东东莞人,居香港,吴稚晖无锡人,王照直隶宁河人,居天津,劳乃宣浙江桐乡人,居杭州),他们要么是清廷出使外洋的大臣、干员,要么是和传教士日夕往来而深通西文的学者,要么是派往西洋的留学生,对西洋语言文字的了解倍于从前,这就有可能从中西比较的角度在整体上考察汉语的得失,比如在借鉴西方拼音文字探索汉语拼音方案的过程中,就普遍认为汉字不好——要求注音系统的帮助,本身就是不好的证明。1898年8月,卢憨章的同乡林辂存以"字学繁重,请用切音以便学问"为由呈请都察院代奏切音字,林氏认为采用切音字以后,汉字可"留为典要,能者从之,不必以此责令举国之人从事讲求,以疲其财力"。《传音快字》的作者蔡锡勇(1896),《盛世元音》的作者沈学,都对汉语言文字提出了严厉批评。

站在最新获得的西方语言的立场反思中国语言文字,还不限于语言学专家。康有为《新学伪经考》于1895年成书,其中就专门谈到语言文字问题,他认为"凡文字之先必繁,其变也必简,故篆繁而隶简,楷正繁而行草简,人事趋于巧变,此天理之自然也",汉语汉字的进化恰恰违反了"由繁趋简"的规律,变革在所难免。康氏轻易不肯示人的《大同书》更谓"夫语言文字,出于人为耳,无体不可,但取简易,便于交通者足矣",繁复的汉语汉字显然不符合这个要求,必须厉行改革,"以删汰其繁而劣者,同定于一为要义"。不仅中国语言文字必须做这种改革,其他国家也不能例外，将来大同世界，"全地语言文字皆当同，不得有异言异文"。维新变法的另一健将谭嗣同在《仁学》(1896)中也主张"尽改象形字为谐声""各用土语，互译其意"，在戊戌以前就明确提出了改革汉字的主张。

1897年，黄遵宪《日本国志　学术志二　文学》出版，代表了当时中国知识分子对世界各国语言文字演变形势最概略的了解。黄遵宪比照西洋语言文字，对本国语言文字提出了言文必须合一、行文必须"适用于今，通行于俗"的要求，直开五四先声。1898年，裘廷樑在他创办的中国第一份通俗报纸《无锡白话报》上发表《论白话为维新之本》，更加明确地提出"崇白话而废文言"的口号。黄、裘二位所根据的知识背景乃至思维方式，与后来胡适之等人已非常接近。

也是1898年，商务印书馆出版了马建忠的《文通》，该书不仅在学术上认可了此前的汉字改革者们在西方语言对比下反观汉语的基本思路，也正式奠定了将中国语言纳入西方语言学范畴的认知框架，深刻影响了现代中国语言学的思维方式。胡适在21年之后做《国语的进化》和《国语文法的研究法》(1921年合为《国语文法概论》收入《胡适文存》卷三)，特别赞扬马建忠懂"比较的研究法"，"马建忠得力之处全在他懂得西洋的古今文字，用西洋的文法作比较参考的材料"。尽管有许多语言学家批评马建忠过分依赖西洋文法来分析中国文法，但他们指责马氏方法论的同时，似乎并不警惕这种方法论所潜藏的显然不是马氏所独有的西文为优中文为劣的思想。

1904年4月，严复《〈英文汉诂〉》出版，该书《卮言》反复申说一国的统治者仅仅掌握本国语言文字是不够的，必须学习别国语言文字，才能提高"民智"而有益于国家："今日东西诸国之君与臣，无独知其国语者。有之，独中国耳。"他还批评某些认为"国之将兴，必重国语而尊国文，其不兴者反是"的观点为"近似得半之说"："吾闻国兴而其文字语言因而尊重者有之，未闻徒尊重其语言与文字而其国遂以之兴也……使西学而不可不治，西史而不可不读，则术之最简而径者，固莫若先通其语言文字,而为之始基。假道于移译,借助于东文,其为辛苦难至正同,而所得乃至不足道。"表面上,严复只是阐明"移译"仅仅是权宜之计,只是强调学习西文、直接阅读西文原著的重要性,但由他这位翻译大家、古文殿军说这番话,无异于从根本上动摇了汉语汉字的威严与自足:中西方"语言接触"一旦发生,中国人再也不能像汉唐翻译佛经那样,始终坚守母语本位的立场了。

在中西方第一次大规模"语言接触"中,比较中西文字优劣成为一时的风气,徐珂《清稗类钞》有一则作者不明的《中外文字之比较》[①]。青年王国维翻译耶方斯(Jevons. W. S)《辨学》,因耶氏认为辨学(逻辑学)乃研究"表思想之言语者",王国维为了以中国传统"名辩之学"与耶氏对话,就在翻译过程中有意识地进行中西语言文字的比较,而每每发生中国语言文字不足用的感慨。王氏后来作《论近年之学术界》及《论新学语之输入》[②],把这个问题上升到理论高度,指出"近年文学上有一最显著之现象,则新语之输入是已",而"近世之言语,至翻译西籍时而又苦其不足",乃是继"周、秦之言语,至翻译佛典之时代而苦其不足"的第二次语言大变动和思想大变动的征兆,但他希望这一次的翻译西书、输入新学语,成绩应该比翻译佛典时对于中国文化的贡献更大。这确是王氏的过人之见。

在西方学术界,中西语言比较随着最初的中国热很早就兴起了,但西方学者比较中西语言与文字,并不总是像黑格尔那样倾向于贬低汉语言文字,比如威廉·冯·洪堡特根据他对汉语言文字间接的接触,就不仅不认为汉语言文字比起西方语言文字有什么特别的缺点,相反倒是有西方语言文字所不具备的许多优点[③]。比洪堡特更早肯定中国语

---

① 参见郑延国《读〈中外文字之比较〉札记》,《书屋》2000年第七期,页15—16。
② 王氏翻译《辨学》不审何年,据自撰《三十自序》,知始读该书在1903年春,早于1905年作《论近年之学术界》与《论新学语之输入》。
③ 洪堡特论汉语言文字,可参见《洪堡特语言哲学文集》之"论汉语的语法结构"及"论语法形式的通性以及汉语的特性(致阿尔贝·雷慕萨先生的信)",姚小平译,湖南教育出版社2001年8月第一版。

言文字的有莱布尼兹①,而比洪堡特稍晚的则有美国人欧内斯特·范诺罗萨(Ernest Fenollosa),其《论汉字作为诗歌媒介的特征》(1908年)反复论述中国语言文字比西方语言文字优越;此说后来被《学衡》派所重,作为对他们自己的支援②。

但是,中国学者显然是在另一种心境下进行中西语言比较的。对他们来说,在和西方语言接触之后,用比较的方法来研究汉语本身的问题,其意义一开始就不限于单纯的学术研究,而在于中国的知识分子由此跳出了自古以来封闭自足的汉语世界,在汉语之外寻到一个充满威势与希望的新语言作为支点,从整体上打量业已成为对象物的母语。在这种打量中,母语的神圣权威就彻底打破了。

青年王力著《中国古文法》(1928)时即敏锐指出,在中国,所谓语言比较的方法,实际上超出了文法学家的范围,而演变成一种判断好坏的态度。胡适1920年12月作《国语文法的研究法》,特别强调"比较的方法"之重要,严厉斥责非议马建忠的陈承泽所谓"必以治国文之道治国文"的主张,因这主张反对包含着或者说必然要得出好坏之判断的语言之比较。"比较的方法",在胡适的话语结构中,其实就是"评判的态度"。胡适1919年12月作《新思潮的意义》一文,认为"评判的态度,简单说来,只是凡事要重新分别一个好与不好"。

"评判"既然已经是一种态度,分别好坏当然就是唯一目的。在当时普遍受挫的心理作用下,一有比较,即生优劣之论和批判乃至抛弃之想,也是很自然的事。到了晚清,"中国文字,才在外国文字底相形之下,被认为改革运动上的莫大障碍,改革中国文字本身的种种方案就不断地产生了"③,

---

① 有关莱布尼兹与黑格尔对中国文字的见解,可参看雅克·德理达《论文字学》第一章"书本的终结与文字的开端",汪堂家译,上海译文出版社1999年12月第一版。
② 范诺罗萨《论汉字作为诗歌媒介的特征》,郜元宝译,载《漓江》1998年终刊号。《学衡》第五十六期张荫麟的文言翻译直接改题为《芬诺罗萨论中国文字之优点》并有简单的译者序。
③ 聂绀弩《"国语运动史刚"》,《语言·文字·思想》,大风书店1937年版,此处引自《聂绀弩全集》第八卷,武汉出版社2004年版,页120。

这是合乎历史真相的叙述。鲁迅在写于 1934 年的《关于新文字》中也以追记往事的口吻说:"比较,是最好的事情。当着没有知道拼音文字以前,就不会想到象形文字的困难。"

现在学者们往往注重 19 世纪中西语言文字的大规模接触对汉语言文字内部结构产生的影响,比如语法的欧化、字汇的激增、现代汉语拼音系统的建立等等,而很少触及在这种不平等的"语言接触"中,现代中国知识分子对母语的态度的根本转变。这是描写语言学不屑问津的,却是发生在主体思想意识内部的变化,它必然反过来影响描写语言学为自己规定的描写对象。

## 2. 知识分子对汉语言文学的普遍失望

正是在这股由比较中西语言文字之特征进而评判其优劣高下的思潮推动下,产生了对汉字和汉语极其猛烈的批判与否定。

1907 年,以吴稚晖为中心的一班巴黎中国留学生创办了《新世纪》杂志,在鼓吹无政府主义、狂骂西太后的同时,更将剩余激情倾泻到汉语和汉字上面。他们恨煞了母语,认为正是它使四万万同胞陷入困顿,主张"改用万国新语(按即"世界语")",即或不能立即推广,也可以考虑先用英语、法语或德语来代替汉语。吴稚晖后来放弃了这个设想,但当时影响极大,比如吴的论敌章太炎的学生钱玄同在五四前后就完全接受了这个设想,还推波助澜,提出著名的语言革命的口号:"汉字不灭,中国必亡!"部分接受吴的设想的还有章太炎另一个学生鲁迅。青年时代,鲁迅对"青年之所思惟,大都归罪恶于古之文物,甚或斥言文为野蛮"的风气多有针砭①,但五四以后,他也经常附和这种否定母语的论调,直到 30 年代还多次声称汉字是中国文化乃至中国社会的一个毒瘤,必先割去,才能救中国。

---

① 鲁迅《文化偏至论》。

"汉字不灭,中国必亡!"这句口号,有人认为是钱玄同发明的,也有人说最初出自赵元任之口,但我在许多现代作家著作中读到这句话,都一无例外地不加引号,他们当时并不计较今天的所谓"知识产权",都把这句话作为自己的话来使用,比如鲁迅在《病中答救亡情报访员》中劈头就说:"汉字不灭,中国必亡。因为汉字的艰深,使全中国大多数的人民,永远和前进的文化隔离,中国的人民,决不会聪明起来,理解自身所遭受的压榨,理解整个民族的危机。我是自身受汉字苦痛很深的一个人,因此我坚决主张以新文字来替代这种障碍大众进步的汉字。"这在当时已经成为共识,或者说是知识分子在语言上形成的一种意识形态。就连素称稳健的胡适也坚信汉字必须废除,留学美国之初,收到别人散发的"废除汉字,取用字母"的传单,一度很反感,但很快就转变态度,完全相信拼音文字取代汉字的必然性①,在"文学革命"取得基本胜利之后,他还为汉字拼音化问题的搁浅而感到遗憾,但他相信随着白话取代文言,口头语言占据统治地位,汉字拼音化已经迈出了坚实的一步,"如果因为白话文学的奠定和古文学的权威的崩溃,音标文字在那不很辽远的将来能够替代了那方块的汉字做中国四万万人的教育工具和文学工具了,那才可以说是中国文学革命的最大的收获了"②。

　　但是,"汉字不灭,中国必亡!"这句口号具有某种含糊性,它只提到汉字,而与汉字紧密相连的汉语并未触及。事实上,汉语也经常被包括在内,属于应"灭"之列。一方面,当时对汉字和汉语的界限并无截然划分,许多汉字改革的文章谈论的"汉字""汉文"就是"汉语""国语"的别名。汉字绝非孤立存在而和汉语不发生本质联系的字典里的字符,它本身就是几千年来汉语写作者记录、发挥汉语精神的唯一工具。人们对汉字的反感就源于他们对汉语本身的反感,改革汉字只是改革汉语的一个浅层次问题和先行手段,即用什么样的文字符号更好地记录不

---

① 胡适之《逼上梁山——文学革命的开始》,见《中国新文学大系》第一卷"建设理论集"。
② 胡适之《中国新文学大系》第一卷"建设理论集"导言。

断变革中的汉语(从繁难的象形字到简笔字再到记录完全声音化也就是所谓和口语一致的大众语的拉丁新文字)。单纯的汉字改革并非问题的根本解决。根本解决问题,只能是连汉语也一并废除。

  语言文字不加分别,甚至将文字置于语言问题的中心来审视,这是晚清学人从"言文分离"的角度批评母语的思潮所包含的有关语言和文字之关系的一种重要认识,与后来成熟形态的所谓现代中国语言学割裂语言文字的做法,迥乎不同。当时人们异口同声指责"言文分离"是汉语不可原谅的缺点,但这种指责恰恰包含着对"言文合一"的渴望。也就是说,在母语的批评者们看来,只有"言文合一",才能确保语言的本质不被损害。因此,在最初对母语的指责乃至否定的声浪中,不是口语(语言的声音部分)而是文字(语言的书写部分)被置于语言问题的中心点,这与后来将语言的本质仅仅理解为发声的口语而将文字从语言的整体概念中驱逐出去仅仅作为记录语言的符号的观念,是有根本区别的。笔者将在另一篇文章中详细讨论这个问题,这里只想指出,在清末一些知识分子看来,汉字的缺点不过是汉语的缺点的必然表现,他们向汉字发出挑战,并不认为汉语是无辜的,并不认为汉语本身很好,只是记录它的文字出了问题。比如当时许多人认为汉语是单音成词,容易混淆,也不利于表达感情,四声是不自然的规定,徒然增加学习的困难,还有方言众多,体系混乱,沟通为难。抑有进者,汉语既然几千年来都受到汉字和文言的宰制,那么汉字和文言的一切封建思想毒素早就注进了汉语,汉字改革的最终取向,必然是整个思想/语言彻底的洗心革面①。所以,"汉字不灭,中国必亡"的潜台词,实是"汉语不灭,中国必亡"②。

---

①  胡愈之《有毒文谈》,见倪海曙编《中国语文的新生》。
②  中国现代知识分子语言反思的出发点无疑是汉字,但他们的反思决不止于汉字。这就提出一个问题:汉字和汉语的关系究竟怎样?中西方语言的差异是否仅仅是书写文字的差异?在比较象形文字和拼音文字时,中西方的语言是否也一同被比较?文字的比较和语言的比较是同一的还是差异的?中国现代知识分子在语言和文字之间有时虽然有极其简单的划分,有时又容忍二者之间的界线极其模糊……这些问题,值得深入探讨。

从康有为、吴稚晖到蔡元培、钱玄同、陈独秀、鲁迅、吴玉章、胡愈之,中国几代汉字改革者同时也是激烈主张必须对汉语进行革命的,区别只在于有些人认为改变汉语必须马上进行,此乃治本之策,有些人则认为治本之策毕竟遥远,不妨先治标,即从汉字改革开始。钱玄同在五四时期就是坚定的世界语鼓吹者,他完全同意当年和自己的老师章太炎形同水火的吴稚晖的意见,认为废灭汉字,只是"为异日径用万国新语之张本"。在《中国今后之文字问题》(1918年)一文中他明确指出:"至于有人主张改汉字之形式——即所谓用罗马字之类——而不废汉语:以为形式既改,则旧日积污,不难涤除。殊不知改汉字为拼音,其事至为困难:中国语言文字极不一致,一也;语言之音,各处固万有不同,即文字之音,亦复分歧多端,二也。制造国语以统一言文,实行注音字母以统一字音,吾侪固积极主张;然以我个人之悬揣其至良之结果,不过能使白话文言不甚相远,彼此音读略略接近而已;若要如欧洲言文音读之统一,则恐难做到;即如日本之言文一致,字音画一,亦未能遽期……盖汉字改用拼音,不过形式上之变迁,而实质上则与'固有之旧汉文'还是半斤与八两二五与一十的比例","我再大胆宣言道:欲使中国不亡,欲使中国民族为20世纪文明之民族,必以废孔学,灭道教为根本之解决,而废记载孔门学说及道教妖言之汉文,尤为根本解决之根本解决。至于废汉文之后,应代以何种文字,此固非一人所能论定;玄同之意,则以为当采用文法剪贼、发音整齐、语根精良之人为的文字Esperanto"。20年代,尽管钱氏已经确立"国语运动"为其合适的工作范围,仍然念念不忘这个"根本解决之根本解决":"我近来废汉文汉语的心又起了,明知废汉文容或有希望,而废汉语则不可能的,但我总想去做。"他指责周作人的论调太平和,而毫不掩饰自己的激烈:"记得当年吴老头儿反对汉语改用拼音,说这是'三汉七洋的怪物',他是主张根本不要汉语,采一种外国语作国语的,故有此论。他的话自然很有道理,而我却以为'三汉七洋'也很好,我的野心,是由此而'二汉八洋',

'一汉九洋','无汉全洋'。呜呼,吾盖欲由此怪物而引之使趋于全用外国语也。"①

当时似乎确有人反对废除汉语,比如陈独秀就认为"惟仅废中国文字乎?抑并废中国言语乎?此二者关系密切,而性质不同之问题也",陈氏认为废汉字是可以做到的,废汉语则颇难实行,他主张"当此过渡时期,惟有先废汉文,且存汉语,而先改用罗马字母书之"。陈氏对"并废中国言语"只是在具体进展先后上略有迟疑,只是承认"国语"的"不易废",而并不认为"不应废""不能废"。对汉语最后必须废除,他仍然没有丝毫怀疑:"鄙意以为今日'国家''民族''家族''婚姻'等观念,皆野蛮时代狭隘之偏见所遗留,根底甚深,既先生与仆亦未必能免俗,此国语之所以不易废也。倘是等观念,悉数捐除,国且无之,何有于国语?"②

二、三十年代之交,激进的知识分子甚至以为,中国的语言实际上已经发生了根本变化,早就超出了汉字所能控制的范围,而成为一种新语言了;换言之,原来的中国语言随着汉字的衰亡而正在或者已经死亡:"中国的社会,从政治的、学术的、直到日常的生活,经过了帝国主义和资本主义的洗礼,已经发生了极大的变动。实际生活的需要,已经发展了新式的语言;一切新的关系、新的东西、新的概念、新的变化,已经这样厉害的影响了口头上的言语,天天创造着新的字眼、新的句法,使文言的汉字不能够再束缚她。而汉字已经成了僵尸。"③所谓"汉字已经成了僵尸",就是说汉字已失去了它原来所代表、所记录的汉语,成了没有内容的空壳。瞿秋白为此提出了一个重要证据:汉语已经由原来以单音节的"字眼"(word)为主演变为以双音节和多音节的"字眼"为主,涨破了形、音、义皆为单个的汉字记录系统;在双音和多音的新汉语

---

① 1923年8月19日致周作人信,《钱玄同文集》卷六,页64。
② 1918年4月15日《新青年》第四卷第四号。
③ 瞿秋白《普通中国话的字眼的研究》,《瞿秋白文集》(2),人民文学出版社1953年第一版。

里,形、音、义皆为孤立的单个汉字"仅仅只有音节的作用,没有字眼的作用","都只是在一定的字眼里面,代表着一定的声音而已"。汉字的功能既然已经拼音化了,何不立即"完完全全废除汉字"?废除汉字,到这时候已经不是废除汉语的先行手段,而是旧的汉语业已死亡的必然结果。

现代中国语言文字的变革,表面上只是在中国固有的语言文字系统中来一个局部调整,即固有的文言被同样是中国固有的白话所取代,"国语"的发音标准获得多数认同,普遍尊重方言土语,外来语(欧化语法和外借词)很自然地被容受……凡此种种似乎都只是中国语言文字内部的一场变革,但如果我们明白了这场在表面上看来只是内部发生的变革在观念和实践方面的启迪与推动的力量之源,就当认识在外来语言刺激下中国语言文字的改变是实质性的:所改变的不是中国语言文字的表面,而是中国知识分子对待母语的关系与态度。尽管汉字终于没有废弃,尽管文言还有局部的保留,尽管在这种文言白话杂交共存的语言中终于没有像韩国、日本那样频繁地径用西洋和外国文字,但外国语言的精神通过词汇、语法乃至说话的腔调,毕竟已经渗透到汉语中来了,这种渗透是以表面上看不见的形式发生的,但实际上,字汇、语法、声韵(白话文的腔调或瞿秋白所谓的"文腔")乃至基本语言观念即那决定人与语言的关系的若干基本的哲学领悟,已经被外来语言和外来文化深刻地"重写"(re-writing)了。

这是汉语言文字现代化的一个值得注意的特点。人们对汉字汉语的信念受到了根本颠覆。吴稚晖、钱玄同等人的狂言代表了现代中国知识分子普遍执著的语言观念。他们先宣布一部分汉语(文言)为"死语言",认为它早就是死人的、和现代活人无关、阻碍中国人前进、遮蔽中国人真实生活的非本真的应该上天入地寻找一种最黑暗的语言来诅咒的可憎恶的"幽灵的语言",发誓与它不共戴天:不是叫我们为了汉字而牺牲自己,就是让汉字为了我们而灭亡。在亲手抛弃这个"死语言"

（实际上只是亲手杀死文言）的同时坚苦卓绝创造了为着现代民族国家意识形态服务的"白话文"，但马上又百般不满于这种创造，虽然在和文言对抗时，把"白话文"吹得天花乱坠，临到自己与"白话文"面面相对了，又横竖不顺眼，进一步要求"第三次文学/语言的革命"，创造出更新的中国语言和中国文字。然而，他们很快就又发现，他们实际上只能在自己也不顺眼的不中不西不古不今非骡非马的杂交语言（白话文）的世界中运用这种语言进行自己的创造，因此创造者们都有一种浮士德心理，从来不敢对自己正据以进行一切创造的工具、也是一切创造的目的（一切创造终将积淀于语言）的"现代汉语"赞一声："你多美啊，请暂留驻！"在现代中国知识分子的语言意识中，"赞美""感激""信赖"和"归依"的情感荡然无存，只有一种不断革命的意志。

在这种语言观念笼罩下，章太炎们对自家语言文字的国粹心理始终被新一代知识分子所唾弃，更无论王国维们深爱其美而愿与之偕亡的决绝。新派知识分子有另一种决绝：希望汉字乃至汉语早日灭亡。在语言上，他们只瞩望于将来和别处的某种绝然不同的"新语"，而现在的语言都是暂时的、过渡性的，注定要被后起的新语新字所代替。他们在诅咒"现在的屠杀者"时，没有想到自己也成了同样的"现在的屠杀者"，鲁迅也不例外，他只有在受到伧不可挡者的攻击，感到自己的"现在"受到威胁了，才肯为既非"之乎者也"亦非"Yes""No"的"语体文"——"现在"的别无选择的语言——奋起辩解[①]。

不仅汉字和与之相联的汉语，在现代中国知识分子看来，是一个必须被否定、行将过时的文字和语言，而且，即使全民族花大力气制造推行用来取代汉字和汉语文化的"中国新文字"以及与之相联的"大众的科学的拉丁化的中国文化"[②]，也注定要被超越。实际上，即使在最急

---

[①] 鲁迅《当陶元庆君的绘画展览时》，《而已集》。
[②] 《陕甘宁边区新文字协会组织缘起》，见倪海曙编《中国语文的新生》。

进的汉字改革者看来,拉丁化中国新文字和汉字在作为交流工具的本质上仍是相同的,即都是暂时的,不具有永恒意义。二者的区别仅仅在于,汉字难学,导致中国一直不能消除大批文盲,五四以来新文化一直不能真正地启蒙大众,而拉丁化新文字则不仅一般民众易学易认,外国人也容易借此了解中国,只有在这一点上,它才显得优于汉字。胡愈之《有毒文谈》提醒人们注意,新文字只是对汉字声音的"翻译",只是在难易程度上完成了转换,如果承认汉语汉字的"毒素",势必会牵连到新文字,也就是说,汉字和新文字之间并没有有毒无毒之分。当时人们看重汉字拉丁化的只是易于学习这一点:"拉丁化的新文字,无论它有许多优点和缺点,目前我们采取的只在它的大众化,只在它消灭文盲上,认为它有绝对的有效意义。"(同上)既然文字价值的高低仅仅取决于百分之八十的文盲学习和使用的难易程度,那么汉字和拉丁化新文字相比,虽然应该让位,但在拉丁化新文字尚未全面运用而大多数知识分子已经掌握了汉字倒是新文字需要艰苦学习的情况下,允许汉字继续存在甚至容忍汉字和新文字并存,就是理所当然的了:"我们并不企图目前即刻用新文字代汉字,也不停止进一步对于汉字的改造。我们拥护文字革命,也不妄想一举完成。汉字虽然已经不合时宜,必须采用拼音文字,但汉字有悠久的历史,不是轻易可以废弃而必须使其逐渐演变,才能完成文字改革。目前我们所要做的便是利用新文字来教育文盲,使他们在最短时间内可以用新文字学习政治与科学,也还可以利用新文字去学习汉字"(同上)。当时在延安的外国人的观察也是这样:"实际上,对于拉丁化将驱逐象形字(汉字)的恐惧是不足道的。拉丁化将造成广大的有智识的新人民,但有时间和金钱去受较高教育的人们,仍能学习旧文字(汉字),正好像我们在西洋仍然产生拉丁文和希腊文的学者一样。实际上,给人民大众一种求学的工具,将大大的增加旧文学、旧文化的智识,因为给了他们读写的基本能力,这是进化为无论何种较高教育的初步。在同样的意义上,拉丁化将因为刺激教育的进展速度,和增加内地各省各县的交通的缘故,增进了国语的传播,而决不会阻止它的。这无论怎样看法总是一种积极的贡献。"①当一种人造的新文字尚未普及之前,人们确实很难论证它和一种理想中的新文化的关系,所以只好限于肯定它作为工具的优越性,而工具的优越性总是相对的,所以至少在提倡者所处的时代,新文字绝对恒久的价值也不存在。

对固有的语言失望了,对心目中可以取而代之的新文字新语言,也不能肯定它的恒久价值,这就加剧了一切都是暂时一切都在过渡中的关于语言的整体想象。对语言(母语和可以想象到的新语言)一概抱这种并非休戚与共、只是暂时寄寓其中因而随时准备脱身离去的彷徨两可之心,实在可以说是中国现代知识分子典型的语言观念。

此言不是理想的言,此地不是理想的家,中国人应该追求符合人类最终理想的更好的语言的家。这种态度,对于依附语言进行创造的一切知识分子来说,无异于站在故乡的土地上一心想着飞往远方,揪住舌头而要唱出优美的歌。

以语言为安身立命之本的知识分子珍爱本族和本国语言,应该是天经地义的事,因为他们是民族国家当中最熟悉也最依靠语言的群体。世界各国知识分子推崇本族本国语言的文字举不胜举。屠格涅夫流寓法国,当一无所凭时,曾这样赞美"俄罗斯语言":

"在疑惑不安的日子里,在痛苦地担心着祖国命运的日子里,只有你是我唯一的依靠和支持!啊,伟大的、有力的、真实的、自由的俄罗斯语言啊!要是没有你,那么谁能看见我们故乡目前的情形,而不悲痛绝望呢?然而这样的语言不是产生在一个伟大的民族中间,这绝不能叫人相信。"

---

① Nym Wales《续西行漫记·中国的文字变了》,见倪海曙编《中国语文的新生》。

屠格涅夫从他深爱着的俄罗斯语言中找到了自己和民族的光荣,他无限信赖的俄罗斯语言在最穷困的时候坚定了他动摇的信心与渺茫的希望。伟大的语言拯救了渺小的他,渺小的他只有赞美伟大的语言,而不能凌驾于语言之上来呵责它,唾弃它,改造它。在屠格涅夫看来,爱一个国家的语言,乃是爱国心的自然流露,也是高级形态的爱国;如果对国家的语言没有热爱之心,也就谈不上爱国。

另一位俄国作家果戈理在其小说《死魂灵》中,用更生动的笔调表达了他对母语的爱惜以及对疏远、鄙弃母语的所谓上流社会的厌恶。在当时俄国"上流社会",人们几乎"听不到合适的俄国话,他们用德国话,法国话,英国话和你应酬,多到令人情愿退避,连说话的样子也拼命的学来头,存本色:说法国话要用鼻音,或者发吼,说英国话呢,像一只鸟儿还不算到家,再得装出一副真像鸟儿的脸相,而且还要嗤笑那不会学着模样的人。他们所唯一避忌的,是一切俄国话"。从果戈理对上流社会绅士闺秀们矫揉造作的说话方式的滑稽模仿中,可以清楚地感到他对这些贵族阶级轻视母语的行为极大的憎恨。

屠格涅夫的散文诗写于 1882 年,由作家巴金译出,刊于 1935 年 8 月 16 日由鲁迅创办的《译文》杂志 2 卷 6 期,《死魂灵》则由晚年鲁迅力疾译出,不知道当时的中国知识分子对这两个无限钦佩的俄国作家关于母语的殊途同归的态度作何感想。

现代中国知识分子的爱国心绝不亚于屠格涅夫与果戈理,但热爱祖国的中国知识分子并不像屠格涅夫和果戈理那样热爱本国的语言,倒是像果戈理笔下的上流社会腐朽堕落的绅士闺秀们那样竭力避忌母语。他们并不因为爱国,就认为这国家的语言也值得热爱;他们认为爱国爱语言是两回事,可以爱国,却绝不可以爱这国家的语言。在他们看来,国是可爱的,而可爱的国家的语言则是可憎的,甚至正因为他们爱国,才更加清楚地意识到语言的可憎,因为这个可憎恨的语言阻碍了他们所热爱的祖国的发展,甚至威胁到他们所热爱的祖国的生存。

闻一多在郭沫若《女神》中就敏锐地发现了这种奇怪的价值冲突。闻一多指出，郭沫若"并不是不爱中国，而他确是不爱中国的文化……《女神》之作者爱中国，只因它是他的祖国，因为是他的祖国，便有那种不能引他敬爱的文化，他还是爱它。爱祖国是情绪底事，爱文化是理智底事。一般所提倡的爱国专有情绪的爱就够了，所以没有理智的爱并不足以诟病一个爱国之士。"也许情绪与理智的分别并不确切，但那两种爱的冲突与分离，确实造成郭沫若诗歌一种奇特现象：像郭沫若这样一个并不缺乏中国传统语言文化修养的诗人，在抒发其爱国之情的作品中恰恰缺乏一种渗透中国传统语言文化精神的"地方色彩"，相反他非常喜欢用一种和所爱的国家疏离的令人感到陌生的杂凑的语言来抒写爱国的感情，这除了"诗中夹用可以不用的西洋文字"甚至依靠西洋文字来凑足"音节关系"这一刺目的现象之外，典故的运用也以西洋为主，"《女神》中所用的典故，西方的比中国的多多了"，以至于好像"做个西洋人说中国话"，或者让人误会其作品是"翻译的西文诗"。《女神》如此，风气所偃，其他的新诗人更有过之而无不及①。

这是中国知识分子和俄国以及现代西方知识分子之间在对待母语的态度上一个很大的区别。中国现代作家正是带着基本否定母语的态度而老大不情愿地姑且运用母语进行文学创作的，他们的文学创作受这种对待母语的基本态度制约之深，也就不难想见。

母语封闭的城堡陷落了，独尊的地位遭到褫夺。这是一个尚未完成的历史过程，它始于晚清，却不知道将终于何时，止于何处。

2001 年 12 月 9 日

---

① 闻一多《女神之地方色彩》，《闻一多全集》(3)，三联书店 1982 年 8 月第一版，页 363。

## 三 "同一"与"差异"
### ——现代汉语的现实构造与未来信念①

### 1. 世界共同语和民族国家语言

中国现代知识分子从丰富的"语言之体验"②出发,运用古今中外庞杂的语言知识,透过各种语言运用形式,提出了一系列有关语言(首先是汉语)的命题,这些命题纠缠在知识分子意识深处,隐隐支配着现代汉语的发展。

---

① 本文是笔者讨论中国现代知识分子语言观念的系列论文之五,已发表的四篇为:《母语的陷落》(《书屋》2002/4)、《为什么粗糙?》(《中国文学古今演变国际学术研讨会论文集》,上海古籍出版社 2003 年 8 月)、《现代汉语:工具论与本体论的交战》《音本位与字本位》(《当代作家评论》2002/2),本文与前四篇多有照应,凡前四篇已讨论之点,只在行文中略微带过,语焉不详处,可参看前四篇论文。
② 海德格尔在《语言的本质》一文中主张人类不应该满足于"科学或哲学的语言知识",他特别拈出"experience with language"一词,与哲学或科学对语言的研究相对待。"语言之体验"或"体验语言",是指"通过进入语言并顺从于语言以使我们自己以恰当的方式委身于语言之要求。人果能在语言中找到他生存的合适栖所(不管他是否能意识得到),他所经受的语言之体验就会触及我们生存的内在结构,说着语言的我们也就会一天天在时间进程中被这种体验所改变"。海德格尔一再强调,"语言之体验"是一种非主体性现象,我们只能"经受"它,而不能控制它,"当我们说到'经受'一种体验时,我们尤其是指:这体验并非我们自己所为,'经受'在这里的意思,是说我们经历某事,忍受某事,当它撞击我们时,就接受它,顺从它。它是某种自行到来、自行出现、自己发生的事物本身"(*On the Way to Language*, p.57)。不妨粗糙地将海德格尔所谓"语言之体验"理解为一种前理论状态的人类语言经验,一切明晰的语言观念皆由此而来,并始终在它的对照之下显得片面而肤浅。

因为国与国的界限、不同民族文化的差别、一国和一民族内部不同时代不同地域及语言运用的主体、范围、目标之分野,产生无限多样的语言现象,是同出一源,后来才演成似乎难以会通的无数支流,还是各有源头,分别演进,彼此无关? 各种语言现象在历史上发生的不可避免的接触与融合,意味着所有这些语言现象终将趋于同一抑或永远保持本质性差异?

围绕语言之"同一与差异"①的种种无休止争论(有时只是哲学性领悟与猜想),作为中国现代知识分子语言观念的一项重要内容,影响到和语言有关的诸多文化领域,自然也包括文学。实际上,不仅由语言引起的各种意见分歧很自然地涉及文学,人们也很希望通过文学创作和阅读的"语言之体验"来解决这些分歧。现代中国,语言问题和文学问题难分难解,语言问题往往直接诉诸文学问题。

从晚清到 20 世纪末历次围绕语言的论争,如始于 1907 年、中经五四并一直延续至今的有关"世界语"(Esperanto)和"民族语言"(National Language)的争论,在时间上和"世界语"论争大致平行的关于中国语言和西方语言的比较,晚清开始至五四更趋激烈的文言白话之对抗与消长,二三十年代"国语统一运动",同一时期围绕"现代语体文"或"白话文"的论争,有关"现代中国普通话"与"大众语""大众语"与"方言土语"之关系的意见分歧,还有"翻译语体""欧化语体"的规范问题,30 年代末关于杂文文体的争论,直到 40 年代初讨论"民族形式"时所涉及的对当时并存的各种语文形式、语言资源之不同价值与地位的争执……都无不牵涉到同一和差异这对基本范畴。

---

① 同一与差异(*Identity and difference*),是海德格尔 1957 年出版的讨论黑格尔逻辑学及一般形而上学哲学的一本小册子的标题,正如海德格尔对欧洲哲学史其他遗产的解读一样,他阐释黑格尔逻辑学之同一律和矛盾律,也是充分个性化的,即把黑格尔的论题本身完全转换为他自己的存在论,同一与差异这对命题遂成为他描述存在者之存在样式的一对范畴。本文只在形式上借用这两个概念,以描述中国现代知识分子语言观念中对语言共同性或语言差异性、差异化的追求与想象。

可以从一般语言学(比较语言学、语法学、词汇学、修辞学以及文体风格学等)角度描述同一与差异这对基本范畴的结构关系及其丰富展开样式,但本文主要将此问题限制在观念史领域,即并非静态地描写作为结果的"现代汉语"诸语言学特征,而是想探讨造成"现代汉语"诸特征的主体观念层面的动力机制。

● **人道主义/存在论:基本语言观的分野**

讨论语言的同一与差异,必须有对"语言是什么"这个问题的理论或非理论形态的某种"前理解"——这也是语言的同一与差异成为问题的起源。

中国现代知识分子对"语言是什么"的领悟,主要依据现代西方人道主义语言观。按海德格尔的说法,这种语言观并非西方传统的全部,只是西方传统发展到特定历史时期的产物,此特定历史时期就是西方思想形而上学化的"现代"。后期海德格尔持续不断地解读荷尔德林、里尔克、乔治·特拉克尔、斯蒂芬·格奥尔格、尼采等人的诗作,就是想依据这些诗人的"语言之体验",在西方现代人道主义语言观之外发掘另一种长期被压抑的对语言的理解,后者将不同于亚里士多德以来日益成为主流的那种"心灵—声音—意义表达—符号"的主流语言观,也即不同于成熟形态的人道主义语言观。海德格尔把这种被压抑的语言观称为存在论语言观,以与人道主义语言观相对,其基本内容是认为语言首先并非人的心灵通过声音与声音的符号亦即文字表达出来的思想情感,以及在此意义上所说的"交流工具",而是存在自身超越这种表达与交流("讲")的"显现""给出",即存在自己的"说"。"说"即"语言的本质","语言的本质"是"存在(本质)的语言",语言和存在高度同一,"语言是存在的家",语言之外并无存在。海德格尔认为长期以来西方文化以人言之"讲"掩盖了"存在的语言"之"说",语言在根基处荒芜了,人们讲着语言,语言的本质却并不向他显明;他认为人类应该摆脱"我说语言"的狂妄,谨守"语言早就而且一直通过我们的讲而说"的谦卑,这就意味着,人类只能先有所"听"(即倾听语言本身的"说"),然后才能有所"讲",并永远把自己的"讲"扎根于语言/存在的"说"。他认为许多优秀诗人的诗作正是这样谦卑的"讲"。这是一种"纯粹的讲",在诗歌的"纯粹的讲"中,人和语言恢复了本真关系,人也由此复归其本质的生存。

海德格尔存在论语言观在某种程度上可说是经过改造的《圣经》语言观。海德格尔透过语言所追问的不是语言作为其边界早已被厘定的那种被称为"语言"的特殊存在物的内部构造,而是人和这种"语言的存在"的关系,以及使人和语言的关系得以成立的人和语言的存在根基。虽然海德格尔并未明确主张语言乃神所赐予,但他首先将任何在基督教信仰之外关于语言起源的种种近代理性主义的猜想统统"悬置"起来——在语言问题上,海德格尔一如在"存在问题"上那样,"不叙述历史":他并不指望通过历史语言学的叙述来了解语言的起源、语言的本质,也就是说,他一直拒绝接受迷信实证的现代语言科学的诱惑。他总是把语言的根据推到人所不能到达的存在之深远的根基处,这在事实上就为神学语言观留出了足够空间。

不妨将海德格尔所谓"存在的语言"与《圣经》所说的神的语言略作一个比较:

> "太初有道(言),道(言)与神同在,道(言)就是神。这道(言)太初与神同在。"(《约翰福音》第一章)

"太初有道(言)",这"道(言)"并非人之道(言),而是神的道(言);这道(言)与神绝对同一,故这道(言)与神同在,这道(言)就是神。《圣经》语言观的这种基本表达与海德格尔存在论语言观形式上的相似性不言而喻。海德格尔反复批评人以自己的"讲"掩盖和遗忘了存在的"说",不啻暗示人们已狂妄到不愿并也因此不能从根基处追随神所赐予的语言,人把神赐的语言据为己有,以为语言乃自己的发明创造,人在说着语言的时候很难听得见语言自己的"说"。人的"讲"疏远了"讲"赖以成为可能的语言之"说",这样说着语言的人就被本质的语言所抛弃,处在语言的破碎处,"无家可归"了。海德格尔存在论语言观的神学气味呼之欲出,这就不奇怪为什么他在反复申说语言荒芜的时候,为什么当他把存在问题归结为语言问题的时候,又提醒人们:"现时代的悲剧之一就是诸神的退隐。""语言的荒芜"和"诸神的退隐",通过对语言的存在论/基督神学的理解而联系起来。既然"这道(言)太初与神同在",那么人言之"讲"一旦遮蔽存在的语言之"说",自然也就意味着神的话语不得不从人言鼎沸中"退隐"。在这种情况下,"人言"就堕落为纯粹的"口舌之逞",而这也近似于《圣经》(如《雅各书》)经常提到的"舌头是恶的根苗"的说法。

以近代人道主义为哲学基础的科学技术的语言观与基督教神学的语言观在海德格尔那里呈现出尖锐的对立。有人把近代人道主义语言观和科学技术或曰科学主义语言观视同水火,以为二者是现时代关于语言的两个主要认知模式,但在海德格尔看来,人道主义与科学主义不仅不矛盾,恰恰相反,人道主义发展到一定程度就必然呈现为科学技术主义。人道主义和科技主义在语言观上共同的对立面,是存在论(海德格尔式神学)语言观。

语言观的这种根本对立,是西方一切围绕语言的意见分歧(包括同一与差异)的出发点与始因。

● **同一与差异的神学根据**

《圣经》涉及语言的同一与差异,首见《旧约》"创世记"第十一章:

> "那时,天下人的口音言语,都是一样。他们往东边迁移的时候,在示拿地遇见一片平原,就住在那里。他们彼此商量说,来罢,我们要作砖,把砖烧透了。他们就拿砖当石头,又拿石漆当灰泥。

他们说,来罢,我们要建造一座城,和一座塔,塔顶通天,为要传扬我们的名,免得我们分散在全地上。耶和华降临要看看世人所建造的城和塔。耶和华说,看哪,他们要成为一样的人民,都是一样的言语,如今既作起这事来,以后他们所要作的事,就没有不成就的了。我们下去,在那里变乱他们的口音,使他们的言语,彼此不通。于是耶和华使他们从那里分散在全地上,他们就停工不造那城了。因为耶和华在那里变乱天下人的言语,使众人分散在全地上,所以那城名叫巴别(就是变乱的意思)。"

神赐人以语言(事实上许多非基督教文化也认为除了神启或神授以外一切语言文字的起源皆不可解),最初一样(同一),由于人的妄念,神才亲自变乱了他赐与人的语言(差异)。同一或差异都是照神的意旨来行。人类语言由同一而差异,是在某个遥远的过去,其后直到如今,则是差异化呈现。将来重新归于同一,抑或始终保持差异,上面一段《圣经》并无明确提示,但按基督教神学的末日说与天国论,人类语言最终还要归于同一,具体用什么方式,同一于怎样的语言,则是人所不能妄猜,更无权专断。

《使徒行传》说在末日以前,人可以在圣灵降身时超越各自语言的界限而用另一个语言(舌头)来说话(传道):

"五旬节到了,门徒都聚集在一起。忽然,从天上有响声下来;好像一阵大风吹过,充满了他们所坐的屋子;又有舌头如火焰显现出来,分开落在他们各人头上。他们就都被圣灵充满,按着圣灵所赐的口才,说起别国的话来。"

这是英文新国际版《新约》的中译,中国基督教三自爱国运动委员会及中国基督教协会印行的《新旧约全书》"神版"翻译相同。末一句英文为：

"ALL OF THEM WERE FILLED WITH THE HOLY SPIRIT AND BEGAN TO SPEAK IN OTHER TONGUES AS THE SPIRIT ENABLED THEM."

可以这样直译："他们全部被圣灵充满，并开始按照圣灵使他们所能的那样，用另一种方言说话。"英文 TONGUE 有"舌头""口才""方言""语言""口音"几层意思，海德格尔将最后一句翻成"用别的舌头传道"①，但他强调此"舌头"并非只是"人的舌头"（他认为西方把语言看成"舌头的功能"乃是对语言的本质最大误解）。OTHER TONGUES，中文《圣经》翻成"别国的话"，并非无据，但"别国"也不是通常所谓"外国"，海德格尔说，OTHER TONGUES 不同于一般的外国话之处在于它不是人自己可以学习得来为自己服务，即不只是"口舌之便"（A MERE FACILITY OF THE TONGUE），而是神赐予人，叫人能向不同语言的人民传道，其特点是"充满了神圣的气息"——这就不同于一般所谓"别国的话"。

圣灵恩赐的"方言"是否就是最终同一的"天国的语言"？似乎不能这样说，因为这段经文下面明明说使徒们实际所讲的是住在耶路撒冷以外的其他犹太人口音，这也就是保罗在书信中所说的"方言恩赐"，但"方言恩赐"的意义不止是让信徒们获得"方言土语"以便与全地的人沟通，因为"方言恩赐"不是方言学家调查研究乃至实际掌握、运用自如的"方言土语"，它的特点在于"恩赐"，不学而能。保罗警告信徒别把"方言恩赐"看得太重，"那说方言的，原不是对人说，乃是对神说，因为没有人听出来；然而他在心灵里，却是讲说各样的奥秘。但作先知讲道的，是对人说，要造就、安慰、劝勉人。说方言的，是造就自己，作先知讲道的，是造就教会。我愿意你们都说方言，更愿意你们作先知讲道；因为说方言的，若不翻出来，使教会被造就，那作先知讲道的，就比他强了"，"我感谢神，我说方言比你们众人还多；但在教会中，宁可用悟性说五句

---

① the Nature of Language, *On the Way to Language*, pp.96-97, Harper and Row, 1971.

教导人的话,强如说万句方言"①。"方言恩赐"并非人类语言的归宿,但这一奇迹至少表明,虽然神因为某种理由使本来同一的语言呈现出差异,但为了让人在世间完成神所指派的工作,神也会使他们在某种情境中暂时超越语言的差异。

语言的同一与差异在基督教神学传统中据地极坚,而对此问题的世俗化理解更是五花八门,各有所本。由此,语言学家或追索天下语言各种差异性呈现,偏重各种语言及其内部各要素的彼此差异(如强调绝对准确的外文、古文乃至不同"话语"间的"翻译"之不可能);或从"语源学"角度揭示天下语言同出一源的证据及彼此分野的轨迹,或强调彼此差异化的语言存在之内在可沟通性(如探索各种意义上的"翻译"的可能性道路)。这两种探讨本可并行不悖,但在现代中国的语言计划之理论与实践中,竟至演成水火不容的痛苦分裂,则不能不说是一种特殊现象。从社会学、历史学、文化人类学这些海德格尔所谓人道主义形而上学的分支来看,语言的同一与差异源于主体不同的认同标准;在中国现代,不同的社会改造理想、文化传统观念、经济利益指标在文学领域的遭遇,以各种可见或不可见的方式引发了有关语言的差异与同一的争执,其白热化的呈现,表征了中国文化现代化方案的复杂构成。

● **章太炎/吴稚晖:中国现代语言观破裂之始**

语言的同一与差异最先透过"世界语"与民族语言的戏剧性对抗进入现代中国知识分子视野。

"世界语"最初由波兰医生柴明华于1887年创制,名曰Esperanto("希望者"),不久即在世界各国引起广泛声援。信仰世界语者每年定期在欧洲某国集会,并计划逐年变更集会地点,从欧洲走向其他各洲,最后使"世界语"遍及全球。

---

① 《新约·哥林多前书》14:2—5;4:18—19。

1907年,吴稚晖、李石曾等巴黎中国留学生相集创办《新世纪》杂志,宣传反满革命和无政府主义思想,一面积极响应在欧洲各国开展得如火如荼的"万国新语"(即世界语)运动,把世界语看作中国文化与政治走向新生的重要凭借,列举种种好处,而竭力抨击汉语言文字。《新世纪》杂志除密切关注欧洲"万国新语"运动,报道国际世界语大会盛况,还刊登了吴稚晖《新语问题杂答》《续新语问题杂答》《废除汉文议》等文,公然提出取消汉语言文字而代之以世界语的主张。

因清政府的查禁,《新世纪》杂志很难为国内读者所知,流寓日本的中国学者却很容易读到。在东京主持《民报》笔政的章太炎率先作出反应,撰《规新世纪》《驳中国用万国新语说》《四惑论》等文,对《新世纪》特别是吴稚晖提出猛烈批评。吴稚晖也以《书〈驳中国用万国新语说〉后》回应章的批评。吴文就事论事,回应纯属被动,和太炎并不能构成旗鼓相当的对话。章氏挟其广博的"小学"知识和已然成熟的独特的强调差异的哲学,将20世纪初汉语言文字所面临的诸多复杂问题——摊开,后来论语言文字和文学之关系者,基本不能跳出他的范围。

《驳中国用万国新语说》关于汉语及一般语言,至少有八点见解值得重视如下。

1. 语言的差异天经地义,不可强求其同。"余闻风律不同,视五土之宜,以分其刚柔侈敛。是故吹万不同,使其自已……虽大巧莫能齐也"。但太炎据《庄子》"齐物论"思想对语言差异化的这种解释并没有完全堵塞人们关于语言起源问题的另一种想象,因为庄子所谓"吹万不同,各使其自已"虽肯定了"不同",在更高层次上却并未取消"怒者其谁"的追问。无论庄子还是太炎对动词"吹"(或"怒者"之"怒")都未作进一步分析,只强调"吹"在触到万物不同之"窍"后势必发出"各使其自已"的不同声音。在"齐物论"宇宙图景中,关于差异的强调并不曾阻止对同一的"吹者"和"怒者"的想象(庄子所用的最初推动力的比喻性说法是"风",颇能让人想到基督教关于上帝气息和圣灵之风的叙述)。有趣的是,尽管太炎并非在任何问题上都单纯地固执事物的差异化呈现,相反,一元论在章氏思想中始终不曾彻底放弃,然而当问题涉及汉语的终极出路时,他还是毫不犹豫地选择了差异作为自己一以贯之的立场:"虽大巧莫能齐也"。

2."万国新语"是基于欧洲各国语言的实际而创制的国际辅助语言,和汉语系统流别迥异,贸然替换,只会造成诸多损害。"万国新语者,本以欧洲为准,取其最普通易晓者,糅合以成一种,于他洲未所取也。大地富蕴博厚矣,殊色异居,非白人所独有,明其语不足以方行世界,独在欧洲有交通之便而已"。倘不明此理,则"凫胫虽短,续之则忧,鹤胫虽长,断之则悲":"今以中国字母施之欧洲,则病其续短矣,乃以欧洲字母施之中国,则病其断长矣。又况其他损害"。他由此告诫"世之君子""当以实事求是为期,毋沾沾殉名是务"。

3.拼音文字与象形文字并无优劣之分。"合音之字,视而可识者,徒识其音,固不能知其义。其去象形,差不容一黍",因而也不存在以优等语言淘汰劣等语言一说,各种语言文字都有保存自己的理由,"岂直汉语尔,印度、欧洲诸语犹合保存"。

4.国人文化程度低下并非因为繁难汉字的阻碍,只在教育的落后。"国人能遍知文字与否,在强迫教育之有无,不在象形、合声之分也",这就否定了清末以降从普及教育角度改造汉语言文字的主要理论根据。

5.汉语言文字在时间、空间上的分裂,被不通韵学者盲目夸大了,实际上在尊重古今流别和各地方言的前提下制成"便俗致用"的"官音""夏声",还是完全可能的,舍此而乞灵于"万国新语",无异于避易就难。"夫语言文字出于一本……汉人所用,顾独有汉字耳。古今语虽少不同,名物犹无大变……余尝穷究音变,明其非有差违,作《释词》七十余条,用为左证……以双声叠韵展转钩校,今之词气,盖无一不与雅驯相会者……特世人鲜通韵学,音声小变,即无以知所从来……况其文字本出一途,不以假名相杂,与日本之凌乱无纪者,阡陌有殊……今各省语虽小异,其根底固大同。若为便俗致用计者,习效官音,虑非难事……视彼万国新语,则难易相距,犹不可以筹策计也。"这是从汉语言文字历史沿革的特点来确立后来所谓"国语统一"的根据与可能性。在太炎的理想中,彼此虽有"小异"而"根底固大同"的各地方言与统一的"官音""夏声"并存,将是今后汉语发展所应遵循的基本原则,方言、官音并存,一国之内语言的差异与同一互补,足以应付世界的变化,无须"万国新语"之类强行加入。

6. 明确指出汉字和汉语有无可选择的连带关系,任何对汉字的改造都将牵动汉语本身。太炎总是从汉语生死存亡的角度分析人们关于汉字的一切设想;离开汉语而孤立地谈论汉字,或离开汉字而孤立地谈论汉语,在他看来都不切实际。

7. 语言不仅与民族生存权有关,也是一个民族在精神上表达自己的最高形式即文学的根基,因此,语言文字的状况,实乃民族精神发扬提升之所系。广义的文学始终有赖于并且就植根于语言,因此对语言的任何伤害必然伤害到文学,甚至造成文学的消亡:"若欲统一语言……其在汉土,排列先后之异,钮母繁简之殊,韵部多寡之分,器物有无之别,两相径挺……猥以彼语以相比况,将何以宣达职志,条鬯性情?"他还援引"杜尔斯兑"的话("中国'道'字,他方任用何文,皆不能译")来帮助自己说明这个问题。汉语的发展有它自己独立的步骤与过程,由根而枝,由枝而叶,条理井然,"一字而引申为数义者,语必有根",如果"转用新语,彼此引申之义,其条贯不相准,是则杜绝语根也"。他不仅反对外来语言对汉语的强行干涉,也怀疑文学语言翻译的可能性:"由是知汉土篇章之美者,译为欧文,转为万国新语,其率直鲜味也亦然。本为谐韵,转之则无韵;本为双声,转之则异声;本以数音成语,转之则音节冗长,失其同律。是则杜绝文学,归于朴塞也。"

8. 公然提出汉语优越论。"然言语文字,所以为别,声繁则易别为优,声简则难别为劣……纵分音纽,自梵土悉昙①而外,纽之繁富,未有过于汉土者也;横分音韵,梵韵复不若汉韵繁矣。"

章太炎语言思想影响深远,就新文学界而论,可举以下数人为例——

章、吴论辩时,鲁迅正在东京留学,他明显站在自己老师一边,曾作《文化偏至论》,批评"青年之所思维,大都归罪恶于古之文物,甚或斥言文为野蛮,鄙思想为简陋,风发渤起,皇皇焉欲进欧西之物以代之",又计划在长篇论文《破恶声论》中专门驳斥"同文字、弃祖国、尚齐一"的论调,可惜《破恶声论》只做了一半,没有写到这个预定的主题,鲁迅就弃学回国了。20年代中期写《汉文学史纲要》,力言汉字有"三美",实为汉文学之基础,强调民族语言差异的合理性以及一民族之文学对该民族之语言文字的根本倚赖。20年代末,为"不中不西"的"欧化语体"辩护②,30年代初,主张"宁信毋顺"的"硬译"而认为汉语翻译不必强求统一于"完全的白话"③,自己在创作中一贯坚持个性化的文风,坚持语言差异性之不可替代的价值,这些方面都与太炎的启发有关。

周作人是五四一代第一个站出来反思五四语言革命的人,他说:"不过我们这时代的人,因为对于褊狭的国家主义的反动,大抵养成一种'世界民'(Kosmopolites)的态度,容易减少乡土的气味,这虽然是不得已却也是觉得可惜的。我仍然不愿取消世界民的态度,但觉得因此更须感到地方民的资格,因为这二者是相关的,正如我们因是个人,所以是'人类一分子'(Homaraus)一般。"基于这种认识,他反复提醒"新文学家"注意新文学所倚仗的"白话""也终是汉语"④;他虽自认并非

---

① 悉昙,梵文 Siddham,另译"悉谈",原意"成就""吉祥",概指印度梵文,或专指梵文发音体系。梵文相传为梵天所造,四十七个字母,"摩多"即母音、元音十二,"体文"即父音、辅音三十五。
② 《而已集·当陶元庆君的绘画展览时》。
③ 《二心集·关于翻译的通信》。
④ 《自己的园地·〈旧梦〉序》。

"传统主义的信徒",但又相信"传统之力是不可轻辱的","如因了汉字而生的种种修辞方法,在我们用了汉字写东西的时候总摆脱不掉的"①。周作人五四后期开始发生的语言思想上的再觉醒,上承章太炎,下启当时北京学界和文学界一股颇有声势的从语言文字角度反思五四的潮流,闻一多、冯至、梁宗岱、朱光潜、李长之等均受此影响,提出各自关于汉语言文字的反思性意见,丰富并发展了五四文学革命所开辟的现代性语言观念。另外,王力于1927年在清华国学研究院作《中国古文法》,竭力为中国文法个性辩护,由此奠定了他个人一生语言研究的出发点,并在现代汉语研究界独树一帜。郭绍虞从20年代末开始就一直认真研究汉语言文字的特点及其与新、旧文学创作之关系,他的《中国文学演化概述》《中国诗歌中之双声叠韵》《语言的改造》《中国语词之弹性作用》《中国语言所受到文字的牵制》《中国语词的声音美》《五四与文学语言》《再论文言白话问题》《骈文文法初探》等论文,在五四以后众多谈论汉语言文字与文学之关系的文章中最具光彩。

　　章太炎、鲁迅、周作人这一系统的语言文字思想,在文化根基处隐秘主宰着30年代崛起的"京派"的灵魂,察其宗旨,无非是在尊重语言文字差异性前提之下探讨现代民族国家文化创造的独立路径。

● **康有为的语言大同理想**

　　但强调语言的差异的思路在中国现代并不占主流地位,主张语言同一的声浪自始至终都显得更加有力。

　　早在17世纪上半叶,就因为中西方大规模的"语言接触"而在中国一些语言学家心中萌生了语言最终应该同一的思想。《通雅》(钱玄同认为约作于1639年)作者方密之(以智)受西方传教士以西方语言为汉字拼音的启发,认为中国文字应该"如西方因事乃合音,因音而成字",如此则"万有不齐之声,无不可知母以及父,随父而归宗,因宗以归祖,

---

① 《谈龙集·〈扬鞭集〉序》。

由祖以归元"。方氏这种语言理想在中国历史上一直有来自学术和政治方面的支持,从秦始皇统一六国开始一直到晚清,中国的统治者与士大夫始终就有语言同一的理想,不过在古代,是将各地语言同一于汉语汉字,而现代民族国家的意识形态要求与民族主义的生成,则加剧了这种语言同一的理想。但是,现代的语言同一理想增添了新内容,即要求汉民族语言文字同一于更优秀的某种世界性(西方)语言文字。

近代以来,要求中国向世界先进文化看齐并谋求语言的同一,始终是中国知识分子的一种总体性想象。1896 年 11 月《时务报》发表的梁启超《沈氏音书序》称:"稽古今之所由变,识离合之所由兴,当中外之异,知强弱之原,于是通人志士,汲汲焉以谐声增文为世界一大事。……吾师南海康长素先生,以小儿初学语之声为天下所同,取其十六音以为母,自发凡例,属其女公子编纂之。"可惜梁启超写这篇序文时还没有看到"吾师"的大作,否则当有一番详细评价,但梁氏至少已清楚地将康有为神秘的语言研究纳入了"通人志士"的思想潮流,说明他对康氏语言研究的主旨并不隔膜。

康有为后来还是抛出了他的语言大同的蓝图。约写于 1885—1887 年之间,迟至 1913 年在《不忍》杂志连载十部中的甲乙两部,全稿直到 1935 年才由弟子钱定安整理交上海中华书局出版的《大同书》①"乙部"第三章"初设公议政府为大同始"之"公议政府专议万国交通之大同"目下之第五款,便专门讨论各国文字语言之划一:

"各国语言文字,当力求新法,务令划一,以便交通,以免全世界无量学者,兼学无用之各国语言文字,费岁月而损脑筋。若定为一,增人有用之年岁,公益之学问,其益无穷。夫语言文字,出乎人

---

① 关于《大同书》及其雏形《实理公法全书》的写作与版本,参看朱维铮《康有为大同论二种·导言》,三联书店 1998 年 6 月北京第一版。

为耳,无体不可,但取易简,便于交通者足矣,非如数学律学哲学之有一定,而人所必须也,故以删汰其繁而劣者,同定于一为要义。但各国并立,国界未除,则各国教育,当存其本国语言文字,以教其爱国心,为立国之根本也,故一时虑未能废去。但当定一万国通行之语言文字,令全地各国人人皆学此一种,以为交通,则人人但学本国语言文字及全地通行语言文字二种而已,可省无限之岁月,可养无限脑力,以从事于其他有用之学矣,所谓不作无益损有益也……及国界已除,种界已除后,乃并各国本种之语言而并舍之也。"

康有为所谓"公议政府"是世界大同初级阶段,在初级阶段世界各国彼此差异的语言已被他说成是"无用之各国语言文字","务令划一",以"同定于一为要义"。当"公议政府"完成过渡时期的使命而为真正大同的"公政府"取代时,语言又将如何划一?康有为提出这样的设想:

"全地语言文字皆当同,不得有异言异文。考各地语言之法,当制一地球万音室,制百丈之室,为圆形,以像地球,悬之于空,每十丈募地球原产人于其中,每度数人,有音异者则募置之,无所异者则一人可矣。既合全地之人,不论文野,使通音乐言语之哲学士合而考之,择其舌本最清轻圆转简易者,制以为音,又择大地高下清浊之音最易通者制为字母。凡物有实质者,各因原质之分合,因以作文字,其无质者,因乎旧名,择大地各国名之最简易者,如中国,采之,附以音母,以成语言文字,则以用力少而所得多矣。计语言之简,中国一物一名,一名一字,一字一音,印度欧洲一物数名,一名数字,一字数音,故文字语言之简,中国过于印度欧美数倍矣。惟中国于新出各物,尚有未备者,当采欧美新名以补之,惟法意母音极清,与中国北京相近而过之,夫欲制语音,必取极清高者,乃宜于唱歌协乐,乃足以美清听而养神魂。大概制音者,从四五十度之间,广取多音为字母,则至清高矣。附以中国名物,而以字母取音,以简易之新文写之,则至简速矣。夫兽近地,故音浊,鸟近空,故音清,今近赤道之人音浊近兽,近冰海之人音轻转如鸟。故制音者,当取法于四五十度也。闻俄人学他过语最易而似,岂非以其地度高耶。制语言文字既定,以为书,颁之学堂,则数十年后,全地皆为新语言文字矣。其各国旧文字,存之博物院中,备好古者之考求可也。"

康氏想象力可见一斑。相比之下,吴稚晖划一语言文字的主张不免大巫见小巫了。

● **五四时期的世界语问题**

康有为、章太炎、吴稚晖之后,语言同一思潮之最有力者,是五四时期关于"世界语"论争的再度兴起。

蔡元培留学德国时曾自学"世界语",回国后在教育部设立"世界语传习所",热心支持"世界语"在中国传播。蔡元培关于"世界语"的主张如下:"语言者,思想之媒介,犹之钱币为货物之媒介……钱币之流行,常渐趋于大同……语言之将来,亦必如是,盖媒介物近于大同,则其媒介之价值愈大故也。"蔡元培似乎并不认为"世界语"就是完全符合国际大同的理想语言,他倾向于把"世界语"看作"国际通语",此"国际通语"对各国只是一种"辅助语",俾能互相沟通。但是,他仍然高度评价"世界语"作为辅助性"国际通语"的意义,认为其价值首先在于超越一国之私而能为多国所乐于接受,其次,"世界语"作为一种人为语言,有自然演进的民族语言所不具备的优点:"自然语言,往往一字而含数义,或一义而有数字,最足贻读者之误解",而"世界语则纯由人造,故所定规则,一无例外,而字仅一义及单字较少,皆易学之证"。值得注意的是,蔡元培把自然演进的语言比作"鸟兽之语言,纯任自然,故不能应变无穷",而语言的优胜就表现为从自然进到人为,即由自然的差异进到人为的同一:"人类语言,则始于写象自然……其后渐偏于人为,则有抽象之名词,及划一之文法,与金钱之历史相类。"①蔡元培的理想在于超越自然演化而进于人为制造,完全由人来控制语言,而这样的语言只能遵循同一化原则,不可能为差异化保留足够的空间。

陈独秀主张"Esperanto 为人类之语言,各国语乃各民族语言,以民族之寿命与人类较长短,知其不及矣","重历史的遗物,而轻人造的理想,是进化之障也",和蔡元培意见基本相同。

五四时期激烈推行"世界语"的健将是钱玄同,钱氏在一封书信中明确表示:

> "先生(指反对世界语的陶孟和)以为文字不能由人为的创造,世界语言文字不求其统一;玄同则反是,以为进化之文字,必有赖乎人为,而世界语言,必当渐渐统一;因玄同对于文字之观念,以为与度量衡、纪年、货币等等相同,符号愈统一,则愈可少劳脑筋也。"

各国语言文字统一的达成在乎人为,而统一的标准也只能人为制定:

> "玄同以为世界上苟无人造的公用文字,则各国文字断难统一;因无论何国皆不肯舍己从人;无论何国文字,皆决无统一世界之资格也。若舍己国私有之历史的文字,而改用人类公有之人造的文字,则有世界思想者,殆无不乐从,因此实为适当之改良,与被征服于他种文字者绝异也。"

他又认为"但'世界语'三字之意义,大概是说世界公用的语言,并

---

① 《在世界语学会欢迎会上演说词》,1912 年 8 月 17 日讲,《东方杂志》九卷五号,引文见《蔡元培语言及文学论著》,河北人民出版社 1985 年 10 月第一次印刷,页 80。

非说此种语言尽括世界各种历史的语言在内",根据这个"世界语"的定义以及他对汉语言文字的认识,钱玄同明确将汉语言文字排斥在"世界公用的语言"之外:"至于不采东方文字,而云可为世界公用的语言,此则骤看似有未合;然玄同个人之意见,以为此事并无不合,东方之语言,实无采入 Esperanto 之资格。所谓东方语言,以中国语言为主;中国之字形,不消说得,自然不能掺入于拼音文字之内;中国之字义,函糊游移,难得其确当之意义,不逮欧洲远甚,自亦不能采用",而"中国之字音,则为单音语,同音之字,多且过百,此与拼音文字最不适宜者……若现代学术之专名,则本非东方所有,即在东方文字中,亦以采用西名为当"。在这里,追求语言文字的同一性并抹杀语言文字的差异性,直接导致了对母语的彻底否定①。

"世界语运动"在中国暂时消歇了,但它对现代中国知识分子语言观念的影响极其深远。在这个追求同一性的语言革命运动中,寄托了中国现代知识分子对人类文化历史发展的根本信念,这一世界公民主义(Cosmopolitanism)的信念如此强烈,以至于固守民族语言本位的思想和偏向语言差异性的主张不断遭到质疑,语言的同一与差异之关系结构的严重失衡,持续动摇着中国知识分子在语言上艰难追求的归属感(Sense of belonging)。某种意义上,20 世纪直到 21 世纪新一轮的"全球化"(Globlization)及其反题"全球本地化"(Gloclization),也可以从 20 世纪初期世界语和民族国家语言的对抗与亲和中找到历史渊源。一个多世纪以来,中国知识分子对世界语的信念,同它在汉语世界实际遭遇的阻力,构成一种现代性的紧张,滋养着也限制着"现代汉语"的成长:它以表面上看来十分粗糙的有关世界各国语言同一的想象,在浮躁的东方,开始了对骤然失效的民族语言共同体的历史性改写,而这种被

---

① 以上引文俱出《答陶履恭论 Esperanto》,《钱玄同文集》(第一卷),页 95—100,中国人民大学出版社 1999 年 4 月第一版。

改写的历史直到今天也还远没有结束。

## 2. "现代汉语"诸要素的内在紧张关系

五四以前,构成中国语言文字的诸要素大概有五个方面:1.诗、词、曲、文(八股文在内),这是传统知识分子追求身份认同的同一化书面语(文言),不仅是政府官文的语言,更是为绝大多数文人所采用的正统文学用语,其权威性不容置疑;2.官话:几大方言区在官场通行的彼此相对接近的口语,这种官方口语即现代国语的前身;3.白话文:历史悠久、日益流行的接近官话但容量更加巨大而庞杂的报章通俗文与通俗文学用语,其运用主体也是写正统诗词曲文和讲官话的主流知识分子(无论他们在庙堂或民间);4.偶尔采入文学作品、在文化上基本处于隐蔽状态的各地方言土语;5.两次外来语(佛经翻译和近代日语)不同程度的渗透[①]。"现代汉语"就是在这些语言存在的基础上抟塑而成,其复杂性可想而知。"现代汉语"是上述诸语言要素的凝聚,这一凝聚的过程并非某一要素(比如"文言")的彻底退场或消失,亦非某一要素(比如"口语"和"白话")的绝对排他性存在,而只是诸要素原来结构关系的重新调整,也就是说,"现代汉语"是包含着丰富差异面的民族语言的新的同一,这新的同一以丰富的差异面的保存为前提,因此,"现代汉语"是汉语现代化发展的一个尚未结束的过程,不能把"现代汉语"简单理解为某种抽象的或者以权威机关颁布的固定不移的语言概念,比如,"我们并不能在普通话和现代汉语之间划上等号"[②]。而之所以如此,就因为"现代汉语"一直就包含着同一与差异的内在紧张。

因此,无论是把握"现代汉语"的历史形成,还是分析"现代汉语"内

---

① The Formation of Modern Chinese Lexicon and Its Evolution Toward a National Language: The Period from 1840 to 1898, by Federico Masini, Journal of Chinese Linguistics, Monograph Series Number 6,1993,中文译本有汉语大词典出版社1997年9月第一版之《现代汉语词汇的形成——十九世纪汉语外来词研究》,黄河清译。

② 参见周振鹤、游汝杰《方言与中国文化》,上海人民出版社1986年10月第一版,页5。

部诸要素的关系,都不能不正视其所内涵的同一与差异的张力结构。

"现代汉语"内涵的张力结构,最显著的就是"民族国家语言"的要求(从"国语"到"普通话")和"文学语言"之共存。在"现代汉语"成立之初,这种共存关系曾被胡适之经典地表述为"国语的文学——文学的国语"。对民族国家语言来说,同一性是最高要求,而对文学创作来说,却不应有任何强制性规定,否则"国语的文学——文学的国语"之良性共存关系就会遭到破坏。

在民族国家语言和文学(翻译)语言内部,任何一项也都有其规定比重与界限,不能越出此比重与界限而压抑其他要素,打乱语言的自然演变秩序,给创作翻译带来负面影响。

文言文的大一统发展到现代,确实已越来越限制着中国文学语言的表现力,此点经五四一代文学革命者反复阐明,再无疑义。但是,五四一代人没有看到,除文言之外,现代汉语内部任何一项构成要素,如果不适当地夸大其文化政治功能而妄加褒贬,也都会像过去对待文言文那样,造成整个民族语言差异面的收缩,对文学语言来说,就更容易减损其丰富而真实的表现力。

现代白话文的提出,除了丰富和提高文学表现力、尽情接纳现代生活经验这一层理由和身份之外,它从一开始还具有另一重身份和理由,即现代民族国家唯一合法(便捷经济、大多数人可用)的通行语言;两重身份、两种理由集于一身,很容易使现代白话文全面扩张和充分意识形态化,从而迅速定于一尊,压抑其他语言构成要素同样的现代性诉求(文言、外来语、方言土语、欧化语文均先后为抽象的"白话文"所挤压)。胡适之对白话文绝对的"白"的强调,固然使他那一派的"国语的文学——文学的国语"裹足不前,但因其内含的现代民族国家在审美与实用上的双重现代性诉求,白话文本身的缺点并不为大多数知识分子特别是青年所承认,相反,其无可抗拒的威势本身就是合法性的证明。当时人们对白话文的倾倒与迷狂,有的是因为从中感受到现代意识和现代经验的解放感与新鲜感("文学的国语"),大多数人则是震于它的意识形态的政治正确性("国语的文学"),正如成仿吾指出的,"我们的新文学运动,自从爆发以来,即是一个国语的运动"①,正是靠了这种力量与声势,才造成章士钊所描述的那种"如饮狂泉,举国若一""以适之为上帝,绩溪为上京,遂乃一味于胡氏文存中求文章义法,于《尝试集》中求诗歌律令"的局面②。

章士钊看到并不无夸张地加以描绘的,有新派知识分子从白话文中所得之益,也有旧派知识分子于白话文流行之后所失之利,但也确实触及了问题的根本,即白话文迅速成为保障某一人群文化身份与文化资本的象征物,必然要为自己树立众多对立面。五四白话文的对立面并不限于保守文言的顽固派,比如白话文做成的"国语的文学——文学的国语"被左翼作家批评为"只有官的气息而没有泥土气息"的"现代官话",就不失为语言的差异化要求对语言的同一性专制的必然反抗。

20年代瞿秋白提出"新中国文""新的中国的现代言语"与胡适之的白话文对立,30年代"大众语运动"和"国语运动"对垒③,都可作如是观。无论要求第二次文学/语言革命的瞿秋白,还是激烈批判"国语运动"之反动性的聂绀弩,在批评别人的语言专制的同时,一刻也没有放弃追求自己心目中的现代汉语的纯洁化和同一化理想。

瞿秋白心目中的"新中国文""新的中国的现代言语",原本希望向民间大众和外国文化更多更自由地吸收新的语言材料,反对"中国的欧化的绅商例如胡适之之流"的过于拘谨,即过于文人气和不肯大众化,不满他们"离开真正正确的口头上说话的记录还远得很"的不够彻底——他甚至干脆宣布五四白话文"也已经是死的言语了"。30年代

---

① 成仿吾《新文学之使命》,引文见《中国新文学大系·文学论争集》。
② 章士钊《评新文化运动》,引文见《中国新文学大系·文学论争集》。
③ 这方面最有代表性的是黎锦熙与聂绀弩的争论,参见黎著《国语运动史纲》及聂著《语言·文字·思想》诸文,限于篇幅,此处不赘。

初,瞿秋白将他的"新中国文""新的中国的现代言语"上升到了一个绝对高度,他认为在上海、武汉、天津等大都市里,无产阶级随着自身的壮大,已经对"现代中国的新的言语"提出了更高的要求,"现在的文学家,哲学家,政论家,以及一切普通人,要想表现现在中国社会已经有的新的关系,新的现象,新的事物,新的观念,就差不多人人都要做'仓颉'。就是说,要天天创造新的字眼,新的句法",而语言的这些新的生长,显然不是五四白话文所能包容。表面上,瞿秋白似乎是要拿一种语言差异化的诉求去批评五四白话文过早的定于一尊,但他的犀利的呐喊并不满足于语言的单纯差异化呈现,他的语言理想仅仅相对于"胡适之之流"的白话文来说是一种差异化诉求,但最终目标还是一种新的语言同一,即希望尽早建立一种新的以无产阶级的口语为主体的语言共同体。在这个新的语言共同体中,现代汉语的许多差异面,如五四白话文所欢迎的欧化文以及部分地为五四白话文所宽容的文言,均遭排斥。欧化文被宣布为买办的不通之语,自然不在话下,至于残留在五四白话文之中并为实践证明仍然具有相当生命力的那一部分文言文,瞿秋白更认为应该在立即扫除之列,他坚信"完全肃清文言的文法和字眼,只采用最小限度的汉字来做字根,完全根据白话的文法习惯,来创造新的字眼和句法,使这种新的言语能够传达科学艺术给大众——这是完全可能的事情"[①]。

瞿秋白的"新中国文""现代中国新的言语"是以无产阶级生活为土壤而且事实上已经在一些大城市产生了的"普通话"[②],他认为这种"普通话"隐含着"中国白话的文法公律","从一般人的普通谈话,直到大学教授的演讲的口头上的白话",都要以这个"公律"做标准。但什么是"真正的白话"的标准,什么是"中国白话的文法公律"?很简单,就是

---

[①]《普通中国话的字眼的研究》,引文见《瞿秋白文集》(二),人民文学出版社 1953 年 12 月第一版,页 688。
[②]《普罗大众文艺的现实问题》,引文见《瞿秋白文集》(二),页 853。

"普通群众口头上说话的习惯",是"中国人口头上可以讲得出来的白话",至于"写在纸上的说话(文字),就应当是这一种白话,不过组织得比较紧凑,比较整齐罢了";只有这样写成的白话文才是"活的言语"。创作和翻译在语言上的目标乃是"创造出新的中国的现代言语",要实现这个目标,就必须"就着中国白话原来的公律去创造",否则,就是"完全不顾群众口头上说话的习惯,而用文言做本位",就很容易"不顺","这样写出来的文字,本身就是死的语言"①。

瞿秋白所追求的新的语言的同一化,简单地说,就是立足于普通群众口语的声音本位的同一。他要求翻译语言必须是"绝对的正确和绝对的中国白话文",所谓"绝对的正确",指翻译所用的白话文在内容和语言结构上绝对忠实于原文,相当于严复所谓"信",而"绝对的中国白话文",则是指上述立足于普通群众口语的声音本位的白话文,"就是朗诵起来可以懂得的",即一般群众口头上读起来觉得"顺"的白话文。

依照瞿秋白的"文法公律"去追求所谓"绝对的正确和绝对的中国白话文",不仅胡适之的买办文体不够用了,鲁迅的翻译乃至创作也都不够格。在30年代初期,与瞿秋白正面辩难的不是胡适(胡适的白话文毕竟已经一劳永逸地赢得了多数知识分子)而是鲁迅(他的白话文还在艰难探索之中)。鲁迅在理论上也承认口语是现代白话文的基础,但他反对创作与翻译的白话文简单同一于口语,"但就大体看来,现在也不能和口语——各处各种的土语——合一,只能成为一种特别的白话,或限于某一地方的白话。后一种,某一地方以外的读者就看不懂了,要它分布较广,势必至于要用前一种,但因此也就仍然成为特别的白话,文言的分子多起来。"②鲁迅所谓"特别的白话",实际上仍然是被瞿秋

---

① 瞿秋白致鲁迅书,引文见《二心集·关于翻译的通信》。
② 鲁迅覆瞿秋白书,引文见《二心集·关于翻译的通信》。

白反复批评过的五四以来的"语体文",这种"语体文"的构造相当复杂,因为它允许在自己内部尽可能容纳丰富的语言因素,并牢牢将此奉为逐渐形成新的语言共同体的前提。

鲁迅和瞿秋白都主张"直译",不同的是瞿秋白认为"直译"可以使用当时中国已经产生的一种基于群众口语的一般群众可以读得顺口的"绝对的正确和绝对的中国白话文",而鲁迅则认为实际上并没有那样理想的白话文产生,中国一般群众的口语极其贫乏,翻译不能依靠口语,即不能依靠基于口语并限于口语的声音本位的白话文(这种白话文就连胡适之的白话文也不如);相反,翻译的使命是要逐步地充实和改造这样贫乏的口语和以之为基础的同样贫乏的白话文,不断将一些和口语暂时还不能完全相融的新的语言因素和旧的语言遗产慢慢"注入活的民众里面去",具体的办法,就是"只好陆续吃一点苦,装进异样的句法去,古的,外省外府的,外国的,后来便可以据为己有","现在只好采说书而去其油滑,听闲谈而去其散漫,博取民众的口语而存其比较的大家能懂的字句,成为四不象的白话"。鲁迅认为这样"特别的白话""四不象的白话",才是比较现实的现代中国的语言道路,它不是瞿秋白所理想的"绝对的正确和绝对的中国文",它允许一定程度的"不顺",但这"不顺"并非翻译或创作中有意无意的误译或生造,而是指现实的现代中国的语言道路并非现成、平坦,而是一个不能避免困难的逐渐成熟的过程,要允许它慢慢"从'不顺'而成为'顺'",至于一般读者接受这样的白话文,也只好"不妨不像茶淘饭一样几口可以咽完,却必须费牙来嚼一嚼"。语言的改造,不能一蹴而就,必须"一面尽量的输入,一面尽量的消化,吸收,可以的传下去了,渣滓就听他剩落在过去里"。新的异质的语言因素的输入一开始"自然不宜太多,以偶尔遇见,而想一想,或问一问就懂得为度。必须这样,群众的言语才能够丰富起来"[①]。鲁迅

---

[①] 鲁迅覆瞿秋白书,引文见《二心集·关于翻译的通信》。

说的这个过程是现代中国大多数知识分子都实际经历过来的。

"特别的白话""四不象的白话"虽然在总体精神上是"进攻"而非"防御",其中隐含着向着现代中国成熟的言语不断挺进的某种一元的要求,但这种一元的要求以尊重新语言在逐渐成熟的过程中仍然而且必须保留丰富的差异化呈现为前提,而不是抹杀差异的理想化、意识形态化的强求一律。鲁迅所设想的现代中国新语言,其本质就是包含着同一和差异的内在紧张,所以他一再强调,对如此前进着的现代中国语言和基于这种语言的一切文学创作,不能以抽象、固定和现成的标准来衡量,而"必须用存在于现今想要参与世界上的事业的中国人的心里的尺来量"①。从语言的角度来说,"心里的尺"的主体不是那些一心追求语言规范化的理论家,而是正在进行"创造"的"千百万的活人"②。

这是鲁迅和瞿秋白根本分歧所在,虽然他们的出发点,都很清楚地如瞿秋白所说,"翻译——除出能够介绍原本的内容给中国读者之外——还有一个很重要的作用:就是帮助我们创造出新的中国的现代言语"③,但"新的中国的现代言语"这个语言共同体和语言同一化的理想所引发的语言实践的具体道路,则完全不同。

如果说瞿秋白是想以他心目中带有明显政治意味的"绝对的正确和绝对的中国白话文"来达到语言的同一,那么以聂绀弩为代表的左翼作家,则是将在瞿秋白那里已经得到强调但尚未独尊的"方言土语"单独提出来而奉于独尊的地位,他们希望"方言土语"按照民族斗争的"内容的要求"自动融合起来,成为清醇的不含任何杂质的全新的现代中国文。在三四十年代中国左翼语言学家那里,"方言土语"的价值被抬得很高,几乎获得了某种政治神圣化和历史目的论的崇高意味④。

---

① 《而已集·当陶元庆君的绘画展览时》。
② 《准风月谈·难得糊涂》。
③ 《二心集·关于翻译的通信》。
④ 限于篇幅,此点无法细论,相关论述,可参看《音本位与字本位》,《当代作家评论》2002年第二期。

正是在这种"语言政治学"的推动下，才有了 40 年代毛泽东、周扬在延安发动的一场对知识分子语言包括"鲁迅风"杂文语言的全面清洗。

毛泽东《在延安文艺座谈会上的讲话》谈到"文艺作品给谁看"时说——

> "文艺作品在根据地的接受者，是工农兵以及革命的干部"，"既然文艺工作的对象是工农兵及其干部，就发生一个了解他们熟悉他们的问题……我说以前是不熟，不懂，英雄无用武之地。什么是不熟？人不熟……什么是不懂？语言不懂，就是说，对于人民群众的丰富的生动的语言，缺乏充分的知识。许多文艺工作者由于自己脱离群众、生活空虚，当然也就不熟悉人民的语言，因此他们的作品不但显得语言无味，而且里面常常夹着一些生造出来的和人民的语言相对立的不三不四的词句。许多同志爱说'大众化'，但是什么叫做大众化呢？就是我们的文艺工作者的思想感情和工农兵大众的思想感情打成一片。而要打成一片，就应当认真学习群众的语言。如果连群众的语言都有许多不懂，还讲什么文艺创造呢？英雄无用武之地，就是说，你的一套大道理，群众不赏识。"

语言问题就这样从一个根本的角度被提出来："如果连群众的语言都有许多不懂，还讲什么文艺创造呢？"这就从根本上否定了使用鲁迅所谓"特别的白话""四不象的白话"乃至"不三不四的词句"的作家在语言上的合法性。《讲话》对作家的质疑深入到语言层面才是根本的质疑，因为它几乎将"人民的语言""群众的语言"之外一切语言道路都杜绝了，剩下的只有一条唯我独尊的语言之路。语言的同一化彻底压抑了语言的差异化。

《讲话》的"结论"部分说——

"许多同志有忽视艺术的倾向,因此应该注意艺术的提高。但是现在更成问题的,我以为是在政治方面。有些同志缺乏基本的政治常识,所以发生了各种糊涂观念。"

他接着举了一连串例子,其中之一,就是所谓"还是杂文时代,还要鲁迅笔法"的说法,对此,他明确指出——

"鲁迅处在黑暗势力统治下面,没有言论自由,所以用冷嘲热讽的杂文形式作战,鲁迅是完全正确的……但在给革命文艺家以充分民主自由、仅仅不给反革命分子以民主自由的陕甘宁边区和敌后的抗日根据地,杂文形式就不应该简单地和鲁迅的一样。我们可以大声疾呼,而不要隐晦曲折,使人民大众不易看懂……如果把同志当敌人来对待,就是使自己站在敌人的立场上去了。我们是否废除讽刺?不是的,讽刺是永远需要的。但是有几种讽刺:有对付敌人的,有对付同盟者的,有对付自己队伍的,态度各有不同。我们并不一般地反对讽刺,但是必须废除讽刺的乱用。"

循着这个说法,周扬在赞扬赵树理语言时主张对作家的叙述语言也来一次"打扫",务必使之彻底农民化、大众化,就顺理成章了。

但三四十年代的语言实践总体上仍然呈现差异化局面。左翼固然有他们坚定的理想和强有力的政策,但左翼内部也存在着众多分歧(如鲁迅、茅盾与瞿秋白,胡风、路翎与周扬、赵树理)。另一方面,自由主义知识分子和作家的语言追求也是多样的,而且拥有相当广阔的领地。针对这种尖锐触目的差异化局面,像洪谦、冯友兰那样的哲学家甚至主张要用维也纳学派的分析方法来清理人们对语言的误用①。这种语言局面之所以在40年代中期以后未能得到进一步发展,主要是因为以延安为中心的语言净化运动借着战争胜利的声势而迅速推向了全国。

50年代,政治语言("毛语")作为理想的中国现代汉语全面登场,并首先得到知识分子的高度称赞:"一种活的文字,循着它自己的内在道理,发展丰富的可能性极其宏大。生硬的外国化是要不得的,五四以后三十年来有些'欧化'的中文译品或作品,今日已无人能读,将来的人若无意中发现他们,恐将有读天书之感。但同是公认的第一等语体文,我们试把清初有名小说家的一段文字与毛主席的一段文字比较一下,就可以发现今日中国的文字在语法,结构与气调上已经丰富到如何的程度。任何人如对中文的灵活性与发展性还有怀疑,作此比较后,一切怀疑就都可解除了。对于自己的语文缺乏自信,往往是对外语与对祖国的语文都欠修养的人才容易发生的感觉。"②

但是,也有人对"今日中国的文字"感到不满。傅雷在翻译过程中就感到十分苦恼,因为"白话文跟外国文,在丰富、变化上面差得太远。文言在这一点上就占便宜。周作人说过:'倘用骈散错杂的文言译出,成就可比较有把握:译文既顺眼,原文意义也不距离过远',这是极有见地的说法。文言有他的规律,有他的体制,任何人不能胡来,词汇也丰富。白话文却是刚刚从民间搬来的,一无规则,二无体制,个人摸索各

---

① 1941年至1942年,洪谦在昆明创办《学术季刊》,宣传"伟更司坦"(即维特根斯坦)和维也纳学派的哲学,认为"许多理论问题的产生,根本并无事实的原因,仅是因为心理的状态语言的运用所引起概念上文法上的错误,以致从自相矛盾中而产生所谓'不能解决的问题'",因此哲学的任务,就是要"界限明确的思想与含混的思想,发挥语言的作用与限制语言的乱用,确定有意义的命题与无意义的命题,辩明真的问题与假的问题",冯友兰则更早地根据他对维也纳学派的研究来建立自己的哲学体系。如果将这种语言思想推广到哲学以外,反思现代汉语本身的历史与现状,将大有可为,但历史没有为中国的维特根斯坦们提供这样的机会。
② 雷海宗《由翻译史看翻译理论与翻译方法》,原载《翻译通报》1951年第三卷第五期,引文见《翻译理论与翻译技巧论文集》,中国对外翻译出版公司选编,1983年8月第一版。

人的,结果就要乱搅。同时我们不能拿任何一种方言作为白话文的骨干。我们现在所用的,即是一种非南非北亦南亦北的杂种语言。凡是南北语言中的特点统统拿掉,所剩的仅仅是些轮廓,只能达意,不能传情,故生动、灵秀、隽永等等,一概谈不上。方言中最 colloquial 的成分是方言的生命与灵魂,用在译文中,正好把原文的地方性完全抹杀,把外国人变了中国人岂不笑话! 不用吧,那么(至少是对话)译文变得生气全无,一味的'新文艺腔'。创作文字犯这个毛病,有时也是因为顾到读者,过于纯粹的方言要妨碍读者了解,于是文章就变成'普通话',而这普通话其实是一种人工的,artificial 之极的话。换言之,普通话者,乃是以北方话做底子,而把它的 colloquail 的成分全部去掉的话。你想这种语言有什么文艺价值? 不幸我们写的正是这一种语言。我觉得译文风格的搅不好,主要原因是我们的语言是'假'语言"①。

其实,章太炎在 20 世纪初就已经触及这个问题。他认为将来的"国语"只是"便俗致用"的"官音""夏声",没有理由压制乃至取消方言;各地方言同源同本,无论呈现怎样的差异性,稽之历史,都无不雅训,无不拥有语言历史演化的合法性,他在 1908 年就主张"考方言者,在求其难通之语,笔札常文所不能悉,因以察其声音条贯,上稽《尔雅》《方言》《说文》诸书,敻然如析符之复合,斯为贵也",而他作《新方言》,目的就是要使"读吾书者,虽身在陇亩,与夫市井贩夫,当知今之殊言,不违姬、汉"。太炎本意是要探索"声音文字之本柢",使人"既陟升于皇之赫戏,案以临瞻故国,其恻伧可知也"②,但另一方面,既然"今之殊语"无不有其民族语言甚深的"本柢",是这一甚深的"本柢"自然而然的发展,则语言文字之殊别,也就各各有其隐藏的合法性,无视这种基于历史演进的

---

① 《致林以亮论翻译书》,按林氏推测,此信大概写于 1951 年,信末日期署 4 月 15 日。原载《翻译论集》,香港三联书店 1981 年版,引文见《翻译研究论文集》(1949—1983),《翻译通信》编辑部编,外语教学与研究出版社 1984 年 11 月第一版。
② 《新方言·序》,引文见《章太炎文集》(七),页 3—5,上海人民出版社 1999 年 5 月第一版。

虽然隐秘但根底极深的合法性,仅仅根据时代要求片面推行语言的同一化运动,都值得怀疑。

章太炎所谓民族语言"本柢"之"同"和历史演进之"殊",还是一种封闭性考察,他把外来语的影响排除在外了。其次,所谓语言的历史演进,是"姬、汉"之初的"本柢"在封闭的语言系统中的自我裂变,还是民族初始的语言按索绪尔所谓历时性与共时性两个方向的双重演进?

这个问题牵涉到我们依据什么样的时间性概念来探讨语言的同一与差异。语言是在历史本柢的背景上还是在当下即时的现实生活中保持其同一并发生差异?章太炎显然赞同前者。他在考察日常白话文的流变时,总是把目光投向远古。这是他的语言观的局限。弗雷德里克·詹姆逊评述索绪尔对语言作出"历时性"与"共时性"区分时认为,"谁也不否认历时性这一事实,不否认语音有自己的历史,意义会发生变化。只是对于说话者而言,在语言的历史中的任何一个时刻,都只有一个意义,即当时的意义。词是没有记忆力的",詹姆逊甚至说"在索绪尔看来,语言永远是此时此刻的存在,每一时刻都蕴涵着产生意义的一切可能"。他认为共时性与历时性具有不同的"本体论基础","前者的基础在本族语使用者即时的切身经验之中,后者则基于一种智力产物,是一个超越时间的局外人,因而也是一用纯粹是想出来的连续性代替实际的连续性的人对一个又一个的即时进行比较的结果",他因此甚至认为索绪尔的观点"从某种意义上来说是一种存在主义观点"[1]。这正是章太炎的语言思想所缺乏的,他只是以孤立的语言的历史性来对抗语言的共时性,当他精彩地梳理语言的古今流变时,却无视了身边的语言。他勇于收复失地,甚至指责那些对"国语""不欲推见本始"的学者"尚不足齿于冠带之伦,何有于问学乎",却疏于开垦语言的更广大的新疆域。章太炎在语言问题上以反抗新的同一始,却不得不以固守旧的

---

[1] 《语言的牢笼》,中译本,百花洲文艺出版社1995年5月第一版,页4—5。

同一终。

关键在于同一和差异之间一定的张力。中国现当代文学的发展，正是在这种不断摇摆的张力中前进，其品质端视此张力的状况而波澜起伏：当差异性或同一性压倒一切时（时代、群体或个人），文学就步履维艰；当二者取得某种平衡时，文学就有可能精彩纷呈。

本文着重分析语言的同一性压抑差异性的诸多实例，而于另一种情况，即语言的差异性压抑同一性，未能展开详细论述。其实在现代中国，语言的无节制的差异性，正如无节制的同一性，也屡有发生，并成为"现代汉语"的一个顽症。所谓语言的无节制的差异性，是指现代汉语在从文言一统局面中解放出来之后，突然面对太多的新材料和太多的新的可能性时在所难免的自我迷失乃至结构性涣散。

周作人曾以新诗为例，敏锐地触及过这个问题。他说新诗在经受史无前例的"剧变"之后，为自己赢得了不少旧诗所没有的好的东西，但同时也暴露出一个新的弊端，那就是过于"自由"而不知道"节制"，过于"豪华""浪费"而不知道"青涩""吝啬"之可贵。他希望新诗应该"自由之中自有节制，豪华之中实含青涩"，这样才算懂得"融化"，才算真正的"进步"[1]。

周作人眼光确实厉害，他这里所批评的重点已不是过于颠顶的同一化诉求，而是过于散漫的差异化迷失。差异化，在汉语现代化发展之初确实就是进步的标志，但是，无论对现代民族国家语言还是对单个作家的文体锤炼来说，如果始终在单一的差异化道路上涣散、散漫下去，就会变成"豪华"和"浪费"，新的巨量的语言材料和可能的表现法，就无法得到有效的凝聚，无法形成具有整体生命气韵的新的语言共同体。

中国现代文学史上之所以一直比较缺乏像鲁迅那样包含着丰富的差异化呈现而又懂得如何凝聚和融合的真正的文体家，就是因为我们

---

[1] 《谈龙集·〈扬鞭集〉序》。

的作家喜欢随时代的语言波浪沉浮,在反抗语言的专制而鼓励语言的解放时,忘记了必要的同一性之可贵,而在矫正语言的涣散呼唤语言的新的同一时,又忘记了应该始终维护必要的差异性。也就是说,他们始终难以在语言的差异和同一之间保持一种必要的平衡。

语言上的这种平衡,对中国文学来说是至关重要的。试想,倘没有"鲁迅风"与"胡适之体"的共存与竞争,五四白话文运动将会走入怎样狭隘的道路?如果没有周作人对世界民主义与传统主义、地方色彩的同时强调,整个30年代就不可能出现比较理性地反思五四语言革命的思潮。如果没有同时出现赵树理的彻底大众化与路翎的极端欧化,40年代反映中国民间生活的小说园地也不可能有如此双峰并峙的局面。如果没有钱锺书语言的丰富、雅驯而平顺,就无法显出张爱玲文章的波俏与惊世骇俗;没有王蒙"博士卖骡"的"杂色文体",就不可能为后革命时代的语言世界留下完整的记录;张承志正因为并不感到"普通话"和他所要表达的"哲合忍耶"精神的矛盾、余华正因为并不曾为"普通话"与地方性色彩的差距所苦恼,他们的创作才拥有了更大的宽度;至于韩少功用普通话翻译"马桥语",李锐让农民直接说出自己的意识潜流,王安忆、孙甘露竭力用"普通话"写出始终被压抑的上海方言精神,贾平凹、刘玉堂、王朔、阎连科对文言、方言和政治流行语言进行大胆的杂糅,无不以同一和差异的某种平衡,在当代中国的语言地图上留下了各自或深或浅的足印,而他们创作上的某些偏失,也往往与这种平衡的被打破有关。

从知识分子语言观念出发,也许可以建立一个描写文学史现象的独特框架。

2003 年 9 月 7 日于复旦

## 四 "工具"与"本体"
### ——现代汉语的功能与本质

### 1. 语言沦为工具

自晚清开始,中国现代知识分子终于跳出长期封闭自足、如鲁迅所谓"屹立中央而无较雠"的母语世界,突然间找到了充满威势与希望的西方语言作为衡量一切的阿基米德点。他们由此反过身来,用胡适之津津乐道的"比较的方法",第一次从整体上打量如今已经成为客体对象的母语,而无情的打量逐渐演为对母语的激烈攻击与否定。

在东西方不平等的"语言接触"中,现代中国知识分子历史地形成了怀疑、不满、否定母语的基本态度①。

与之紧密相联,还有另一种更富操作性的现代性语言观念:将语言从人自身存在的内部投射出去,使之对象化,成为与人自身没有本质关联、仅仅供人随时取用(严格说来应该叫做"姑且用用")的工具。

语言——在这里首先是作为母语的汉语言文字——从海德格尔所说的"存在的家"沦为交际的工具,这是不平等的"语言接触"在现代中国知识分子意识中造成的又一种现代性语言观念,它深刻地制约了中

---

① 本文是笔者讨论中国现代知识分子语言观念的系列论文"之二","之一"题为"母语的陷落——中国现代知识分子对汉语言文字的基本否定态度",见《书屋》2002年第二期。

国现代文化和现代文学的品质。

康有为《大同书》有言:"夫语言文字,出于人为耳,无体不可,但取简易,便于交通者足矣,非如数学、律学、哲学之有一定而人所必须也,故以删汰其繁而劣者,同定于一为要义。"所谓"出于人为",似乎肯定了"语言文字"和人的存在的同一性关系,但事实上,这种肯定是欺骗性的。既然"出于人为",则"语言文字"和人的存在之间如果说有某种同一性关系,那也主要甚至单方面由人来决定其性质与程度,语言文字本身则始终是被动和从属的。这样的同一性实际上仅仅显明了语言文字的被决定的地位,所以康有为才说"无体不可",只要在人看来"便于交通"就足矣。

康有为所理解的语言文字与人的关系,只是语言文字绝对从属于人的那种被人所决定并且被人所利用的关系。在这种关系上,语言文字实际上已经沦为单纯的工具。如此理解语言文字的本质与地位,我们不妨称之为工具论的语言观念。

吴稚晖在与章太炎论难的《书〈驳中国用万国新语说〉后》中,也有类似见解:

"语言文字之为用,无他,供人与人相互者也。既为人与人相互之具,即不当听其刚柔侈敛,随五土之宜,一任天然之吹万不同,而不加以人力齐一之改良。"

这段话有三层意思。一,语言既是人与人交流的工具,其理想就是拆除一切交流的障碍,而欲达此目的,最好就是消除世界各种语言的差异,用人力加以"齐一之改良"。这是吴稚晖个人针对章太炎"俱分进化"和"以不齐齐之"的齐物论思想而发,但也体现了那些要求改革汉语汉文的许多中国知识分子对语言的普遍把握。正是在重视同一而抹杀差异的普适性哲学和历史目的论的推动下,在中国现代知识界掀起了一场声势浩大的否定汉语言文字之特性而努力寻求一种乌托邦语言(比如"世界语")的狂热运动。这场运动的影响力我们至今还没有充分意识到。

其次,吴稚晖还暗示一定的语言文字和长期使用它的一定的人民并无内在必然的恒久联系,他们之间的关系似乎只是阴差阳错的偶然遇合:遇合得好,就是福,比如拼音文字之与西方民族;遇合得不好,就是祸,比如象形文字之与中国民族。吴稚晖确实就是这样理解中国人和自己的母语的关系的:"终之,中国人暂时欲办中国事,不能不习用中国文,此正如欲往非洲传教,宜习斐人土语;欲往日本留学,宜习日本土文,同一为运用上暂图之便利。然惟其为暂时所运用之物,即当在教育上,先置于附属品中,俟新文字代用之势既成,便可消灭其踪迹。然则此等附属品,岂尚有鼓吹学习之价值也耶?"

但第三,既然语言文字和人之间只是遇合关系,那就有理由人为地对某种既成的遇合关系加以变革。语言文字只是外在的服务于人的工具,人当然有权利和理由为着自己的目的对语言文字提出要求,进行改造,这是康有为、吴稚晖根据现代工具论语言观,在肯定了人对语言文字的支配地位同时也否定了语言文字和人的本质关联之后,必然会有的进一步推导。

康有为、吴稚晖这两段话,可以视为对近代以来在中国知识分子中间占据主流位置的工具论语言观的经典性概括,尽管它的具体内容,还有待后来者逐步予以充实。

语言只是人的工具,因此不同民族文化所使用的语言文字的工具就不能因为民族文化的不同而长久保持差异化呈现,走向同一,乃是世界语言文字必然的归趋。一旦认定此一必然的归趋,在必然归趋最终实现之前,世界各民族语言文字就必然视其符合此一必然归趋的程度而分出优劣高下。

语言只是人的工具,那么作为工具的语言文字,当然绝对处于人力人意的控制之下,任意驱遣语言文字,于是成为人的本质和人的力量的一种足以引为骄傲的证据,而所谓与语言文字有关的艺术的本质,也就必然理解为人骄傲地驱遣语言文字的能力。艺术家驱遣语言文字,和相信强力的知识分子改造语言文字,所依据的就是完全相同的工具论语言观。

语言只是人的工具,人使用这样的工具,始终不能消除彼此之间的本质的隔阂。相对于人所要表达的思想感情来说,语言文字乃是外在的、后起的、第二位的。因此,语言文字的形式和语言文字所要表达的内容,依工具论语言观,乃是可以分开的两种事物,前者作为内在的、本质的、先有的、第一位的存在,绝对高于和优于外在的、表面现象的、后起的、第二位的语言文字。

这种轻视语言文字的工具论思想在中国古代也颇流行。孔子说"辞达而已",固然旨在强调"修辞立其诚"而反对过度的修饰以致乖离本意,但也已经流露出工具论的臭味。魏晋时代,学者们关于语言能否表达意识到的内容("意")而争执不休,语言似乎连表情达意的工具地位也摇摇欲坠。至佛教禅宗,语言文字表情达意的工具的功能更是遭到了彻底怀疑与否定,庄子的"得鱼忘筌,得意忘言"干脆被推向了"不立文字"的极致。不过,中国古代轻视语言文字的思想毕竟发生于封闭自足的母语内部(佛经翻译对中国语言文字的冲击并未触及根本),和近代以来东西方大规模"语言接触"所引起的工具论语言观,还是有很大的区别。

不管胡适之的语言工具论思想渊自何家何派,反正语言的工具的本质,在他看来已经无须论证。五四时期,他就反复强调,"语言文字都是人类达意表情的工具;达意达得好,表情表得好,便是文学"。语言文字服务于达意表情的需要,只是人们进行文学创作时所使用的工具。胡适的文学改良或陈独秀的文学革命主张,首先都要求对作为文学工具的语言文字进行改良或革命。用白话取代文言,主要是工具的转换。胡适之明确要求作家们必须首先通过学习模范的白话文作品以及坚持不懈地创作,积累和锤炼白话文的语言文字的工具,认为这是文学进化的第一步工作。至于那更重要的,并非语言文字,而是"思想感情",那才是文学改良或革命的真正内容。作为工具和形式的语言文字与作为内容和实质的思想感情,一是外在的,一是内在的,一是后起的,一是先有的,一是果,一是因,语言文字的工具和思想情感的内容在原则上可以彼此分离,前者犹如后者的衣裳,衣裳与肉体可以分离,其不可分离处仅仅在于,肉体有时也需要一定的衣裳来装扮,一定的衣裳也会为肉体的呈现提供可以符合一定目的之外形。语言文字和思想情感不可分离之处也仅仅在于:语言文字的工具形式有时也会影响到思想情感的表达效果。

重视"思想感情"而轻视语言文字,用后来的"文艺理论"术语来说,重视内容而忽略形式,或者用胡适之当时更加熟悉的传统文论的术语来说,重视"质"轻视"文",是中国现代文学运动的一个基本策略,而究其根由,则是现代中国知识分子对母语的失望与否定以及与此紧密联系的视语言文字为单纯工具的现代性观念。

对文学创作来说,工具论语言观的一项重要内涵,就是否定一种语言文字与长期使用它的人民之间有"根本的"血肉联系;相反,工具论为了突出语言文字的工具性,总是竭力将语言文字和人民之间的联系"偶然化""暂时化",上引吴稚晖《书〈驳中国用万国新语说〉后》的结语,就是一个极端的表述。

一个民族、一个国家的语言,其兴衰嬗变可以和民族国家的本体分开,民族国家可以在一夜之间抛弃几千年来的语言传统而选择全新的语言,这就完全否定了语言和民族生活方式和民族精神传统不可选择的亲缘关系。五四前后直到 30 年代一直流行的"汉字不灭,中国必亡"那句口号,表面上把语言文字问题提到了中国文化生死存亡的高度,实际上只不过预设了一个前提性的暗示:汉字是汉字,中国是中国,中国可以抛开汉字汉语继续存在,甚至将得到更大的发展。

　　用什么样的工具,并不牵涉使用者存在的根本,这个思想在吴稚晖之前就有人给以清楚的表述了。刘孟扬《中国音标字书》为清末第六种拉丁字母方案,该书出版时,针对有人认为拉丁字母会令人"忘本"的指斥,刘氏明确反驳说:"岂知字也者,记号也,取其适用而已,无所谓人己之别。"语言文字只是表达思想感情的符号,其优劣仅仅在于是否适用,并没有"我们的语言文字"与"他们的语言文字"之分,在母语和外国语之间,也没有什么本质的不同。一切语言文字都是身外之物,并无多少本体的意味。这是工具论语言观的必然推导,它对文学创作的最大影响,就是作家们不再将语言文字作为文学的生命所系,不再把语言文字的涵养当作文学的根基,当作一个作家毕生的努力,在驱遣语言文字时,对语言文字很自然地就没有一种深厚的感情和必要的尊重,任何人,似乎只要有"思想感情",有"才气",就可以率尔操觚,浑然不计其与语言文字的关系。

　　尽管从五四开始,中国作家就相信古代文学作品用的是"死语言""死文字",现代文学作品用的是"活语言""活文字",但具有讽刺意味的是,由于现代作家对毕竟尚未彻底死去的汉语言文字没有深厚的感情和精深的了解,只把语言文字当作具备一定的"思想感情"之后可以临时拉来的外在的工具,因此语言文字在他们那里,实际上并不比在古人笔下更加具有活泼泼的生命力。

　　上面说过,工具论语言观的另一层涵义,就是让人绝对凌驾于语言文字之上,成为语言文字的权威与主宰,赋予人任意要求、改造和驱遣语言文字的权力。语言文字一旦从人的存在的根本处和悠久传统推开,变成对象性的工具和"身外之物",人当然可以任意处置它了。上引吴稚晖那段话的一个重要思想,就是为人们随意介入语言文字的自然演进在哲学上确立了合法性依据。这个依据一经确立,从各种目的出发对语言文字进行人为改造乃至革命的举措就都是合法的了,同时也为一切误用、滥用开了方便之门。

近代经过五四以迄于今的所有改革汉语和汉字的思想行动,就建立在吴稚晖式的合法化论证基础上。胡适在其《白话文学史》中曾经说:"历史进化有两种:一种是完全自然的演化;一种是顺着自然的趋势,加上人力的督促。前者可叫做演进,后者可叫做革命。演进是无意识的,很迟缓的,很不经济的,难保不退化的。有时候,自然的演进到了一个时期,有少数人出来,认清了这个自然的趋势,再加上一种有意的鼓吹,加上人工的促进,使这个自然进化的趋势赶快实现,时间可以缩短十年百年,成效可以增加十倍百倍。因为时间忽然缩短了,因为成效忽然增加了,故表面上看去很像一个革命。其实革命不过是人力在那自然演进的缓步徐行的历程上,有意的加上了一鞭……这几年来的'文学革命',所以当得起'革命'二字,正因为这是一种有意的主张,是一种人力的促进。《新青年》的贡献,只在他在那缓步徐行的文学演进的历程上,猛力加了一鞭。"表面上,他似乎承认语言的自然生长,实际上仍然是主张人力和人意对语言演进的绝对控制。只要熟悉汉语"革命"一词在周公、武王时代开始,就是"替天行道",胡适的意思就很清楚了,无非这里的"天"变成了"那自然演进的缓步徐行的历程"。胡适虽然比吴稚晖的论证要周妥一些,但本质上还是吴稚晖的延续。

30年代,年轻的左翼文学理论家聂绀弩曾经严厉地批评"国语运动"的政治背景:"国语运动则在很早的时候就变成了一种政治机关底治术。且不说黎先生底《史刚》到处表露着他那圣君贤相的面孔和他所引用的历史上的圣君贤相底伟绩;专就这运动底推行上说,也几乎完全是历来的教育当局底德政——《史刚》上引用过的材料,光是'教育法令'一项,就有二十五件之多,重要函牍和教育当局以私人资格发表的意见还不在内。至于国语运动者始终是教育部聘任的专门委员之类,国语运动底机关又始终和教育部没有断绝过血统关系。"这种批评基本符合事实。据说"国语统一"的口号是桐城派古文老将吴汝伦受到日本人伊泽修二的启发而最早在他上书管学大臣张百熙时提出来的,从清末维新范畴里的"国语统一"的初步即制造拼音字母、发明简字到"民国"后"国语运动"全面展开,确实一直是知识分子和政府紧密合作的系统工程。

有趣的是,聂绀弩批评国语运动始终仰仗政府的支持,但是他也并非一般地拒绝"政治的大力量"对语言改造的干预:"我们不是说离开了'政治的大力量'(黎先生底话),新文字运动可以得到完全的胜利;不过在现阶段上这个运动只能靠小百姓自己,如果要仰仗'政治的大力量',也必须先使那大力量真正成为小百姓自己底力量。这也是中新和国罗截然不同之点。"两种语言方案"截然不同之点"竟然是所依靠的"政治的大力量"的不同!可见语言发展的决定权最终操纵在谁的手中。

另一种情形是,一旦一方的方案无法施行,或所要反对的另一方的方案背后的势力太大,那目的在于对语言文字进行人为改造的人们,也会转过来乞求语言的"自然生长律",或者干脆将自己的方案说成是这种规律的真正体现。比如主张以北平方言为标准的黎锦熙在遇到阻力时就说:"北平的方言就是标准国语,这也是自然的趋势,用不着强迫的:因为交通上,文化上,学艺上,政治上,向来都是把北平地方作中枢。"黎氏所谓"自然的趋势"立刻遭到聂绀弩的反驳:"黎先生能举出哪一种方言不是由过去几百年乃至几千年间各种土话各种地域范围较小的方言慢慢融化而成的么?有哪一种方言绝对没有受过别种方言底影响么?如果举不出来,我似乎可以把任何一种方言定为标准,何必北平话呢?何况所谓标准语也并不是北平的土话,倒是通常叫做'官话'的东西,……是官场或上流社会层常用的话。它没有土的气息,汗的气息,有的是官的气息,封建气息,和大众所需要的话差得很远。"[1]看起

---

[1] 《国语罗马字呢?中国新文字呢?》,见聂绀弩《语言·文字·思想》,大风书店 1937 年初版,此据《民国丛书》第一编第五十二卷"语言文字类"。

来,聂绀弩似乎绝对排斥政治力量和国语标准的关系,但为什么1949年以后,主张由各地方言自然过渡为更高的国语的左派人士,对用行政命令的方式规定北京话为新国语——普通话——的标准,就默尔息之了呢?可见问题不是要不要政治"中枢"做语言的"中枢",而是要什么样的"中枢",因为那时候"也并不'把北平地方作中枢'"。关键是中枢未定,故"国语""国音"也不能定。

不管现代中国知识分子和政府政治的关系怎样,在推动汉语言文字的改革上,他们都无条件地仰仗政权政治的帮助,因为在理论上,政治力量介入语言的演进乃是天经地义的。鲁迅在30年代一次关于新文字和大众语的答问中,就明确指出改革汉语言文字不能一条腿走路,光凭几个读书人的提倡是不行的,必须政治力量的参与方可奏效。"陆志韦先生曾经对我说,解放前搞文改,主要是搞政治运动。有些人对具体问题不感兴趣,一谈具体问题就跑了。许多问题很少有人去研究它",这是胡乔木的一段回忆[①],但胡大概不可能意识到,他一生致力于新中国语言文字的改革工作,也是一场不折不扣的"政治运动"。

政治运动的积极意义在于可凭借政府行为有力地推动语言改革的方案,但其消极意义在于,所谓的群众意志往往在语言演进中扮演绝对的权威,个人和语言平静的关系很难维持,人和言的同一性得不到应有的尊重,群众化的流行用语标准往往排斥、否定个人化的文风,个人在语言运用上的自由受到极大限制,而另一方面群众误用、滥用语言的现象却很难禁止,因为唯一决定语言运用规则的,正是超越个人而以群众的名义说话的政治权威的力量,这种力量如果深度介入语言文字的演进,就会带来群众的语言狂欢,个人的文学语言只能作为一个时代最细弱的声音而被淹没。这种语言环境当然不利于文学的健康发展。

---

[①] 《胡乔木谈语言文字》,人民出版社1999年9月第一版,页336。

一个突出的例子,就是40年代初期周扬、毛泽东用赵树理的语言为榜样发动的一场对知识分子语言的"打扫"。这场"打扫"语言的运动持续很久,至今还从根本上规定着40年代以来中国文学的品格。

《在延安文艺座谈会上的讲话》首先将文学家的语言问题提到"为什么人服务"的政治原则的高度:"既然文艺工作的对象是工农兵及其干部,就发生一个了解他们熟悉他们的问题……我说以前是不熟,不懂,英雄无用武之地。什么是不熟?人不熟……什么是不懂?语言不懂,就是说,对于人民群众的丰富的生动的语言,缺乏充分的知识。许多文艺工作者由于自己脱离群众、生活空虚,当然也就不熟悉人民的语言,因此他们的作品不但显得语言无味,而且里面常常夹着一些生造出来的和人民的语言相对立的不三不四的词句。许多同志爱说'大众化',但是什么叫做大众化呢?就是我们的文艺工作者的思想感情和工农兵大众的思想感情打成一片。而要打成一片,就应当认真学习群众的语言。如果连群众的语言都有许多不懂,还讲什么文艺创造呢?英雄无用武之地,就是说,你的一套大道理,群众不赏识。"既然语言问题从这样一个根本的角度提出来,自然也就从这个角度给语言树立了严格的绝对不容侵犯的标准。按照这个标准,任何差异化的语言探索都必须禁止。因此,后来周扬提出要对文学作品中的叙述语言进行"打扫",也就是毛泽东对文学语言的要求的必然推导了。

在论到赵树理的文学创作时,周扬认为不仅写工农兵要熟悉工农兵的语言,就是作家自己的叙述语言,也应该为工农兵所熟悉,否则就在扫除之列:"写人物的对话当用口语,应当忠实于人物的身份。这现在是再没有谁作另外的主张了;惟独关于叙述和描写,即如何写景写人等等,却好像可以任凭作者自由驰骋,他可以写天上地下,沉潜于所谓美丽的辞藻,全不管这些与他所描写的人物与事件是否相称以及有无关系。要创造为工农兵所喜爱的文艺,这文学语言的世界有打扫一番的必要。"在这种语言的政治标准——工具论语言观的极端表现——面前,所谓写工农兵的作品,就只能是清一色的工农兵语言。如果作家果真熟悉工农兵语言,倒也罢了,无非是脱胎换骨,完全放弃自我,变成一个纯粹不掺假的工农兵作家而已。问题是自我的语言很难人为地被抛弃,而工农兵语言也很难一夜之间和工农兵自己一样熟悉,这两种困难无法克服,用所谓百分之百的工农兵语言勉强写出来的作品会成为什么样子,也就可想而知了。

此外,还有一个更加严重的问题:到底什么是工农兵语言?仅仅是工农兵嘴巴里能够说出来的语言呢,还是也包括工农兵意识里一直存在着但嘴巴里未必能够说得出来的心里的语言?如果仅仅是前者,那么它在表现工农兵思想感情方面,究竟有多大的力量?如果也包括后者,那么势必就要作家的知识分子语言参与进来,和工农兵一起思想,一起说话,甚至允许作家帮助或者代替工农兵思想和说话,这在文学创作上并不是绝对不可以的。鲁迅写农民,固然有许多农民的语言,但作为知识分子的鲁迅自己的语言,在作品中始终居于绝对支配的地位,谁能说鲁迅因此就不能深入探察农民的灵魂世界了呢?相反,如果鲁迅完全将自己的语言"打扫"干净,他还能不能去写阿Q,去写祥林嫂,倒是一个很难回答的问题了。

我们试将赵树理和几乎同时出名的路翎做个比较,就会发现两位作家对语言的理解是如何的不同。究竟路翎用极端欧化的语言表现农民的灵魂更深刻,还是赵树理用农民自己的语言表现农民的灵魂更真实,这个问题不仅牵涉到语言和文学人物的关系,语言和作家的关系,也牵涉到语言和政治权威的关系,并最终牵涉到人和语言的关系。

但所有这些,不妨都纳入工具论的语言观来反思。工具论的语言观,和对语言文字进行政治的硬性解释、硬性规定与硬性割裂,只是一件事情的两个方面,在本质上都是要破坏乃至取消人和语言的自然联系。

## 2. 母语对文学的支配

但历史是复杂的,在主流的工具论语言观之外,还有另一种被压抑的语言观念始终存在着。

在某些中国现代知识分子的"语言之体验"中,语言不是外在于人、随时供人挑选使用的一个巨大的工具库(朱光潜将这种语言观比喻为姑娘绣花时放在手边的针线篓),而是某种内在于人、具有一定自主性的存在。语言的力量甚至大于人的力量,最终不是人左右语言,而是语言一直左右着人;人应该听命于语言而不能反过来命令语言,任意驱遣语言。人因此也不能任意介入语言的自然生长,他没有权力对语言进行非自然的改造以满足自己的目的。

这种"语言之体验",注重语言的自主存在与自然生长性,注重语言变革中历史的延续性,注重语言超乎人的主观意志的自在性,注重语言和人的关系对于人之为人的根本意味,强调人的自我规定,比如人的"种姓""民族性"、生活方式、思维方式乃至文学创作中最细密幽深的情致想象,都隐藏于他的语言,随语言一同"生展"(朱光潜语),也随语言一同消歇。总之,人的精神活动,人的思想情感,一切形式的文学创造,都必须基于语言的根本。

不妨称这种"语言之体验"为"本体论语言观",但此处的"本体",只取它在汉语中固有的涵义,与西方哲学聚讼纷纭的那个"本体"无关。

在中国现代,具有上述"语言之体验"的人很多,如章太炎,《学衡》派吴宓、胡先骕、梅光迪、陈寅恪、柳翼谋诸君子,后《甲寅》时代的章士钊、20年代中期以后的周作人,写《文化偏至论》《汉文学史纲要》《当陶元庆君的绘画展览时》以及从事具体文学创作时的鲁迅,诗人、学者兼新诗批评家闻一多、语言学家陈承泽、郭绍虞、王力,美学家朱光潜,诗人兼学者陈梦家、冯至、梁宗岱,批评家李长之,胡风,作家汪曾祺等。他们的"语言之体验",是我们今天重新思考语言问题时一笔可贵的思想资源——尽管仍然需要进一步的分析。

章太炎在中西古今之争以及现实的排满革命中,特别看重"国粹"。他所谓"国粹",主要有三项内容,即"语言文字""典章制度"和"人物事迹",语言文字居其首。他认为中国民族的历史精神记录在中国语言文字中,故语言文字实为"国粹"之最精微者。深爱本国本族之种姓历史,必自深爱本国本族之语言文字始。语言文字不仅能够使人"知本",还能让人由"知本"而"知反",即据守自己语言的本根,以与外族语言相接触,生出新的语言文字:"近来学者,常说新事新物,逐渐增多,必须增造新字,才得应用,这自然是最要,但非略通小学,造出字来,必定不合六书规则。至于和合两字,造成一个名词,若非深通小学的人,总是不能妥当。"

国族的根本系于语言文字,而"文辞"——章氏执著的广义之"文学"——更不得不以语言文字为本根:"又且文辞的本根,全在文字。唐代以前,文人都通小学,所以文章优美,能动感情。两宋以后,小学渐衰,一切名词术语,都是乱搅乱用,也没有丝毫可以动人之处。"①太炎是在保存并发展"国粹"的根本上讨论文学之于语言文字的绝对倚赖关系的,并非斤斤计较于一般琐碎的遣词造句。章氏不仅将文学的本根限定于语言文字,而且直接认为文学的极境就是对语言文字纯粹的归依,所以正确地运用语言——准确地说乃是按照语言文字本身指示给我们的正确方式来使用语言——就是文学。在这个意义上,他把"小学"的地位抬得至高无上,彻底改变了传统"小学"对经典的依附,使之成为一切现代学术包括现代文学须臾不可或失的基础。章氏自己的学术工作就是一个佳例,其著述立说,有明显扣字眼的习惯,即善于"读书得间",在语言文字的细微处发现隐伏的道理。他谈任何问题,都无不根基于自己对中国语言文字的熟悉,而他也确实善于将许多思想文化历史政治诸问题巧妙地归结为语言文字的问题。这种语言还原的结果,诚如海德格尔所说,就是"让语言自己说话"。作为章氏特有的这种学术方法,其核心就是坚信语言文字对人类思维和活动的绝对支配;不仅过往的历史只有在语言文字中才能寻找其踪迹,语言文字还可以为

---

① 《东京留学生欢迎会演说辞》,《民报》1906年7月六号。

我们把现在与未来的创造所必由的途径指示出来。人的一切都逃不出语言文字的范围,人只有跳进语言文字的汪洋大海学习游泳,才能获得自由。这种语言观念决定他对语言文字的态度必然是谦卑恭敬而非颐指气使。

此点影响鲁迅极深。尽管五四以后,鲁迅随从时尚,也对中国的文字乃至语言下了极苛刻的批评,但是在一些较为私人化的场合,他仍然对传统的语言文字保留了相当的敬惜之情。许多人都觉得把鲁迅置于一般所谓现代作家中,总是不太妥当,对此学者们多从思想的深刻与超前来解释,但我认为鲁迅的全部写作对汉语传统巨大的依附性以及在此基础上传达出来的一般现代作家无法传达的汉语精神及其在现代的考验,也许是鲁迅区别于一般现代作家最根本的地方。不过,鲁迅也批评了太炎过于强调过去的语言对今天的制约,太炎的观点推向极致,就是认为今天的某字,即古代的某音,现在的白话就是过去的文言,尽管在理论上他并不反对白话,但他不反对白话的理由,是认为白话就是文言的流亚,因此语言演化的基点,在章太炎看来,始终在过去而不在今天,这是注重"现在"与"活人在创造"的鲁迅无法接受的①。但是,鲁迅对于语言文字历史传统的延续性仍然十分尊重,不仅在自己的白话文写作中经常借重文言文来表达白话无法表达的意思,而且他的白话文的节奏与韵律,始终是整个现代作家中最突出的一种语文现象,这也许只能从他对文言文精神实质的继承来解释罢。他虽然强调从今天的生活和活人的口头寻找新的词汇与文法,但也坚决反对像创造社某些作家那样故意生造一些只有自己才看得懂的文句。

很少有人能从根本上思考鲁迅在语言上的苦心,但在文学创作脱离了汉语传统因而也躲避了这个传统在现代的严峻考验却只一味叫喊语言革命的整体气氛中,还是有人感到了巨大的虚空与痛苦。1932

---

① 参见《热风·现在的屠杀者》《准风月谈·难得糊涂》及《且介亭杂文二集·名人和名言》。

年,曾经被鲁迅誉为中国最优秀的抒情诗人的冯至从柏林写信给好友杨晦,就表达了一个作家因为疏远民族语言文字而感到的严重贫乏:"我以为我们的刊物,最重要的是要往纯净的文体方面努力。现在中国的文字可以说混杂到万分——有时我个人感到我的中国文是那样地同我疏远,在选择字句的时候仿佛是在写外国文一般。我常常想,我将来要好好下一番小学的功夫,真正认识认识中国字,这对于作诗作文都会有很大的帮助。所谓文学也者,思想感情不过是最初的动因,'文字'是最重要的。我觉得我是非常地贫穷,就因为没有丰富的文字。"站在这个认识的高度,冯至对先前的创作作出了深深的忏悔:"我们的过去在什么地方?除了我们的态度是相当的忠实以外,成绩可以说是等于零。我不承认我从前作的是诗,我觉得那是我的侮辱。"①章太炎所谓文学对小学的绝对倚赖性关系,在冯至这里找到了最好的现身说法。

中国现代文学第一个十年呼啸而过之后,五四文学革命所包含的一些粗浅的语言观念,虽以势力服人,却并未完全征服人心。30年代的李长之谈到五四文学革命时就曾经指出:"因为当时的理论并不健全,巩固和正确,所以显然在白话文学的建设上也就有着应走的路子而没走,当采的宝藏而没采,未必不是一件大可惋惜的事了。现在我们可以断言地说,倘若十几年前的白话文学运动倡导者是有坚实的语言学知识,又对于中国语言文字有彻底研究的,那收获一定不止现在这点。为将来,我们仍得在工具上清理那些课题而解决之。"②李氏对五四语言革命论者的指责虽然浮泛,甚至不脱工具论的臭味,却也道出了实情。

从20年代中期以后,周作人就开始了对"传统"和"地方色彩"的反思,其中多有针对五四简单的语言革命而发。周作人特别留意于语言的历史传统的延续性,"我不是传统主义(tradionalism)的信徒,但相信

---

① 《沉钟社书信选粹》(之二),《作家报》1995年5月20日。
② 李长之《论研究中国文学者之路》,见郜元宝、李书合编《李长之批评文集》,珠海出版社1998年10月第一版。

传统之力是不可轻侮的。坏的传统思想,自然很多,我们应当想法除去他。超越善恶而又无可排除的传统,却也未必少,如因了汉字而生的种种修辞方法,在我们用了汉字写东西的时候总摆脱不掉的。"①

也是在 20 年代末,郭绍虞和王力的汉语研究崛起,他们在总体思路上和周作人不谋而合,并将更早批评马建忠而要求研究汉语言文字之特点的陈承泽的语言思想向前大大推进了一步。

郭绍虞素以中国文学批评史学科的开创者闻名于世,他在中国语言研究上的贡献,往往被忽略。郭研究汉语言文字的特点,主要着眼于这个特点对中国文学的制约,出发点在文学而不在语言,然而惟其如此,倒使他有可能摆脱现代语言学的拘牵,从中国文学的实际中更真切地把握汉语言文字的特性,而为一般语言学家所不及。限于篇幅,郭绍虞语言文字思想拟另文介绍。

王力自述其《中国文法学初探》(1936 年 1 月《清华学报》十一卷一期)"仿佛是一篇'宣言',我在这篇文章里确定了我的研究方向和方法",王氏的"研究方向和方法",概括起来只有一点,就是利用比较语言学的启发而不为比较语言学所限制以便更好地发现中国语言文字的特性,而所谓中国语言文字的特性,在王力看来,就深深地联系着中国人的心理与精神行为的特性,因此语言文字的民族性不容忽略。

王力提出问题的突破口,仍然是当时语言学界聚讼纷纭的比较语言学。他首先以马建忠的《马氏文通》为例,批评一般的比较语言学方法在研究中国文法特性时的偏失:

"中国所特有的文法规律,往往为马氏所忽略,因为马氏看西洋文法里有什么,然后看中国有无类似的东西;至于西洋所不分别者,他就往往不能在中国文法里看出来了。此后我们最重要的工

---

① 周作人《〈扬鞭集〉序》(1926 年 5 月 30 日作,据《谈龙集》,上海书店 1987 年 9 月影印版)。

作,在乎寻求中国文法的特点;比较语言学能帮助我们研究,但我们不能专恃比较语言学为分析中国文法的根据。"

这实际上也是自陈承泽《国文法草创》以来在中国语言学界一直存在的一种微弱的呼声,王力自己就承认陈承泽对他的影响:"陈承泽说过:中国文法是独立的,非模仿的,我很相信这句话。我们并不反对从比较文法学上悟出中国文法的系统来,我们只像陈氏反对削足适履的文法。"为此,王氏认为重要的是"我们首先该注意到中国语的'语像'(法文 image verbale)的结构与西洋语的'语像'的异同,而且我们该追溯到'语像'未成立时的精神行为的两个步骤:一分析作用;二综合作用",这样,王氏就把语言文字的研究深入到民族精神现象与心理习惯的体察了。比如孟子说"庖有肥肉",与英文 There is some meat in the kitchen 或法文 Il y a de la viande dans la cuisine 比较,就可以看出,"'庖'与'肉'的关系,在中国人的心里,与英法人的心里,显然不同。英法人在精神行为里,把'庖'与'肉'分析了之后,认'庖'与'肉'只有间接的关系,而中国人却把它们认为有直接的关系。换句话说,就是英法人不认那'肉'是隶属'庖'的,中国人却认为那'肉'隶属于'庖'。在中国人的心目中,觉得'庖有肥肉'与'桌有四足'或'马有四蹄'是相似的。孟子在'庖有肥肉'句下接着就说'既有肥马,民有饥色,野有饿莩'。这里的'庖''既''民''野'都是主格,其与'肉''马''色''莩'的关系是一样的"。王力由此批评章士钊《中等国文法》以为"园有桃"就是"于园有桃"的观点乃是不明中国文法的心理基础而勉强用英文文法来比附所导致的错误。关于"系词"的心理基础,王力举"马跑"和"马壮"为例:"中国人只把两个概念依一定的次序放在一起,就显出它们的关系来。在中国人的心里,觉得马的动作与马的状态一般地是与马有关系的一种表象,动作与马的关系既用不着一种联系物来表示,状态与马的关系也用不着一种联系物来表示了。西洋人的'语像'与我们的'语像'不同:他们觉得动作与马的关系可以不用联系物来表示,而状态与马的关系却不能不用一种联系物,所以他们用一种'系词'(copula),就是英文所谓 verb to be。在英文里,'马跑'可以说 The horse runs,'马壮'却必须说 The horse is strong。但我们决不能拿中文比附英文,而说'马壮'为'马是壮的'或'马为壮'的省略。"王氏的结论是:"总之,我们研究中国文法,该从'语像的结构'上着眼。说得更浅些,就是体会中国人的心理。中国人心里把某字认为甲种词品,我们不该认为乙种词品。若要体会中国人的心理,每遇一个句子,该先就原文仔细推敲,不必问西文有无此类句子。"

王力坚持研究中国语言文字之特性的主张,从1928年清华研究院毕业论文《中国古文法》开始,到1936年的《中国文法学初探》,一直到80年代初期《中国古文法》的出版自序,可谓始终不变。这是王氏作为一个中国现代语言学家最值得注意的一点。有趣的是,在对语言本质的认识上,王力基本上也属于工具论者,然而当他研究作为工具的语言文字而深入到民族精神的层面时,实际上已经超越了工具论。或者说,王力表面上接受现代中国占据主流地位的工具论语言观,但他用这种语言观想要表达的还是非工具的或反工具的语言之体验。

王力、郭绍虞也许自觉年轻,或者为了显示治学的严谨,并未像李长之那样露骨地批评五四所遗留的语言问题,但陈寅恪没有这方面的顾忌①,所以语言问题在他那里,就以更加尖锐的形式提了出来。

陈寅恪先总论世界各语言之"文法"有同有异,断言其异者最值得注意,因为那是民族语言的特点,一旦抹杀,就无以知道某种语言的文法实际,"夫所谓某种语言之文法者,其中一小部分属于世界语言之公律。除此之外,其大部分皆由研究此种语言之特殊现相,归纳为若干通则,成立一有独立个性之统系学说,定为此种语言之规律。并非根据某

---

① 陈寅恪《与刘文典教授论国文试题书》,《学衡》1933年7月七十九期。

一特种语言之规律,即能推之以概括万族,放诸四海而准者也"。陈氏举古代希腊、罗马以拉丁语文核准欧洲各国语言的现象为例,认为虽是在共同语系之间,也"颇有伪误可笑者",在同样的意义上,他指出马建忠模仿法国人以印欧语系之规律核准汉,"于印欧系之语言中,将其规则之属于世界语言之公律者除去不论,其他属于某种语言之特性者,若也同视为天经地义,金科玉律,按条逐句,一一施诸不同系之汉文,有不合者,即指为不通。呜呼,文通,文通,何其不通如是耶!"陈氏反复强调的无非是"世界人类语言中,甲种语言有甲种特殊现相,故有甲种文法;乙种语言有乙种特殊现相,故有乙种文法"。中国语言因着它的特殊"现相"而有特殊文法,可惜当时尚无人全面研究这种特殊文法。

在这种情况下,怎样考核年轻学生的语言修养呢?陈氏别出心裁,说"对对子"不失为一种妙法,"其形式简单而涵义丰富,又与华夏民族语言文学之特性有密切关系者,以之测验程度,始能于阅卷定分时有所依据","所对不逾十字,已能表现中国语文特性之多方面"。"对对子"何以有这样的作用?他从四个方面予以说明:一,"对子可以测验应试者能否知分别虚实字及其应用";二,"对子可以测验应试者能否分别平仄声";三,"对对子可以测验读书之多少及语藏之贫富";四,"对子可以测验思想条理"。他认为第二条"最关重要","声调高下与语言迁变、文法应用之关系,学者早有定论……又凡中国之韵文,诗赋词曲无论矣,即美术性之散文,亦必有适当之声调。若读者不能分平仄,则不能完全欣赏与了解,竟与不读相去无几,遑论仿作与转译。又中国古文之文法,多依声调而决定,印欧语系之标点法不尽能施用于中国古文。若读者不通平仄声调,则不知其文句起讫,故读古书往往误解……又汉语既演为单音语,其文法之表现,即依托于语词之秩序。昔人下笔偶有违反者,上古之文姑不论,中古以后之作,多因声调关系,如'听猿实下三声泪'之例。此种文法虽不必仿效,然读者必须知此句若作'听猿三声实下泪',则平仄声调不谐和,故不惜违反习惯之语词次序,以迁就声调。"

陈氏之所谓"文法",表面上似乎未脱近代语言科学之色彩,但考其精神,实不限于客观的语言科学,而更偏重于对本国语言文字内在本性的熟悉,和因此熟悉而生的驾轻就熟的运用技巧和万分依恋的感情。这是他的"文法"概念所包含的对待母语的态度,而任何不合其所谓"文法"的观点,他亦不仅指出其具体的学术偏误,更要上升到态度层面,施以激烈的抨击。

　　陈氏强调声调平仄对创作和理解汉语文学作品的极端重要性,也不过道出了大多数中国知识分子的经验(周作人、郭绍虞、王力、朱光潜都在不同时期作出了相似的论述),但陈氏更进一步,认为像当时学校教学英语犹讲究声调之高下,却偏偏抛开本国语言文字的声调韵律不讲,只一味以西洋文法为衡量标准的现象,乃"次殖民地之表征也",实在颇堪玩味。在他看来,"吾国语言之平仄声与古印度希腊拉丁文同,而与近世西欧语言异,但其关于语言文字之重要则一"。因此,讲不讲声调平仄是尊重不尊重汉语言文字的一个标准。陈氏的批评,正因为关乎态度,所以才切中近代中国语言科学以及依附于语言科学的语言教学法的要害,揭示出科学的外衣底下作为实质的对待西方强势语言与本国弱势语言的势利之见——半殖民地人民普遍的语言意识。

　　在鲁迅的散文诗以及杂文中,西方的文法不仅是词句的逻辑结构,也赋予了一种声调乃至韵律(主要是节奏与顿挫)的意味,也就是说,赋予了抒情的功能。可见西方的文法如果运用得当,也可以成为现代汉语的内在成分,但前提是必须顾及汉语吐字发声的规则,也就是陈氏所说的"声调之高下",这样才能使西文文法有机地融入汉语词句中。如果只讲西文文法,只重视关联词的运用和句子结构的完整以及词性的一定之规,视汉语正常吐字发声的规则为无物,这样作成的一篇文字也许处处合乎文法规范,却有悖于说话的规则,变成仅仅"可看"而没有"可读"的价值。任何一种语言文字到了这地步,其表现力与感染力必然大减。这也就是为什么五四以来,白话文名义上标榜接近口语而以抨击文言文"脱离口语"为能事,但实际上许多白话文恰恰没有能够做到鲁迅所描述的几乎为文言文所专有的义美娱心、形美感目、音美悦耳的"三美",尤其不能像文言文那样成为符合一种"声调之高下"的"可读"的文本。对于文学作品来说,仅仅"可看"而不"可读",充其量只能说成功了一半。

工具论语言观的出发点,是将语言文字和思想感情分为两截。早在20年代晚期,闻一多通过自己对中国古代作家的研究,就已经基本否定了这种说法。比如他研究庄子的语言文字和思想的关系,就发现在庄子这里,语言文字和思想根本就是不可分的:"讲到文辞,本是庄子的余事,但也就够人赞叹不尽的。讲究辞令,我们知道,春秋时早已发育了,战国时纵横家以及孟轲荀卿韩非李斯等人的文章也够好了,但充其量只算得辞令的极致,一种纯熟的工具,工具的本身难得有独立的价值。庄子可不然,到他手里,辞令正式蜕化为文学了。他的文字不仅是表现思想的工具,似乎也是一种目的……读《庄子》,本分不出那是思想的美,那是文字的美。那思想与文字,外形与本质的极端的调和,那种不可捉摸的浑圆的机体,便是文章家的极致;只那一点,便足注定庄子在文学史中的地位。朱熹说庄子'是他见得方说的',一句极平淡极敷泛的断语,严格的讲,古今有几个人当得起?其实在庄子,'见'与'说'之间并无因果的关系,那譬如一面花,一面字,原来只是一颗钱币。世界本无所谓真纯的思想,除了托身在文学里,思想别无存在的余地。"①其他如《宫体诗的自赎》、《冬夜评论》、《女神之地方色彩》、《诗的格律》,对此也多有发挥。闻一多的语言思想对他的学生汪曾祺影响很大,1987年汪氏在耶鲁大学和哈佛大学连续做了题为《中国文学的语言问题》的演讲,主要讲"语言不只是一种形式,一种手段,应该提到内容的高度来认识",在向美国听众发表这个见解之前,他首先就提到了闻一

---

① 闻一多《庄子》,《新月》1929年11月10日二卷九期。

多的《庄子》,以后又多次说起这篇文章①。

  工具论语言观遇到的另一个有力的批评者是朱光潜。朱氏自认其《诗论》是他一生中用功最多也最有心得的著作,该书大概写于1931年前后作者欧洲留学的后期,但于国内知识界对语言的误解多有针对性的批评,重点即批驳思想感情和语言文字二分的语言工具论,他认为语言和思想感情想象是联贯一体的,并无被动和主动、内与外、先与后的分别:"心感于物(刺激)而动(反应)。情感思想和语言都是这'动'的片面。'动'蔓延于脑及神经系统而生意识,意识流动便是通常所谓'思想'。'动'蔓延于全体筋肉和内脏,引起呼吸、循环、内分泌各相关器官的生理变化,于是有'情感'。'动'蔓延于喉、舌、齿诸发音器官,于是有'语言'。这是一个应付环境变化的完整反应。"语言和思想感情想象作为连贯一致的人类对外部刺激的完整反应,是不可分的,"思想是无声的语言,语言也就是有声的思想。思想和语言原来是平行一致的,所以在文化进展中,思想愈发达,语言也就愈丰富,未开化的民族以及未受教育的民众不但思想粗疏幼稚,语言也极简单……各民族的思想习惯的差别在语言习惯的差别上也可以见出。中国思想与语言都偏于综合,西方思想与语言都偏于分析"。语言和情感的关系也一样:"语言是由情感和思想给予意义和生命的文字组织。离开情感和思想,它就失其意义和生命……语言本身则为自然的,创造的,随情感思想而起伏生灭的","总之,思想情感与语言是一个完整联贯的心理反应中的三方面。心里想,口里说;心里感动,口里说;都是平行一致。我们天天发语言,不是天天在翻译。我们发语言,因为我们运用思想,发生情感,是一件极自然的事,并无须经过从甲阶段转到乙阶段的麻烦。""我们把情感思想和语言的关系看成全体和部分关系,这一点须特别着重。全体大于部分,所以情感思想与语言虽平行一致,而范围大小却不能完全叠

---

① 见《汪曾祺文集·文论卷》,江苏文艺出版社1994年4月第一版第二次印刷,页1,页22。

合。凡语言都必伴有情感或思想……但是情感思想之一部分有不拌着语言的可能……这些语言所不能达而意识所可达的意象思致和情调永远是无法可以全盘直接地说出来,好在艺术创造也无须把凡察觉到的全盘直接四说出来。诗的特殊功能就是以部分暗示全体,以片段情境唤起整个情境的意象和情趣。诗的好坏也就看它能否实现这个特殊功能,以极经济的语言唤起极丰富的意象和情趣就是'含蓄','意在言外'和'情溢乎词'。严格地说,凡是艺术的表现(连诗在内)都是'象征'(symbolism),凡是艺术的象征都不是代替或翻译而是'暗示'(suggestion),凡是艺术的暗示都是以有限寓无限"。朱光潜把克罗齐的直觉即表现即艺术的美学稍加改造,将艺术的媒介——语言——从被克罗齐贬低的"物理事实"的非艺术的层次提升到直觉表现和艺术创造的层次,而把非语言的文字(字典里的文字)放在克罗齐所谓"记载工具"的地位,这样一来,朱光潜不仅更新了人们对于语言的了解,也更新了人们对文字的了解:有两种文字,一种是语言化了的活文字,一种是未经语言化的死文字。文字有死活,语言无死活。这个说法,使许多疑难涣然冰释,可以说是现代中国语言及文学理论上的一个突破。

陈寅恪感叹向人解释汉语文学写作的精微之处很困难,"真有思维路绝,言语道断之感",这也是许多深知中国语言本性却因为未娴现代西方权威诗学和语言学理论而难以将个中道理解说分明的知识分子共同的苦衷,这种苦况到了朱光潜的《诗论》,部分地得到了解脱:终于有一个既熟知中国传统语言和诗学理论又熟悉西方现代经典的语言和诗学理论的中国的文艺理论家站出来为中国语言的特点进行较为有力的辩护了。朱光潜在现代美学同时也是现代汉语问题上最大的贡献,就是让亚洲知识分子将在西方语言刺激下被对象化、似乎可以当作一个僵死的备用的仓库的母语从对面拉回来,回到"人心"之中,成为"人心"之"动"的一部分,成为"人心"中一个活泼泼的不竭的河流!他把语言文字的本质从克罗齐眼中卑微不足道的死的记录工具的"物理事实"提升为整个心理活动的一个重要组成部分,认为语言和思想感情的关系,只能以充足意义上的"表现"来论之,"'表现'一词当作它动词看,意义只能为'代表'(represent),当作自动词看,意义只能为'出现'(appear),当作名词看,意义很近于'征候'(symptom)",这种解释不仅为文学创作指示了一个涵蕴丰富的语言文字的世界,也大大活化了人们对语言文字死气沉沉的想象,诱导人们用类似文学的方式进入自己内心深处翻涌不息的语言的世界,努力修复被破坏了的人和语言的关系,而这也是中国文学重新振作所必须认真思考的一个出发点。

朱光潜把语言从人的对象与人的工具还原为人自身的精神活动的一部分,虽然破除了工具论的迷执,却仍然将语言绝对置于人的控制和人的权威之下,未能脱离另一种迷执。他让语言回归到"人心",用"人心"框定语言,不能够进一步承认语言尚有超越人的自为的存在,不能真正让人摆脱自我中心的迷执,融入自己本来就身处其中也一向以此为家的语言的世界。

像朱光潜这样追究语言存在的根据,到"人心"为止,是远远不够的。语言文字的根据并不就是人心,因为人心并非康德的"物自体",可以自己作为自己的根据。

中国现代这种可贵的思想资源,若真正有益于我们重新思索语言问题,仍需要进一步的分析。

2001 年 12 月 12 日于复旦

# 五　"音本位"与"字本位"
## ——中国文学中的"说"与"写"

## 1. 听汉语说话

任何关于语言的追问都不能一刻离开语言本身,否则就是谈论某种子虚乌有之物。追问语言的本质如果还并非完全荒谬,其决定性的前提乃是我们依然生活在语言中,这就意味着我们只能在语言中理解语言,比如我们就只能置身于变动不居的汉语世界来理解汉语。

在汉语中理解汉语,就是要听汉语说话。

汉语确实一直在说话,一直在暗示着中国传统独特的"语言之体验"。比如,语言和文字的关系始终是语言本身的一个难解之谜,而在这方面,汉语就说出了许多。

现在中国高校中文系的汉语专业,为求齐备,一般皆称作"汉语言文字学",据说这个名称源于章太炎改中国传统"小学"为"语言文字之学"的倡导,但太炎所谓"语言文字之学"是统起来讲"语言"和"文字"的,他认为传统"小学"发展到近代,于音韵、文字、训诂三门依然各有偏重,而事实上这三门学问各自研究的对象已经密不可分,因此应该合而观之,"合此三种,乃成语言文字之学"(《国学讲习会略说》),目前各高校"汉语言文字学"实际上是将语言和文字分而治之,其所依据的理论背景乃是西方近代割裂语言文字为二物的潮流,语言不是文字,文字不是语言,语言学研究语言,文字学研究文字,不容混淆。通过模仿西方现代语言学而建立的中国现代语言学对语言和文字之关系的理解,与章太炎当初提倡用"语言文字之学"以接续"小学"的精神并不相合。

目前"汉语言文字学"的理论基点,是把语言和文字分开,具体说来,就是把"汉字"从"汉语"的整体概念中驱逐出去,仅仅将"汉字"作为记录"汉语"的一种无关乎汉语本质的游离性与工具性的存在。

传统"小学"虽然在具体研究中区别语言和文字,但因为"小学"并没有一个西方式的以语音为中心的整体性语言概念,所以被分而治之的语言和文字在学者的观念中仍然是一个模糊的整体当中两个不可分割的部分。西方的"语言"概念输入以后,中国传统对语言整体的模糊想象被改造为德理达所谓以"语音中心主义"为基础的清晰的语言概念,在这个清晰的语言概念中,原来不可分割的语言和文字不得不拆开来,其中语言(汉语)是根本的、本质的,文字(汉字)则是非根本的、非本质的。

关于汉语的这种新的整体性想象以及由此获得的汉语概念,显然来自西方,有别于中国传统的"语言之体验"。汉语称写下来的文字为"文"(花纹交错的意思,《左传·昭公元年》:"于文,皿虫为蛊"),为"名"(指称事物的标志或符号,《周礼·春官·外史》:"掌达书名于四方"),为"字"(许慎《说文解字·叙》:"字者,言孳乳浸多也";郑玄说"古曰名,今曰字"),也称作"书""书契"(《韩非子·五蠹》:"古者仓颉之作书也……";《周易·系辞下》:"上古结绳而治理,后世圣人易之以书契";唐张怀瓘《书断》:"题之竹帛,谓之书。书者,如也,舒也,著也,记也"),而称口头说话为"语",为"言",为"言语",为"语言"。"文""名""字""书"和"语""言""言语""语言"似乎分别指称现在所说的语言、文字二物,但事实上这种分别并非绝对,二者的混合倒是极其平常。通常说法乃至学术文章中,"语""言"即是"文""字","文""字"即是"语""言"。比如说,某某的文章洋洋数万言,就是指文章有几万个字;所谓万言书或几十万言书,就是一万多字或几十万字的一封书信,而"四言诗""五言诗""四言绝句""五言绝句"之"言",指的都是"字"。又譬如,"用语奇特""为人性僻耽佳句,语不惊人誓不休"之"语",也都是"字"。"言""语"连用,有时指说话(《说文解字》:"其后诸侯力政,不统于王……言语异声,文字异形"),但也可以指文书写作(班固《两都赋序》:"故言语侍从之臣,若司马相如、虞丘寿王、东方朔、枚皋、王褒、刘向之属,朝夕论思,日月献纳";元稹《叙诗寄乐天书》:"全唐之气,注射语言,杂糅精粗,遂成多大")所有这些用法中,"语""言""言语""语言"都和"文字"不可离析。西方人以说话发声为本质而排斥文字书写的那个整体性"语言"概念,在中国语言传统中并无对应的名称。如果说中国传统也有关于语言的整体性想象,那么这个整体性想象是包含了可以分开来看待而到底又不可分开的"语""言"和"文""字"两个方面。中国传统中"语""言"和"文""字"这两组概念并不存在高下、主从、包含与被包含或相互排斥的关系;相反,它们好像倒是彼此倚赖而不可分离,任何一个概念离开了其他的概念,立刻就变得不够完全了。最重要的是在"语""言"和"文""字"这些概念之上,并不存在另外一个更大更高的清晰的概念来涵摄一切。中国传统一直就习惯于这两组概念既分散又密合的浑然关系,一直就习惯于将"语言"和"文字"并举,无须在它们之上另外树立一个西方那种本质性的"language"概念来统领一切,更不曾用这样的概念强硬地将"汉语"和"汉字"分派在高与下、内与外、本质与非本质两个不同的概念层次。

西方人现在拼命要超越他们文化中已经凝固的"语言"概念,竭力透过他们的"语言"概念(不包括"文字"或只把文字当作记录语言的工具)的障碍,寻找、归依将文字也包括在其中因此超越狭隘的单纯"人说话"的"语言"而抵达所谓"本质的语言/语言的本质"。他们努力做这种工作时,中国传统根本不把"汉语"和"汉字"分开的那个混沌的语言观念,无疑有某种启发价值。

西方人如果还要继续谈论他们的"语言",就不应该撇开中国人对"语""言""文""字"的理解;中国人要想继续谈论自己的"语""言""文""字",实际上也已经离不开西方人的"语言"。在现代的语言问题上,东西方隔绝的状态一去不复返了。孤立地思考西方的语言问题,正如孤立地思考中国的语言问题,都是不可能的。

发生在中西方语言以及关于语言的语言之中的这些趣事,也许正是语言本身正在对我们说话的证据。

语言本身要以这样的"说"来说出它的本质给我们一直生活在语言之中的人听。

不仅中国传统对语言的理解一直由语言本身说出来,现代中国人在理解语言文字的方式上受西方影响最为显著之点,也由语言本身说出来了。

现代中国人和古代中国人理解"语""言""文""字"的方式,最大的不同,就是将"语""言"二字合并,成为一个新的概念,来翻译现代西方人所说的"语言",并且在此一翻译过程中几乎完全接受了现代西方人理解语言的方式,即把"人说话"视为语言的本质,而将文字的意义降低,甚至贬低到可有可无的地位(这从以"语法学"代替"文法学"也可以略略知道一点消息)。

尽管中国传统早就有"语""言"二字,但首先这两个字所指并不是同一个概念。《论语·乡党》有言:"食不语,寝不言",朱熹《四书章句注》解释说"答述为语,自言为言",可见二者是有区别的,无论"语"还是"言",单独皆不能涵盖"人说话"这个更大的概念。其次,虽然中国传统也将"语""言"二字合并以指称"人说话"(等于"言语"),但在这种情况下,中国人并不想建立一个类似西方以"逻各斯—声音中心主义"为基础的那个排斥文字的所谓本质性的"语言"概念,因为"语言"一词在汉语传统中分明也指书面的文章。

《通向语言之路》一书记录了海德格尔和一位日本学者的对话,当海德格尔问起在中国或日本,是何时合并汉语的"语""言"二字成为一个新词以对译西方的"language"的概念的时候,日本学者只好承认,这件事无论在日本还是在中国,都不知道究竟起于何时(也许多半是日本在先而中国在后,但也可能相反)。不管怎样,在现代汉语中,专门用来对译西方"language"等概念的"语言",虽然用的是汉语里两个本来就有的字词,但就其概念所指来说,乃是一个超出了既有的汉语系统的崭新的词汇,它指的既不是"语",也不是"言",甚至也不是"语"和"言"简单的相加(中国国内许多辞书包括上海辞书出版社 2000 年 1 月第一版的《辞海》在"语言"这个词条下面,都没有举出汉语书籍里任何"语""言"连用的成例,而是直接用现代语言学关于语言的定义来解释这个词语,这也许正是为了回避此"语言"并非彼"语言"而又共享一名的麻烦罢)。

这一有趣的翻译现象,可以看作用汉语字面翻译西方语言时所遇到的全部语言问题的浓缩反映,也可以看作是对约瑟夫·列文森所谓中国传统在西方冲击下已经发生了从"词汇"到"语言"的深刻变化的一个注脚。它再次说明,语言确实在说话,人和语言之关系的任何一种变动都已经由语言自己说出来了,哪怕是冲破重重伪装,用一种几乎无声的声音、无形的形式说了出来。

### 2. 言文分离的基本判断

究竟中国传统所谓"语""言"是否可以等同于西方人的"language"概念(这里仅以英语为例)?中国传统如何理解语言和文字的分别,又如何理解语言同文字的混合,并在语言文字这种既分又合的关系中理解语言文字的整体存在?这些内在于中国传统的特殊问题,可以留给专门家去进一步考究。

我们感兴趣的是:中国传统的语言文字观念在现代的命运如何?它是如何与西方的语言文字概念相遇并重新塑造了现代中国知识分子

的语言观念?在西方语言文字的观念取得统治地位之后,中国传统的语言文字观念在多大程度上继续发挥作用?或者就历史发展的趋势来说,这样的作用还能持续多久?它最终也会消失吗,还是越来越有力量?

晚清以降,中国现代知识分子对母语的反思,一开始就借助西方分裂的语言和文字概念。也许正是因为现代中国知识分子一开始就非常轻易地接受了西方语言文字彼此分裂的概念,所以才那么自信,以为看到了中国语言文字的根本问题,因此要从这个根本问题出发,重新审视中国语言与中国文字的关系状态,并且据此从整体上改造中国的语言文字。

他们以为这个根本问题就是:中国语言和中国文字长久以来一直处在十分可怕的彼此分离乃至彼此悖反的关系状态,中国人口说的语言和笔写的文字完全是两码事。有些人甚至夸张地认为,中国口语和书面语距离之大,犹如两个国家的语言隔膜之深。他们认为这是一个石破天惊的大发现,可以作为攻击中国文化与中国社会的一个总关键。

由此出发,现代中国知识分子纷纷发表了各自对中国语言文字的许多似是而非或似非而是的意见。许多人认为,中国的"言"(语言、口头语)和"文"(文字、书面语)在上古时代原来是不分的(但也有学者认为这是想当然的假设而很难证实),只是后来才分开;这个"后来",就是所谓的"阶级社会",因为一部分人(贵族和依附于贵族的知识分子)霸占和垄断了文字(还好只是霸占和垄断文字而未能霸占和垄断语言),所以文字日益远离大多数平民口说的语言,日益贵族化、官僚化、腐朽化,日益丧失语言的真精神;同时,平民阶级大多数没有或者被根本剥夺了学习文字的机会,不会写字,只会说话——说未被文字玷污的"纯粹的语言",也是唯一的"活的语言",因而最能够以素朴的直觉的方式领悟语言的真精神(平民阶级在文字上的不幸顿时转换为在语言上的幸运),他们偶有书写,便能将语言的真精神输入文字,从而一定程度上救活濒临灭亡的死文字(几乎无人追究他们最初是如何避免文字的毒害尤其后世处在日益严重的"言文分离"状态的贫民作者是如何办到这一点的)。

根据这些似是而非和似非而是的混杂的理解,中国文化现代化方案,在语言文字的方向上,就被确定为让千年分离的语言与文字重新合并起来。当然,合并的主体是语言(汉语)而不是文字(汉字);也就是说,不是让汉语迁就汉字,而是勒令汉字无条件地去迁就去接近直至融入汉语,使二者之间再无一丝裂痕。倘若汉字不肯就范或者难以朝这个方向完成合乎理想的改造,那就只能消灭汉字,另造一种新文字,使其仅仅作为汉语显示其在场的尽可能透明的装置——大多数中国现代知识分子认为西方人就是这样用神奇的拼音文字克服了他们的"言文分离"的问题。

### 3. 各种解决方案

在语言的基础上合并语言和文字,曾经有过许多十分有趣也相当混乱的方案。

第一套方案,是借助某种辅助性工具,比如"注音字母"和"汉语拼音",将已经死去的只能写和看而不能读和听的汉字救活过来(黑格尔在《哲学全书》中认为象形文字是"聋子的阅读和哑巴的书写"),也就是说,让主要依附古代文人人为制定的发声规则的所谓死人的文字靠近今天活人的唇舌,从而叫无声的汉字重新发出声来。

汉字并非无声,更非不能读。千百年来,中国文人倾注了大量的热情和才华,不断丰富着用汉字写成的文学作品的声读系统。文论家们认为,千百年来中国人的情感就是通过这套声读系统而获得艺术的表达。问题在于,中国现代知识分子并不承认古代作家按照一套精细的韵律结构的"吟咏"是自然出声的"朗诵";相反,他们认为正是隐藏在汉字中的那套人为的韵律结构使得汉字严重歪曲乃至根本遮蔽了汉语的真实发声。因此,解救之道,就是在"注音字母"或更先进的"汉语拼音"的帮助下,让国人放弃由传统文人硬性规定的文学作品乃至一般文本的声读系统,代之以大多数中国人口头所讲的语言的实际发声规则。五四以来诗歌界的革命,"白话诗""自由诗"取代"旧体诗""格律诗",主旨也就是要求取消只有少数文人才能通晓的旧体诗词的韵律(人为的因而是不真实、不健康的发声规则)而代之以新诗真实而健康的自然发声规则。

争执的双方,似乎是驳杂的至少当时并无统一标准的"今音"和其实已经不在场的"古音",实际上,这种历时性的古今两套发声规则的较量,只有在真正精通古今音变的音韵学家那里才有意义,对绝大多数人来说,"今音""古音"的争执并没有什么具体意义,真止和他们有关系的乃是共时性的当代语言和当代文字的关系的历史性颠倒:文字的权威彻底丧失,让位于语言的权威。特别在文学写作中,修辞规则主要依据说话的实际情况,而不再依据文字的特殊构造,文学的语言根基,从文字移向语言(口头说话)。

既然问题的根本是要褫夺文字的威权而树立语言的垄断地位,所以尽管"注音字母""汉语拼音"这两套方案所包含的对汉语和汉字之关系状态的批评反映了当时的共识,但它们所提供的具体措施在更多的人看来又并非彻底的解救之道。果真延长了本来已经奄奄一息的汉字的寿命,岂不是反而让汉字更加有能力来玷污汉语了吗?

因此,进一步的方案便是"汉字拉丁化",即在根本上取消汉字的书写形体,而只部分地保留汉字固有的对汉语发声规则的拙劣模仿。不过,汉字的不真实的读音要想为拉丁化新文字所采纳,首先必须进行一系列拨乱反正的改造使其更加接近当今的口语,才能和所谓从来就不曾用汉字书写过因而完全没有进入汉字系统的"大众语"一起,用新文字——拉丁化的新式汉字——书写出来。

但是,进一步的审查与挑剔又使那些热心到狂热的拉丁化提倡者们发现,如果说辅助性的"注音字母"或"拼音方案"是搀着汉字走路,最终不得不容忍汉字继续毒害汉语,那么,表面上似乎彻底摆脱汉字鬼影的"拉丁化新文字",本质上还是对汉字的一种隐秘的翻译和无可奈何的挽留:直接取代汉字的"拉丁化新文字"固然只是形体的变化而不可能尽变汉字原来的读音(没有什么力量可以消除中国人头脑里面和汉字紧紧连在一起的那一套声读规则),就是所谓从来未曾进入汉字书写系统的纯粹的"大众语",认真分析起来,和汉字之间其实也割不断千丝万缕的联系。因此,除非根本取消汉语,否则"拉丁化新文字"无论如何也不能和它所取代的汉字划清界线,因为汉字和汉语的天然联系谁也不能抹杀。但是,取消汉语也就等于取消了"汉字拉丁化方案"本身,因为这套方案的提出本来就是要为假定可以和汉字剥离的汉语造一种不同于汉字的新的书写形式。一旦连汉语也取消,这套新的书写形式也就跟着失去存在的必要了。

现代中国知识分子首先认定汉语和汉字是分离的,进而认定和汉语分离的汉字阻碍了汉语言特别是汉语言文学的健康发展,然后再发明种种办法,竭力让汉语冲出汉字的围困,获得一种接近于无限透明的新文字,像西方拼音文字那样直接表征在他们想象中以声音为中心的现代汉语。最后,他们不无沮丧地发现,所有这些努力根本上都是徒劳的,就好像让一个人的灵魂冲出他的肉体,或者让一个人的肉体冲出他的皮肤。

## 4. 德理达和郭绍虞

在种种论争趋于疲敝,种种实验归于失败之后,甚至就在论争与实验轰轰烈烈开展的同时,一些头脑较冷静的人士却在另一个方向上思考汉语和汉字的关系,并且在此关系上进一步思考汉语的本质。

指责"言文分离"是虚妄的,要求"言文绝对合一"不可能,接下来要做的,自然是在承认言文既分离而又重合的前提下,重新反思传统的汉字在已经发生历史性巨变的汉语整体中的地位。

于是,一开始就存在的两种语言观念——字本位和音本位——的对立,就愈加分明了。

西方从柏拉图、亚里士多德开始,就一直认为文字(包括拼音文字和象形文字)很容易以视觉上可见的形体侵犯、玷污作为语言之核心的声音(语音),人们往往被文字这个可见之物弄得眼花缭乱,而疏忽了作为语言的本质的声音,疏忽了那和人的灵魂具有直接关联的语音的存在。索绪尔认为文字在本质上是"外在于语言的内在系统"的一个游离性的"外在系统",他指责这个"外在系统"经常掩盖语言的真相,"它不是一种外衣,而是一种伪装"。索绪尔认为,语音乃是语言的意义和人的感官之间"唯一真正的自然纽带",语言的所指(概念和意义)与语音能指之间这种"自然纽带"决定了文字对语言的绝对从属关系,但这种从属关系常常被文字所颠倒所破坏:"文字图画通过牺牲声音而最终将自身强加给它们……自然关系被颠倒过来。"索绪尔开创的现代语言学为语言设计了一个以声音为中心的封闭系统,这个系统原则上排斥文字以确保自身的纯洁性不受侵犯。相对于语音,文字意味着污秽、堕落、懒惰、虚假、遗忘、背叛、暴力、侵犯、掩盖、僭越、人为、肉欲、尘俗、腐朽、垄断、死亡和罪恶。在索绪尔之前,卢梭也认为文字是引诱人类偏离自然语言的一个可怕的圈套与陷阱,"必须立即以自然的东西代替人为的东西……对发音的生理知识一无所知的第一批语言学家总是陷入这种圈套:放弃文字对他们来说意味着放弃立足点,对我们来说这却是走向真理的第一步"。德里达绘声绘色地讲述了西方传统对文字的恐惧和贬斥,指出这是基于"逻各斯中心主义"或"声音中心主义"的语言哲学而形成的对文字的最大误解,他的《论文字语言学》可说是发千年之覆,一洗西方传统蒙在文字上面的不白之冤,认为文字并非外在于语言的一个不详的系统,文字在任何意义上都和语音一样就是语言本身。要想探察语言的本质,不但不能割裂语音和文字、言语和书写,相反应该将文字书写从被排斥被驱逐的地方请回来,纳入语言的整体来考虑。

德理达对西方语言文字思想传统的解读,揭示了在西方传统上,始终存在着从声音、说话和从文字、书写两个不同的侧重点思考作为整体语言存在的倾向。郭绍虞先生在梳理中国语言文字和中国文学的关系时,也一再讲到中国语言文字在历史上既分又合的关系以及这种关系对中国文学演进的深远影响。"文学的基础总是建立在语言文字的特性上的",因此,要认识文学的特征,首先就必须认识文学赖以为基础的语言文字的特征,比如在中国文学史家所谓"文学史分期"的问题上,郭绍虞就别出心裁,主张以不同阶段的"文学的形式"或者所谓"体制之殊"来分期,而不以通常看重的"历史的背景""文学的关系""情感""想象""思想"作为分期的标准:"普通文学史的分期,每由立场的不同而异其区分,或重在历史背景,或重在文学的关系,而我们则重在文学的立场以说明文学本身之演变,所以不妨以体制为分期;而且,由文学之性质言,论情感则今古如一,论想象与思想则又各人不同,并不一定受时代的影响,于是欲说明文学本身之演变,便只有重在形式方面,就是所谓体制之殊了。"但对于郭绍虞来说,文学的"形式"与"体制"仍然"不免过涉抽象,而且有时也不免过于琐碎;为欲求其具体,所以不如重在构成体制之工具"。这个"构成体制之工具",就是中国的语言文字。因此,中国文学的不同分期主要就是中国文学所倚赖的语言文字之不同的演变阶段。

中国文学所倚赖的语言文字当然就是汉语和汉字了,汉语和汉字怎样从文学的体制方面清楚地为中国文学史划分出不同的阶段呢?郭绍虞认为这主要就是通过语言和文字不同的关系结构来实现的,就是说,因为中国文学所倚赖的汉语言文字,有时候主要偏重于文字(此时的文学呈现为"文字型"),有时候主要偏重于语言(此时的文学呈现为"语言型"),有时则是追求古人语言文字的合一,实际是复古,复古的字句虽然号称接近古代的语言却仍然离开现实的语言,因此文学就呈现

"文字话的语言型"。语言文字的关系变化,就这样为中国文学史清楚地划分出不同的演变阶段。郭绍虞认为中国文学史按照语言文字的不同关系,一共可以分出五大阶段。1."诗乐时代,这是语言与文字比较接近的时代。语文合一,声音与文字语在此时代中犹没有什么分别。"但在这个时代,一开始就已经潜伏着一条为了适合文字的要求而"改造语言"的线索,只是这时代对语言的改造并没有离开当时的口头语太远,基本上仍然是"语言型文学"。2."辞赋时代,沿袭以前改造语言的路线,逐渐造成离开语言型而向文字型演进的趋向,因此也可称是语言文字开始分离的时代。"3."骈文时代,这才是充分发挥文字特点的时代。利用字形之无语尾变化,于是可讲对偶;利用字音之一形一音,有时一音一义,于是可讲声律。对偶是形的骈俪,声律是音的骈俪。再加文学的技巧,又重在遣词用典,剪裁割裂,以使错综配合,所以进到此期,文字的应用之能事已尽,可以说当时是文学语言以文字为工具而演进的时代。"4."古文时代",这是对骈文式的"文字型文学"的一个反动。"大抵骈文家所注意者,只重在发挥文字之特长,而不曾顾到语言的方面;所以这种文学语言可以和口头语言距离得很远。不仅如此,有时襞积累叠,甚至气不能举此辞。这是骈文时代末流的主要缺点。至古文家则虽用文言(按即古代与口语接近的文辞),仍与口语不同,然而却是文字化的语言型,是摹仿古代的语言型的文学语言。因是语言型,所以骈文家只能讲声律而古文家讲文气,声律属于人工的技巧,文气出于语势之自然。又因是文字化,是摹仿古代的语言型的文学语言,所以不合口头的声音语,由于这种关系,所以古文家也讲音节。"5."由此再进,索性应用当时的声音语以充分发挥语言的特点,于是遂成为语体的时代。语录体的流行,小说戏曲的发展,都在这个时代,甚至方言的文学亦以此时为盛。所以至这一时代而语言的应用之能事亦可谓发挥殆尽了。"对郭绍虞来说,没有可以离开文学的抽象的语言文字问题,也没有可以离开语言文字的抽象的文学问题。他讲语言文字离不开文学,讲文学也离不开语言文字。他说语言学家研究语言的时候,有的注重"口头词本位",有的注重"字本位",这个看似简单的观察,不仅抓住了中国现代语言学和传统的语言文字学根本的区别,也揭示了从语言和文字的关系出发认识整体性语言存在的两种典型的语言观念。正因为人们对整体性语言存在有这两种侧重面不同的认识与对待,所以在文学创作中,就相应地出现了"声音语"和"文字语""语言型文学"和"文字型文学"的异趋。

无论德里达还是郭绍虞对语言文字问题的思考,都选择了文学为突破口。从语言和文字的关系这个角度追问语言的本质,之所以往往不约而同选择了文学,乃是因为只有在文学的场合,语言问题才那么触目而不容回避地显现为文字的问题。和许多现代语言学家一样,索绪尔在指责文字对语言的侵犯时,就经常迁怒于文学,因为在他看来,正是文学让文字更加跋扈:"文学语言增加了文字不应有的重要性。文字事实上窃取了它无权享有的那种重要地位。"在中国现代,来自现代西方的整体性语言概念所包含的"字"和"音"的关系以及它们在语言整体中的地位问题,也只有落到文学发展和文学创作的实际经验中才能获得有效的谈论范围,而在非文学的日常言语或实用写作中,语言的本质的问题,并不容易像在文学的场合那样几乎无可选择地从语言和文字的关系这个角度提出来。

## 5. 字和音

"字"和"音"的关系问题如何进入中国现代文学甚至成为中国现代文学所面临的主要语言问题?在郭绍虞所谓"语体文"的"语言型文学"阶段,我们究竟是如何看待"字"与"音"在语言和文学中的地位的?中国古代"文字型文学"在文字运用之能事发挥到极致以后,激起了一个对自身的反动,这已经成为众所周知的文学史演化的事实,那么现代"语言型文学"在处理语言和文字的关系时,是否也有某种倚轻倚重的不平衡现象？倘若现代（包括当代）"语言型文学"对"语言的应用之能事"亦"发挥殆尽"，那是否也会激起一种新的反动？我们将如何思考这种新的反动并为之作好必要的准备？如果新的反动（来自文字方面的）迟迟不来或根本就不可能再有，对于依然以中国语言文字为根基的现当代中国文学来说，这又意味着什么？

白话文在取代文言文成为"文学正宗"之后，甚至就在白话文为自己争取所谓正宗地位的同时，便已经碰到它在攻击文言文时提出的类似问题：用白话文进行文学创作，将如何处理"声音语"和"文字语"的关系？在这个问题上，白话文能完全不同于文言文吗？也就是说，白话文果真能够使汉字绝对成为汉语的附庸或者汉语的一种接近于无限透明的载体吗？如果白话文最终并不能实现这个理想的承诺，那么白话文在处理声音和文字的关系时，只要稍微迁就文字的特点（即仍然受到文字的制约），那么它和文言文之间的界线又将如何划分？

这些问题以及与之有关的其他许多问题，一直潜伏在中国现当代文学中，却没有被认真对待。

五四以来，从"字"和"音"的关系角度出发理解白话文的语言属性，向来就有两种不同的主张。

一种认为，白话文是用主体可以控制和加以改造的文字记录下来的"话"，作文在本质上就是"说话"，而且必须等于"说话"，否则就脱离文学的"正宗"，做不好文章了。做好文章，在语言文字上的标准，就是要让文章（书面语）达到通常说话时应该追求的那种清楚明白的境界。胡适一再强调"白话文"的"白"对文学创作的重要性，也就是从这个角度来规定白话文的语言属性。他用这个标准"重写文学史"，发现了被文学史家长期无视的一部"白话文学史"，能够进入他的"白话文学史"的文学作品，首先必须在语言文字上注重声音的特征而淡化文字的特征。注重声音的特征，就是文章写得尽量接近口语；淡化文字的特征，就是写文章时要尽量避免受到与汉字有关的那些文学修辞手段的诱惑。

　　和郭绍虞一样,胡适也是从文学的语言文字特征出发来梳理中国文学史,不同的是郭绍虞不仅看到文学和语言的密切联系,也看到甚至更加强调文学和文字的关系,这是因为首先在语言本身,郭绍虞就十分敏感于中国语言受到中国文字的牵制,所以中国文学受到中国文字的影响在郭绍虞看来就是顺理成章的事。胡适似乎只承认语言和文学的关系,而没有或者不想看到中国文字对中国语言并通过语言对中国文学的深刻影响。所以,胡适对注重文字技巧的古代文学诸样式均无甚好感,惟独赞许那些脱离了文字系累而接近口语的浅易之作,比如,他用专门一章讲王梵志和寒山、拾得的白话诗,却根本不提陈子昂、李贺等人。他甚至片面抬高杜甫的几首在他看来有所谓打油诗风格的作品,而公然贬低那些形式谨严传诵千古的律诗,说它们(比如《秋兴八首》)只是没有什么意思的失败的文字游戏而已(郭绍虞则认为中国文学的许多特性恰恰就和"文字游戏"有关)。胡适考察文学的语言属性,基本上是一条腿走路,也就是说,他仅仅承认文学和语言的关系,而将语言、文学实际受到文字制约这一显著的事实竭力抹杀,放到一个很不起眼的角落里去了。

　　另一种主张认为,白话文在一定程度上固然也可以说是记录"说话",但白话文和"说话"的联系只是白话文语言属性的一个方面,在白话文的实际写作中,作者并不完全受自己或同时代人"说话"方式的限制,相反,白话文的作者完全可以超越实际的"说话",因为白话文毕竟是用文字写出来的"文",不是用声音记录下来的"话"。作文、作诗,除了说话,还要写字,而且主要靠写字。所谓主要靠写字,是指在写作过程中依从字的指引来运思,在这情形下,所谓白话文和"说话"的联系,仅仅作为以字作文时可供利用的一种修辞手段,严格说来只是在文字许可的程度上对"说话"的想象性模仿罢了。章太炎、《学衡》同人、鲁迅、周作人、俞平伯、朱自清、废名、冯至、沈从文、闻一多等《新月》同人以及郭绍虞、朱光潜等人,先后都用不同的方式表述过这种观点。

上述两种关于现代白话文语言属性的理解,可以粗略地分为"音本位"和"字本位"两种不同的语言观念。"音本位"和"字本位",是我根据德理达的学说,并参照郭绍虞"口头词本位"和"字本位""声音语"和"文字语""语言型文学"和"文字型文学"的讲法(分别见郭氏《中国语词之弹性作用》《论中国文学中的音节问题》《中国文字型与语言型的文学之演变》等文)而生造的概念。所谓"音本位",就是认为语言的本质在于人发音说话的行为,而文学写作也必须以此为基础;所谓"字本位",就是承认书写文字(不管是拼音文字还是表意的象形文字)在语言的整体结构中不可抹杀的作用,并且认为文学尤其必须以语言的书写方面为其根基。

中国现当代文学一大趋势,是"音本位"压倒"字本位",作家主要趋赴语言的声音层面而忽略语言的文字层面,由此,一种"声音语"的诞生,或者瞿秋白等人所说的一种现代"文腔"的确立,就成为现代汉语和现代文学历史性变革的一个显著成果。这种"文腔"或者说"声音语",不仅取代中国传统文学所倚赖的"古代汉语"的声读体系而成为现代中国作家情感思想的主要投射方式,同时也使现代中国文学日益疏离汉字所包含的无限丰富的文化信息,日益疏离汉字中潜藏着的无限丰富的文学修辞的可能性。而且,现代中国文学越是疏离汉字,就越加依赖内在于中国现代文学或者说主要由中国现代文学建立起来的那种"文腔"和"声音语"。这也许是限制中国现当代文学发展的一根最大的紧箍咒,尽管现代文学的"文腔"也并非没有它特殊的历史魅力。

借用德理达的术语,可以说,中国现当代文学一直鼓励着并且自身也一直依赖于一种"声音中心主义"的语言观。

德理达认为,西方传统一直就很重视 logos＝the word(口头说话),而轻视 ecriture＝writing(文字书写);尤其在西方的一系哲学中,文字总是后起的,人造的,假的,迁就肉体的,不洁乃至邪恶的,言语则与之相反,是源初的,神授的,真的,属灵的,洁净的。中国老庄、儒家和印度佛教至少中国禅宗也有对文字的攻讦,但这种攻讦和对语言本身的不信任紧密相联,并非放过语言而仅仅否定文字,这和西方传统肯定语言的价值而单纯贬低文字是很不相同的。德理达称西方传统的这一思想倾向为"逻各斯中心主义"(logocentrism),"逻各斯"就是人的言语、声音,以"逻各斯"为中心,其哲学基本就是以人为中心,人的言语声音赋予周围世界以意义和秩序,以此显现周围世界乃至人自身的"真理"。在古希腊,人被称为"逻各斯(说话)的动物",海德格尔在《存在与时间》中解释说,古希腊人所理解的"人"这个存在者,"正是以说话的方式揭示自己也揭示世界"。后世经常将这句话翻译为"理性的动物","逻各斯(说话)的动物"与"理性的动物"在表述上虽然有差异,但二者在思想史上乃是一种有序的展开:西方近代哲学所说的人的理性力量,突出表现为一套精致的能够包容一切真理性陈述的语言结构,而占据这个结构的中心位置的,就是一套更为精致的声音结构,所以德理达也称"逻各斯中心主义"为"言语中心主义"或"声音中心主义"(phonocentrism),或者合起来称为"logophonocentrism"("逻各斯声音中心主义"),其主要信念就是认定听一个人的声音,就等于把握了那个人的"存在";一个人的"存在"最真实地显现于他的声音,文字则做不到这一点。德理达认为这其实是一种误解,因为"有声""无声"与"在""不在"是两回事。我们可以用录音带来倾听已故亲友的言语,这并不等于我们就接触到了他们的存在。相反,阅读古人的著作,却可以帮助我们了解他们的"在"。因此,文字不"假",言语也并不绝对为"真"。德理达1967年连续推出《写作与差异》(*Writing and Difference*)、《论文字语言学》(*On Grammatology*)及《声音与现象》(*Voice and Phenomenon*)三本书,就贯穿着这样的思考。

现代中国知识分子一开始就把声音设定为语言的本质同时也是语言的真善美价值的源泉。在德理达看来,"逻各斯中心主义"和"声音中心主义"并不总是联系在一起,在西方传统中,这二者确实互为表里,密不可分,但在非西方的文化中,也许并不同时出现,"我以为无需逻各斯中心主义的语音中心主义是可能存在的。非欧洲文化中也完全有可能存在这种给声音以特权的情况,我猜想在中国文化中也完全有可能存在这种语音特权的因素或方面。但中国文字在我眼中更有兴趣的常常是它那种非声音的东西。只是,在中国文化或其他文化中,赋予并非就是逻各斯中心主义的声音某种特殊地位也是完全可能的"(《书写与差异》中译本"访谈代序",页11;三联书店北京2001年9月第一版)。中国传统究竟有没有"逻各斯中心主义"这个问题,可以暂时搁起,但如果说现代中国知识分子中间普遍存在"声音中心主义"的语言观,恐怕与事实并不太远。章太炎的"新方言"和30年代左翼作家提倡的"大众语",一个认为今天的某字就是古代的某音,语言文字无论如何变化,都离不开某种一成不变的声音的始基,一个则将具有严格政治内涵的所谓人民大众的纯正口音规定为现代汉语和汉字发生学上另一种合法性始基,二者尽管一个将语言的根基定在往古,一个将语言的根基定在当下,但就注重语言的声音层面来说,则又殊途同归。在章太炎和"大众语"之间,是五四作家对现代白话文的提倡。现代白话文最显目的特征,是语言本体向着多元语言因素的开放,这里有古代的白话,文言文,混合着各地方言土语的现代人的口语,欧化语法和外来词汇,在这些供给新文学家任意驱遣的多元语言要素中,五四一代作家也明确地将文学的基础认定为当代活人的口语(尽管究竟什么才算是这个口语的标准始终未能确定下来),其他的语言要素则围绕这个不确定的口语的中心而依次向外辐射,在和这个中心或远或近的地方找到自己的位置。

在中国现代知识分子看来,所谓语言的本质一直就是声音。在语言的各要素中,惟独声音最能反映人的"在",最能表达他的权力意志。文学如果疏离声音这个语言的中心,就不能成功地代中国人说话,而不能充分地代中国人说话,就不能真实地反映中国人的存在,就会使中国人在语言(包括文学表达上)失去自己的权力,他们的生命也就因此不能以真实的面目显现出来,而一直处于被忽略、被压抑的状态。不幸的是,中国的语言和文学恰恰就处在这种悲惨的境地中,几千年来的主流中国文学就是没有抓住中国语言的声音中心,而只是在遮蔽声音的象形文字上做无谓的消耗和不道德的游戏,以至于即使现代的作家们也往往只能借助邪恶的、有毒的文字,借助已经死去的古代人的语言或片面移植过来的外国人的语言,以及其他一些非本质的语言的替代品,模糊地、扭曲地、不真实地显现中国人的生命。

语言(包括文学表达)上的这种失败,其结果,在鲁迅那里就曾经被极生动也极便当地描述为一种悲惨的"世界图画"——"无声的中国",中国的种种落后、黑暗、不符合现代国家普遍准则的地方,就这样以一种语言学的方式概括为"无声":"发表自己的思想,感情给大家知道的是要用文章,然而拿文章来达意,现在一般的中国人还做不到。这也怪不得我们;因为那文字,先就是我们的祖先留给我们的可怕的遗产。人们费了多年的工夫,还是难于运用。因为难,许多人便不理它了,甚至于连自己的姓也写不出是张还是章,或者简直不会写,或者说道:chang。虽然能说话,而只有几个人听到,远处的人们便不知道,结果也等于无声。又因为难,有些人便当作宝贝,像玩把戏似的,之乎者也,只有几个人懂,——其实是不知道可真懂,而大多数的人们却不懂得,结果也等于无声","人是有的,没有声音,寂寞得很。——人会没有声音的么?没有,可以说:是死了。倘要说得客气一点,那就是:已经哑了。"(《三闲集·无声的中国》)中国的象形文字太难,使大多数中国人没有表达自己的能力,说不出话,发不出声音来,而发不出声音来,生命的力量就无以实现,中国因此才如此羸弱,所以要把这样的中国变为先进、光明、符合现代国家普遍准则的新中国、少年中国、充满希望的中国,知识分子的种种神圣使命,自然也就以一种语言学的方式被浓缩地概括为:将一直被压抑的中国人的声音从文字的统治中解放出来,变无声的中国为有声的中国,让大多数中国人冲出几千年的汉字的牢笼,使他们甩掉文字的羁绊,直接用自己的声音或者用最尽可能接近声音的另一种新文字向世界发出"生存的战叫"。

### 6. 对立与和解

中国现代知识分子从声音和文字的关系角度对汉语言文字以及建基于其上的中国文学的上述理解,可以用一个简明的表式概括如下:

声音……………………文字
先………………………后
本质……………………现象
拼音文字………………象形文字
自然……………………人为
真实……………………虚假
新知……………………蒙昧
民主共享………………贵族垄断
健康……………………腐朽
有声……………………无声
活文学…………………死文学
光明……………………黑暗
现代……………………传统
西方……………………东方

在这里,中国社会文化的现代性转变,首先表述为语言的本质、人和语言的关系的某种历史性变革。无论人的本质还是文学的本质,其现代性的进步与解放,首先都被理解为以西方现代为榜样的语言的进步与解放。只有成为自己的语言的主人,人才能自由地接受教育,自由地获取知识,自由地扩大视野,自由地在政治、经济各个领域为自己争取合法的权益,并在文学美学上成功地表达自我。

不消说,语言的这种历史性变革,最终以现代中国知识分子所理解的很大程度上被理想化了的西方语言为参照标准,其核心则是让声音取代文字,从而使语言整体得到优化。

压抑声音的传统汉字的罪状既然已经被几代知识分子反复罗列出来,解放声音的拉丁化"新文字"和"大众语"的好处,就自然在汉字的反面显示出来。

比如,"新文字"与"大众语"首先被普遍视为启蒙大众的利器。汉字让大多数人不能看书,更不能写文章,因为汉字是象形的方块字,不是表音的拼音文字,和人们自然的表达和自然的发声距离太远,而抛开汉字,取用拉丁化新文字,提倡大众口语的书写,就可以"把几万万一向住在文化国土以外的大众从无知的深渊中解放出来"(聂绀弩《一九三五年的中国语文运动》)。汉字作为中国语言的唯一书写形式,因其和声音(大众口头说话)的距离之远,以及构造的繁难,剥夺了大多数中国人求知的权力,使他们蒙昧无知,而接近中国语言的声音核心的拉丁化新文字则能够授予大多数中国人以求知的能力,轻易就可以将他们"从无知的深渊中解放出来"。一旦中国语言摆脱文字的恶魔的纠缠,回归或接近纯粹声音层面,中国人的思想观念也就可以几乎在一夜之间获得革新:"因为拉丁化一实现,把他们底什么庙堂文章,什么公文布告,乃至那载着支配中国大众几千年了的任何昏乱思想的高文典册,都一股脑儿从根本上不知扔到什么地方去了。"(聂绀弩《大众语跟土话》)这对中国文化来说,无异于出生入死。"新文字运动就是主张废除十恶不赦的汉字,用拉丁字母记录中国话的运动","新文字运动和手头字或通俗文运动都不同,它不是个临时的手段,也不是局部改良,更不仅是一个技术问题;它是中国文字底根本革命。不仅是形式问题,而是从形式到内容一系列的各种纠纷底总解决……新文字在语文阵线上是个坚强无比的坦克车,它底轮齿会把它底敌人和敌人底一切嚼得粉碎"(《一九三五年的中国语文运动》)。汉字改革的意义决不等于一般的书写形式的变换,因为取消汉字,取用拉丁化新文字,这个汉字改革的总体设计,其中包含了中国传统的"语言之体验"的一种根本转变,在这个转变过程中,文字被彻底逐出语言的本质范畴,而降低为单纯记录语言的工具,文字本身的语言功能由此被彻底抹杀,它所内涵的丰富文化信息也由此被彻底清除。文字的改造,其意义决不限于文字本身,而是语言整体的一种根本转变。虽然拉丁化至今并未实现,虽然汉字仍然是汉语的唯一书写工具,但经过中国现代连续批判和否定汉字的运动之后,汉字在汉语整体结构中的实际地位已经从根本上被削弱了,今天的汉字不仅在内容上已经不是传统的汉字延续,在语言整体中的功能和地位,也和传统汉字不可同日而语。比如,传统的汉字乃是传统的中国文学主要的语言基础,而现代的汉字就不能说还是现代中国文学主要的语言基础——在现代,汉字本身甚至都已经不能说是汉语言的一个有机组成部分了,因为它的功能仅仅被规定为记录汉语的发音而已;与这样的汉字相联系的文学,当然可以理解为一种全新的文学。

正是在这个意义上,鲁迅才偏激地认为,五四文学革命并不彻底,因为它仍然保留了汉字,大多数中国人仍然发不出声音来,而取消汉字,使用拉丁化新文字,就不仅能够让大多数人有学习文化发表意见的机会,"而且由只识拉丁化字的人们写起创作来,才是中国文学的新生,才是现代中国的新文学,因为他们是没有一点什么'庄子'和'文选'之类的毒的。"(《且介亭杂文二集·论新文字》)

对语言的声音本质的这种狂热追求,必然要向新语言的写作提出相应的要求:在解脱文字束缚的同时(这种束缚不仅被夸大而且还从社会伦理学、历史进化论和文艺价值论等方面进行了全面的讨伐),无限制、无条件地突出写作活动中的拟声性,让写作尽量成为对实际说话时的发声行为的模仿与追随,所谓"做诗如作文"、"作文如说话"、"有什么话,说什么话;话怎么说,就怎么说"。新文学在语言上的最高追求,在胡适看来,就是"白",直白(直书胸臆)、明白(条理清楚)、清白(无事雕饰),总之,尽量排斥文字(汉字)对汉语写作的诱惑。胡适明显抄自黄遵宪"我手写吾口"的所谓"胡适之体"的"白"字秘诀,几乎成为新文学家的共识:"据我个人的愚见,大众语文学在诗歌小说戏曲三类,说听看三样都须顾到,尤其要注重听,叫人听得懂。因为诗歌朗诵也好,唱奏也好,听得懂就是深入大众的一个必要的条件。为什么白居易的诗在当时社会特别流行?为什么黎锦晖先生的歌曲如今特别流行?除了其他的条件以外,听得懂,也怕是一个重要原因。至于戏曲上演,动作姿势虽能帮助大家了解剧情,重要的还在说白曲词能够叫大众听得懂。还有如今的小说虽然不必由说书的人说给大众去听,但是念起来能够和说话差不多,也是深入大众层的一个条件罢"(陈子展《文言—白话—大众语》)。

　　写作活动中"说—听"模式当然重要,但也不可忽视"写—看"模式的作用。姑且不论"写—看"模式对汉语写作实际提供的巨大可能性,但取消了"写—看"模式,在实际写作中,"说—听"模式又寄托在何处?新文学的成立,本来就是"写—看"模式从传统小说的"说话"腔调中挣脱出来而宣告独立,个人的写作和同样个人的阅读,本来就是新文学区别于传统通俗文学的最大特征之一,现在又要求新文学放弃作为主体的"写—看"而退回到"说—听",这岂不是历史的倒退?

　　其实,世界上并没有纯粹无文字的语言。在初民和现在一些原始民族中,也许确实是先有语言后有文字,或者至今也只有语言而没有文字,但那正是语言不进化的特征,而非语言进步的标志。欲求语言进化却反而退到不进化的甚至随时濒临灭亡的原始形态的赤裸裸的没有文字的所谓纯粹的语言,这如果只是诗人的修辞和渴望,倒不失为对语言的一种深刻的批判和怀疑（比如鲁迅《野草》所谓"无词的言语"），如果在现实的层面大规模实施，无疑是不折不扣的退步。

任何进化的语言都是声音和文字的水乳交融，二者不可偏废。西方的拼音文字，本质上也是文字，而不是单纯记录声音的音标；既然是文字，就有文字的相对独立性，并非意义通过单纯的声音载体的表出。"拼音文字是'文字'，不是'音标'，它也是'尚形'的，也是'望文生义'的（不是'拼音生义'的）。"（倪海曙《结束符号，建立文字!》）这是坚定的汉字拉丁化提倡者的意见。有这种意见的，当然不止倪海曙一人，早年致力于罗马字拼音方案的赵元任也有类似的想法："欧西的文字虽然大多可以从字形上读出声音来，但不必定要拼出声音来才认得出字来，非但不必拼，而且平常用字的时候，没有人像初学的慢慢拼着念的。""西人看书认字的时候，一点也不拼音，一个字有一个字的'面孔'，看见了同时就想到意思，叫出声音来，和中国人认汉字一样的，并不是先读出声音，然后想到意思的。西人当中看书快的，是用'versual reading'读法，把眼睛沿着字，一行一行地晃过去就能领会意思，连字音都不必清楚地想到的。由此看来，拼音和不拼音的文字的分别大半在学习的时候和遇见生字的时候，前者比较后者容易认识学习；到实用起来的心理，两样都是见面就认得的，实用上罗马字比汉字的优点不是拼音文字的优点，乃是字母文字的优点。"（《反对罗马字十大疑问》，《国语月刊》汉字改革号）在赵元任的表述中，对汉字的批评与否定，从文化整体层面的夸大其辞的仇恨与贬斥，稍稍冷静地返回到单纯技术（速写）层面，即又退回到晚清王小航、劳乃宣的"简字"和章太炎的"注音"路线。退回这个原点，汉字改革，除了建立一套帮助大家学习汉字的表音符号系统之外，又有什么理由非要取消汉字而将本来只是为汉字标音的符号"扶正"为代替汉字独立使用的"新文字"不可呢？

赵元任的这种认识，对于一直被误解的汉字在汉语这个概念中的地位，乃至一般来说文字在"语言"概念中的地位，应该有一种提醒作用:至少可以舒缓一下对汉字的排斥与冲击,叫人们不要撇开文字而单纯地想象所谓无文的语言,叫人们渐渐学会承认在相当长的历史时期汉字必然具有打不倒的合法性,叫人们不要撇开汉字而致思汉语的诸般问题。

# 中编 文体的试验

# 一 "胡适之体"和"鲁迅风"

30年代中期,陈子展针对胡适新诗,最早提出"胡适之体"的概念。

上海"孤岛"时期,阿英、王任叔等人争论的"鲁迅风",涵义甚广,既涉及整个鲁迅传统,也专指最能体现鲁迅个性的杂文,尤其是杂文的语言。

可惜这两次富于建设性的讨论,由于种种复杂原因,都未能很好地深入下去,以致当后人重提"胡适之体"与"鲁迅风"时,所有的印象还是那么模糊不定。

胡适的书面话真能成"体"者,并非"提倡有心创造无力"的《尝试集》,而是他的论说文,尤其是文化时评与政论。鲁迅文体在不同体裁中的差异,肯定不像胡适那么明显,不过要探讨鲁迅的文体,最适宜的对象还是他的杂文。

我们就在这两个范围内,将前人没有说完的话接着说下去。

把作为文体的"鲁迅风"与"胡适之体"收缩到杂文以及时评政论范围内来考察,首先是为了论说的方便。按英国学者里奇(Leech)和萧特(Short)的定义,文体乃"特定文本中语言运用的统一方式及效果"①,离开"特定文本",即使讨论一个作家同一时期的文体,也会有界限不清

---

① G. Leech, M.Short, *Style in Fiction*, p.15, Longman House Press, 1983, New York.

的危险。

其次,偏重主体性言说的杂文和时评政论这两类"特定文本",理应受到更多的关注。鲁迅的小说和胡适的一些"述学之文",自然也是研究"鲁迅风"和"胡适之体"应该涉及的对象,但小说属于虚拟性叙述,"述学之文"则主要囿于客观知识的探求,无论哪一种情况,作者往往都不得不隐蔽起来,退居各种"他者"背后。杂文和时评政论却不然,它们是"我"直接站出来说话,因此更接近文体学研究的目标,即作为语言核心的"此在"的源初之"说"。

讲20世纪中国文学的语言,一般都要追溯鲁迅与胡适的有关理论主张,却未曾探察他们的文体差异,以及各自的文体对现代汉语言文学发展的影响。建立现代"国语的文学——文学的国语",鲁迅、胡适确实起过并且还在起着不可替代的典范作用,对他们的文体特质及影响倘不细加分疏,便很难触到20世纪汉语言的文学与汉文学的语言的根本问题。一时代的文章风格固然会以关键人物的理论倡导为转移,但更深切的影响还有赖于这些关键人物各具个性的文体实践。

胡鲁文体最触目的差别在于一为现代型专家语言,一为传统型通儒语言。

通儒语言可以熔议论、沉思、刻画、虚拟、感觉、想象、激情、梦幻于一炉,文史哲自然科学无所不包,广出犄角,连类旁通,适应性强,不以论题影响其个性。鲁迅无论谈什么,其语言总是本身有所诉说的存在,而非单纯诉说外物的工具。鲁迅的文字始终围绕语言的核心,不只在这个那个论题之间来回奔忙,故纯然湛然,极少杂质,像一种"圆舞",既四面扩张,又不断作向心运动。

专家语言虽然也能保持其一贯色彩,但容易受到客观牵制,随治学领域与议论对象而变化。胡适写政论就明显异于作小说考证及哲学史方面的"述学之文"。即使在鲁迅的初期小说中,我们也已经能够明显感受到杂文的语言基质。作为汉文学渊薮的"文章",始终是鲁迅小说不容漠视的文化背景。而杂文,因其"不管文体"①的特性,也时见小说的描写之趣。鲁迅的创作在语言层面比胡适具有更多的同一性。

读胡适,可以了解他对问题的细致剖析,语言清白爽利。但是,终嫌单调,唠叨,破碎,甚至刻薄油滑。此点经梁漱溟指出,胡氏本人也供认不讳②。胡文好读,然而铺陈太过,像听报告,总在某个面上滑行,一平如砥,久则容易生厌。有时抓住作为某种逻辑预设的"立论"就够了,实在不必卒读。

《多研究些问题,少谈些"主义"》和《名教》,是胡适少见的两篇带有杂文笔法的思想宣言,所论问题重要,影响也极深远,但如果和《热风》讲类似问题的两篇"随感录"——《"来了"》与《"圣武"》略一比较,便可发现,四篇胜处都在举重若轻,深入浅出,把严肃深奥的道理讲得明明白白,然而胡文更多为浅人说法,把能想到的和盘托出,读者没有进一步思考的余地,激发不了独立追求的兴致,痛快淋漓的同时又觉得不过如此,惰性遂油然而生。1918年6月,胡适长篇论文《易卜生主义》于《新青年》四卷六号上发表,用直白浅显的语言介绍易卜生反抗社会压制的个人主义思想,在读书界引起强烈震动,但事隔十六年,鲁迅对这篇名文的批评是:"的确容易懂,但我们不觉得它却又粗浅,笼统吗?"③鲁迅不一味替浅人说法,不把一切全部摊开,他既有入木三分的点破,又有相当含蓄的掩盖,不是把人送到彼岸就完事大吉,还要你和他一起思想,有所悟又有所不悟,豁然开朗却仍须主动探索。鲁迅的文章比较的难懂,不像茶淘饭似的可以一口吞下去是真的,但补这缺点的是"精密"④。所谓"精密",并不限于逻辑上的严整,更是指语言的高度"及物性",即语言和语言所要表达的意识中的内容的密切关联。真理于胡适

---

① 《鲁迅全集》(3),页3。
② 《答梁漱溟》,《胡适书信集》(上),页311,北京大学出版社1996年版。
③ 《鲁迅全集》(5),页520。
④ 《鲁迅全集》(5),页530。

文中,如美人裸裎、殊少韵致,在鲁迅笔下,则似款款而来的穿衣的马哈,既公开着又遮蔽着。换言之,"胡适之体"往往只能照顾到真理的光亮的一面,"鲁迅风"却更能够表达真理本身所包含的复杂性。

鲁迅杂文确实能给你多方面的满足。他的语言方向层次更多,内在成分更复杂,有直说、有曲笔,有明喻、有暗示,有平坡、有沟壑,有扩张、有收敛,有言语道断、又有含不尽之意见于言外。也许并不好读,但对懂得的人,收放跌宕之间,始终有内在的紧张,含了不尽的刺激与意外的启迪,别具一种酣畅淋漓,可以药倦,可以针劳,经得起一读再读。因为触及了类型的缺陷,讽刺不留情面,这才有了被讽刺者所叫嚷的"刻薄""油滑",至于重复唠叨则绝对与他无缘;其精壮省净至今还无人能及。

胡鲁文体不同效果,首先渊于语言的深层结构。"胡适之体"是语言绝对地归顺于逻辑,"鲁迅风"则是逻辑富于语言之中,化为语言的肌理,语言既丝丝入扣,逻辑更不可抵挡。胡适文章的逻辑("理念"或"思想框架"之类)总是"在先",即先于语言面存在。逻辑宰制着语言,语言隶属于逻辑。鲁迅文章的逻辑并无这种优先性,它直接从语言生长出来,必等语言有了一个"Fullstop"而后自圆。胡适之文以逻辑的整一性牺牲了语言的丰满,鲁迅之文则呈现出语言跟逻辑的高度化合。胡适的语言总是跟着逻辑跑,从逻辑的中心向外扩张,遂成为"外发"的(expressive)。鲁迅则语言之外无逻辑,逻辑即语言,语言即逻辑,这就属于"内涵"的(impressive)。傅斯年最早用这对概念阐释品质大不相同的两种文章路数,他说"外发的文章很容易看,很容易忘;内涵的文章不容易看,也不容易忘。中国人做文章,只知道外发,不知道内涵,因为乃祖乃宗做过许多代的八股和策论,后代有遗传性的关系,实在难得领略有内涵滋味的文章。做点浮漂漂油汪汪的文章,大家大叫以为文豪;做点可以留个印象在懂得的人的脑子里的文章,就要被骂为'不通''脑昏''头脑不清楚''可怜'了"①。这至今仍不失为理解胡鲁文体风格的

---

① 傅斯年《随想录》,《新潮》杂志一卷五期。

一个参考。

傅氏说中国古代文章多"外发"少"内涵",当然主要是针对八股策论之类载道之文而言,并非泛论一般。其实古今中外,作文都得说理,也就难免要载道,"外发""内涵"云云,并不是一个说理载道一个不说理不载道,而在于道、理或西方的"逻各斯",是超语言的(时间上先于语言),还是和语言同步的;是外在于语言,"理在言外",还是和语言契合无间,"和理在中"①。

逻辑语言的不同倚重,还可以从具体的字句层面来考察。胡先骕在他那篇有名的长文《评〈尝试集〉》中曾经这样论述诗分唐宋的关键:"唐人仅知造句,宋人务求用字。唐人之美在貌,宋人之美在骨。唐人尽有疏处,宋人则每字每句,皆有职责,真能悬之国门,不易一字也。"②从这角度论文,则胡适的功夫主要在"造句",即善用欧西逻辑句法规范汉文。这是胡适"重写汉语"的方式。鲁迅作文,虽在结构的繁复,修饰语的迭加,标点符号的话用,以及句子的长度方面,比起胡适都有过之而无不及,但除此以外,他还更重视用字。

钱玄同在五四时期继续晚清吴稚晖等人在《新世纪》(创办于巴黎)上开始的话题,鼓吹汉字拉丁化,不惜抹煞汉字的修饰藻采对汉语言文学无可替代的贡献,并否认作为汉字藻饰的造字法基础——象形——在"六书"中的优先地位,认为汉字发展趋势是象形不断让位于"形声",未来的拉丁化原系汉字变迁的内在要求。鲁迅拟作的《中国文字变迁史》惜乎没有完成,但从有关著作看,他和钱玄同的意见是有所不同的。《汉文学史纲要》首篇"自文字至文章"即认为文章(广义的文学)原是"连属文字","初始之文,殆本与语言稍异,当有藻饰,以便传诵",明白揭示了汉文学与汉字的源初关系。他说汉字有"三美":"意美以感心,

---

① 章太炎《国故论衡·论式》。
② 胡先骕《评〈尝试集〉》,《中国新文学大系》(2),页294。

一也;音美以感耳,二也;形美以感目,三也"。因此,"诵习一字,当识形音意三……三识并用,一字之功乃全"。在他看来,《离骚》异于《诗经》,乃至驾乎其上而"沾溉文林"极其"广远"者,也"特在形式藻采之间耳"①。后来的《门外文谈》掺入不少否定汉字的流行观念,但先前的论断并未全盘抛弃。汉文学成立的直接前提是汉字,而非宽泛的"汉语言",汉字特有的形式藻采是汉文学的美感来源,这是鲁迅重视炼字的学理根据。周作人说"超越善恶而又无可排除的传统都也未必少,如因了汉字而生的种种修辞方法,在我们用了汉字而写东西的时候总摆脱不掉的"②,大意也不外于此。

鲁迅对汉字与汉文学之关系的诠释,可以追溯到章太炎。1906年章太炎在《东京留学生欢迎会演讲录》中,由"国粹"谈到汉字,曾经明白宣示:"又且文辞的本根,全在文字,唐代以前,文人都通小学,所以文章优美,能动感情。两宋以后,小学渐衰,一切名词术语,都是乱搅乱用,也没有丝毫可以动人之处。究竟什么国土的人必看什么国土的文,方觉有趣。像他们希腊、梨俱的诗,不知较我家屈原、杜工部优劣如何?但由我们看去,自然本种的文辞,方为优美。可惜小学日衰,文辞也不成个样子。若是提倡小学,能够达到文学复古的时候,这爱国保种的力量,不由你不伟大的。"章氏讲"文学复古",具体到语言层面,既可理解为鲁迅1935年在《名人和名言》中所批评的"攻击现在的白话""牛头不对马嘴",也可理解为在广义上返归"文辞的本根"——这对优秀的作者来说极端重要。其实之所以要"炼字",无非就是要让"文辞"尽量接近其"本根",至于"本根"是定在古代,还是定在今天③,是满足于"从'小学'里寻出本字来",还是基于"几千百万的活人在创造"(《难得糊涂》)

---

① 《鲁迅全集》(9),页344,372。人民文学出版社1981年版(下同)。
② 《〈扬鞭集〉序》,《知堂序跋》页297,岳麓书社1987年2月版。
③ 章太炎在20世纪初也曾写过不少白话文,并且同意张静庐将之编辑出版,参见汤志钧《章太炎与白话文》,《近代史研究》1990年第二期。

的"约定俗成的借字",这在哲学上已经属于第二位的问题。鲁迅重视炼字,和章太炎强调"文辞的本根",观点出入很大,但也并非全无联系。相反,联系或许是根本性的,这涉及文学语言之文化价值或海德格尔所谓语言与存在的同一性关系,已非本文所可深究,但也不敢不特为点出。

鲁迅的造句确实已经奇崛瑰伟了,而最见壮彩处还是他的用字。"人哪有遥管十余代以后的灰孙子时代的世界的闲情别致也哉?"(《答有恒先生》)句以字奇,字以句显,三绕四绕,确实将"党国元老"吴稚晖绕进特别为他设定的那个"闻情别致"里去了。

"虽然因为毁坏旧物和戳破新盒子而露出里面所藏的旧物来的一种突击之力,至今尚为旧的和自以为新的人们所憎恶,但这力是属于往昔的了"(《我和〈语丝〉的始终》),这样解释"语丝"的批判立场,最初的战绩,后来的衰微,可谓以少总多,包举无遗。

"我敢将唾沫吐在生长在旧的道德和新的不道德里,借了新艺术的名而发挥其本来的旧的不道德的少年的脸上!"(《看了魏建功君的〈不敢盲从〉以后的几句声明》)"新"与"旧"错杂配置,如风刀霜剑,使人应接不暇,"智识阶级"身上新的鳞甲和旧的内质尽皆披露无遗。

"正唯其皮不白,鼻不高而偏要'的呵吗呢',并且一句里用许多的'的'字,这才是为世诟病的今日的中国的我辈"(《当陶元庆君的绘画展览时》),为了回敬别人对他多用"的"字的讥诮,偏要针锋相对,示威性地"的""的"连用,不仅显示其倔犟不屈的脾气,也确实把新文学家避之惟恐不及然而又往往不得不用所以十分令人头痛的"的"字,难以仿效地给用活了。

诸如此类有惊无险看似叠床架屋尾大不掉的遣词造句,文言文没有,白话文里或者也早就被中学语文教师赶尽杀绝了。但这都不是无谓的玩弄文字游戏,也并非乱加修饰语和限定成分的"恶劣的欧化"。

鲁迅的奇崛句法已经先声夺人了,但目的不在"造势",故没有抹平单个字词的头角峥嵘,反而为字词提供了发挥力量的开阔空间。他的句法灵便,字词也尽量突显其意义色彩和思想重量,像坚韧不拔的单兵,在松而不散收放自如的长句中兀然挺立,或以声韵之调合作用于听觉,或以立体感强烈的画面撞击读者的眼球,恰似他笔下"朔方的雪花""在纷飞之后,却永远如粉,如沙""那是孤独的雪,是死掉的雨,是雨的精魂"。相比之下,胡适的字句只是粘连滋润的"暖目的雨"和"江南的雪"了①。

炼字不苟,其美在骨;句法谨严,其美在貌。胡适并没有完全摆脱梁启超"新文体"影响的痕迹,其奔泻直下的句法,固然有助于"造势",可以激动大群,鼓舞血气,但缺乏字词的内涵之功,终显平滑浮露。胡适用字都很准确,但全篇感动人的地方与单个字词无关,只在匀速铺展的句式。其词句组合,像蛮夫壮汉的呐喊,个己存在完全没入群体大声。

句法消蚀字词,首先是逻辑伤害语言,进而也就是"西语"对"中文"的宰制。以西语的逻辑句法统辖中文的字词,不知道这是否可以说是文化上新一轮的"入者主之,出者奴之",但今日汉语一些法制化了的句式,平板有限,形同鸡肋,确实成了杀害字词的"魔床",字词一旦投入其中,难免灭顶之灾,对此"胡适之体"或恐难辞其咎。

郭绍虞先生通过他对汉语的深刻研究,令人信服地揭示出汉语精神的重心不单在句法,更在字词本身的形式藻采和组句功能(周汝昌先生认为这是汉语天生的"文言性"),这从胡鲁文体的对比可以看得更真切。西方语言学一向注重语法,审定音韵,考辨词源,要到后来才有。中国传统上并没有单独提出西方意义上的"葛朗玛"(grammar,语法),这倒不是说中国人向无语法意识,而是语法和音韵词源相比,不算难事。在很大程度上,语法规则恰恰就隐含在字词的音义结构中,所以音

---

① 《鲁迅全集》(2),页181。

韵训诂之学特别发达。近代以来，借鉴西方的语法修辞之学日益受到重视，传统的音韵训诂渐渐推到幕后，蜕变为旨在简化读音的音标之学（一套实用的汉语拼音方案）以及词典编纂学。词典编纂学的立足点是现代语言运用对字词涵义的重新设定，而非字词的渊源流变（尽管另有专门的《辞源》等大型工具书有所涉及），这就使普通人包括人文学者和诗人作家对具体字词往往通今而不识古，字词的文化根性由此拔除，意义结构大大压缩，最终导致语言的平面化，以及伴随这种平面化的因为误用、滥用、不够用而导致的语言漂浮现象（词/意脱节或者有词无意的"晦涩"）①。音韵之学变为音标之学，这中间发生的事情也许更加严重。原来的复杂音变经过拼音方案的规约而整齐化一，加之新式标点渐趋完备，普遍视审音句读为易事，不再讲求汉语音义结构的微妙之处（例如音乐性）。语言日益荒疏，创作新诗尽皆分行散文，现代中国于是而进入无诗的世纪。汉语语言学这种世纪性变迁对缔构现代民族国家功不可没，但文化发展上的负面影响也不可不察②。在这方面，鲁迅的文体具有一定的纠偏作用。

　　这就涉及一个问题：鲁迅是如何利用他所面临的各种语言资源的？

---

① 诗人冯至1932年从柏林写给好友杨晦一封信，很能说明这个问题，他说，"现在中国的文字可以说混杂到万分——有时我个人感到我的中国文是那样地同我疏远，在选择字句的时候仿佛是在写外文一般……我将来要好好的下一番小学的功夫，真正认识认识中国字，这对于作诗作文都会有很大的帮助。所谓文学者，思想感情不过是最初的动因，文字才是最重要的。我觉得我是非常的贫穷，就因为没有丰富的文字。"冯至甚至因此而全盘否定他以往的创作，认为那不是诗，只记载着自己的耻辱(山东《作家报》1995年5月20日)。海德格尔说，语言是一切文学的源头，是本源之诗；疏远了这个源头，在语言上处于赤贫，当然也就无所谓诗歌，无所谓文学。语言或诗歌的本源性，不限于历史继承，还包括当代的创作与发生，但历史继承无疑极其重要。语言没有一定的历史继承，当代的创造与发生便失去了必要的凭借。

② 现代汉语语言学的"西化"，此处只是概而言之。实际上，几乎从一开始，语言学界就已经注意到中西语文的差异性特征，即使后来成为众矢之的的马建中，他对所谓西文律则也非照单全收，至于陈承泽、王力、陈寅恪、张东荪、郭绍虞、周作人、闻一多、钱锺书等，更是从不同角度，毕生致力于寻求汉语自性以及现代汉语语言学的独特道路。只是这种努力的结果，迄今还一直没有充分显示其力量而已。

鲁迅的语言资源相当复杂,他对各种语言材料的态度也很不相同,这里只能约略言之。

他博采西语"词枝"(Figure of Speech,傅斯年语),包括日文修辞术①,竭力替欧化和"硬译"辩护,但又十分强调汉语本身的历史继承性,诸种语言因素交融汇合而不支离博杂,反倒以其"含胡""晦涩""曲折""中止"和"半文半白"②,更真切地触到汉语再生的先机。他因此对各种或新或旧的语言律则都有所偏离,显得比较"怪",但这都只在表面,目的是通过适当的偏离和"陌生化",让语言走上更健康的正道,所以"怪"的同时又很亲切平易,而且比貌似中庸正常的文体更自然,更显语言的生气。

他的行文一本说话的朴实,迎面而来的"谈锋"和"笔锋"使亲者觉得温暖,仇者感到凛冽,但"声音中心主义"(独尊口语贬低乃至排斥汉字书写特点)带来的拉杂琐碎与虚张声势,又是他回避得最成功③。

"以口语为基本,再加上欧化语、古文、方言等分子,杂糅调和,适宜地或吝啬地安排起来"④,周作人这个理想,傅斯年早就说过了,今天也还是一句口头禅,但"欧化语""古文""方言"等,这些语言的材料或"分子",如何"杂糅调和",如何"适宜地或吝啬地安排起来",属于诗人或思想者的语言艺术,而非普通所谓语法修辞。在这方面,真正成

---

① 胡适《整理国故与"打鬼"——致浩徐先生》,《胡适文存》第三集第二卷,又见《胡适书信集》(上),页392。
② 参见《写在〈坟〉后面》,《鲁迅全集》(1),页282。
③ 在中国现代的语言转向中,确有西方意义上的所谓"声音中心主义"以及欲以语音为基础的"语言一体化"思想。虽然诚如汪晖所论,现代中国语言转向过程中的"声音中心主义",并不一定像日本学者炳谷行人所认定的那样,与现代民族国家的形成有多么密切的关系(汪文见《学人》第十辑),但是中国现代语言学界和文学界的某种"声音中心主义",确实极大地影响甚至制约了我们对语言本身的理解,从而也极大地影响甚至制约了现代汉语和现代汉语文学的成熟度,以致作家汪曾祺于80年代初还大声疾呼,说文学不是让人听,而是让人看的,他认为如此简单的道理却被遗忘久了(《汪曾祺文集·文论卷》)。此点关系甚大,拟另文详述。
④ 《〈燕知草〉跋》,《知堂序跋》,页317。

功的似乎只有鲁迅。近来知堂散文颇受推崇,但我总感到在他手里,口语欧化方言古文诸因子仅仅勉强"加上"了,还谈不上艺术的"安排",至于舌与笔两相背驰,欧化口语明显脱节,实是知堂一生未能去除的顽症,其温雅舒徐的"絮语",往往因此而流于无精打采的絮叨,软绵绵,松泮泮,思想观念固然很新,知识趣味固然丰饶,但终于没有鲁迅式的劲力。

在"我手写我口"(黄遵宪)和"有什么话,说什么话;话怎么说,就怎么说"以及"用汉字写汉语"(胡适)的口号压倒一切的时候,鲁迅坚持不以口语标准片面地规范写作,不把文字贬低为纯粹记录声音的附庸,也不因文本的内在要求而疏远口语。他承认口语和书写的区别,不迷信绝对的"言文合一"的神话,不抹煞汉字书写的种种文学技艺,以"四不像的白话"婉言谢绝瞿秋白提出的"绝对的白话"的要求①。惟其如此,语言的真意才最大限度地复现于文字。这虽然不是绝对的"言文合一",却是写和说、笔与舌、逻辑与语言、思想与表达的高度融合。也正因为如此,胡适的文章总像演讲录,鲁迅的演讲录也还是文章。沉潜幽独的《野草》以灵魂的精壮飞扬和音调的铿锵顿挫,完全宜于吟诵;稠人广众前的讲演,笔之于书,也无损于深意邃旨,无害其翰墨之美。

五四一代人在欧化和口语之外,更获益于文言文及话本小说。文言经过千锤百炼,美质尽多,但代代相沿,倘无变化,很容易缺乏生趣。鲁迅于汉末魏晋文章特多会心,初则赏其"清峻,通脱,华丽,壮大",继则取其"敢于师心使气"②,以及"桀骜不欲迎雄主之意"③,这都是文言之最具活力者。许多话本小说确实体现了良性的文白对流和文白互补,既有文言的典雅省净,又有口语包括方言的新鲜狂放,但不少话本作者由于伏处民间,心在庙堂,对高低雅俗两套语言都没有真正的归属

---

① 《鲁迅全集》(4),页370。
② 《鲁迅全集》(3),页504,515。
③ 《鲁迅全集》(9),页416,人民文学出版社1981年版(下同)。

感,运用时往往有距离地存一种嬉笑谑浪的姿态,显得轻薄油滑。鲁迅能够适当化用文言和话本小说的体式,又用心去除文言的陈腐与话本作者的油滑,不像胡适或其他一些作者那样经常为其所累。

对一切语言资源,鲁迅都有选择地消化,有鉴别地利用,反对照单全收或机械地分出好坏。他的语言态度,基本上是既在潮流之中,又在潮流之外,即既大胆敞开汉语原有的音义语法结构,积极容纳新质因素,摆脱旧物,寻求新言,又能对各种在手边的语言观念和材料保持高度警惕,不盲目拒斥,也不盲目依从,不以潮流而淹没个性。

应该说,鲁迅对一切语言现象都是有所批判的,但他批判的主要是语言背后的文化心理,并不限于表面的中西之辩和文白之争。其语言批判的核心——不遗余力地揭露"义字游戏"的"做戏的虚无党"——就不只针对某一具体的语言形态。"文字游戏"比胡适所说的"名教"更坏。"名教"是崇拜文字的宗教,"文字游戏"则连崇拜也谈不上,只是有意玩弄空洞的文字以获取卑微的利益享受,置问题和事物本身于不顾,造成彻底的"瞒和骗",这在文言白话或外国语里都很普遍。

语言批判的独到之处,正是其文体的精神所在。鲁迅确实善于从似是而非的固定说法和习以为常的语言现象入手,剖析深在的心理顽症。只有驱散日常的语言迷雾,才谈得上真正的心灵解放,贴合实际新鲜有力的语言也才可望诞生。杂文的魅力正由此而来。所以,鲁迅对汉语文化的批判,并未偏离汉语发展的正道或取消汉字(虽然他曾经有过这种激烈的主张),也没有完全依傍西方语言的律则,而是通过广泛深刻的批判吸收,从根本上消除词/物分离的文化痼疾,清洗掩盖真实窒息生命的"文字游戏",打掉语言文字作成的精神蒙蔽(包括外在概念逻辑对语言的钳制与伤害),恢复质朴明净简捷刚劲的本真之言。胡适反对"名教",何尝彻底告别了文字魔障。比较起来,鲁迅的文章更透明,更少糊涂笼统的思想,以及先验概念逻辑对语言的缠绕(并非没有),往往是直接地"给出","有真意,去粉饰,少做作,勿卖弄",没有那么多附赘悬疣和"变戏法的障眼的手巾"①。周作人讲鲁迅有"文字上的一种洁癖"②，用在这里倒非常贴切，不必仅仅理解为听过章太炎讲"说文"就刻意使用"本字古义"，"古了起来"——尽管这也非常重要。

惟其如此，才谈得上承往继绝，自铸伟辞。

胡鲁都习惯在深夜写作，但胡的文章是给白天报刊杂志显著版面预备的，鲁迅则只愿在不会太多的"懂得的人的脑子里"留一点痕迹，像木刻家的小刀，划在窄窄的木板上，以证明"爱夜的人，也不但是孤独者，有闲者，不能战斗者，怕光明者"，"现在的光天化日，熙来攘往，就是这黑暗的装饰，是人肉酱缸上的金盖，是鬼脸上的雪花膏。只有夜还算是诚实的"。他说"爱夜的人要有听夜的耳朵和看夜的眼睛，自在暗中，看一切暗③"，这确实很好地说明了他自己作为一个文化批判者的位置。也只有这样，他才能"于浩歌狂热之际中寒；于天上看见深渊。于一切眼中看见无所有，于无所有中得救"④。相浦杲教授认为鲁迅的"深沉的自觉"就在于他"自觉地认识到自己属于'旧'一代，而将自己置于这一位置去和社会的黑暗作斗争"，相反，"胡适、陈独秀是站在青年的前面为他们指示新道路的指导者。也就是说，他们是把自己置于'新'的位置的。"⑤这确实道出了一些中国学者还不敢正视的真相。

主体定位不同，语言自然也会出现不同的风格。同是启蒙话语，"胡适之体"是高头讲章，洋洋洒洒不检束，处士横议而不自顾其形，侃侃如像牧师之布道和绅士之教训。"鲁迅风"则如怨如慕，如泣如诉，时而泉流幽咽，弦凝冷涩，时而铁骑突出，银瓶乍破，绝望之至生希望，痛恨之极含热爱，压抑深重而反抗愈烈，无言沉默又常在沉默中爆发；这

---

① 《鲁迅全集》(4)，页614。
② 知堂《关于鲁迅》(之二)，《瓜豆集》，页171，岳麓书社1989年版。
③ 《鲁迅全集》(5)，页193。
④ 《鲁迅全集》(2)，页202。
⑤ 相浦杲《中国现代文学的诞生和鲁迅、胡适、陈独秀》，《考证、比较、鉴赏》，页58，北京大学出版社1996年8月第一版。

是奴隶的战叫,是天涯孤客的不平之鸣,是夜晚潜行的话语。鲁迅还谈到过,别人的文章好比印章上的"阳文",他自己的文章则更像是"阴文",这不能不说是一种深刻的文体自觉,但自然也是一种深刻的精神自觉。充满生机的语言,往往源于"时代精神"的底部或"阴"面,内禀清凛的夜气,以百折不回的突击之力,在和新旧话语权威不懈的抗争和"捣乱"中向前伸展。

胡适夸耀自己说话的秘诀在于明了决断,"说话而叫人相信,必须斩钉截铁,咬牙切齿,翻来覆去地说。圣经里便是时常使用 Verify,Verify 以及 Thou shalt 等等的字眼"①,《胡适文存》中"我要让大家知道……""我要告诉人们……""你们应该晓得……"的句式俯拾皆是,影响非止一代。在语言改革和文体解放的历史贡献上,有人把他比做"文起八代之衰"的韩愈,甚至称之为"白话圣人",很大程度上就是肯定胡适这种浅白通顺清爽自信的文体风格。确实,文章写得像胡适那样浅白通顺而又清爽自信,并非人人都能办到;自有现代白话文以来,论浅白通顺,论清爽自信,胡适都要算第一人,但是这样"斩钉截铁,咬牙切齿,翻来覆去",无论什么场合都要力求把话说足道尽,作为一种修辞术固无不可,倘若推至极端,奉作唯我独尊的模式,就会落入林语堂氏所谓急吼吼的"板面孔",失了语言的弹性和差异面,不仅是启蒙姿态的僵化,也是说话太累的表现。胡适初意是追求自然和大气,结果反而不自然,不大气,因为自然大气的说话并不一律明了决断,也允许鲁迅那样的曲折、迂回、破碎、省略,甚至隐晦模糊。

逝者如斯,人们对胡适思想的记忆,已渐渐超过对其语言的感受,可当人们记起鲁迅时,他的精神气质和人格魅力,总是同文风一道浮现。即使起初在思想情感上对鲁迅漠然淡然的人,一旦进入其语言世

---

① 梁实秋《胡适之先生二三事》,《看云集》,页 353,台湾黎明文化事业股份有限公司 1981 年 10 月版。

界,也会不知不觉如饮酒微醺,陶然忘机。

胡适的语言开始确实是一条新路,但走的人多了,也会踩成泥沼的。鲁迅的语言更像一条独行者的小径,隐没在荆棘丛中,难以追随和模仿;惟其如此,他的道路反倒不会被跟踪而来的人弄得模糊一片。这情形很像他经常谈到的他对于佛教的"一种偏见",即以为"艰苦的小乘",流播虽不广远,却是真正的佛教,而佛教的大乘,"却因为容易信奉,因而变为浮滑,或者竟等于零了"①。

最后可以这样说,"胡适之体"和"鲁迅风"的根本差异,不只在修辞学层面,更指向个人写作距离动态的汉语本体的"远"与"近"。

同样作为现代汉语写作范式的缔建者,鲁迅异于胡适,他不是从某个超越的阿基米德点出发重塑汉语,不是百分之百用白话代文言,同时全面推广西文律则,以强行中断汉语原来的那个"说",开始全新的另一种"说",即所谓"用汉字写汉语"的"完全的白话"。遭逢分崩离析千年未有的大变局,鲁迅仍主张利用一切资源,站在动态的汉语本体(姑且生造一个术语)的最近处,以独有的方式"在汉语之中"重写汉文。他一面努力促进汉文学的语言结构向各种语言因素(口语、欧化语和方言土语)全面开放,以顺应中国社会现代化转型的内在要求,又明确指出,"在进化的链子上,一切都是中间物",无所谓绝对的新旧之分。因此,他既大胆改造汉语文原有的音义语法结构,又始终身在汉语之中。"在汉语之中",并非国粹派"呼吸不通于今"的"坚闭固拒",乃是指不在一种语言之外——不赶在这语言发展的历史序列的前头也不落在这个序列的后面——来"说"这语言,因这片面的说而剥夺这语言自己说话的机会,而是在这语言新旧交替之际,方生方死之间,顺其历史演化的趋向,随这语言自己的说而说,即不仅"说"汉语,还通过此一"说",让汉语自己有所"说"。

---

① 《鲁迅全集》(8),页163。

现代作家中，鲁迅最强调在坚守"自性""自心"（章太炎语）的同时，寻求汉语的新生；他的文体最能体现汉语的变之不变和不变之变，最接近动态的汉语本体。当时颇受攻击的所谓不中不西不古不今的"欧化语体"，其实就承载着变动中的汉语本体。做这样非驴非马的"白话文"，就是"在汉语之中"说汉语写汉文。这是汉语发展的特殊历史序列的实情，是处在这个序列的"为世诟病的今日的中国的我辈"不得不然的选择。

鲁迅正是从这个角度为"欧化语体"辩护的：

"有人斥道：你用这样的语体，可惜皮肤不白，鼻梁不高呀！诚然，这教训是严厉的。但是，皮肤一白，鼻梁一高，他用的大概是欧文，不是欧化语体了。正唯其皮不白，鼻不高而偏要'的呵吗呢'，并且一句里用许多的'的'字，这才是为世诟病的今日的中国的我辈。"①

必须指出，鲁迅并不是无条件地替"欧化语体"辩解。同样是"欧化"，他对胡适之的方式就并不首肯，上文提到的对《易卜生主义》的批评就是一例。和汉语动态的本体是"远"还是"近"，并不仅仅取决于一种文体里面西文或文言白话的成分孰多孰少，因为像"欧化语体"这样的新的文体格式，既非"之乎者也"，也非"Yes""No"，"用密达尺来量，是不对的，但也不能用什么汉朝的虑傂尺或清朝的营造尺"，而"必须用存在于现今想要参与世界上的事业的中国人的心里的尺来量"②。符合这把"心里的尺"，语言才可能称得上是"现今想要参与世界上的事业的中国人"的"心声""内曜"，才近于动态的汉语本体，才说得上是"在汉语之中"，否则就远离汉语的动态本体而"在汉语之外"了。

---

①② 《鲁迅全集》(3)，页550。

比起鲁迅，胡适的位置基本是"在汉语之外"，作为新文化的权力主体来"说汉语"，使之听命于自己的意志，这就容易偏离动态的汉语本体。"在汉语之外"，故而"对汉语尤其是对汉语的特优无有赏会"（周汝昌语），如偏说《红楼梦》后四十回语言与前八十回差别不大，等等。他应孙中山、廖仲恺之请撰《国语文法概论》，竭力推崇《马氏文通》而粗暴地指责陈承泽意在寻求汉语自性的《国文法草创》，也固在情理之中。《文通》从西文的"说"寻找汉语之"说"的根据，和胡适一样，都是由深谙西文律则的权力主体来重说汉语。这样地"说汉语"，"说"的主体与被"说"的客体之间，必有一道难以弥合的鸿沟，由此获得的解放总归片面。比如，胡适强调新的白话文应该力求口语化，力求浅白通顺，这在理论上当然是无可指责的，而且事实上也一直成为大陆40年代以后基本的语言追求。问题是，当胡适或他的拥护者将这种白话文标准推向极端，使其固定化和权威化之后，作为一种理想状态或意识形态所要求的语言，就从根本上与现实的语言道路相脱节，结果不仅抹煞了现代汉语生命所系的丰富差异面，导致语言的简单化和平面化，同时也势必因为在文体创造上无视现代中国人"心里的尺"而抹煞现代心灵的丰富差异面，导致人心的简单化和平面化。

胡适是现代中国语言转向的关键，这是不言而喻的客观事实，然而此一客观事实的积极的文化价值，却并不能因此而成为自明的。唐德刚曾经惊讶于胡适的语言观念，竟然一直停留在早年的某些主张上面，晚年作文，时有破碎臃肿之感。这可以说是胡氏语言观念决定其文体造诣的一个显著证明。鲁迅关于语言的具体理解极其丰富，且不断有所发展变化，这决定他的文体也变化万端，不拘一格。他确实深入到了汉语的核心，绝笔之作也仍然不失其持有的"精悍的语气"，堪称现代文化史一大奇迹。倘要论语言艺术，胡适的成就只可比作陆象山所说的"支离事业竟浮沉"，鲁迅的文章则是"易简功夫终究大"。胡适终成言论家和言论家式的学者，鲁迅同时还是真正的文学家，"一个天生的 Stylist"(桐华《悼鲁迅先生》)。或者说,"他有一种除被称为文学家以外无可称呼的根本态度",因为他"可以使语言变得自由"(竹内好《鲁迅》)。

"使语言变得自由",是指冲破种种人为的拘限,摆脱新言旧语的"两重桎梏",以实现历史变动中的语言弃旧图新的各种可能性;最高境界,就是海德格尔所谓"把发言权还给语言""让语言自己说话""自由地给出",无论宣之于口,还是假诸笔墨。

"天生的 Stylist",不是在语言的铁屋子里做修辞的能工巧匠(流俗理解的"语言艺术"仅限于此),而是在急剧变动的时代,在分崩离析的语言空间,通过一己的创造性写作,不断"集聚"民族语言的自性。这在鲁迅,就是遏制了过犹不及的浪漫主义的浮华,和理智/实用主义的质木无文,证明直线进化论的虚妄和狭隘复古主义的无谓,由此超越无根的修辞学美学,使变幻不定的言词归于正道,从而区别于同时代普遍的浮言涨墨。美国学者耿德华(Edward Gunn)所说的"重写中文"(rewriting Chinese),在鲁迅这里,既是现代化整体格局中汉语古典书写模式向方言口语和外来语言的历史性"开放"(opening),又是汉语在开放中的一次历史性"聚集"(gathering),亦即把"开放"带来的各种新的语言材料或如周作人所说的各种语言"分子",在一定的心理文化层面与生存基础上"聚集"起来。语言的生命,就是存在的既开放着又聚集着的呈现,既非片面的静止的所谓"坚闭固拒"式的"聚集",也非无限地开放,无限地显出差异面("言"是"思"的差异面,"文"是"言"的差异面,"欧化语"是"文言"的差异面,"文体"是一般语文现象的差异面),而没有与此同时不断地聚集自性。

也可以从这个角度说说所谓"杂文语言"。杂文的优长,就在于冲破旧的文章格式与新的文体律令,彻底解放语言,既呈现出中西合璧古今杂陈的丰富的差异面,又聚集其不可替代的文体个性。杂文正是语言的这种既不断差异化或分化(differentiation)又不断聚集和统整(integration)自性的自由的语言,是语言向着生存世界极度的逼近。在杂文里,语言和存在之间一切人为的扭曲和屏障都尽量拆去了,语言不是别的什么,而是真正意义上的"存在的语言"。

三四十年代,瞿秋白、茅盾、欧阳凡海、巴人等人对鲁迅杂文都曾经作过极精彩的读解,但他们几乎无例外地把杂文的成就,悉数归结到主体知识、见解和情感方面,不愿或害怕涉想杂文的语言构成,甚至觉得一作这样的研究,就会堕落成专注于"辩才与文笔"的"庸俗的市侩或学者",就会把鲁迅混同于一般的文人墨客,或者"律师事务所里的那些雄辩家"(田中济)。其实,倘若没有语言的大解放与大沉酣,则无论如何精湛的见解,渊博的学识,充沛的激情,深刻的爱与憎,思想的感性化和形象化,胸底无私袒露真实所造成的讽刺与幽默(欧阳凡海),以及因其灵活精悍而来的其他创作样式所不能代替的"更直接的更迅速的反映社会上的事务"的特点(瞿秋白),都全无着落的。

这一切之后,或者作为这一切的前提的,还有语言。鲁迅的语言可以说与当时中国人的生活最近,他的文字具有一种奇异的"及物性",能够始终把不断当前化的生存图景——他所谓的"现在"——置于目前,使人读来不"隔"。这是真正意义上的存在的语言,自由的语言,如江河行地,随物赋形,盈科以进,圆转无碍,虽以杂文而得名,却并不限于"杂文""杂感",也适合创作、翻译,更可以作《魏晋风度及文章与药及酒之关系》《"硬译"与"文学的阶级性"》《上海文艺之一瞥》和《门外文谈》那样的大文章。如果鲁迅晚年用"杂文笔法"写出一部《杨贵妃传》,一部全景式的汉文学史,或《中国文字变迁史》,或追踪四代知识分子思想和生活道路的"自由说话"的长篇小说,那也很自然,而且肯定是文学的幸事,学术的幸事,语言的幸事。

也许现在已经不得不承认,真正走上鲁迅文体所指示的语言道路的人太少太少了。这不奇怪,因为即使表彰鲁迅最有力,对当代汉语的塑造也至为重要的语言权威,其语言风格也更接近胡适("好学生"云云),而和鲁迅同少异多①。权威的导向作用甚至培养了一种虽然模糊却很坚强的共识,受此共识鼓舞,即使偏僻乡村的中小学语文教师也敢说:鲁迅文章在编辑看来许多是不通的。尼采曾经扬言,他的《查拉图斯特拉》是继路德和歌德之后对于德国语言的又一个伟大贡献。鲁迅从来不敢如此自夸。我真的不知道,这是出于东方人的谦虚呢,还是在世时已经预感到他的文体追求一瞑之后必然遭到的歪曲与无视?

其实在整个新文学传统中,真正欣赏鲁迅文风而又有所继承和发扬的本来就不多(可以举出的大概只有周木斋、冯雪峰、胡风、徐懋庸等有数的几位),论敌的讥嘲和文坛右翼的攻击,还在其次。从20年代末提倡"大众文学",到30年代反对复活文言,左翼文坛批判五四白话,发起"大众语"运动,在这一系列语言变革过程中,鲁迅的文体始终处于一个微妙的位置。成仿吾1936年写《纪念鲁迅》,在充分肯定鲁迅反帝反封建的精神之后,笔锋一转,认为"他的文学与写作都不通俗,不易为一般所了解",后来者"应该拿起鲁迅的精神,创造出新的形式来……应该大大地大众化,使文学由少数人中解放出来,成为大众的武器"②。成的观点并不新颖,在他之前,瞿秋白对五四一代人的批评,所谓"口头上赞成'大众化',而事实上反对'大众化',抵制'大众化'"③,就已经逻辑地包含了类似意见(他和鲁迅关于翻译语言的分歧也是这种意见的表现),成氏只是又有所张扬,说得更明白透彻罢了。争论"鲁迅风"时,阿

---

① 《在延安文艺座谈会上的讲话》"结论"部分,在分析"有些同志缺乏基本的政治常识,所以发生了各种糊涂观念"时,就举了"还是杂文时代,还要鲁迅笔法"的说法为例而批驳之。这里的立足点不是文体研究,而是"基本的政治常识",即一切文章包括杂文的政治态度,以及由这政治态度延伸出来的"对付敌人""对付同盟者""对付自己队伍"的不同的"写法"。这种政治分析方法,根本上是把"政治常识"与"笔法",思想和语言区别对待,所以势必要将鲁迅杂文的文体风格单纯定义为"冷嘲热讽"以及"隐晦曲折,使人民大众不易看懂",从而在新的政治环境中理所当然地加以排拒。这可以看作是1938年上海左翼文坛关于"鲁迅风"之争的一个终结。研究"毛语"和"鲁迅风"的异同,首须注目于此。
② 《成仿吾文集》,山东大学出版社1985年版,页277。
③ 《"我们"是谁?》《瞿秋白文集》(二),人民文学出版社1953年版,页875。

英、杨晋豪等人的意见,诸如"迂回曲折""古语,今语,外国语,绕了三四个转弯""莫测高深""给小众的'知识分子'看的""文字的'欧化''古化''诗人呻吟化'①",虽是针对某些有意模仿鲁迅的作家而发,却也牵连到鲁迅杂文,其中将鲁迅精神与文体风格一分为二的做法,和成、瞿可谓彼此呼应,一脉相承。

从语言形式上讲,"胡适之体"和"鲁迅风"都称得上是一种新权威,但"胡适之体"更具普遍推广的效应,更容易为大众所接受,属于中才以下也能"闻其风而悦之"的很现实的权威。"鲁迅风"却不具备这种性质,它带着更加强烈的个性色彩,很难学习和追随;它对于读者的权威性,更多地属于浪漫主义的欣赏,而非现实主义的模仿。也许我们还可以这样说,"鲁迅风"作为一种语言形式,比起"胡适之体"来,更不容易从它的内容本体上剥离。这也是"内涵"与"外发"两种为文之道的根本区别。

肯定鲁迅的精神而无视鲁迅的文体,与袭用胡适的文体而否定胡适的思想,此二者一拍即合,交相为用,可以说是新文学的内容与形式此消彼长的一个重要侧面。这当然包含了一个复杂的历史过程,决非朝夕之功。从20年代末的提倡大众文学,经过30年代对五四白话文的尖锐批判,到继起的有关汉字拉丁化以及"大众语"和"民族形式"的讨论,怎样在根本上完成现代民族国家的语言定位,怎样由五四开启的语言之路转向延安话语和它在50至70年代的最后完形,一直还没有完整而清晰的勾画,因此对胡鲁文体的不同影响,也就很难下一个妥帖的判断。今天的汉语写作,似乎只是"鲁迅风"和"胡适之体"奇特的嫁接,从坏的方面看,或许不过就是所谓的鲁迅精神和所谓的清楚明白的文风的生硬的配合。

---

① 参见沈永宝《关于"鲁迅风"杂文论证的几个问题》,《中国现代文学研究丛刊》1994年第4期,作家出版社1994年10月版,页206。

这对胡、鲁本人,实在难说幸与不幸。也许只是证明了,一种文体所指示的语言之路,终究属于创立这文体的个人,即使在它进入与这个人关系密切的某种传统之后。这是个人和历史、个人和群体之间最后一道界线,也是我们研究个人化写作最感兴趣的。

1920 年底,鲁迅在写给日本学者青木正儿的信中说,"我以为目前研究中国的白话文,实在困难。因刚提倡,并无一定规则,用词、造句皆各随其便。"①这里所说的,是现代汉语写作在开始的时候实际存在的不稳定状况。但是,现代汉语写作的这种不稳定状况,直到今天,也并没有发生实质性的改变;由于影响语言的因素越来越多,这种不稳定性可能还愈演愈烈了。所不同的是,鲁迅当时站在语言变革的起点,对正在变革中的语言的不稳定性感受得很真切,而今天的人们,由于生活在一个存在主义者所谓"被抛入"的现成给定的语言世界,对语言的或此或彼的不稳定性,已经不像先驱者有那么真切的感受了。问题是,没有真切的感受,不等于客观上不存在语言的不稳定性;也许,恰恰因为这种应该有的真切感受的稀薄、匮乏,语言的不稳定性才在根本上愈演愈烈了。

今日汉语写作直接由五四而来,但又不能简单等同于五四。一代人有一代人的语言困境和文体追求,只要不固步自封,止水生腐,不炒"语言革命"的现成饭,不以过程为终结,不认贫乏为富有,则目前任何怪异至于难解的先锋实验都是情有可原的,因为那毕竟在探出路,求再生,毕竟努力在接近动态的汉语本体,毕竟敢痛苦而危险地游戏于有言和无言之间。

不过,我们应该始终牢记的一点是,无论怎样,今天的汉语比五四时期,更加呈现出它的或此或彼、方生方死、可生可死的不稳定性。一种语言能否再生,关键要看它是否具有不断破裂又不断聚集的差异性。

---

① 《鲁迅全集》(13),页 454。

对于作家来说,文章、文辞、文体,首先是语言(口语)的一种差异化的发展,写文章不能简单等同于"写话",读文章也不能简单等同于"听话"(胡适正是这么教导人们的),总要有文章之所以为文章者在,总要有文辞之所以为文辞者在。不错,文辞和文章确实发源于语言(口语),但文辞与文章之所以能够使得语言更丰富,更多彩,之所以更加发挥了语言的真精神,就贵在它们和语言有差异;如果纯是口语的记录,又要文辞和文章何用!

卓越的文体始终是口语之外不断显出差异而又始终聚集其自性的语言,卓越的文体家总反对任何旧有权威或新造的桎梏,反对任何强力的一体化与衰朽的凝滞,追求语言的自由。

相反,拙劣的文体在其拙劣的形态上也许五花八门,然而它们必然具有一个明显的相同之处,那就是几乎不约而同地追求语言的同一性,而在这同时又几乎不约而同地抹杀语言的差异性。

"鲁迅风"可以作为前者的原型,"胡适之体"则可以作为后者的原型。

从五四到现在,现代汉语写作乃至现代汉语本身,一直就在同一与差异之间,走着一条左右摇摆的道路。

我们使用这种语言的人,确切地说,我们以这样的语言为家的人,也同样走着一条左右摇摆的道路。

# 二　"二周"文章

## 1. 概念之同

"二周"思想发展、政治主张、文学观念、文体风格和人生道路的异同,作为中国现代文学核心问题之一,长期以来吸引着许多人的注意。此核心问题的特点是带着谜一样的外表,既拒绝任何一言以蔽之的阐述的冲动,又小叩而大鸣,常给认真的探索者以超乎意想之外的馈赠。

本文讨论的范围限于"二周"杂文,聚焦语言形式,但也兼及思想和思想方法。

先从两人对杂文的认识谈起。

周作人关于"中国新散文",不同时期论述有别,但他后来不再试图对一生所写各类题材和体裁的文字(文艺批评、随想录、驳论、记事怀人之作、抒情小品、纯粹议论和述学之作以及序跋、笔记、札记、书信乃至旧诗)作"美文"与"非美文""大品"与"小品""随笔"与"论文"之分,而是自命"杂家",视所有文章为一个整体,统称之曰"杂文"。

《立春以前·杂文的路》(1945)发挥此意甚详:

> "杂文者非正式之古文,其特色在于文章不必正宗,思想不必正统,总以合于情理为准……文体思想很夹杂的是杂文。"

说的是"古文"中的"杂文";至于现代杂文,他认为也可用一个"杂"字来概括:

"假如我们现今的思想里有一点杨墨分子,加上老庄申韩的分子,贯穿起来就是儒家人生观的基本,再加些佛教的大乘精神,这也是很好的,此外又有现代科学的知识,因了新教育而注入,本是当然的事,而且借他来搅拌一下,使全盘滋味停匀,更有很好的影响……思想杂可以对治执一的病,杂里边却自有其统一,与思想的乱全是两回事。"

相应地,现代杂文的语言形式则表现为"一种夹杂的语文":

"杂文的文章的要点,正如在思想方面一样,也宜于杂……并无一定形式,结果变成一种夹杂的语文,亦文亦白,不文不白,算是贬词固可,说是褒词亦无不可,他的真相本本来就是如此。现今写文章的人好歹只能利用这种文体,至少不可嫌他杂,最好还希望能够发挥他的杂……"

周作人有时称自编文集中相互联系并占据主要篇幅的系列文章为"本文",此外编入的为"杂文"。这种与"本文"相对的狭义的"杂文"①和《杂文的路》所谓"并无一定形式"的广义"杂文",是两回事。

也有人单称周作人早期论战性文字为"杂文"(对事的《谈虎集》和一度准备出版但并未实行的更多对人的《真谈虎集》),周作人自己偶尔也这么说,比如《苦茶随笔》"后记"称该书"太积极",读书笔记只占三分之一,"讽刺牢骚的杂文却有三十篇以上"。《杂文的路》显然超越了这

---

① 参见《夜读抄·后记》。

种狭义的"杂文"概念。

"杂文"有时略当于《秉烛后谈·自己所能做的》所谓"笔记"。但是,"笔记"容易使人想到古人的"笔记",且多是"关于一种书的"书评,没有"杂文"的广泛适应性。

《杂文的路》所谓"杂文",指"以能用汉字写成为度"而思想文章都很杂的一切"白话文"。周作人晚年还说,"阅《看云集》,觉所为杂文虽尚有做作,却亦颇佳,垂老自夸,亦可笑也"①。周作人 60 年代初称 1928 年至 1931 年所作《看云集》为"杂文",可见广义的"杂文"实在涵盖了他的全部著述。

"杂文"既然"并无一定形式",写法也就无所不包,可以是当代文艺批评(后来很少再写)、简单回忆经历记录遭遇或一时感想的"随想录"(五四以后偶一为之)、短兵相接的驳论(后来越写越委婉)、怀人之作(晚年干脆联络一气而成为《知堂回想录》)以及叙事抒情的散文随笔、议论和述学之作,所采取的体裁形式有序跋、书信、随笔小文、"近于前人所作的笔记"、记录读书心得的"文抄公"式摘录与略事评点的学术札记、少量的长篇论文。这些都包含在"杂文"中。

"美文"(1921)和"杂文"(1945)是周作人自创的一头一尾的散文概念,论文、杂感、随笔、小品、笔记则是先经"他人为之"再由他加以改造并最终超越而过的概念。总概念"杂文"一出,美文、论文、杂感、随笔、小品、笔记诸名称都成为分支性、过渡性和借鉴性的次要概念。

若将周氏散文定于一体,惟"杂文"足以当之。

"杂文者,杂文也",它在概念上自足,可以包含、兼容其他概念;解散开来,又可化为那些分支性、过渡性、借鉴性概念,所以显得"并无一定形式"。"并无一定形式"是消极立言,积极地说,是包括一切形式。

---

① 周作人 1964 年 1 月 28 日日记,转引自止庵《关于〈看云集〉》,载止庵校订《看云集》,河北教育出版社 2002 年 1 月第一版。

中编 文体的试验

这样一来,就像"美文"一样,"杂文"也要被超越。周作人并不一直称其全部文章为"杂文"。"杂文"与其说是一种"命名",不如说也是"废名",是取消一切命名企图的那种悖论式命名,目的是要把中国文章从具体体裁形式中解放出来,回归本来面貌,有点接近章太炎的"文"的概念,即不成句读的账目表簿之外凡笔之于书的一切文章的总和。

周作人借尤西堂《艮斋续说》一则故事说明"杂文"灵感的获得:

"西京一僧院后有竹园甚盛,士大夫多游集其间,文潞公亦访焉,大爱之。僧因具榜乞命名,公欣然许之,数月无耗,僧屡往请,则曰,吾为尔思一佳名未得,姑少待。逾半载,方送榜还,题曰竹轩。妙哉题名,只合如此,使他人为之,则缘筠潇碧为此君上尊号者多矣。我们现在也正是这样,上下古今的谈了一回之后,还是回过来说,杂文者,杂文也,虽然有点可笑,道理却是不错的。"

对周作人来说,美文(原义是"好的论文")、杂感(时事批评)、随笔(叙事抒情夹杂的散文或读书随笔)、小品(起初借自佛经翻译概念、晚明文人自觉运用、清代大受攻击、现代被人复活,周作人偶尔随俗一用但始终并不赞成)、笔记("关于一种书的"读书随笔)和杂文,都是不同阶段对散文创作的权宜的说明,并非终极定义。它们既先后相续(如部分的"随笔"就是"美文"的继续),又彼此夹杂,越到后来,读书随笔(笔记)比重越大,但仍然夹杂多种文体元素。贯穿其中的是"名称不成问题""信口信手,皆成律度"的自由精神,以及消泯差别、打通间隔、文备众体而不主一名的"文就是文"这种素朴理解。

再看鲁迅对杂文的认识。鲁迅的"杂文"概念公布于1935年底《且介亭杂文·序言》:

"近几年来,所谓'杂文'的产生,比先前多……读者也多起来……其实'杂文'也不是现在的新货色,是'古已有之'的,凡有文章,倘若分类,都有类可归,如果编年,那就只按作成的年月,不管文体,各种都杂在一起,于是成了'杂'。分类有益于揣摩文章,编年有利于明白时势,倘要知人论世,是非看编年的文集不可的……"

虽然鲁迅说早就有"杂文",但自称其文集为杂文,还是1935年这篇《且介亭杂文·序言》。1933年,瞿秋白编《鲁迅杂感集》,还只称"杂感"。这是经过鲁迅同意的。1935年李长之著《鲁迅批判》,也称"杂感"或"杂感文"。

鲁迅确立"杂文"之名在周作人之前,但他的"不管文体",和周作人作为"名称不成问题""文就是文",立意相同。另外,和周作人一样,鲁迅在现代白话文意义上使用"杂文"这一概念,最先也是借自中国文学传统固有的杂文概念而加以变通和发挥,强调"古已有之",显示了其文章取径向着传统的某种回归。

## 2. 内容之同

鲁迅的"国民性批判"(1926)和周作人的"思想革命"(1919),是他们杂文的问题意识(也可以说是思想)的最大共同点。

至于在社会政治思想上偏向消极或积极、取材偏向书本或现实,并非"二周"绝对的区别。鲁迅固然说过:"作者的任务,是在于对有害的事情,立刻给以反响或抗争,是感应的神经,是攻守的手足。"(《且介亭杂文·序言》),但是,谁也无法否认其杂文的强烈书卷气。后期的周作人固然甘做"文抄公",但目光始终不离现实,总是"遗憾"自己不能"闲适",过于"积极""客气",甚至说他的书都是"讲道集","对于人事,不忍恝置",而他的许多的"苦"即由此而来。只不过早期《谈虎集》等讽刺得露骨,后来则较含蓄、和淡。含蓄、和淡并非不激烈,或许正因为含蓄、和淡,而更加沉郁、辛辣,具有他所喜爱的英国狂生斯威夫特的"掐臂见血的痛感"。

### 3. 诗与真的分野

以往"二周不同论"主要立足于政治立场与人生道路。鲁迅晚年被推为"左联"盟主,死后追谥"民族魂""民族英雄"乃至"中华民族前进的方向",周作人则始终坚持"个人主义的人间本位主义"(自由主义、个人主义和人道主义的综合),一直不肯靠近任何政治势力,最终却稀奇古怪地沦为"民族罪人"。一阴一阳,一耻一荣,有直接的思想原因,也有不能或不必完全归于思想的个性、环境乃至不可尽言的命运的因素。

这都说得不少。但,二人文章艺术上的不同,也值得注意。

文章艺术或曰风格之差异,前人论述颇多,如胡适之所谓"用平淡的谈话,包藏着深刻的意味,有时很像笨拙,其实却是滑稽"(1922),郁达夫所谓鲁迅辛辣、干脆、寸铁杀人,周作人舒徐、自在、苍老遒劲(1935)。周作人《文艺与地方》(1923)论清代浙江文人"飘逸与深刻"的"两种潮流"("第一种如名士清谈,庄谐杂出,或清丽,或幽玄,或奔放,不必定含有妙理而自觉可喜。第二种如老吏断狱,下笔辛辣,其特色不在词华,在其着眼的洞彻与措语的犀利"),也常被用来形容二周文章风格之差异。

这种杂糅思想语言之特点而升腾为整体的精神图像的几乎无所不包的风格论固多精彩,却容易抽象含混,缺乏分析。比如,说鲁迅的也适合周作人,说周作人的也适合鲁迅。我觉得不妨换一种方式,先从"二周"文学观念出发,分析他们风格差异的成因,再证之以语言形式和修辞手段的具体表现。

在文学观念上,周作人很强调"真"。1918年《平民的文学》主张用"真挚的文体,记真挚的思想感情","只须以真为主,美即在其中"。后来又多次借哥德自传《诗与真》的书名,阐明他写文章,意在求真,而不是为了做诗。

鲁迅的小说和散文，允许虚构、夸张和漫画式描写，周作人则反之（如说《朝花夕拾·父亲的病》不可能有那种对着临终的父亲大叫的场面、断言《伤逝》是用男女恋爱悲剧悼惜手足之情的丧失）。晚年写《鲁迅小说中的人物》《鲁迅的青年时代》《鲁迅的故家》，几乎逐一"反诗归真"，沿着一条相反的道路，对已经广为流传乃至成为国家文学经典的鲁迅全集进行全面的重写，撇开鲁迅在事实基础上扩展的文学的境界而重新回到事实层面。鲁迅杂文的特殊"理趣"在于将一切思想问题都情景化、故事（叙述）化、描写化甚至漫画化（他本人对此颇为得意，如《五论"文人相轻"——明术》强调论争中给对手起一个合适的"诨名"），周作人则追求说理的缜密明晰，追求一般的教训，较少诉诸故事、情景和比喻性描写，更特别地避免抒情因素。周氏兄弟两本自传《朝花夕拾》（1927）和《知堂回想录》（1960年代初），对比十分明显。

周作人《苦口甘口·文艺复兴之梦》（1944）曾批评新文学太依赖小说和诗歌，转而强调"常识"，他的散文就是专门向国人供给"常识"，并非一般所谓"学者散文"，乃是有思想重常识的"文"。他在整个中国思想（也是文学）史上找出来的三盏明灯——王充、李贽、俞正燮——共同之点，就是思想上求真（注重"常识"）而反对过度的文饰。

鲁迅是诗人气质的爱真实的作家，周作人是严谨的学者气质的同样爱真实的作家。一是诗人之真，一是学者之真。从这里出发，或许可以看出二人文章风格的一系列差异。

### 4. 智与情的偏重

周作人《夜读抄·后记》（1934年）说他基本属于"爱智者"。鲁迅《华盖集·忽然想到（五）》（1925）则提出六个"敢"（"敢说，敢笑，敢哭，敢怒，敢骂，敢打"）。一偏于智，一偏于情。或者说，鲁迅是"主情的文学"，周作人是"主智的文学"。

重感情，近于少年和青年的心态，这是虽然"老于世故"的"鲁迅翁"

始终为青年所喜爱的原因。爱智慧,则近于中年和老年心态,故周作人的读者大多为中老年知识分子,而难讨青少年的欢心。《药味集·老老恒言》(1940)盛赞清人曹庭栋《老老恒言》"是一本很好的老年的书",他感叹"中国缺少给中年以及老年人看的好书,所谓好书并不要关于宗教道德虽然给予安心与信仰而令人益硬化的东西,却是通达人情物理,能增益智慧,涵养性情的一类著作"。他说中国老人往往老不歇心,偏爱热衷,有意向世味上浓一浓,硬往年轻人堆里乱钻,结果弄得很丑。这是批评鲁迅(《瓜豆集·老人的胡闹》,1936),也是自我标榜。老年不像老年,故"中国教训多过高,易言之亦可云偏激,若能平常,便是稀有可贵矣"。怎样才算"平常"呢?他解释说:"总之养生之道惟贵自然,不可纤毫着意,知此思过半矣。""凡人"岂能涵养到"不可纤毫着意"?这只表明理想而已,但也由此可见他临笔时的刻意追求。

鲁迅不喜欢中老年知识分子的"死样怪气",他寄希望于青年(尽管对有些青年也很失望),朋友以青年居多,也多以青年为读者,与侪辈交往,则容易"闹翻"。接近青年的写作自然允许感情的发泄,不可能是偏于"爱智"。1907年《摩罗诗力说》说中国古代政治"要在不撄",即不敢挑动人心,使人"形同槁木,心如死灰",刚过中年就以老人自居(如"知堂老人")。鲁迅看不惯所谓"自然""静穆"(两人在陶诗"刑天舞干戚,猛志固常在"的解释上大相径庭),不相信凡人能得"天眼通"(《华盖集·题记》,1925)。他赞赏魏晋名士"师心使气"(《魏晋风度及文章与药及酒之关系》,1927),虽然同样强调文学旨在"涵养性情",却不得不和周作人的"不可纤毫着意",恰成对垒。

周作人关心"同类"的智愚与否(《伟大的捕风》),鲁迅则关心社会现实的正义与否(比如《坟·杂忆》所谓"没有上帝,自己复仇,自己裁判",《七论"文人相轻"》的提倡爱憎分明)。关心智愚与否,故节制感情。周作人的《玄同纪念》《半农纪念》《关于三月十八日的死者》《关于鲁迅》诸篇怀人悼亡之作,都写得克制到似乎无情的地步。他甚至不敢相信散文真能传达感情(《草木虫鱼小引》)。而关心正义与否,则"放纵"感情,所以鲁迅写《忆刘半农君》《无花的蔷薇》《纪念刘和珍君》《为了忘却的纪念》,皆一任感情的自由流泻,真正做到了所谓在人生的沙漠上悲则大哭、乐则大笑、痛则大叫的真诚与直率。

《毛诗大序》说:"情动于中而形于言,言之不足,故嗟叹之,嗟叹之不足,故永歌之,永歌之不足,不知手之物之,足之蹈之也!"——照这看来,鲁迅的"师心使气"更符合中国文学的传统,而周作人式的节制,有人怀疑并非真性情的流露,而是有意为之的修养的结果,所以他的文章可传达理智却难以让人窥见真心。这样的文章路数,不知道中国文学传统上有无先例?

周作人一直主张"言志",大概其所言之"志"偏于老人之"智"罢,所以和鲁迅的六个"敢",有很大的区别。大概在鲁迅看来,中国人其实并不缺乏"智",只因为太不敢正视"情",以至于聪明反被聪明误,丢失了本来具有的"智",所以为了拯救中国智慧,就不能直接从智慧层面入手,相反应该在情感层面予以矫正,"涵养神思"的文学的任务,就是"直面惨淡的人生,正视淋漓的鲜血",使国人暂时忘记文明烂熟之国的智慧的盘算,听任感情的指挥,明白最简单最不可回避的爱憎好恶,"立意在反抗,指归在动作",这样才能作为"真的人"而"动"起来,活起来。"动"起来、活起来的有真情实感的人才配讲"智慧"。但在周作人看来,中国人自古就富于感情而弱于理智,好走偏激而难守中庸,滥情是中国文化的实际,理智只是一层无用的伪装而已。在貌似谨严持重的外表下面其实包含着亿万颗糊涂疯狂的内心。中国文学若言感情则实在无一事一景非情语,若言理智,却极其稀薄。因此,"涵养性情"的新文学的任务,首先不是让容易"乱动"的国人"动"起来,而是叫他们"静"下去。动起来的文学表面上热闹,实际是苍白下贱的;静下去的文学,表面上苍白枯瘦,实际上却健康、平衡而高贵,具有长久的生命力。

鲁迅和周作人,同是现代中国与学术相对的"(纯)文学主义"(竹内好,1910—1977,Takeuchi Yoshimi)的领袖人物,但鲁迅的"文学主义"是诉诸情感的,周作人的"文学主义"则回避情感,诉诸理智。诉诸情感,是对文学的主情传统("缘情")的直接继承;诉诸理智,却是对文学的主智传统("言志")的重新解释和曲折的继承。对现代读者来说,周作人的"言志"的文学,因为洗涤了"缘情"的因素,而显得陌生起来,所以周作人的主智的文学,看来是以解构文学的方式而坚执着只有少数爱智者才肯认同的那种文学,或者可说是对于鲁迅为代表的主情的文学主义的一个补充吧?

### 5. "口语本位"与文言因素

诗与真的分野,智与情的偏重,在语言形式上也有相应的投射。

首先,同是"口语本位"的白话文,"知堂体"文言因素甚多,又喜欢直接引用,口语和文言未能融汇,呈分离状态,读者不易了解。但其对象既是中老年读书人,却也无妨。

"鲁迅风"文言因素也很多,瞿秋白甚至暗示鲁迅的翻译是"用文言做本位"(《二心集·关于翻译的通信》)。但鲁迅的文言多反讽式化用,口语、文言在紧张对抗的关系中彼此融合,于读者倒有一种文白既彼此争战又互相阐发的意外的便利。其对象是初等以上读书人(以青年人居多),稍微咀嚼一番,还是能懂。

鲁迅华丽丰富的文章似乎很"文",但他的"文"充分吸收了口语精神,文言因素融化在作为本位的口语中,文采飞扬,却并不费解,也能朗读。反之,周作人文章固然质木无文,却令人望而生畏,有时竟至于深不见底,不知所云。表面上,周作人"絮语式""谈话风"的文章应该更加口语化,但他的口语有不加消化的文言的硬块,倘以为他只是絮语、谈话风,就要上当。读周作人文,朗朗上口,绝非易事。

周作人年轻时佩服希腊古人"整块的连写,不分句读段落,也不分字",又说"中国文章的写法正是这样,可谓不谋而合",因此他一度实行

"废圈""连写"(甚至不要标题)。做白话文以后,这种"复古"的痕迹犹在(《我的复的古经验》)。著名的《美文》(1922)整篇就只有一段。这样行文布局,自己明白,也密致周慎,但读者容易昏昏欲睡。

鲁迅从不"连写",不仅长文用心分段,即使预备成文的短小笔记或《忽然想到》《半夏小集》等随想录,也仔细分段,精心造势。李长之《鲁迅批判》认为鲁迅杂感,妙就妙在一收一放一纵一提之间,叫人不觉疲倦。而要有收放纵提的变化之妙,分段就很必要。

### 6. "腔调"与"反腔调"

和文言因素有关,还有白话文的骈散问题。

周作人爱骈文,主张白话散文不妨吸收骈文技巧,"至于骈偶倒不妨设法利用,因为白话文的语汇少欠丰富,句法也易陷于单调,从汉字的特质上去找出一点妆饰性来,如能用得适合,或者能使营养不良的文章增点血色。"(《药堂杂文·汉文学的传统》)周作人又说,"我常觉得用八大家的古文写景抒情,多苦不足,即不浮滑,亦缺细致,或有杂用骈文句法者,不必对偶,而情趣自佳,近人日记游记中常有之。其实这也是古已有之,六朝的散文多如此写法,那时译佛经的人用的亦是这种文体,其佳处为有目所共见,惟自韩退之起衰之后,文章重声调而轻色泽,乃渐变为枯燥,如桐城派之游山记其写法几乎如春秋之简略了。"(《药堂杂文·画钟进士像题记》)奇怪的是他自己基本不用骈语,主要采用散体,欧化浓重,说是谈话风,却既缺乏声调之变化,也没有色泽之美,接近他所赞赏的古代那些"悃愊无华"的"笔记"。

五四时期,鲁迅也曾反对"选学妖孽,桐城谬种",作文却始终不改甚至陶醉于"对对子"的"积习"。鲁迅杂文"文白夹杂",骈散结合。往往感情愈激烈,骈偶愈多(如《华盖集续编·纪念刘和珍君》:"真的猛士,敢于直面惨淡的人生,敢于正视淋漓的鲜血。""惨象,已使我目不忍视了;流言,尤使我耳不忍闻……沉默呵,沉默呵!不在沉默中爆发,就在沉默中灭亡","时间永是流驶,街市依旧太平"。《野草》篇篇用骈偶。《三闲集·鲁迅译著书目》批评青年文学家:"言太夸则实难副,志极高而心不专。"《二心集·为了忘却的纪念》:"前年的今日,我避在客栈里,他们却是走向刑场了;去年的今日,我在炮声中逃在英租界,他们则早已埋在不知那里的地下了;今年的今日,我才又坐在旧寓里,人们都睡觉了,连我的女人和孩子。"举不胜举!当然也不是处处用骈偶(《野草》例外),而是骈散结合,这就没有严格骈文的呆板,更富于变化而有气势。

鲁迅作文不仅骈散结合,单独散句也讲究抑扬顿挫的节奏感。如文章标题《魏晋风度及文章与药及酒之关系》,其实并不拗口,分上下两段就好读好记,因为暗含着七律、七绝那样典型的两个七字句。再如《集外集拾遗补编·看了魏建功君的〈不敢盲从〉以后的几句声明》结尾:"我单为了魏君的这篇文章,现在又特地负责的声明:我敢将唾沫吐在生长在旧的道德和新的不道德里,借了新艺术的名而发挥其本来的旧的不道德的少年的脸上!"好像用"的"字跳舞,表面上极端"欧化",实则依靠汉字的弹性而制造变化与气势。

相传桐城派古文家姚鼐每诵韩愈《送董邵南游河北序》首句"燕赵古称多感慨悲歌之士","必数易其气而始成声,足见古人经营之苦矣"(吴闿生《古文范》,见周作人《苦茶随笔·厂甸之二》),这一再被周作人所嘲笑,认为是韩愈和桐城派古文"偏重音调气势,则其音乐的趋向必然与八股接近"的显例。

鲁迅文章声调气势之富足一点不输韩愈,大概应该也不为周作人所喜。周作人认为注重文章声调很危险,容易造成妨碍思想的恶劣的"腔调"。他反对八大家和桐城派古文的"腔调",但骈文和骈散夹杂之文也重声调,是否也在反对之列?

这是知堂文论一个至今并未解决的大麻烦。古文只有声调,缺乏色泽,骈文既有声调也有色泽,但在声调这一点上,二者并无不同。鲁迅的"腔调"得自骈文者多,得自古文者亦不少,这都很难见赏于周作人。周作人的麻烦或矛盾在于,他不否认声调是文章的一种美,却又认为文章一旦有声调就会跟着有"腔调",一旦有"腔调",思想就完蛋。他之所以不顾众多朋友的反对而始终坚决地贬低"文起八代之衰"的韩愈,就因为在他看来,韩愈是八股腔的老祖宗,韩愈"化骈为散",启发后世骈散结合,逐渐实行"散文的骈文化","结果造成一种比六朝的骈文还要圆熟的散文诗,真令人有观止之叹"——这就是八股文,它"不但是集合古今骈散的菁华,凡是从汉字的特别性质演出的一切微妙的游艺也都包括在内"。其核心就是"重量的音乐分子",无论写者读者都重视这音乐的分子而过于实际的文意。他认为这种音乐性(也即"腔调")最能让作者"露出丑态来"(《知堂乙酉文编·谈文章》),又说文章的"腔调"好比演说者哗众取宠的做戏,专为讨好别人设计。

周作人说鲁迅有"文字上的一种洁癖"(《关于鲁迅之二》),喜欢过分修饰文字。周作人自己则始终坚持一次成文,据说从不修改文章——大概这就是他所谓"偶成与赋得之异也"。周作人当然并非没有"经营之苦",但他认为这种"经营"不在声调气势,而在内容的推敲与安排。晚年致曹聚仁信谈到"鲁迅写文章有时严肃,紧张,所说不免有小说化处,即是失实",又说鲁迅"好立异唱高,故意地与别的拗一调"。"唱高""严肃,紧张",都会造成失真和"腔调",而这在周作人看来,正是中国文章最坏的地方,却又披着华丽的外衣,容易眩惑读者。他借用林语堂的话说鲁迅文章容易被青年崇拜,青年人就喜欢有腔调的文章,读起来朗朗上口,铿锵有力,热血沸腾,爽快无比,摇头晃脑,不觉其晕。周作人不愿制造"腔调"给读者这种爽快,他认为由"腔调"而来的爽快相当于听梅兰芳京剧,或抽大烟,有害无益,"耳朵里只听得自己的琅琅的音调,便有如置身戏馆,完全忘记了这些狗屁不通的文句,只是在抑扬顿挫的歌声中间三魂渺渺七魄茫茫地陶醉着了(说到陶醉,我很怀疑这与抽大烟的快乐有点相近,只可惜现在还没有充分的材料可以证明。)"。从写作方法上说,八股腔的文章做法主要是"按谱填词","秘诀是熟记好些名家旧谱,临时照填,且填且歌,跟了上句的气势,下句的调子自然出来,把适宜的平仄字填上去,便可成为上好的时文",所以这是"文义轻而声调重"(以上均见《看云集·论八股文》)。

周作人常自称"不佞"。"不佞"是古人谦称,用在白话文里很刺眼。《左传·成公十三年》说:"寡人不佞",这里的"不佞"相当于"不才"。但"佞"还有"便佞"义。《论语·季氏》:"孔子曰,益者三友,损者三友。友直、友谅、友多闻,益矣;友便辟、友善柔、友便佞,损矣。"这个"便佞"即夸夸其谈。《论语》又说,"雍也仁而不佞",雍(公冶长)这个人好行仁义,不用花言巧语取媚于人。周作人自称"不佞",既是谦虚地自认"不才",也是骄傲地宣布他不愿以文辞媚俗。

如果说鲁迅的华丽对偶不胜枚举,周作人似乎毫无文采的笨拙文句则通篇皆是,不用举例。在中国,周作人的散文几乎是"反文章的文章",他简直存心将文章写得不像中国文章,仿佛趴在地上,或躺在阁楼里,轻声细语,自言自语。这在中国古代文学中不知能否找到先例。如果说,鲁迅是为了充分表达感情而刻意追求文章的声调之美,周作人则为了思想的明晰而刻意放弃乃至回避文章的声调之美。

这可否算是"不佞"对以鲁迅为中心的主情的"(纯)文学主义"的又一种补充呢?

### 7. 赎罪之文"离美渐远"

说周作人为了思想明晰而放弃乃至回避文章的声调之美,意思是说他并非不能写那有声调之美的文章,而是故意中断和放弃对他来说绝不陌生的中国文章的这一传统。

在周作人的集子里,固然很难找到铿锵有力对仗工整的文字,但并非全无。《重刊袁中郎集序》批驳正统派文士认为明朝灭亡祸在公安竟陵派好做亡国之音的谬论,就有一段骈散夹杂有声有调的文章:

"《乐记》云,'情动于中故形于声,声成文谓之音',其情之所以动,则或由世乱政乖,或由国亡民困,故其声亦或怨怒或哀思,并不是无缘无故的会忽发或怨怒或哀思之音,更不是有人忽发怨怒之音而不乱之世就乱,或忽发哀思之音而不亡之国会亡也。中郎的文章如其是怨以怒的,那便是乱世之音,因为他那时的明朝正是乱世,如其是哀以思的,那就可以算是亡国之音,因为明末正是亡国之际……使后世无复乱世,则自无复乱世之音,使后世无复亡国,则自无复亡国之音,正如有饭吃饱便不面黄肌瘦,而不生杨梅疮就不会鼻子烂落也。然而正统派多以为亡国由于亡国之音,一个人之没有饭吃也正由于他的先面黄肌瘦,或生杨梅疮乃由于他先没有鼻子。呜呼,熟读经典乃不通《礼记》之文,一奇也。中郎死将三百年,事隔两朝,民国的文人乃尚欲声讨其亡国之罪,二奇也。关于此等问题不佞殆只得今天天气哈哈哈矣。"(《苦茶随笔·重刊袁中郎集序》,1934)

一开始是散体,渐渐就不由自主变成骈散结合了,乃至显出他素来极不佩服的孟、韩"腔调"来。把这段文章置于《鲁迅全集》,大概也看不出风格上有什么大异罢?这或许因为遇到"此等问题","不佞"也难以做到"不可纤毫着意",而一旦肝火大动,自然就有腔有调,其感人之深,正不必多言。

不过,此类文字在周作人文集中可谓凤毛麟角。总体上,他是"刻意"避免腔调的。非不能也,实不为也。但同时也可见出,"腔调"未必一定妨碍思想明晰与感情真挚。

对周作人来说,大概先有感于数千年来中国文人因为独重腔调而迷失了思想感情,前车之鉴,这才刻意避免;又或许在他看来,腔调之文确实难以驾驭,倘无缜密深沉的思想感情在先,徒然追求腔调之美,还不如不要腔调,而先把思想感情弄清楚再说!

中编　文体的试验

果如此,一度提倡"美文"而自己作文却满足于"悃愊无华"、几乎全无腔调之美与色泽之丽的周作人,就算是生在现代而要为千百年来过剩的腔调之文苦苦赎罪的一个独特的中国文人了罢?论到"新诗"和"新散文"时,他几乎没有例外地高度警惕年轻的新文学家在语言文字上过于流丽、豪华,而说自己宁愿追求"吝啬""简单"和"涩味"。

这种选择的成败得失,周作人洞若观火:

以上很啰苏的说明了我写文章的态度,第一,完全不算是文学家,第二,写文章是有所为的。这样,便与当初写《自己的园地》时的意见很有不同了,因为那时说我们自己的园地是文艺,又说,弄文艺如种蔷薇地丁,花固然美,亦未尝于人无益。现在的希望却是在有益于人,而花未尝不美。这恐怕是文人习气之遗留亦未可知,不过只顾实益而离美渐远,结果也将使人厌倦,与无聊的道学书相去不过五十步,无论什么苦心都等于白费了。"(《立春以前·文坛之外》)

当初以文艺为本,而冀望于人有益;现在以"实益"为念,而冀望仍不失文辞之美。这是周作人对他的散文写作前后变化的自省。所谓"当初",指写《自己的园地》的 20 年代早期;所谓"现在",则是从 1925 年宣布并无"自己的园地"开始,直到写《文坛之外》的 1944 年,可算是周氏散文的主干和本体。我们论周作人散文,若以这个"现在"为主,不妨说,他是希望以实益为念而努力不失花叶之美,其理想的境界就是"为鄙人所心折"的《颜氏家训》的"理性通达,感情温厚,气象冲和,文词渊雅"(同上)。

但他自省这个目标很难达到,所以故作超然地预言其文章在读者那里的遭遇,定然不妙,"只顾实益而离美渐远",这样"无论什么苦心都等于白费了"。

说"离美渐远",是无可奈何;而且如果这种"美"只在腔调声调,还是愈远愈好。

说"只顾实益",显然又相当自得。

最终归于"苦心"的"白费",则几乎可以看作是对并不理解他的广大读者颇多怨尤了。当预感到其特殊的文学追求终将失败时,周作人是很不甘心的。

2009年5月22日草<br>
2009年10月6日改

# 三　鲁迅与当代中国的语言问题

关于鲁迅的语言,我谈得比较多,但远远没有谈透。如果说鲁迅研究尚有值得深入探索的空间,语言问题应该是其中之一大宗。

这主要有两方面的问题可以考虑。

首先是从语言细节把握鲁迅。

应该说,鲁迅的读者和"鲁研界"一开始就有这种意识。

五四初期,《新潮》杂志一卷五期傅斯年的一篇《随感录》就曾提出"内涵的文章"(impressive)和"外发的文章"(expressive)这对概念,我在 90 年代所写的那篇《"胡适之体"与"鲁迅风"》中介绍过,认为傅斯年这对概念"至今仍不失为理解胡鲁文体风格的一个参考"。

1925 年,胡适给顾颉刚编辑的《吴歌甲集》写序,次年作《〈海上花列传〉序》,他在这两篇文章中都热情肯定"方言文学",还附带谈到《阿Q正传》如果用绍兴方言来写,一定更精彩。这是从另一个角度提出了对鲁迅小说语言的批评,虽然未必符合鲁迅自己的语言策略,却可以引起我们对鲁迅心目中的"方言文学"的兴趣,比如据此研究鲁迅在自己的著作中如何处理方言的问题。

1935 年 4 月,郁达夫在《〈中国新文学大系散文二集〉导言》中有一大段对周氏兄弟"文体"异同的评论,引用率颇高,其中谈到"鲁迅作文的秘诀",主要引鲁迅自己在《两地书》中对许广平说过的话,就是攻其一点,不及其余,郁达夫将其概括为"寸铁杀人,一刀见血","辛辣干脆,全近讽刺"。郁达夫是在风格学的层面描绘鲁迅文章给他的印象,初看似乎和语言文字无关,但风格学的范畴往往正是语言文字细节最终抵达的文章境界,一定的风格学的描绘还是有助于我们反过来研究作家的遣词造句的。

1935年9月,李长之《鲁迅之杂感文》有言:"谁都知道鲁迅的杂感文有一种特殊的风格,他的文字,有他的一种特殊的方式。倘若说出来,就是他的笔常是扩张又收缩的,仿佛放风筝,线松开了,却又猛然一提,仿佛开水流,却又预先在下流来一个闸,一张一弛,使人的精神有一种愉快。读者的思想,先是随着驰骋,却终于兜回原地,也即是鲁迅所指定之所。这是鲁迅的文章之引人的地方,也是他占了胜利的地方。"鲁迅用什么方法取得这种效果呢?李长之认为,秘诀就是鲁迅对"转折字"的妙用:"他用什么扩张人的精神呢?就是那些:'虽然''自然''然而''但是''倘若''如果''却''究竟''竟''不过''譬如''而且'……,他惯于用这些转折字。这些转折字用一个,就引人到一个处所,多用几个,就不啻多绕了几个弯子,这便是风筝的松线,这便是流水的放闸。可是在一度扩张之后,他收缩了,那是他所用的,就是:'总之'……。"此外,鲁迅还会用一种"作紧缩用的补充。他这种补充,所凭借的是他的精神贯注,思想的迅捷,文章不论跑多远,风筝放开去吧,线总可以索回来"。李长之是有意识地提倡从语言文字角度研究中国文学的一个敏锐的批评家,这段有关鲁迅杂文"转折字"的说法,很有启发性,可惜未能深入展开。

鲁迅逝世那年,周作人两篇《关于鲁迅》也论及鲁迅语言,特别说鲁迅有"文字上的洁癖",还提到鲁迅在文章上如何消除开始受到的严复的影响,转而倾向于章太炎,这对后来的鲁迅语言的研究启发甚多。

蔡元培先生1938年为《鲁迅全集》作序,谈到鲁迅的天才,特别拈出"用字之正确"一语,言简意赅,高屋建瓴,境界全出。鲁迅在世时,邢桐华、黎锦明等都曾说过鲁迅是"文体家",虽然并不甚为鲁迅所首肯,但他们重视鲁迅的文体,总是正确的。

郭沫若在他不多的比较认真的谈鲁迅的文章中也曾具体分析过鲁迅与《庄子》《楚辞》在用语上的关系。1939年8月,叶公超在重庆《中央日报·平明》上发表了一篇题为《谈白话散文》的文章,认为"中国文字的特殊力量,无论文言或白话,多半是寄托于词语上的,西洋文字的特殊力量则多半从一句或一段的结构中得之,有时词语的力量也可以运用到相当的程度,但终不及句段的力量来得可观"。同样的意思,郭绍虞20年代末就谈到过,但叶公超将他的中西文学语言差异论特别运用于鲁迅身上,认为"文言几乎全部得力于语词,白话文却不尽然,但仍以语词的力量为显著,鲁迅的文章就是一例。他的力量就在语词里……他的好句子也多半是一个或几个语词构成的,短悍、锋锐、辛辣、刻毒——所有他文字的特色都埋伏在他的语词里"。叶公超强调鲁迅善于练字的同时,忽略了鲁迅在句法上杂糅欧化与古文传统的苦心经营,比如李长之对"转折字"的分析,就是叶公超未曾顾及的。其实从先秦两汉古文,到六朝骈文,再到唐宋八大家的古文运动,以及桐城派的古文,包括明清两代登峰造极的八股策论,历来作者在"句法"上无不殚精竭虑,以求超胜,历代"文论"对此也有精深钻研。鲁迅的语言,无论小说、诗歌、杂文,都并没有离开中国文学的这个在句法上争奇斗艳的传统,比如"我因为常见些但愿不如所料,以为未必竟如所料的事,却每每恰如所料的起来,所以很恐怕这事也一律"(《祝福》),这样一句由完整的"因为……所以"统领而内部又极富转折变化的长句,不正是叶公超描述的西方文学之所长而为中国文学之所短的语言现象吗?

但叶公超的偏颇不为无因,他单独强调鲁迅练字之讲究,这在五四以后受欧化影响而日益依赖语法的白话文世界,还是具有纠偏作用,例如就很可以弥补李长之强调"转折字"造成的语法效果而不知练字之妙的不足。1982年出版的孙玉石先生《〈野草〉研究》有专章谈"《野草》的语言美",还在附录中考察鲁迅修改《野草》的细节,以此"蠡测"鲁迅的语言艺术。1986年出版的李国涛先生《STYLIST——鲁迅研究的新课题》一书,更加系统地研究鲁迅语言的前后期联系。该书算是将许多学者和作家对鲁迅语言的零星研究做了一次小小的总结。

从语言细节的角度研究鲁迅,这个思路是自然而然产生的,因为鲁迅这一代作家进入文坛,首先面临着如何在语言上杀开一条生路的问题。他们不是在现成稳固的语言环境中写作,而是亲手发动了一场史无前例的根本性的语言革命,并在这场革命所开启的变动不居的汉语现代化演变潮流中进行文学创作。因此,他们每前进一步,都跟语言息息相关。

对此鲁迅有很清醒的意识,他在文章中谈论自己语言的地方俯拾即是。比如"历史的中间物"这个说法,现在被很多学者当做鲁迅研究的一个原点,但他们有意无意忽略了《写在〈坟〉后面》这句话本来是鲁迅讲他的语言的。把鲁迅讲他自己的语言问题的一句话拎出来作为他的思想原点,之所以显得比较自然,就因为他整个的思想和文学在某种程度上都可以归结为语言问题。但学者们做完这第一步工作之后,就忘了语言。这种"得意忘言"的现象,颇堪玩味。

研究鲁迅,离不开对语言细节的把握。但另一方面,又不能停留在语言细节,因为语言问题在鲁迅那里是由无数语言细节组成的基本方法论。

在国内鲁研界,确实有不少人注意到鲁迅的语言,但把鲁迅的语言问题上升到方法论高度,还要等日本学者木山英雄《从文学复古到文学革命》翻译成中文之后。木山英雄以章太炎和鲁迅两代作家为例来追溯"白话取代文言"的历史过程,是到目前为止把鲁迅的语言问题提到方法论高度并分析得较为透彻的一篇大著。但这篇文章着重点是章太炎而非鲁迅。鲁迅的语言问题毕竟要在新文化语境中考察才更加充分,故木山之后,应该还有继续讨论鲁迅语言的空间。

我在上世纪 90 年代对"胡适之体"和"鲁迅风"进行过比较研究,认为这是对现代汉语发展的两种不同的筹划,可惜在研究界并没有引起什么认真的呼应。拙文本身也写得过于含混。

由于对鲁迅的语言问题认识得不够充分,导致很多人,包括一些关心鲁迅的中学语文教师、鲁迅研究者、现代文学研究者和一般的文学爱好者,似乎都抱定一个共识,就是认为鲁迅的语言处在过渡期,是"中间物",所以不能算成熟的现代汉语,很多地方不规范,比如文白夹杂,多用外文词,还带有"南腔北调"的痕迹(没有很好地处理书面语与方言口语的关系),总之不符合今天成熟、规范的现代汉语标准。这些问题时不时提出来,鲁研界一直拿不出满意的答案,不能不算是一个很大的遗憾。

优秀作家的语言对后代的意义,不完全是建立一种典范,它也可能主要是在探索多样的可能性——这当然也可以在建立典范的意义上来理解,但这个意义上的典范就截然不同于静止的标准和"规范"了。我们说,要从现代作家典范的白话文作品中总结现代汉语的语法规范,关于普通话书面语的这个定义,很容易误导人们将现代作家比如鲁迅作品在语言上的价值狭隘地理解为单单建立静止的语法规范,而忽略了他们的作品在语言上给后人的启迪或许主要是努力探索语言发展的多样可能性。换言之,把"典范"理解得太死,等同于"规范",就会发现有典范意义的比如鲁迅的作品反而在语言上往往不够规范,而一旦有这个发现,就又单向地以后来者的"规范"来核准先驱者的"典范",结果只看到"典范"不合"规范",而看不到"规范"对"典范"的狭隘化认识,必然的结论,就是认为鲁迅的语言还不够成熟。

优秀作家的写作总是创造性的,其主要的努力方向是探索新的语言的可能性,初衷并不是要设立一套僵化的规范。比如鲁迅在翻译的时候就希望不改变外文原著的句法结构,用"直译"的方法来创造汉语本来没有的表达,而不是迁就汉语固有的习惯。他说自己的翻译甚至

"大抵连语句的前后次序也不甚颠倒"(《〈出了象牙之塔〉后记》),"文句大概是直译,也极愿意一并保存原文的口吻。但我于国语文法是外行,想必很有不合规范的句子在里面"(《〈苦闷的象征〉引言》),鲁迅好像预感到后来的读者会从"不合轨范"的意义上来狭隘地理解他的语言探索!比如他翻译的《小约翰》里的一句"上了走向那大而黑暗的都市即人性和他们的悲痛之所在的艰难的路了",他自己就认为"冗长而且费解",但他申明此外也别无更好的办法,"因为倘一解散,精神和力量就很不同。然而原意是极清楚的:上了艰难的路,这路是走向大而黑暗的都市的,而这都市是人性和他们的悲痛之所在"。显然,他不是不会像梁实秋等人那样"打散",令译文通俗易懂,符合汉语固有的习惯,只是他不愿放弃直接模仿原文文法所可能带来的效果。这样处理当然很可能"不合轨范",但在探索汉语新的可能性上却具有典范意义。所以今天看来,鲁迅的语言也许确实并不规范,但实际上比所谓规范的现代汉语或许更有生命力。这一点很多人没有认识到。今天的汉语越来越狭窄僵化,跟鲁迅那个时代的汉语的丰富性相比,"进化"之中实在有许多"退化"的迹象了。

一般研究鲁迅的语言是研究它的继承性,研究他如何从文言文、古代白话文或翻译中汲取语言的养料。特别在鲁迅的翻译语言的研究上,王宏志《重释"信达雅"》以及其他一些学者的论著已经取得了相当可喜的成绩。但这都还是就鲁迅谈鲁迅,至于把鲁迅放在整个中国现代文学语言的历史中考察,这个题目还远远没有做完。

比如说,今天的汉语写作的现状,一方面好像越来越趋同,在书面语表达上越来越缺乏个性,所有的用语好像都是古人或现代人用滥了的。但另一方面,特别在网络上,我们的语言又越来越芜杂,缺乏确定性。很多网络语言要去问那些使用的人才知道确定的意思。这是很奇特的语言景观。网络语言对口头和书面表达影响都很大,许多人已经不能离开网络语言说话了。现代汉语又在经历一场极具暴力意味的冲击。鲁迅的语言经验还能介入对当前一些语言现象的分析吗？

鲁迅那时没有网络，但鲁迅及其同时代作家的语言实践和今天的网络语言也有一比，就是巨大的互文性和群众参与。许多新的表现法是在彼此激发互相模仿的情况下生成的，在新文学高涨时代也有过类似网络时代的那种语言的狂欢。区别在于，鲁迅及其同时代作家据以"狂欢"或"游戏"的语言资源很丰富，他们从小就读古书，后来又读外文，之后又很自觉地背负起创造新国语的使命。他们还有一个贡献，就是把口语和方言的因素吸引进来。总之，就像朱自清在给《中国新文学大系诗歌卷》所写的选编感言所说的，新文学初期作家们是在运用各种语言资源来学习新语言、寻找新世界。朱自清把现代文学的语言定位成一种学习型的语言，这是很高明的。大家都在学，没有人依靠一种现成的规范语言，每个人都是法自我出，法由我立，这固然很芜杂，不规范，但背后是丰富。而且我们看现代文学那些中等水平以上的作家异常芜杂的语言也并没有太多的失误，太多的不合文法之处，或有意无意拿母语开玩笑的地方。今天的网络语言似乎也很丰富，日夜"孳乳"，但背后其实是匮乏，是创造力的匮乏，也是真正的规范的缺失。

有些网络语言虽然流通面广，但缺乏有根据的创造，尽管大家还是兴奋不已，但时过境迁，留下的只有空虚。比如"给力"，"神马都是浮云"，十四亿人口的大国为这几个小小的词语游戏兴奋不已，不是很大的羞辱吗？这些词一流行，就把别的词冲掉了，而实际上并无多少东西，就因为新鲜，来自网络。"给力"跟过去说的"来劲""带劲"有什么本质的区别？把"什么"变成"神马"，语音上是有一点可以琢磨出来的滋味，好像更加满不在乎，但退回来说，和"什么"又有什么不同呢？这都是因为精神上空虚和语言上荒疏，才让这些小花样、小捣乱乘虚而入。

关键是这些小花样、小捣乱的语言资源很有限，是在吃老本，在日益枯竭的语言资源中姑且翻几个小筋斗。相比之下，五四时期的语言资源则是积极争取来的，比如向域外伸手去要（不一定是英文，还有别的语言,德文,俄语,日语……),现代汉语很多有生命的东西是从这些外国语言学习来的,比如鲁迅所仰慕的所推重的日语的"优婉",德语(西文)的"严密",等等。

向域外"拿来"的同时,也向古代"拿来",就是琢磨如何让文言文和古代的白话文适当地进入新的"文学的国语——国语的文学",也就是把一度被胡适之宣布为"死文字"的东西重新复活。这方面鲁迅的成就最为突出。

鲁迅如何化用文言文？许多人注意到他的作品中文言因素很多,但进一步要问鲁迅是如何运用这些文言因素的？这就不很清楚了。我觉得,郁达夫所谓"全近讽刺",也可以用在鲁迅和文言文的关系上面。瞿秋白看到鲁迅多用文言,就说鲁迅有一种"用文言做本位"的倾向(《二心集·关于翻译的通信》),其实他没有看到,鲁迅很可能是在"全近讽刺"的态度上,亦即用看不见的加引号的方式来使用文言;这样鲁迅就不会把自己完全消融于文言世界,而是与笔下的文言始终保持一段距离。

比如鲁迅使用文言,和周作人使用文言,就有明显的不同。周作人至少是一部分身体站到了他所使用的文言所牵连着的那个世界里去了。我过去也同意瞿秋白的说法,甚至进一步认为鲁迅在对待文言的态度上有巨大矛盾,亦即在写作实践上继续使用文言,而在意识形态的宣告中不停地诅咒文言(比如《二十四孝图》开头那段诅咒文言文的话),现在看来,我的看法需要修改了。这其实只要读一读《狂人日记》主体故事的白话文和小序的文言文,就可以更清楚地获得理解。小序所使用的文言文不就是"全近讽刺"的借用吗？其中所暗含的讽刺精神,不是完全可以和主体故事使用的白话文所显示的狂热的呐喊相得益彰吗？

另外,就是口语和方言土语问题。以鲁迅为代表的现代作家把方言文学和国语文学的张力真正做到了极致。到底在多大程度上要吸收方言,要口语化到什么地步?他们花了很多功夫去摸索。

不过,今天的汉语写作并不完全是在现代作家造成的现代汉语书面语的成就上往前走(有几个青年作家真正沉浸在现代汉语和现代文学之中呢),而是在70后、80后、90后作家的应试教育和相应的语言环境出发,在这里面翻一点筋斗,做一点花样。这种"创造"所凭借的资源如何,可想而知,所以创造性的缺乏不值得奇怪,也不必去责备——我们自己就身处其中。但是,如果把自己所处的语言现实加以美化,不懂得先驱者们筚路蓝缕的勋业,就很无聊了。有的人甚至说汉语到今天才是最成熟的,回头看看历史,说这话的人是应该要倒吸一口凉气的。

从五四那一代作家开始的学习语言还远远没有、也不能结束。我们还在学习,还应该继续学习,只有保持一种积极的学习姿态的语言才是有生命的语言,自我封闭自我美化的语言意识最要不得。研究鲁迅的语言,可以帮助我们获得一种语言的自觉,这样鲁迅研究才能真正有效地介入今天的语言现实。

这也并非说,前辈作家们已经把语言的资源吸收到极限,我们已经没有多少新的资源可以开掘了。我的意思只是说,我们今天还没有清醒地意识到我们的语言环境。我们不仅要像鲁迅那样去开掘,去到处"拿来",不能坐享其成,满足于利用现代作家为我们争取来的资源,此外我们还要清醒地认识到我们的语言环境。有时候,即使最糟糕的语言环境,也有可能变废为宝,开掘出意想不到的语言空间来。

谈到"拿来",自然就想起翻译。现在翻译的人就单纯地做翻译,并且是利用现成的语言来翻译,不像鲁迅他们那样,通过翻译来丰富汉语的表达。不仅如此,他们还嫌弃别人翻译得不好,要"重译经典",结果在翻译语言上不进反退。时下盛行的各种"经典重译",不一定完全出于商业考虑,还有一种立足当代的语言狂妄。他们认为现代作家的翻译不够好(不够规范?),必须由他们来重译。

有趣的是鲁迅也主张"重译",写了许多杂文为"重译"辩护。鲁迅对那时候的"重译"很宽容,不同意许多人苛求"重译",因为在他看来,"重译"会获得不同的语言体验。在这一意义上,他不仅赞成多多地"重译",还支持"转译",即在条件不具备时可以不从原文出发,而由第二、第三种语言的译本进行中文翻译。从不同的语言的译本出发翻译同一部作品,也会有意想不到的语言体验。今天"转译"几乎没有了,更多的是"重译",但这种"重译"目的并非丰富汉语的表达,而是性急地抹杀他人的译本,取而代之,所以很少有新的译本真正后来居上,或别具特色。

还有一种情况,某些"独家翻译"也未能获得语言上的崭新体验和创造。比如林少华译村上春树固然功不可没,但日本学者藤井省三先生认为太汉化了,要么添油加醋,要么使日本语来就范汉语,这就失去了作为外语翻译的特有精神。我们现在的翻译所使用的汉语过于固化和狭窄化了,已经很难容纳另一种语言精神。所谓"规范"的汉语,既不能容纳我们的先辈像鲁迅的现代汉语,也无力容纳西方或日本的语言。

这说起来还是一种不学之累。不学习就不懂谦虚,就认识不到我们的语言有待完善的地方,我们的语言也就因此失去弹性,容易变得固化和僵化。

就文学语言来说,一个富有朝气的创造性的文学时代,必须是敞开来学习的时代。东西方的大作家们都不仅仅活在当代,在语言上他们可能还活在几千年传统之中。杜甫,韩愈,苏东坡这些人就是。杜甫很绝,"无一字无来历",他的诗歌经常追念先辈,从诗骚到汉魏,"读书破万卷,下笔如有神"。当代中国文学家,或者是和文学家一起工作的批评家、研究家们,有没有这种学习的姿态和学习的广度与深度?如果没有,就谈不上语言的反省,因为你没有参照系。随便说我们当代语言不好,还只是一个假设。假设不建立在对比的基础上,就完全是空洞的。你不掌握一种外语,没有对方言的敏感,没有对古汉语、对现代作家语言的熟悉,冷不丁地说今天的语言不好,要改变,试问你怎么改变?

所以,在学习和拿来之外肯定没有什么别的出路。但是,今天的语言也并非一无是处。我这里说的并不是一个伦理的、政治的或美学的批评，而是说，我们首先要承认这是我们的语言现实，不承认是不诚实的，结果也不会利用。有人因为十分鄙夷当下语言环境，就干脆别转身来学习写古文，模仿红楼梦的语言，模仿外文，或拼命鼓吹"方言写作"。这种离开和回避当下语言环境的凌空蹈虚之举也不会有什么好结果。

相反，我倒看到一些比较聪明的作家，善于"利用"备受争议的当下语言环境，加以反省或对象化，很有一种变废为宝、化腐朽为神奇的样子，像王蒙对过去意识形态语言的戏仿，像阎连科对同一种意识形态语言的跟王蒙有所不同的处理，就都有点别开生面。

在这意义上，我觉得台湾作家因为没有经过革命语言的洗礼，跟大陆语言相比，就缺乏一种置身历史之中的自我挣扎的痕迹，缺乏一种血色。他们更多是书斋里出来的一种古代汉语或现代国语的混杂，比如余光中的散文和诗歌，还有"朱氏姐妹"的创作。

所以，向域外、向古代、向现代重新寻找资源固然重要，但千万不能脱离当下语言现实。

我所谓正视当下语言现实，包括正视我们的语言的不足，并进一步考虑到，是否有可能从自己并不满意的当下语言现实中汲取一份源于生活的活力？比如卡夫卡，他用德语写作，但德语并非他的母语，而是侵略者、占领者的语言。他不得不用简单的德语来写作，这本身就是一种反抗与挣扎，所以他的简单的德语反而道出了一种现代人的体验。同样，我们很多作家到国外去用简单的英语写作，或者外国人用简单的汉语写作，都面临这种反败为胜的可能性，关键看你是否有意识地去争取。这有一个前提，就是他们必须对自己的语言处境有充分自觉。你到了国外，你不得不用简单的语言写作，拿出你的浑身解数。同样的情况是否也可能发生在扎西达瓦、阿来等非汉族而使用汉语言文字的少数民族作家的写作？

我觉得在这一点上，不仅鲁迅对文言文的疏离化的使用方式，可以作为一笔共同的遗产为今天各路作家所继承,而且鲁迅与他的时代的语言现实的整体联系,也足以启发我们对当前的语言环境的理解以及我们自己的语言策略的设计。鲁迅是疏离化地运用他所熟悉而又极端警惕的文言文,所以他反对施蛰存等人鼓励青年作家简单地从《庄子》《文选》中寻找字汇的态度应该是真诚的;与此同时,我们并没有太多地听到鲁迅对他那时代的语言现实的抱怨,相反他对于被守旧者污蔑为"引车卖浆者流"的群众语言倒是主张"博采"的,尽管"博采"之后照例有提炼和改造,甚至疏离和批判(比如国骂"他妈的")。今天,我们经常听到有关"汉语危机"的哀叹。其实"危机"根本上并不来自客观的语言现实,而来自主观上可能具有的对于客观的语言现实的对待方式,来自主体的内在的语言意识。

伟大作家的语言艺术都建立在自觉的语言疏离和语言投入相交织的语言意识上。他们对包括母语在内的一切语言的热爱都不只是单纯的沉湎,而是有所疏离的沉湎,和有所沉湎的疏离,是灵魂的安逸和不安的纠缠在语言上的呈现。对于他们,诚如海德格尔所说,"语言是存在的既敞开着又遮蔽着的到来",他们终身都热衷于真切的语言体验中必然包含的这种持续不断的矛盾与挣扎,什么时候回避了这种矛盾与挣扎,什么时候完全委身于某种现成的语言规范,他们的语言的探索和创造也就停止了。

2012 年 6 月 8 日

中编　文体的试验

# 四　周作人的语言论述

## 1. 资格、体认与核心概念

周作人对现代中国语文建设的主张,最初集中表述于1922年《国语改造的意见》一文。该文首先让我们知道他谈"国语改造"的资格实在很深,为美国博士胡适之所不及,因为他关注国语改造的起头是1907年《新世纪》上主张"废除汉文"改用"万国新语"的吴稚晖与在《民报》上撰《驳中国用万国新语说》的章太炎之间那场激烈的争论。这场争论不仅正式揭开中国现代语言变革的序幕,也囊括了汉语变革在日后将要碰到的诸多根本问题。周作人在青年时代留学日本,目击这场论争,从此开始认真思索吴、章论战所遗留的问题,多历年所,几经变化,才得出结论:

"总结起来,光绪末年的主张是革命的复古思想的影响,民国六年的主张是洪宪及复辟事件的反动,现在的意见或者才是自己的真正的判断了。我现在仍然看重世界语,但只希望用他作为第二国语,至于第一国语仍然只能用那运命指定的或好或歹的祖遗的言语;我们对于他可以在可能的范围内加以修改或扩充,但根本上不能有所更张……一民族之运用其国语以表现情思,不仅是文字上的便利,还有思想上的便利更为重要:我们不但以汉语说话作文,并且以汉语思想,所以使用这言语去发表思想,较为自然而且充分……"

他的"总结"不是或此或彼的选择,而提供了做出此种选择("祖遗的言语"不可改变)的理由,即国语乃是中国人"运命指定的"。这种解释毋宁是不解释,而不解释对语言问题来说往往是最高的解释,因为人实在没有能力解释自己何以要操用这种语言何以要托生这个语言的国度的奥秘。这种不解释的解释否定了现代人道主义哲学与知识谱系所提供的似是而非的一切解释,而此大胆否定并非倚仗蛮横之力,乃是一个中国人对本国言语自信而诚实的告白,避免了随时可以和主体脱离的工具论的语言把握,抵达素朴的将思想语言打成一片的生存论或本体论的认知。

至于他所交代的三次意见的变更,则活画出现代中国语言改造的程序,即从政治兴趣开始,归于文化自觉。现代中国语言问题起源于政治,也经常诉诸政治之力加以解决,而政治也乐意完成这个程序以传播自己在文化上的势力。为什么现代中国几乎每个稍微有点话语权利的知识分子都好像是一个语言学家而对语言问题大放厥词?因为现代中国政治问题无处不在,语言问题也无处不在,政治和语言迟早要碰到一起。对周作人来说,政治和语言的这种紧密关系乃源于语言对人的根本意义:"我们不但以汉语说话作文,并且以汉语思想,所以使用这言语去发表思想,较为自然而充分……"

但从语言的政治层面真正进到文化自觉层面的并不多,带着这种双重自觉再返身跳进切身的政治处境里去的就更少了。知堂即是其中一个。1936年致胡适的那封《国语与汉字》的公开信,"附逆"后"十堂笔谈"系列的"汉字"一节,就是这样几经反复,带着文化的自觉再置身语言与政治的接壤处,迥异于将语言问题从文化政治中分离出来的论者。也可以说,他是全身心融入语言(政治)问题中去了。

《国语改造的意见》是周氏对现代国语(白话文)建设的纲领性文章,后来众多序跋与读书笔记中的意见只是或一方面的扩充和伸张。

其中最值得注意的,是几乎一闪而过的核心概念,即"他的能力范围内""国语能力以外""在国语能力的范围内"诸语共同的所指,不妨称之为"国语应变的弹性能力"(笔者研究"鲁迅风和胡适之体"时尝试提出的"动态的汉语本体"差相近之)。周作人通过常存于心头的此核心概念真切触摸到"国语改造"(今日所谓"汉语现代化""现代汉语建设")的真髓:现代汉语是一种不断建设着的国语,又是一个具有一定之规和一定弹性范围的生生不息的新语言。这种语言以及与之匹配的语体文(国语文、白话文)适合现代中国各阶层,它依赖语言教育又给语言教育不断输送新材料新规则。周作人始终不认为中国已存在定于一尊止于至善的国语文,他总是在尝试和发展的意义上关注汉语建设,其语文论述不断为语文建设争取更大空间,也在此过程中呈现了自身的矛盾。

## 2. 语文论述之矛盾与文章特质之关系:欧化与口语

知堂有关现代汉语文建设之法有三:采纳方言(但并不等于也不会减低到方言层次而始终保持国语地位);采纳外来新名词和新语法而和本有的糅合("欧化"却绝非被同化);采纳古语使之成为现代通行的"新熟语"(绝非"无谓的复古"或"好古太过")。他相信循此三法便能造成"言词充足,语法精密的言文,可以应现代的实用……足以表现一切高深精微的感情与思想,作艺术学问的工具"。

1928年《永日集·燕知草跋》说得更简练:

> "我也看见有些纯粹口语体的文章,在受过新式中学教育的学生手里写得很是细腻流丽,觉得有造成新文体的可能,使小说戏剧有一种新发展,但是在论文——不,或者不如说小品文,不专说理

叙事而以抒情为主的,有人称他为'絮语'过的那种散文上,我想必须有涩味与简单味,这才耐读,所以他的文词还得变化一点。以口语为基本,再加上欧化语,古文,方言等分子,杂糅调和,适宜地或吝啬地安排起来,有知识与趣味的两重的统制,才可以造出雅致的俗语文来。我说雅,这只是说自然,大方的风度,并不要禁忌什么字句,或者装出乡绅的架子。"

这是《国语改造的意见》的具体而微,但有发展,提出了"涩味与简单味""杂糅调和""适宜地或吝啬地安排起来""知识与趣味的两重的统制"等新说法。有人将这些都坐实为"知堂体"的风格,恐怕是《两个鬼的文章》所说的"错认门面",难逃"失眼之讥":这里明明讲"在论文——不,或者不如说小品文,不专说理叙事而以抒情为主的,有人称他为'絮语'过的那种散文上",而知堂所写从"美文"到"杂文"的大多数文章,并不属于这种"小品文",至少不是"以抒情为主"的"絮语"。

但更重要的是,知堂散文(杂文)有没有达到这种理想境界?不妨依循知堂本人设计的三条路线,逐个审察。

1. 欧化语。他认为采用外来新名词固然必要,"但最重要的还是在于语法的严密化,因为没有这一个改革,那上边三层办法(按指有关新名词的办法)的效果还是极微,或者是直等于零的"。这是很重要的意见。斯蒂芬·列文森在《儒家中国及其现代命运》中说,欧西语言文化影响中国语言文化,改变字汇并不重要,重要的是改变语法。诚如知堂所言,"欧化"并非汉语整个的改变,"系统不同的言语本来决不能同化的,现在所谓欧化实际上不过是根据国语的性质,使语法组织趋于严密,意思益以明了而确切,适于实用"。所谓"欧化",现在主要是指现代汉语越来越多采用了欧化语法,甚至到了词汇贫乏、句式单调、依赖固定语法(就像古文依赖固定腔调)的地步。知堂似乎预见及此,他提醒人们注意,"滥用外国的习惯程式,以致超出国语能力以外,等于无意义,这种过犹不及的办法都是很应纠正的。"

"知堂体"由"直译"而来,是"欧化的白话文"的一种样式,只因为多量地采用口语和文言习语,几乎让你看不出"欧化",但仔细读来,主体还是欧化的,而且并不一定是理想的欧化,因为他在欧化之外的口语和文言的采纳方面并没有如他自己所说,"适宜地或吝啬地安排起来",也就是说,未能在"欧化"之后再进一步本土化,即未能成功地使欧化内化为汉语本体的有机部分。拿他的散文与他理想中的欧化白话文即《圣经》中文译本相比,差距一目了然。知堂说《圣经》白话文译本"真是经过多少研究与试验的欧化的文学的国语……现今是少见的好的白话文……"。白话《圣经》的语言好就好在欧化、方言、文言和胡适所谓"古白话"(浅近文言)的"杂糅调和"。这是知堂为我们树立的"欧化"(自然不仅是欧化)的标准,但若以此标准衡量,又正可以见出"知堂体"本身在欧化一途的不足。

2. 采纳方言。他明确指出方言地位应在国语(蓝青官话)之下,只在必要的文学表现场合适当采纳以丰富表现力(主要是词汇、名物与地方色彩)。他在这方面最可注意的是驳斥方言论者的政治观点,坚持认为方言不够用也不能通行,以方言为基础(同时以取汉字而代之的罗马字拼音字母为书写工具)的"大众语"绝不可代替以蓝青官话(流行国语)为基础而以汉字写出的白话文。大众语的理想只是狭隘的党派和地方理想,不是现代国语和国语文的理想。这种意见在整个现代可称明达。即使鲁迅,因为和瞿秋白等左翼文士的关系以及出于自身的政治考虑,也不能免俗地附庸多数意见。

这里一个有趣的问题是与采纳方言有关的所谓"以口语为基础",这对"知堂体"来说至关重要。恰恰在这方面,他也未能消除其语文论述的一大矛盾。

他固然认为现代白话文要以口语(官话而非方言)为基础,但他在这方面的主张基本等于胡适"话怎么说,就怎么说",即所谓"以汉字写白话文"的"写话""记话"策略。"把话写在纸上"就成了"絮语",这首先是片面模仿乃至迁就说话的腔调(并非忠实于说话的精神),其次也无法有力地把握说话与古今文辞之隐秘联系。

虽然"知堂体"认定白话文也是文言,是写在纸上的文章,不是照直记录说话,而且如上所述,他尤其不肯迁就方言。但是,他自己的文章实在太迁就"说话",很不经济和简练,同样的意思往往就像在日常说话的场合那样叮咛再三,不仅影响篇章结构逻辑上的整严与递进转换,在同一逻辑段落中也像"说话"那样联翩而下,文不加点,使用过多交代的话,絮叨重叠几乎达到令人不堪忍受的地步。唯一的好处,或许是以重叠反复遮掩过于明显的层次递进而收含蓄谦让之功,但其失也大,可谓得不偿失。

之所以陷入这个窘境,原因乃在于他未能有力地把握说话和古今文辞之间的隐秘联系,未能使两者相与为济,相得益彰。在"知堂体"中,口语自口语,"文言"(他所谓写在纸上的说话)自"文言",无法交融。这跟他对中国文学的语言传统的认识有关。《看云集·修辞学序》(1931年7月7日)云:

> "亚氏书(按指亚里士多德《修辞学》)中首分区别所说为三类,一政治的,二法律的,三临时的,是也……此三者皆系口述,唯名作传诵,家法习作,影响至大,其时历史而外实唯此为散文之大宗,其措辞结构之法遂沿为散文的准则了。在中国的情形就全不相同。中国人向来是没有谈论国事的自由的……史论传赞墓志,门类繁多,也多少有些文学的意味,然而都是写而不是说的,不,也并不是预备或模拟说的,这便与希腊以及欧洲是一个极大不同。加之文人学士缺乏分析的头脑,所以中国没有文法,也没有名学,没有修辞学,也没有文学批评。关于《文心雕龙》等的比较研究,郭绍虞先生在序文里很精要地说过了,我不能再说什么,现在只是想中国没

有欧洲的所谓修辞学,要知道这种修辞学不得不往西洋那方面去找罢了。"

知堂真懂西方文化,他从"希罗时代"智士的 Rhetoric 说起,再到虽轻视智士诡辩而亦讲究演说散步学派(Perpatetiko),最后说到亚里士多德的《修辞学》,将欧洲古代建筑在修辞学(演说术)上的文学技巧揭示得极分明,再拿来与中国古代缺乏演说术因而没有欧洲式修辞学相比,由此得出结论说中国古代文章"都是写而不是说的,不,也并不是预备或模拟说的,这便与希腊以及欧洲是一个极大不同"。这与其说是发现了中国文章传统的缺憾,不如说是揭示欧洲文章传统一个很好的演说基础。"中国没有文法,也没有名学,没有修辞学,也没有文学批评",这或许并不确切。中国古代即使没有建筑在演说术上的修辞学,却有建筑在知堂自己一再强调的文字游戏基础上的文章学,此文章学就是中国自己的"文法""名学"和"文学批评"。其次,中国古代文章"都是写而不是说的,不,也并不是预备或模拟说的",这也失之偏颇,至少没有顾及时代。比如周作人这里提到另一位序者郭绍虞先生在1980年代初研究骈文时就认为,骈文起于"骈语",而"骈语"就相当于欧洲古代运用于政治外交场合的"演说"。孔子所谓"言以足志,文以足言。不言谁知其志?言而无文,行而不远"(《左传·襄公二十年》),"不学诗,无以言"(《论语·季氏》),重点都在"言"而不在"文"。"言"以足志,"文"以饰"言",中心是"言";为"言"而学"诗",目的也在"言"。古代中国也曾有过重视演讲而轻视书写的阶段。很长一段时间,书写乃卑贱"史官"之责,孔子说"文胜质则史"(《论语·雍也》),这个"史"就是很不好的批评。或者当时许多人习惯于认为史官善于以文胜质,否则孔子就不会这么说。孔子无书。老子按传说也是被迫著书。司马迁则以"刑余之人"发愤著书。这都是古人重言轻文的显例。其实这个传统一直没有断绝,即使在文压倒一切的时候也还潜滋暗长。郭绍虞所谓与

"文字型文学"相对的"语言型文学"(胡适之称之为"古白话文学")就都是的。傅斯年1918年《怎样做白话文》也曾触及这个问题,他在论述"白话散文的凭借"之一"留心说话"时就说,"文章语言,只是一桩事物的两面;若要语言说得好,除非把文学的手段,用在语言上;若要文章做得好,除非把语言的精神,当作文章的质素……不会说话的人,必不会出产好文学。希腊的底模登诺(Demosthenes)、罗马的西塞路(Cicero)都是演说家而兼文学家,英国议会里有名的争论,都是演说而兼文章。中国在周秦时代,本是文言一致的。墨翟是个演说大家,他的演说词就是好文章。那时节一般的纵横游谈之士,像孟轲荀卿鲁仲连苏秦张仪宋妍惠施庄周邹衍……个个都善说话个个都做好文章……到了汉朝,真有那不会说话的司马相如杨雄偏要做文章的事业,于是乎竭力变语言的文学成典籍的文学。他这一念之差,便做了文学史上的罪人。"

傅斯年把"语言的文学"和"典籍的文学"(相当于郭绍虞所谓"语言型文学"和"文字型文学")之分途定在汉朝是否妥当姑置不论,而"典籍的文学"是否全然消失了"语言的精神",也值得继续探讨,总之不能将中国文章传统中这两个趋向割裂以至对立起来。周作人或许就是这么做的,他未能探得中国历来以说话为基础的修辞术已浸透到后世文章之中,只一味警惕文人学士片面玩弄文字而成就的在他看来堕入恶劣的修辞学(文章学),这就逼迫他为了坚持白话文的语言(说话)的基础而过度迁就说话的腔调,想以此超越中国文学传统(古文传统)单纯依赖文辞的偏颇(其实古人文辞自有傅斯年所谓"语言的精神"),希望由此达到西方建筑在演讲术基础之上的"预备或模拟说"的修辞境界,结果刻意模拟"说话"的"知堂体"就变成与文辞不能充分相融的"絮语"。因为捐弃了其实包含"语言的精神"的古今韵散文章大都偏于"文胜"的修辞技巧,而对中国文学传统中语言型和文字型两种趋向有所割裂,"知堂体"的"絮语"和"谈话风"反而往往陷入口语不是口语、文章不是文章的尴尬。

## 3. 重思想轻文辞:"采纳古语"的二元标准

第三个办法,即"采纳古语",可能是知堂语文论述中谈论最多也最精彩的部分。恰恰这个部分,他所不能解决的矛盾,较之在迁就口语方面,更有甚者。

知堂主张现代国语文(白话文)应多向古文学习,为此他第一个以新文学家的身份为古文正名,宣布要把古文重新"请进"国语文里来,纠正文学革命初期的过激之论。《艺术与生活·国语文学谈》(1925年圣诞)说:

"国语文学就是用华语所写的一切文章……我相信所谓古文与白话都是华语的一种文章语,并不是绝对地不同的东西:他们今昔的相互的关系仿佛与满洲及中间的关系相似。……五四前后,古文还坐着正统宝位的时候,我们的恶骂力攻都是对的,到了已经逊位列入齐民,如还是不承认他是华语文学的一分子……这未免有点错误了。"

"我相信古文与白话都是汉文的一种文章语,他们的差异大部分是文体的,文字与文法只小部分……我想一国里当然只应有一种国语,但可以也是应当有两种语体,一是口语,一是文章语。口语是普通说话用的,为一般人民所共喻;文章语是写文章用的,须得有相当教养的人才能了解,这当然全以口语为基本,但是用字更丰富,组织更严密,使其适于表现复杂的思想感情之用,这在一般的日用口语是不能胜任的。……所以讲国语文学的人不能对于古文有所歧视,因为他是古代的文章语,是现代文章语的先人……白话文学的流派决不是与古文对抗从别个源头发生出来的……把古文请进国语文学里来,改正以前关于国语文学的谬误观念。"

"古文作品中之缺少很有价值的东西已是一件不可移动的事

实。其理由可以有种种不同的说法,但我相信这未必是由于古文是死的,是贵族的文学……但古文却并不是专用这种字凑成的,他们所用的字十之八九是很普通,在白话中也是常用的字面,你说他死,他实在还是活着的,不过经作者特别这么的一安排,成功了一个异样的形式摆罢了。或者有人(按指胡适之)说所谓死的就是那形式——文体,但是同一形式的东西也不是没有好的,有些东西为大家所爱,这样舍不得地爱,至于硬说他是古白话,收入(狭义的)国语文学史里去了。那么这种文体也似乎还有一口气。……我在这里又有一个愚见,觉得要说明古文之所以缺乏文学价值,应当从别一方面着眼。这便是古文的模拟的毛病……古文重在模拟,这便是文学的致命伤,尽够使作者的劳力归于空虚了。……模拟这个微生物是不仅长在古文里面的,他也会传染到白话文上去。白话文的生命力是在独创,并不在他是活的或平民的,一传染上模拟病也就没了他的命了。模仿杜子美或胡适之,模仿柳子厚或徐志摩,都是一样的毛病。"

此篇重点有四:1.国语文学是一个整体,指所有用汉字写成的"文章语",包括时间上先后相续的古文和白话文。这其实被后来汗牛充栋的各类《中国文学史》认可了。2.古文作为古代文章语乃是现代文章语即现代白话文的"先人",一点没有被歧视的理由,应该把它重新请进国语文学里来。3.古文不是死文学,其思想不一定是贵族的,其文字"十之八九"很普通。古文之"死"死在模拟而缺乏独创。4.现代白话文也面临古文一样的歧路:模拟而死,或独创求生。

如何"把古文请进国语文学里来"?《国语改造的意见》早就建议:

"……中国白话中所缺的大约不是名词等,而是形容词助词一类以及助词虚词,如寂寞、朦胧、蕴藉、幼稚等字都缺少适当的俗语，便应直接的采用；然而、至于、关于、况且、岂不、而且等字，平常在'斯文'人口里也已用惯，本来不成问题，此外'之'字替代'的'字以示区别，'者'替代作名词的'的'字、'也'字用在注解里，都可以用的。总之只要必要，而没有简单的复古的意义，便不妨尽量的用进去，即使因此在表面上国语与民间的俗语距离愈益增加，也不足为意，因为目下求国语丰富适用是第一义，只要能够如此，日后国语教育普及，这个距离自然会缩短而至于无，补充的古语都化为通行的新熟语，更分不出区别来了。但是我虽不赞成古今语的重出，对于通行的同意语，却以为应当听其并存，不必强为统一，譬如疾病、毛病、病痛这三个字，意义虽然一样，其色度略有差异，足以供行文时的选择；不过这也只以通行者为限，若从字典扩部里再去取出许多不认得的同意语来，那又是好古太过，不足为训了。"

从具体着眼，实在可行。类似意见在 1926 年 5 月 30 日的《谈龙集·扬鞭集序》说得也很简括：

"中国的诗向来模仿束缚得太过了，当然不免发生剧变，自由与豪华的确是新的发展上重要的因素，新诗的趋向所以可以说是很不错的。我不是传统主义(Traditionalism)的信徒，但相信传统之力是不可轻侮的；坏的传统思想，自然很多，我们应当想法除去他，超越善恶而又无可排除的传统，却也未必少，如因了汉字而生的种种修辞方法，在我们用了汉字写东西的时候总摆脱不掉的。我觉得新诗的成就上有一种趋势恐怕很是重要，这便是一种融化……自由之中自有节制，豪华之中实含青涩，把中国文学固有的特质因了外来影响而益美化，不可只披一件呢外套就了事。"

这是谈新诗，也可移来论文。虽然简括，却比《国语改造的意见》进了一层。但"超越善恶而又无可排除的传统,却也未必少,如因了汉字而生的种种修辞方法,在我们用了汉字写东西的时候总摆脱不掉的"又该如何理解?这自然不限于《国语改造的意见》提到的"形容词一类以及助词虚词"和"然而、至于、况且"等必要的关联词。1923年4月8日他为刘大白《旧梦》写序时也谈及这个问题:

"至少在《旧梦》这一部分内,他竭力的摆脱旧诗词的情趣,倘若容我的异说,还似乎摆脱的太多,使诗味未免清淡一点……大白先生富有旧诗词的蕴蓄,却不尽量的利用,也是可惜。我不很喜欢乐府调曲调的新诗,但是那些圆熟的字句在新诗正是必要,只须适当的运用就好,因为诗并不专重意义,而白话也终是汉语。"

他可惜刘大白摆脱旧诗词太多而失去新诗的"诗味",反对"因反抗古文遂并少用文言的字句"的偏颇,正如他在《扬鞭集序》中肯定新诗人沈尹默"觉得新兴的口语与散文格调,不很能亲密地与他的情调相合,于是转了方向去运用文言,但他是驾御得住文言的,所以文言还是听他的话,他的诗词还是现代的新诗……"。这是他所主张的新诗在语言的新与旧上面的"融化",但局限于"那些圆熟的字句",并没有论及其他。

难道"因了汉字而生的种种修辞方法"就只这些吗?显然不是。1930年5月所作《看云集·论八股文》不妨看作对这个疑问的一个集中回答,不嫌其长,将有关段落俱引如下:

"我们先从汉字看起。汉字这东西与天下的一切文字不同,连日本朝鲜在内:他有所谓六书,所以有象形会意,有偏旁;有所谓四声,所以有平仄。从这里,必然地生出好些文章上的把戏。有如对联,'云中雁'对'鸟枪打'这种对法,西洋人大抵还能了解,至于红可以对绿而不可以对黄,则非黄帝子孙恐怕难以懂得了。有如灯谜,诗钟。再上去,有如律诗,骈文,已由文字的游戏而进于正宗的文学。自韩退之文起八代之衰,化骈为散之后,骈文似乎已交末运,然而不然:八股文生于宋,至明而少长,至清而大成,实行散文的骈文化,结果造成一种比六朝的骈文还要圆熟的散文诗,真令人有观止之叹……所以八股不但是集合古今骈散的菁华,凡是从汉字的特别性质演出的一切微妙的游艺也都包括在内,所以我们说它是中国文学的结晶,实在是没有一丝一毫的虚价。民国初年的文学革命,据我的解释,也原是对于八股文化的一个反动,世上许多褒贬都不免有点误解,假如想了解这个运动的意义而不先明了八股是什么东西,那犹如不知道清朝历史的人想懂辛亥革命的意义,完全是不可能的了。

"其次,我们来看八股里的音乐的成分……中国国民酷好音乐,八股文里含有重量的音乐分子……从这里我就联想到中国人的读诗,读古文,尤其是读八股文的上面去。他们读这些文章时的那副情形大家想必还记得,摇头摆脑,简直和听梅畹华先生唱戏时差不多了,有人见了要诧异地问,哼一篇烂调如泥的烂时文,何至于如此快乐呢?我知道,他是麻醉于音乐里哩……耳朵里只听得自己的琅琅的音调,便有如置身戏馆,完全忘记了这些狗屁不通的文句,只是在抑扬顿挫的歌声中间三魂渺渺七魄茫茫地陶醉着了。(说到陶醉,我很怀疑这与抽大烟的快乐有点相近,只可惜现在还没有充分的材料可以证明。)再从反面说来,做八股文的方法也纯粹是音乐的。它的第一步自然是认题,用做灯谜诗钟以及喜庆对联等法,检点应用的材料,然后是选谱,即选定合宜的套数,按谱填词,这是极重要的一点。从前有一个族叔,文理清通,而屡试不售,遂发愤用功,每晚坐高楼上朗读文章(《小题正鹄》?),半年后应府县考皆列前茅,次年春间即进了秀才。这个很好的例可以证明八股是文义轻而声调重,做文的秘诀是熟记好些名家旧谱,临时照填,且填且歌,跟了上句的气势,下句的调子自然出来,把适宜的平仄填上去,便可成为上好的时文了。中国人无论写什么都要一面吟哦着,也是这个缘故,虽然所做的不是八股,读书时也是如此,甚至读家信或报章也非朗诵不可,于此更可以想见这种情形之普遍了。

"其次,我们再来一谈中国的奴隶性罢。几千年来的专制养成顽固的服从与模仿根性,结果是弄得自己没有思想,没有话说,非等候上头的吩咐不能有所行动,这是一般的现象,而八股文就是这个现象的代表……它的精神在科举废止后在不曾见过八股的人们的心里还是活着。吴稚晖公说过,中国有土八股,有洋八股,有党八股……要想打破一点这样的空气,反省是最有用的方法,赶紧去查考祖先的窗稿,拿来与自己的大作比较一下,看看土八股究竟死绝了没有,是不是死了之后还是夺舍投胎地复活在我们自己的心里。"

八股文"不但是集合古今骈散的菁华,凡是从汉字的特别性质演出的一切微妙的游艺也都包括在内,所以我们说它是中国文学的结晶"。"古今骈散"包括中国文学的全部,"文学革命"是对八股文的反动,八股代表了整个中国文学的传统。这似乎以偏概全,实则是为了突出他的观点,即八股文浓缩了中国人"因了汉字而生的种种修辞方法"。

《扬鞭集序》主张现代白话文要"融化"古文,甚至可以着眼"超越善恶"的语文本身而无关乎"思想":"因为诗并不专在意义"。但事隔四年他就不再允许"超越善恶",变得"专在意义"了——八股文作为反面材料在思想上代表了中国文人"代圣人立言"的"奴隶性",而在文章艺术亦即语言运用方面的罪状则是其"音乐性"令作者和读者习惯"文义轻而声调重",以至于"在抑扬顿挫的歌声中间三魂渺渺七魄茫茫地陶醉着",和抽大烟一样。救之法是将"古今骈散的菁华"的八股文的思想的"奴隶性"和文辞的"声调"一并抛弃,而无视其"超越善恶而又无可排除的传统……如因了汉字而生的种种修辞方法"。

这是知堂语文论述最大的矛盾,也是最吃紧处,由此可见他对"古文"和"古文学"实际的弃取,及影响他自己散文写作的结果。

### 4. 摈弃"古今骈散"的"音乐性":"腔调"问题

摆在知堂面前的难题是,古文的最高代表"八股文"一方面集中表现了中国历代文人"代圣人立言"的"奴隶性",成了"集团的""载道主义"的"一堆垃圾"(《看云集·冰雪小品选序》),但另一方面恰恰是这堆"垃圾"在运用语言的艺术上达到了后人难以企及的高度,"不但是集合古今骈散的菁华,凡是从汉字的特别性质演出的一切微妙的游艺也都包括在内",现代国语文(白话文)要想从古文学中寻找可利用的"分子",就不可能避开八股,正如不可能避开八股的前身即"古今骈散"的传统在语言修辞上的成就。

知堂的解决之道是分而治之:将五四时期钱玄同喊出的"选学妖孽,桐城谬种"中的"选学"(即六朝骈文。按《越缦堂读书笔记》已提出"选学妖孽"之说,并非钱玄同发明)以及被他定为"中国新文学源流"的晚明"公安竟陵"两派文学(另外还有六朝简古的佛经翻译文学),与"妖孽"(从韩愈古文到桐城派)区分开来。他认为"桐城派"作为"载道"的韩愈"古文"的后裔,集中了八股文思想上的一切污秽(证据是1936年冬《秉烛谈·谈方姚文》中所揭露的方苞、姚鼐的"识见何其鄙陋,品性又何其卑劣"),更令人讨厌地炫耀八股文的"音乐性"(《秉烛谈·谈韩文》,1939年《周作人集外文·国文谈》)。他将骈文从八股文中救出,认为可继承借鉴骈文的词汇和句式,而古文、桐城派这些八股文的近亲所携带的不少骈文的因素则绝口不谈。他这样做的目的是反八股文之道而行之,重意义而轻文辞。在中国文学史上,符合这个标准的据他说实在很少,"中国古文汗牛充栋,但披沙拣金,要挑剔多少真正好的文艺,却是极难的事。正宗派论文高则秦汉,低则唐宋,滔滔者天下皆是,以我旁门外道来看,倒还是上有六朝下有明朝吧"(《苦雨斋序跋文·(沈启无编)〈近代散文抄〉新序》,1932年9月6日)。

在数千年中国文学史上独取六朝和晚明,而标准又是思想的而非文学的,因此他所择取的仅仅是六朝和晚明文学思想方面的好处,至于这两个时期文学在语言艺术上的成就,并不是他十分看重的。他固然说过,"现在写文章重要的还是努力减少那腔调病,与制艺策论愈远愈好,至于骈偶倒不妨设法利用,因为白话文的语汇少欠丰富,句法也易陷于单调,从汉字的特质上去找出一点妆饰性来,如能用得适合,或者能使营养不良的文章增点血色。"(《药堂杂文·汉文学的传统》,1940年3月27日)他也十分钦佩俞曲园的"以骈俪为文之正轨,真通文章体例者之言"(《药味集·春在堂杂文》,1939年11月11日),但事实上他并没有像鲁迅那样因着年轻时代"对对子"的"积习"而真的向骈文学习,多用骈偶句式和骈文所独具的丰嶦词汇。《我的杂学》很清楚地交代了他对六朝文的别择:

"骈文也颇爱好,虽然能否比诗多懂得原是疑问,阅孙隘庵的《六朝俪指》却很多同感,仍不敢贪多,《六朝文絜》及黎氏笺注常备在座右而已。伍绍棠跋《南北朝文钞》云,南北朝人所著书多以骈俪行之,亦均质雅可诵。此语真实,唯诸书中我所喜者为《洛阳伽蓝记》,《颜氏家训》,此他虽皆是篇章之珠泽,文采之邓林,如《文心雕龙》与《水经注》,终苦其太专门,不宜于闲看也。以上就唐以前书举几个例,表明个人的偏好,大抵于文字之外看重所表现的气象与性情……"

这未免是对六朝文章某一类的思想与其共同的文辞特色的割裂。他高度评价梁简文帝"立身之道与文章异,立身先须谨重,文章且须放荡",重点是为了辩护萧纲"即非圣人,亦君子也",即并非如有些人所攻击的既然文章放荡为人肯定有可议之处。这是把文的"放荡"与人的"谨重"分开,论述策略,与当初为郁达夫《沉沦》做辩护时如出一辙。至于文章的"放荡",知堂所取其实还是作者敢于"言志",他对昭明太子《文选》序所谓"赞论之综辑辞采,序述之错比文华,事出乎沉思,义归于翰藻"以及萧绎的"绮縠纷披"之论,并无多大兴趣,没有一并归入"摇荡性情"的"放荡"范畴(参看1935年9月5日《苦竹杂记·文章的放荡》)。"公安竟陵"两派的文章,他也只取"独抒性灵"的"言志",并没有过多地推许"三袁"的词华。

不仅如此,他还特地将他所警惕的容易使作者和读者重声调而轻意义的麻醉性的"音乐性"从他所喜欢的六朝骈文中剥离出来,而完全归入韩退之与桐城派的"腔调",反复叫别人小心提防,以免中蛊,自己做文更竭力避免。

即如他后来被人极口称道的从清人笔记中披沙拣金的"文抄公"的读书笔记,取舍也很分明。《苦竹杂记·后记》(1935年11月13日)说,"不问古今中外,我只喜欢兼具健全的物理与深厚的人情之思想,混和散文的朴实与骈文的华美之文章……"但实际上知堂之"抄书"所重还是在思想,即使谈到文章好,也一笔带过,如《拜环堂尺牍》说"陶路叔的文章本来也写得颇好,但是我们看了第一引起注意的乃是说明末的兵与虏的情形",该文对陶崇道的"文章"在语言修辞上的特点未置一词,所论全是作者的思想及其对当时社会情状的记叙。《药味集·春在堂杂文》谈俞曲园的"杂文",也只是欣赏俞氏在情理上"有些与新文学相通"的地方,对于他的文辞并不深究。比较起来,还是《秉烛谈·谈笔记》里头一段话更能代表他对清人笔记的取舍标准:"我看笔记也要他文字好,朴素通达便好,并不喜欢浓艳波俏,或顾影弄姿,有名士美人习气。"(1937年3月10日)他一直喜欢清代学者郝懿行(兰皋)的笔记小品,认为在名物考证上纠正了先贤的许多错误,是古代文人中"对于这事务有兴趣,能客观的去观察"的"绝无仅有"的一个人,"只可惜他的《记海错》与《蜂衙》《燕子》诸篇仍不免文胜……"(《夜读抄·塞尔彭自然史》)

再如他的推崇六朝文章,取舍标准也是重思想而轻文辞,他说,"南北朝人的有些著作我颇喜欢。这所说的不是一篇篇的文章,原来只是史或子书,例如《世说新语》《华阳国志》《水经注》《洛阳伽蓝记》以及《颜氏家训》。其中特别又是《颜氏家训》最为我所珍重,因为这在文章以外还有作者的思想与态度都很可佩服","《家训》末后《终制》一篇是古今难得的好文章,看彻生死,故其意思平实,而文词亦简要和易,其无甚新奇处正是最不可及处……"(《夜读抄·颜氏家训》),这里的着眼点也是思想,文辞修饰方面,不过"辞达而已"。

可见,重思想轻文辞是知堂为了反对中国古代文学重文辞轻思想之病而特别提出的一种论文的二元标准,也是他自己作文的理想。

但这个标准和理想,单单对于"古今骈散"的文学传统的"音乐性"而言,已经实在有点因憎和尚而恨及袈裟的迁怒了,与鲁迅在《汉文学史刚要》《从帮忙到扯淡》中看重宋玉景差之流,认为纵使堕为清客,却"毕竟有文采",是很不相同的。

这就无怪乎"知堂体"不仅完全不见留学日本和蛰居绍兴时的骈散夹杂的声调句式,也很少《国语改造的意见》主张的从文言中学习的"形容词"——文言形容词大多属于"双声叠韵",极易产生"腔调"。知堂在理论上有心提倡,自己作文却多所回避。结果,他的白话散文就变成具有"欧化"骨骼、纯粹"写话""至多能说得理圆"(《祖先崇拜》)的说理文,往往篇少分行,文不加点,一拖到底,下笔不休,重叠再三,至于叮咛絮叨,拖沓臃肿,兼之好用与白话显得格格不入的化不开来的文言旧字面(属于《木片集·读古诗学文言》中反对的"烂调"古文的"那一套虚字的规例"),以及许多纯粹交待性的絮语,很容易使人昏昏欲睡,难以卒读——倘若不是对潜含的知识思想情趣具有深切领会而独得其妙的话。

尤其文言虚字(词)进入白话,倘不刻意锤炼,很容易累赘冗繁且引起误解。如《药堂语录·郢人》最后一段说:"即使以斧削属之匠石,而车载斗量的作者悉以郢人自居,恐匠石亦不敢轻易动手,盖人人都会得以石灰涂鼻子尖上,而难于能够立不失容也。我辈凡夫岂敢随便削人,亦并不好妄求人去削,还是自己用点心,诚实勤恳的写文章,庶几可以无大过失,亦已足矣。""以……属之"尚可意会,然而当时的白话文已有更好的表述。至于"都会得以""难于能够""亦并不好",则全是生硬套用文言虚词进入白话而缺乏锤炼所导致的冗繁而易于误解的地方。这样的文句在知堂著作中实在不少。这应该也是因他重思想轻文章,文字上没有鲁迅那种反复修改以求最佳的"洁癖",辞达而已,无心反复锤炼。知堂文章若就思想、知识、趣味而论,十九精彩,若就文辞而言,则几乎好坏参半,有时文质彬彬,和易简明,有时拖沓冗繁,过于随意,好像是浑然漫与的样子。这后一点似乎也不能说是完全因为迁就说话的自然放松,也由于化用文言时的散漫随便所致,实在不值得曲为辩解。

知堂讨厌中国文学传统上的"腔调",相信一有"腔调",思想就完结,因为"腔调"容易让作者和读者哼得舒服,忘记了思想道德的问题。他反对韩愈古文和"八股文"的"腔调",自己写白话文自然竭力避免"腔调"。他的文章号称"以口语为基础",是"谈话风",但实际上读他的随笔,所能感受到的口语的精神实在稀薄,因为一点"腔调"都没有的文章并不就算是"以口语为基础了",口语,尤其好的如知堂自己所介绍的欧西演讲术或郭绍虞所谓上古"骈语"那样的"说话",也是有"腔调"的。

知堂散文真正质朴到了既无词华亦无腔调的地步。中国文学史上虽然有欧阳修《泷冈纤表》、韩愈《祭十二郎文》、归有光《项脊轩志》与《寒花葬志》、袁子才《祭妹文》那样质朴文章,但那是经过精心修饰之后的质朴,知堂体的质朴则是取消文辞修饰的"言而不文"的真的质朴。一定要说"知堂体"也有修饰,那也只是在具体运思出言方式上极尽优婉隐曲之能事,与文句上的修辞无关。

在中国文学史上，像知堂这样不但不片面看重文章，而且故意不把文章写成文章的散文家，或许真可以算是独一无二罢？

然而，还是有许多人说他的文章特别有味，并且此味道不限于思想，而是某种独特的"韵味"。有"韵味"即有"声调"——钱锺书评《中国新文学的源流》开头大加称赞的"周先生那'泠泠然'的语调"，不就是指一种诉诸听觉的婉转轻妙之音吗？一个竭力回避"腔调"的作家也允许自己追求须以一定声音形式存在的"韵味"吗？再者，他特别强调白话文不能丢开汉字，不能没有因了汉字而生的修辞方法，但这所谓因了汉字而有的修辞至少也包括郭绍虞所研究的"双声叠韵"吗？而一有"双声叠韵"不就自然有"腔调"了吗？"腔调"注定是文人积习吗？一有"腔调""便会露出丑态来"（《知堂乙酉文编·谈文章》）吗？文人的"腔调"注定不可能转化为大众的语言习惯吗？鲁迅可能在字汇使用方面不够大众化，但他的"腔调"很容易大众化，因为一有"腔调"便易记诵——许多人记得鲁迅文章就因为先记得了他的"腔调"。鲁迅的"腔调"跟方言土语的"腔调"不同，比如《铸剑》中黑色人的"阿乎呜呼歌"，完全是一种"文腔"而又联系着某种强悍的说话精神。撇开这些不讲，还有另一个问题：在文学上，"腔调"是否必然妨害思想？鲁迅的"腔调"不是已经成为很重要的表现思想传达感情的文学手段了吗？一般来说，没有"音乐性"和"腔调"，如何"言志"，如何"手之舞之足之蹈之"？

为反对"古今骈散"重文辞而轻思想，得其反者，走到轻文辞而重思想的极端，下笔枯槁，全无"腔调"，这或许不能不说是知堂论文虑而未周及知堂作文未能止于至善之处。其所取舍固然有具体的道理，其写作实践固然也取得了特别的效果，但如果为了思想而放弃文辞，把文章写得不像文章甚至到了"反文章"的地步，那也只能说是在几千年文学史上独树一帜而已，如果推而为五四以来现代散文的正轨，则也只能聊备一说。

刚才提到解放后写的《木片集·读古诗学文言》，也有一个有趣的矛盾：

"我根据了五六十年前的这一点经验,曾经提出过一种建议,请求对于初学灌输古典文学作品或是文言文的知识,从韵文即是诗歌入手,这比用散文要有效得多。粗粗一想,一定以为旧诗有韵律的约束,经过推敲,很是简练,比较散文要艰难得多了,其实却并不然。文言与白话在用字上固然有今古之分,重要的还是在文法上,文言散文上那一套'虚字'的别扭的规例,在韵文上差不多用不着,即此也就要轻松得多了。……唐朝号称韩文公的韩愈……他的那一套古文,我嫌他有后来的八股气,一直不喜欢它……可是他的诗,我却并不看轻它,觉得它有些很不差,而且也好懂。……从文言韵文入手,可以领导读者到文学遗产里去,从散文入手如不是叫人索然兴尽,便容易引到八股文里去。这我相信不一定只是我个人的偏见吧。"

这诚然是一个值得注意的"偏见"。知堂不喜"文言散文上那一套虚字的别扭的规例",认为韵文里用不着这些,故韵文更简练,但他自己作文却每每多用"虚字",夹杂在白话口语的"絮语"中间,显得不够调和,不仅使文章杂沓琐碎,也容易令意思趋于暧昧。这就有如其行文多沿文言旧习,以"鄙人""不佞"之类自称,涉及古人,也多直呼本名而不用一般读者所熟悉的字号,人为地制造文字上的障壁。瞿秋白曾指责鲁迅翻译"用文言做本位"(《二心集·关于翻译的通信》,1931),成仿吾也曾指责鲁迅杂文"不通俗""不够大众化"(《成仿吾文集·纪念鲁迅》,1936),但比起知堂的"絮语""谈话风"的"杂文"来,鲁迅文章经过一番"咬嚼"之后还是好懂,因为鲁迅确实能够如知堂所说,"在国语能力的范围内""以口语为基本,再加上欧化语,古文,方言等分子,杂糅调和,适宜地和吝啬地安排起来,有知识与趣味的两重统制,才可以造出雅致的俗语文来"。而这"理想",知堂自己并未达到。大概这就是他经常所说的"知之难不如行之难"罢?

# 五　1942年的汉语

## 1. 1942：新的文学群落的崛起

1942年是现代中国文坛特别值得纪念的一年。抗战进入艰苦的相持阶段，作为战时中国文化重要一翼的文学却迎来了前所未有的成熟。所谓"成熟"，是指到那时为止，中国现代文学新旧各种元素都获得了淋漓尽致的发挥与各得其宜的位置。

这在文学语言方面尤有直观呈现。似乎完全出于偶然，一批新作家都在1942年前后一两年内创作并发表了他们一生中最重要的作品。他们家庭背景、人生经历、教育程度和价值立场都迥然有别，语言风格更各不相同，令人无法轻易看出彼此之间有什么内在关联。在这个特殊年度，中国文学仿佛突然碎裂开来，朝着东（上海）南（云南）西（重庆）北（延安）四个不同的方向分头演进了。

在西南联合大学，一个年轻的作者群正迅速成长，从他们中间很快走出了传奇般的诗人穆旦，而站在他们背后的则是刚刚结束逃亡生活、困居学院的中国文学老"京派"的神圣家族。这里有闻一多、朱自清、沈从文、冯至、陈梦家、林徽音、卞之琳等二三十年代成名的作家，也有为中国文学推波助澜的作家型学者吴宓、朱光潜、李广田、叶公超、洪谦、冯友兰以及青年学者钱锺书、夏济安、赵萝蕤，包括战时滞留中国的英国诗学专家燕卜荪与现代诗人奥登（当然也不能忘了没有踏上流徙之路而"苦住"在北京的知堂老人,他仍然关注着战时中国文学并且发挥着持续的影响①)。这里不仅有对从《诗经》《楚辞》到五四新文学的整个中国文学史的悉心讲求,也有对 T.S.艾略特所谓一个人二十五岁还准备写诗就必须整个装在头脑里的从荷马到莎士比亚直至现代英国文学的系统介绍与深入研读②。穆旦正是在这一特殊的文化环境中贪婪地汲取营养,由此成就了他个性鲜明的诗风。1942 年,继《合唱》《玫瑰之歌》《赞美》之后,他完成了著名的《诗八章》。同年 5 月,冯至前一年在灵感突发状态一气呵成的《十四行集》也告出版。也是在这年的 2 月,以西南联大师生为主体的"文聚社"刊物《文聚》创刊,居首的就是穆旦的诗《赞美》③。

　　穆旦、冯至 1942 年前后的诗作,无疑是这个流亡文人群落最值得骄傲的收获。穆诗在理解西方语言的基础上大胆欧化,似乎令五四时代即已开始备受讥诮的"恶劣的欧化"合法化了。五四时期,许多人都认为白话文有必要向西洋文学学习,但真正大张旗鼓提倡"欧化"的是傅斯年,他认为白话文除口语外,另一个更高等的凭借"就是直用西洋文的款式,文法,词法,句法,章法,词枝(Figure of Speech)……一切修辞学上的方法,造成一种超于现在的国语,欧化的国语,因而成就一种欧化的国语的文学","要使得我们的白话文成就了文学文,惟有运用西

---

① 参看耿德华著《被冷落德缪斯》,张泉译,新星出版社 2006 年 8 月北京第一版,第四章,页 172。
② 艾略特《传统与个人才能》写于 1917 年,30 年代初即由青年诗人卞之琳译出,据卞氏自称,艾略特的注重传统与现代高度融合的文学观念深刻影响了包括他自己在内的整个三四十年代的中国新诗。艾略特的原话是:"对于任何一个超过二十五岁仍然想继续写诗的人来说,我们可以说这种历史意识是绝不可少的。这种历史意识包括一种感觉,即不仅感觉到过去的过去性,而且也感觉到它的现在性。这种历史意识迫使一个人写作时不仅对他自己一代了如指掌,而且感觉到从荷马开始的全部欧洲文学,以及在这个大范围种他自己国家的全部文学,构成一个同时存在的整体,组成一个同时存在的体系。"中译文参见李赋宁译注《艾略特文学论文集》页 2,百花洲文艺出版社 1994 年 9 月版。
③ 西南联大青年诗群的艺文情况,参见张新颖《20 世纪上半期中国文学的现代意识》"第八章"之第一、第二节,页 194—203,北京三联书店 2001 年 12 月版。

洋修词学上一切质素,使得国语欧化"。傅斯年还惋惜许多人学习西洋语言文字的方法只是偶一为之,"总有点不勇敢的心理,总不敢把'使国语欧化'当作不破的主义",这是符合事实的①。敢于"把'使国语欧化'当作不破的主义"的,大概要从穆旦开始吧。但穆旦同时也在《五月》一诗中故意采用中西古今杂糅的方式,造成一种特别刺目的不协调的效果。只要是他的诗歌所需要的,他几乎全无顾忌,而过于丰盛的年轻的生命也不允许他的诗语过早定型:

"虽然我还没有为饥寒,残酷,绝望,鞭打出过信仰来,
没有热烈地喊过同志,没有流过同情泪,没有闻过血腥,
然而我有过多的无法表现的情感,一颗充满着熔岩的心
期待深沉明晰的固定。一颗冬日的种子期待着新生。"(《玫瑰之歌》)

他既可以依托雄伟的自然存在而唱出崇高的颂歌:

"让我歌唱帕米尔的荒原,
用它峰顶静穆的声音,
混然的倾泻如远古的熔岩,
缓缓迸涌出坚强的骨干,
像钢铁编织起亚洲的海棠。"(《合唱》)

也可以将沉郁与悲壮驯服于细腻的观察,寄托对民族历史的恢宏想象:

"走不尽的山峦的起伏,河流和草原,

---

① 傅斯年《怎样做白话文》,转引自《中国新文学大系·建设理论集》。

数不尽的密密的村庄,鸡鸣和狗吠,
接连在原是荒凉的亚洲的土地上,
在野草的茫茫中呼啸着干燥的风,
在低压的暗云下唱着单调的东流的水,
在忧郁的森林里有无数埋藏的年代。"(《赞美》)

冯至受德国诗人里尔克、荷尔德林影响,采取较严格的十四行诗体,无论精神还是语言形式也都充分欧化了[①]。但步入中年的诗人在细吟密咏之间,仍然努力归回"变动不居的汉语的本体"[②],充分玩味每一个入诗的汉字的音色、意蕴以及彼此搭配所能造成的自然优美的节奏:

"我们准备着深深地领受
那些意想不到的奇迹,
在漫长的岁月里忽然有
彗星的出现,狂风乍起:

"我们的生命在这一瞬间,
仿佛在第一次的拥抱里
过去的悲欢忽然在眼前
凝结成屹然不动的形体。"(《十四行集》之一)

30 年代上半期在德国留学时,冯至就宣布告别自己 20 年代的诗

---

[①] 关于冯至《十四行集》的受德国现代诗歌的影响,参见陈思和《中国现当代文学名篇十五讲》第八讲第一节"德语文学的春风吹拂下萧萧玉树"。陈文长达七十五页,是迄今为止解析冯至《十四行集》用功最勤者。
[②] "变动不居的汉语本体"是我对变化中的汉语自身的同一性的描绘,参见拙著《鲁迅六讲》"二",上海三联书店 2000 年版。

歌,要以"小学"的功夫来熟悉中国的字词。看来他是信守了诺言的①。如果说穆旦的语言是"外发的",冯至则是"内涵的"②;如果说穆旦的诗语如串节而上的葱绿的热带植物,冯至的诗语则如苍劲沉默的寒带古松;如果说穆旦"最好的品质却全然是非中国的……他在这里的成就也是属于文字的。现代中国作家所遭遇的困难主要是表达方式的选择。旧的文体诗废弃了,但是它的词藻却逃了过来压在新的作品之上。穆旦的胜利却在他对于古代典籍的彻底的无知"③,那么,冯至的诗语则是充分的欧化与充分的中国化的融合。师生两代诗人在南方的天空下按照各自的秉性自由生长,五四以来文言、白话、欧化的语言因子在他们身上都有斑驳的投影。

1941年12月8日,日本突然发动太平洋战争,同时进占上海租界,从此"孤岛"彻底沦陷,大批文化人或被迫迁移内地,或韬光养晦,转入地下,以免为敌所趁。恰巧这时,钱锺书从湖南回家探亲被困,只好隐居创作,香港大学女才子张爱玲也被迫辍学,于1942年下半年回沪,决定卖文为生,并很快于次年一飞冲天。钱、张的文学渊源当然都不限于40年代初的上海孤城,我们可以很容易将他们纳入五四至40年代"语体文"(即现代白话文)逐渐成熟的过程,但这条清晰的文学语言的历史脉络也只有到了1942年前后,才真正在这两个身居上海的天才作家身上,借"不受欢迎的缪斯"的照拂④,将各种语言要素相对平衡地安

---

① 见冯至1932年致杨晦信,转引自济南《作家报》1995年5月20日杨镰辑《沉钟社书信选粹》(之二)。
② 傅斯年在《新潮》杂志第一卷第五期的《随感录》中认为鲁迅的文章是"内涵的"(impressive),而区别于"外发的"(expressive)文章,我这里虽然是借用来形容冯至、穆旦诗歌语言的不同特点,但与傅斯年的原意仍然有关。傅从鲁迅文章(语言)拈出"内涵""外发"一对范畴,确实切中了现代汉语写作的要穴。在不同的历史时期,这都是现代中国作家两种主要的语言特征。
③ 王佐良《一个中国诗人》,1946,转引自曹元勇编《蛇的诱惑》,珠海出版社1997年4月版。
④ 美国学者耿德华(Edward.M.Gunn)研究孤岛和沦陷时期上海文艺活动的著作《不受欢迎的缪斯》,中文译本《被冷落的缪斯》已由新星出版社于2006年8月出版,这里只借用他的书名而已。

中编　文体的试验

排配置,从而结出了丰美甘甜的硕果。

　　张爱玲自幼敏感多思,酷爱读书,先是古书,后是新文艺和民国通俗文学,在教会中学又通过英文直接诵习西洋文学,古今中外的良好修养,雅与俗的广泛兴趣,使她的文章特别的摇曳多姿。十八岁时在《西风》杂志征文《天才梦》里就有不少早熟的隽语:

　　"我懂得怎么看'七月巧云',听苏格兰兵吹 bagpipe,享受微风中的藤椅,吃盐水花生,欣赏雨夜的霓虹灯,从双层公共汽车上伸出手摘树巅的绿叶。在没有人与人交接的场合,我充满了生命的欢悦,可是我一天不能克服这种咬啮性的小烦恼。生命是一袭华美的袍,爬满了蚤子"。

　　1942年回沪后,最初用英文给 The XXth Century《二十世纪》投稿,步中学时代崇拜的林语堂的后尘,用灵动波俏的文笔给外国人介绍中国。短暂的英文投稿阶段很快因中文创作大获成功而告中断,但她并没有放弃这些作品,在创作中文小说随笔的同时将它们都翻成了中文,Chinese Life and Fashions 改为《更衣记》,Wife, Vamp, Child 改为《借银灯》,Still Alive 改为《洋人看京戏及其它》,China's Education of Family 改为《银宫就学记》,Demons and Fairies 改为《中国人的宗教》,均收入1945年出版的第一本散文随笔集《流言》:

　　"现代的中国是无礼可言的,除了在戏台上。"(《洋人看京戏及其它》)

　　"在政治混乱期间,人们没有能力改良他们的生活情形,他们只能够创造他们的贴身环境——那就是衣服。我们各人住在各人的衣服里。"(《更衣记》)

　　"对于生命的来龙去脉不感兴趣的中国人,即使感到兴趣也不大胆朝这上面想……中国人集中注意力在他们眼前热闹明白的、红灯照里的人生小小的一部。在这范围内，中国的宗教是有效的；在那之外，只有不确定的、无所不在的悲哀。"(《中国的宗教》)

奇崛峻拔，不肯落入凡庸，虽未能避免早熟的天才的青涩和张扬，但人生体验的深透与修辞造语的精绝，毫不逊于许多老作家。就文体来说，脱去了 20 年代的生硬和 30 年代的驳杂，呈现出 40 年代特有的知心贴肉的圆融畅达。这种语言施之小说，更显精彩：

"三十年前的上海，一个有月亮的晚上……我们也许没有赶上看见三十年前的月亮。年轻的人想着三十年前的月亮该是铜钱大的一个红黄的湿晕，像朵云轩信笺上落了一滴泪珠，陈旧而迷糊。老年人回忆中的三十年前的月亮是欢愉的，比眼前的月亮大，圆，白；然而隔着三十年的辛苦路望回去，再好的月亮也不免带点凄凉。"(《金锁记》)

已经分不清哪里是欧化，哪里是口语和文言的杂糅，化合得天衣无缝，描写起来似乎也就无往而不利了：

"这艾许小姐抿着红嘴唇，不大做声，在那尖尖的白桃子脸上，一双深黄的眼睛窥视着一切。女人还没有得到自己的一份家业，自己的一份忧愁负担与喜乐，是常常有那种注意守候的神情的。艾许小姐年纪虽不大，不像有些女人求归宿的'归心似箭'，但是都市的职业女性，经常地紧张着，她眼眶底下肿起了两大块，也很憔悴了。不论中外的'礼教之大防'，本来也是为女人打算的，使美貌的女人更难得手，更值钱，对于不好看的女人也是一种保护，不至于到处面对着失败。现在的女人没有这种保护了，尤其是地位没

有准的杂种姑娘。艾许小姐脸上露出的疲倦与窥视,因此特别尖锐化了些。"(《红玫瑰与白玫瑰》)

钱氏更博闻强记,旧学根底扎实,英文尤佳。1941年出版的随笔集《写在人生边上》是对人生远距离的观察玩味,而糅合中西语言的文体尤见灵心妙识,以至于偏要通过魔鬼之口才能够痛快道出:

"现在是新传记文学的时代。为别人作传也是自我表现的一种……你若要知道一个人的自己,你须看他为别人作的传;你若要知道别人,你倒该看他为自己作的传。自传就是别传";

"人类的灵魂一部分由上帝挑去,此外全归我。谁料这几十年来,生意清淡得只好喝阴风。一向人类灵魂有好坏之分。好的归上帝收存,坏的由我买卖。到了十九世纪中叶,忽然来了个大变动,除了极少数外,人类几乎全没了灵魂";

"有种人神气活现,你对他恭维,他不推却地接受,好像你还他的债,他只恨你没附缴利钱。另外一种人谦虚,人家赞美,他满口说惭愧不敢当,好像上司纳贿,嫌数量太少,原璧归还,好等下属加倍再送"(《魔鬼夜访钱书君》)。

他尤其经心于讽刺语言本身的锤炼:

"有了门,我们可以出去;有了窗,我们可以不必出去。"(《窗》)
"猪是否能快乐得像人,我们不知道;但是人会容易满足得像猪,我们是常常看见的。"(《论快乐》)

旨在显示主体优胜的讽刺很容易演成智慧的操练和语言的炫耀:

"把饭给自己有饭吃的人吃,那是请饭;自己有饭可吃而去吃人家的饭,那是赏面子。交际的微妙,不外乎此。反过来说,给饭与自己没饭吃的人吃,那是施舍;自己无饭可吃而去吃人家的饭,赏面子就一变而为丢脸。这便是慈善救济,算不上交际了。"(《吃饭》)

但毕竟才高,抓得住讽刺对象,到底不失分寸:

"自从幽默文学提倡以来,卖笑成了文人的职业。幽默当然用笑来发泄,但是笑未必就表示着幽默","这种幽默本身就是幽默的材料,这种笑本身就可笑……"(《说笑》)

"在非文学书中找到文章意味的妙句,正像整理旧衣服,忽然在夹袋里发现了用剩的钞票和角子;虽然是分内的东西,却有一种意外的喜悦。"(《释文盲》)

这些撮取英国随笔精华、充满尖利的人生讽刺和洞见的诙谐智慧之作,使钱锺书成为现代随笔领域继徐志摩、梁遇春之后又一位欧化和本土化双修的俊才。

在"陪都"重庆,一批流浪型文学青年围绕在批评家和诗人胡风周围,克服了生活的困难而疯狂写作。1942年胡风出版了评论集《民族战争与文艺性格》,他在抗战胜利前夕出版的《在混乱里》所收文章也都写于1941至1943年之间。胡风这一时期重要论著《论民族形式问题》写于1940年并于年底出版。在这些论著中,他顽强坚持自己所理解的由鲁迅开创的五四新文学传统,探讨这个传统如何在战争的复杂形势下取得新进展,为此他四面出击,和来自左右双方各种文艺政策和文学理论激烈论辩。批评家胡风的存在不仅在历史传承的角度显明了40年代中国文学与五四新文学的谱系关系,也在现实拓展的角度使"陪都"重庆获得了一种特别的文学性格,影响了许多青年文学家的创作。年仅十七岁的路翎就在这种空气中执笔写作《财主底儿女们》。这部混乱年代"青春底诗"①,1941年写出初稿,1942年被胡风丢失在香港的炮火中,却因此刺激作者更紧张地重写,两年后终于捧出煌煌两巨册。他的另外两篇名作《饥饿的郭素娥》《蜗牛在荆棘上》也都完成于1942年。

《财主底儿女们》不仅是现代小说叙事奇观,更是现代中国文学语言的奇观。路翎的语言既无穆旦的风神俊朗,亦无冯至的冲撞与矜持抵达宁静肃穆的张力结构,更无钱锺书、张爱玲文言、白话和西语交错并施造成的富丽畅美,他只有浓得化不开的过激的欧化,却又并不完全属于五四初期至20年代幼稚而饱受诬蔑的"恶劣的欧化"的延续,而是40年代业已进入现代汉语本体并贴近青春生命的成熟形态的欧化。

如果移目观看以延安为中心的西北和华北敌后抗日根据地,又是另一派迥然不同的语言景象。

1942年5月,毛泽东发表了《在延安文艺座谈会上的讲话》。第二年,"在成名之前已经相当成熟了"②的作家赵树理一年之内连续推出短篇小说《小二黑结婚》和中篇小说《李有才板话》,接着又发表了长篇小说《李家庄的变迁》。虽然整个文坛直到抗战胜利后才大肆宣传赵树理,将他视为"讲话"精神的实践者,甚至确立为"方向"③,但在北方,经过延安整风,艾青、丁玲等30年代著名的左翼作家被迫进入创作停顿期,新的秧歌剧与新民歌尚未崛起,身处太行山区的赵树理确实一枝独秀。稍后,从华北敌后辗转来到延安鲁艺当研究生和教员的孙犁,也在"讲话"发表之后两年连续推出初期代表作《荷花淀》《芦花荡》等,开创

---

① 胡风《青春底诗——路翎著长篇小说〈财主底儿女们〉序》,1945,收入《逆流的日子》,转引自《胡风评论集》(下)页90,人民文学出版社1984年3月版。
② 周扬《论赵树理的创作》,原载1946年8月15日《解放日报》,引自《周扬文集》第一卷,页486,人民文学出版社1984年版。
③ 周扬《论赵树理的创作》发表于1946年,肯定他的创作是"实践了毛泽东同志文艺方向的结果",而据陈荒煤《向赵树理方向迈进》,晋冀鲁豫边区文联召开文艺座谈会提出"赵树理方向",则是1947年7月。

了40年代以后革命文学独具风貌的浪漫主义一枝。

赵树理和孙犁,一写三晋风习,一涉冀中民俗,语言上都部分地实现了五四以来文学大众化的理想,确立了后来中国文学语言的一个既旧又新的传统。赵的说书体的民间口语的对话与叙述形式,孙的虽然个性鲜明但同样大众化了的纯净而抒情的口语,与他们各自获得的身体化了的新意识形态与主观的倾向性相得益彰,别具一种魔力,完全不同于30年代零星的试探性的大众语写作,昂然成为40年代中国文学特有的新的语言形式。

这些年轻作家的崛起,确实改变了整个中国文学的面貌,使大多数二三十年代成名的中老年作家黯然失色。中国文学在抗战以后第六七个年头真正进入了一个新时代。

不必更多地引用作品,也可以知道这些青年作家们的语言风格有怎样巨大的差异。很难想象,1942年前后,如果赵树理、孙犁、张爱玲、钱锺书、穆旦、路翎有机会聚首,会是怎样一幅图画！由于战争造成的阻隔,同一时期这些出类拔萃的年轻作家在登上文坛之初彼此均无交往,互相不通声息,甚至不知道对方的存在,再加上差异巨大的语言风格,很容易让后人由此将40年代初期中国文坛想象成一个各自为战的局面。犹如危难中的国土一样,这一时期的文学版图似乎也破碎不全了。

其实并非如此。作家之间的人事阻隔和风格差异,固然呈现了40年代中国文学的多姿多彩,另一方面恰恰也因此更生动地显明了彼此的内在联结,即显明了他们的文学造诣乃是从同一个动荡不安而富有生产力的年轻的文学传统中自然而然演化出来。40年代初崛起的这批年轻作家并不是对二三十年代中国文学的脱离和否定,毋宁说他们的成就几乎动员了五四新文学运动以来整个中国文坛多个维度的努力的成果。在他们身上体现了中国文学承先启后的清楚印记,他们完全可以被视为内部差异巨大却由同一个文学传统所支持的统一的作家群体。

语言方面亦复如此。表面上差异巨大的语言风格其实无不源于现代汉语的传统。40年代初中国文学的语言并非散漫无归的分头演化，而是在差异中保持着紧密的结构性关联。即使撇开具体作品语言特征的分析，单纯考察文学语言背后一系列现代中国特有的语言观念的支持，我们也可以清楚看出，整个二三十年代中国文学业已呈现的各种语言倾向，一些著名作家和学者们围绕文学语言的无休止争吵，怎样直接或间接地影响了这些年轻作家，又怎样在这些年轻作家的创作中被生动地实现出来，或者作出了微妙的调整。

## 2. "打扫"：一个既新又旧的语言传统的确立

赵树理、孙犁（还应该加上孔厥、康濯、李季等一批年轻的"鲁艺"作家）在延安和华北的崛起并非偶然，他们是五四以来文学大众化和革命化进程所结出的果实。40年代初延安和华北敌后根据地的文化政策与新意识形态，为他们准备了合适的空气和土壤，也为他们准备了一条合适的语言道路。二三十年代以来文学大众化的抽象理念终于在这时候获得了作家的主体情感与生活经验的血肉的内容。

五四文学革命一开始就追求文学的大众化，语言的大众化更是主要的目标。但是，无论胡适之、陈独秀、钱玄同、刘半农还是周氏兄弟都仅仅把大众化作为文学革命的一个遥远的梦想。胡适之曾明确宣告中国文学将来一定要以语言文字彻底的大众化为目标，他甚至认为汉语书写的拉丁化才是文学革命最后胜利的标志①。当左翼文化界向五四一代作家急切地要求大众语的时候，胡适又严厉批评他们急躁冒进，责问他们"大众语在哪里"？②他当时实在看不到哪位作家真正有能力贡献出这种理想的"文学的国语"，相反他清楚地认识到，如果用子虚乌有的大众语来取消"买办的白话文"，就等于取消刚刚开创的新文学传统

---

① 胡适《中国新文学大系建设理论集导言》，1935。
② 胡适《大众语在哪儿》，原载1934年9月8日天津《大公报》"文艺"副刊，1934年收入商务印书馆《胡适论学近著》，引自沈寂编《胡适学术文集·语言文字研究》，页324，中华书局1993年10月版。

唯一的载体和语言根基。

鲁迅在这方面的立场和胡适基本一致。尽管他很早就号召作家"将活人的唇舌作为源泉,使文章更加接近语言,更加有生气"①,他自己作为一个绍兴人无论在小说还是杂文中都努力采撷"京白",他和傅斯年、周作人一样也很早就清楚地看到新文学语言的三大源头——口语、文言、翻译的外国语——而且断然把口语放在绝对优先的地位,但他的创作,与其说大量采用了口语,不如说一视同仁地向口语、文言和外国语"拿来"自己所需要的资源,尽量把这些纷杂的语言要素妥善地糅合,成为基本可诵的一种文体。可诵不等于可听。中国文学的诵读传统仍然以目治为基础,并不完全诉诸声音,依靠耳朵,这样可诵的文体和周作人所谓新文学家断不可抛弃的"因了汉字而生的种种修辞方法"是密不可分的②。鲁迅深知这一点,他在自己的文学史研究中早就发现中国文学最初的成立是因为有了汉字而并非因为有了汉语,《汉文学史纲要》第一章"自文字至文章"清楚揭示了五四诸子或许不愿承认的这一事实③,所以在30年代初当瞿秋白批评他的翻译"用文言做本位"时④,他并无异议,可当瞿秋白要以所谓"绝对的正确和绝对的中国白话文""用中国人口头上可以讲得出来的白话来写"时,却被他断然拒绝了。他宁可在"Yes,No"和"之乎者也"之间走一条中间道路,也不

---

① 鲁迅《写在〈坟〉后面》,《鲁迅全集》(1),页286,人民文学出版社1981年版。
② 周作人《〈扬鞭集〉序》,参见钟叔和编《知堂序跋集》,页297,岳麓书社1987年版。
③ 五四时期,胡适、钱玄同、陈独秀、刘半农、傅斯年等人都坚信语言不仅是文学发生的基础,也是文学的直接媒介和文学的主要质素,在文字之前就有了文学,而文学若脱离语言趋近文字,就会败坏。傅斯年《怎样做白话文》说得最清楚:"若要文章做得好,除非把语言的精神,当作文学的质素……不会说话的人,必不会出产好文学","文学的精神,全仗着语言的质素。语言里所不能有的质素,用在文章上,便成就不了正道的文章",他认为古代希腊的荷马与赫西俄德,英国的乔叟,德国的《尼布龙根之歌》,"都是没有文字先有文学,这都是纯粹德语言文学,这都是只有说话的质素,没有说话以外的质素的文学,这都是千古不刊的真文学"。
④ 瞿秋白《论翻译——给鲁迅的信》,引自《瞿秋白文集》(二),页923,人民文学出版社1953年版。

愿轻易踏上理想中的大众语的道路。然而,他并没有放弃大众语的理想,如果无须他的创作的配合,他非常乐意用极端的调子来宣传大众语,甚至比瞿秋白走得更远,如重弹五四时期"汉字不灭,中国必亡"的老调,认为"汉字也是中国劳苦大众身上的一个结核"①,而毫不觉得自相矛盾的尴尬。这反映了五四一代作家对中国文学语言的现实之路和理想维度之矛盾的最大宽容。

口语和用口语创作的民间文学在整个 20 年代中国文学界更多的是作为一种研究和收集的对象,譬如周作人、顾颉刚主持的北京大学歌谣研究会所作的工作。

到了 30 年代,革命文学论争结束之后,雄心勃勃的左翼文坛迅速结束了语言上的这种宽容和懒散。他们不仅要求文学富有革命内容,更要求文学在形式上必须真正大众化。在这过程中出现了一批年轻的语言文字专家和与此呼应的文学家,他们一方面开始探索中国文字拉丁化的具体方案,一方面实地研究和收集各地的方言土语,并且把方言土语的研究从已有的"国语运动"中独立出来,放在绝对优先的地位。学院派的"国语运动"从此成为新的语言学家们攻击的对象而发生本质性的转变。虽然他们的努力并没有马上取得文学上相应的成就,更没有呼唤出典范性的大众语作家,但由于左翼作家联盟成立以后,大众语运动和文学大众化在一种强有力的文学体制的保证下开展,正如鲁迅在 30 年代初所预言的那样,这个运动"必须政治之力的参与,一条腿是走不成路的"②。30 年代末,大众语运动确实不再是文人单方面的努力了。鲁迅这一看法虽是预言,也是他对五四白话文运动经验教训的总结。五四白话文运动虽然没有得到国民政府的积极支持,胡适之甚至将这个政府当作新文化运动的敌人③,但这并不妨碍新文化运动者们

---

① 鲁迅《且介亭杂文·关于新文字》,《鲁迅全集》(6),页 160,人民文学出版社 1981 年版。
② 鲁迅《集外集拾遗·文艺的大众化》,《鲁迅全集》(7),页 350,人民文学出版社 1981 年版。
③ 胡适《新文化运动与国民党》,参见胡明编选《胡适选集》,页 246,天津人民出版社 1991 年版。

积极地从这个政府获取强有力的支持和制度保障。

到了1930年代后期,尤其在毛泽东《改造我们的学习》《反对党八股》等文件发表之后,大众语和文学大众化的运动不仅获得了新意识形态的表述,也获得了强有力的政治动员的配合,左翼文学界几乎每一个有影响的文化人都意识到抗战建国提供了一个机会,使20年代以来的左翼文化有可能成为抗战建国最重要的一笔,由此他们焕发了语言研究的热情,学者、作家、政治家、教育家和其他社会活动家云集延安,一个共同的话题就是为一个更新的文化和一个更新的国度发明创造一种更新的语言。30年代那种多元和宽容的局面不得不结束,譬如瞿秋白和鲁迅在讨论翻译语言时那种求同存异平等商量的态度消失了。成仿吾在1936年《纪念鲁迅》一文中就强硬地将鲁迅精神和鲁迅文学剥离开来,认定"他的文学和写作都不通俗,不易为一般所了解",主张"我们的作家应该拿起鲁迅的精神,创造出新的形式来适应今天民族自卫战争的需要,应该大大的大众化,使文学由少数人中解放出来,成为大众的武器"。这篇文章发表在为纪念鲁迅而创刊的《鲁迅风》上,却是对鲁迅文学和鲁迅的语言道路一种极严厉的批判,由此可见左翼文化界对"新形式"的强烈渴望[①]。

但一开始,这种新形式仍然不是在作家实际的创造活动中产生出来的可以看见的语言之路,而是站在意识形态高度对文学语言的强硬要求,所以并没有登高一呼而应者云集。那些到了延安的"亭子间作家们"依然带着他们的语言习惯,一边漫步延河边,一边傲慢地用瞿秋白所谓"梁启超和胡适之交媾出来的杂种——半文不白,半死不活的言语"发表他们对延安的观感。他们主观上或许赞同成仿吾,而要他们马上离开熟悉的语言,则不切实际。

这一回问题的解决不再依靠学术论争,而是强有力的政治干预。

---

① 转引自《成仿吾文集》,页276,山东大学出版社1985年1月版。

中编　文体的试验

党的领导在前线战士和将军们的要求下(当然也是出于整体的文化策略的考虑)断然中断了"亭子间作家们"的语言旧辙。在丁玲、王实味事件之后,桀骜不驯的作家们纷纷被动或自愿下乡入伍,向工农兵学习,甚至思想改造到一个程度,整个思想感情都与工农兵同化。正如毛泽东所说,这一艰难的自我改造,最有效的途径和最清楚可见的指标,就是学习工农兵语言并运用他们的语言进行写作:

"许多文艺工作者由于自己脱离群众、生活空虚,当然也就不熟悉人民的语言,因此他们的作品不但显得语言无味,而且里面常常夹着一些生造出来的和人民的语言相对立的不三不四的词句。同志爱说'大众化',但是什么叫做大众化呢? 就是我们的文艺工作者的思想感情和工农兵大众的思想感情打成一片。而要打成一片,就应当认真学习群众的语言。如果连群众的语言都有许多不懂,还讲什么文艺创造呢?"①

延安的语言的转变在周扬身上有一种戏剧化的表现。

1942年以前,周扬的语言思想基本来自高尔基。他当然也以语言的大众化为目标,但他并不同意群众的语言可以直接成为文学的语言,他认为应该像高尔基所说的那样,必须经过提炼和升华的过程②。甚至到了1940年讨论"旧形式的采用"的时候,他还坚持这个观点③。1941年,他在《解放日报》发表的一篇随笔中仍然强调,"创作就是一个作家与生活格斗的过程"。他借用巴尔扎克的比喻说,作家所要捕捉的形象好比是"传说中的浦累求斯","文学家就是要和这样千变万化的海

---

① 毛泽东《在延安文艺座谈会上的讲话》。
② 周扬《高尔基论文学用语》,原载1934年8月28日《申报》副刊《自由谈》,引自《周扬文集》(一),人民文学出版社1984年12月版。
③ 周扬《对旧形式利用在文学上的一个看法》,原载1940年2月15日《中国文化》创刊号,引自《周扬文集》(一),页293,人民文学出版社1984年12月版。

神斗法的术士,而除了语言文字他又再没有别的法宝",所以他借高尔基的话说,"作家必须是一个深历了'语言的痛苦'的人"①。同一年,周扬连续发表了两篇才华横溢的文章,《精神界之战士——论鲁迅初期的思想和文学观,为纪念他诞生六十周年而作》,这是整个三四十年代除胡风之外唯一系统关注鲁迅前期论文的扎实研究,而在这种研究中,研究者应该也经历了"语言的痛苦"吧。四十多年以后,周扬对鲁迅早期这几篇绝对"不易为一般所了解"的论文还记忆犹新,发出由衷的赞叹②。另一篇《郭沫若和他的〈女神〉》在今天看来也是不可多得的一篇摸着了诗人的精神的出色的诗评。即使在20年代中期,《女神》的语言也已经受到新文学内部的强烈批评③,但周扬毫不感觉《女神》带给他的语言障碍,甘愿和诗人一起"深历了'语言的痛苦'",他说:

>   "为他的诗,他觅取了适当的形式……不同于五四许多诗人的都留有旧诗词的调子,他和旧传统作了最大的决裂,也没有像后来的所谓格律诗派一样自造新镣铐给自己套上。他是那样地厌恶形式,主张在形式上绝对自由,他与其艺术地矫作,是宁可自然而粗糙。正如他所曾自比的,他的创作冲动来时就如同一匹奔马,没有什么东西驾驭得他。他的诗正是那样奔放,这里也就正有着形式与内容的自然和谐。你不用惋惜你在他诗中不免遇到的粗率和单调,他在掌握内在旋律,内在音节上所显示出来的天才将会弥补你一切"④。

---

① 周扬《文学与生活漫谈》,原载1941年7月17日《解放日报》,引自《周扬文集》(一),页327,人民文学出版社1984年12月版。
② 见80年代初周扬和著名记者赵浩生的一次谈话。
③ 闻一多《女神之地方色彩》,《闻一多全集》(3),页361,三联书店1982年8月版。
④ 周扬《郭沫若和他的〈女神〉》,原载1941年11月16日《解放日报》,引自《周扬文集》(一),页350,人民文学出版社1984年12月版。

中编　文体的试验

周扬这篇诗评,颇能使我们想起鲁迅为"语体文"的辩护①,或胡适的《谈新诗》②。这是对典型的五四一代人的语言观的继承。甚至他的终身的对手胡风的某些论调和用语也闪烁其中,比如"格斗",比如既反对旧形式也不盲目欧化的"新形式"的探索。

1942年整风之后,周扬的语言观发生了微妙的变化。"讲话"发表半年之后,他就这样称赞"鲁艺"青年作家孔厥的小说:

"由写知识分子(而且是偏于消极方面的)到写新的,进步的农民,旁观的调子让位给了热情的描写,这在作者创作道路上是一个重要的进展。口语的大胆采用更形成了这些作品的一个耀目的特色。"

但又马上补充说:

"口语固然增添了人物的真实性,但是一长串的,雄辩而又有条理的叙述既不很适合农民的身份,又容易混入知识分子的口吻和语气,是不是有时反而可以削弱人物的真实性?"③

这段话有些摇摆,不知是惋惜青年作家语言不纯,还是不满青年作家过分使用口语,但这种摇摆在他评论赵树理的创作时就彻底消失了。

---

① 鲁迅《而已集·当陶元庆君绘画展览时》,1928。
② 胡适1919年写的著名的《谈新诗》,主要就是强调新诗可以不顾文辞的文野,句尾押韵,和句中的平仄,只要依据汉语字词富含双声叠韵的特点,以及说话时自然的语气之顿挫,以造成"自然的音节"或"自然的轻重高下",可以经得住"意义的自然区分与文法的自然区分",就足够了。胡适认为这样才能达到"诗体的大解放"。胡适关于新诗音节与节奏的论述,无疑是极正确的,周扬在二十年之后提出的所谓"内在旋律""内在音节",基本没有超出胡适当时为新诗语言所制定的规则。
③ 周扬《略谈孔厥的小说》,原载1942年11月14日《解放日报》,引自《周扬文集》(一),页424,人民文学出版社1984年12月版。

他不仅高度肯定赵树理对群众的口语的熟悉和大量采用,而且说,

> "他在做叙述描写时也同样用的群众的语言,这一点我以为特别重要。写人物的对话应该用口语,应当忠实于人物的身份,这现在是再没有谁作另外主张的了;唯独关于叙述和描写,即如何写景写人等等,却好像是作者自由驰骋的世界,他可以写月亮,写灵魂;用所谓美丽的辞藻,深刻的句子;全不管这些与他所描写的人物与事件,是否相称以及有无必要。要创造工农兵文艺,这片世界有打扫一番的必要。"①

至此,他在 30 年代介绍高尔基的语言观时所持的观点也悄悄地改变了:

> "我们介绍过高尔基的语言理论:文学语言是从劳动群众口头上采取来的,却经过了文学者们的加工,他们从日常语言的奔流中,严选了最正确、恰当、适切的语言。但我们先就强调了加工的一面,而没有着重原料的采集。没有原料,又何从加工呢?"②

似乎只是侧重点不同,却显示了一种全新的语言立场。原先的人物/叙述者、工农兵的口语原料/知识分子作者的加工("格斗")的二元并置取消了,变成群众语言一统天下。40 年代后半期解放区文学直至 50、60、70 年代小说语言都是秉承周扬这种语言观创作的。经过周扬式的"打扫",延安和华北敌后根据地的文学与 40 年代其他地区的文学

---

① 周扬《论赵树理的创作》,1946 年 8 月 26 日《解放日报》,引自《周扬文集》(一),页 496,人民文学出版社 1984 年 12 月版。
② 周扬《〈马克思主义与文艺〉序言》,原载 1944 年 4 月 11 日《解放日报》,引自《周扬文集》(一),页 463,人民文学出版社 1984 年 12 月版。

不仅有生活世界、意识形态、作者构成的不同,更出现了不同文学集团之间一条严明的内在界线:和新意识形态血肉交融的大众化的文学语言。

### 3. 白话文:在自我反省中成熟

文学语言的大众化是从白话文的基本理念分化出去、最终由理想变成现实的一个既新又旧的语言道路的确立。正如聂绀弩所说,"大众语是白话文中的'话'的一部分底发展,使它更明确,丰富,充实,活泼,同时也是白话文的'文'的部分底彻底底肃清"①。在这过程中,作为五四新文学的功臣的"白话文",经受了从20年代中期到40年代中期来自左翼文坛的持久而有力的挑战,并最终演化为40年代成熟形态的大众化的文学语言。

与此同时,原有的五四新文学的"白话文"内部也进行不断反省,逐渐走向成熟。到40年代中期,我们在一大批新的诗人和小说家的作品中终于可以欣赏到比30年代更加圆融畅达的文章之美。这是大众化之外的另一种语言的道路。如果说40年代大众化文学语言是五四新文化运动主将们的语言理想的一种意料之外的提前实现,那么40年代更加圆融畅达的白话文,则是五四新文化运动主将们比较现实的语言方案的循序渐进的实践。

白话文从草创之初就一直和企图复辟的文言文作殊死交战,但正如左翼文坛指责的,文言在白话文中并未消失,其结果就是"旧形式的采用"。先是文言文的腔调,后是文言文的字词,都被白话文大量吸收。但是,由此带来的理论上的困惑始终没有获得清明的解说。"文言白话的分别何在,到底是史的先后呢,还是口语同笔写的相异呢,抑是艺术

---

① 《开快车时候的一个备忘录》,见聂绀弩著《语言・文字・思想》,大风书店1937年版,转引自《民国丛书》第一编52卷语言文字类,上海书店。

的与实用的差别呢……现在我们可以断言地说,倘若十几年前的白话文学运动倡导者是有坚实的语言学知识,又对于中国语言文字有彻底研究的,那收获一定不止现在这点的。"30年代中期这种反思只是批评家的一种敏锐观察,恐怕连批评家自己也谈不上"坚实的语言学知识"①。这方面的工作,还要等朱光潜等人在40年代初来完成。

在40年代初期,朱光潜可以说是五四新文化运动以来"京派"文学圈里系统反省白话文理论问题的第一人。

首先,他以总结的口气明确指出,文言腔调的吸收是失败的。1943年《从我怎样学国文说起》一文就反对用文言文的造句法和"之乎者也"的虚字造成文言的空气。他对"俞平伯诸人的玩艺"明确表示不敢苟同,断然宣布此路不通。这是经过二十多年摸索之后终于在文言和白话之间划定的一条清楚的界线。有了这条看似简单实际上是付出了许多艰辛努力的界线,文言和白话才可以说是基本分家了。

另一方面,朱光潜仍然强调文言和白话的界限难定,两者又不可彻底分家。他认为语文要有"历史的赓续性",在这个意义上,他甚至认为"文言未死"。他的重点乃是文言字词的化用和借用,而非"腔调"的模拟。其实,胡适1919年所写的《谈新诗》一文,早就反对在诗歌写作中采用旧诗词的曲调,但他并没有把这个原则推广到白话文,朱光潜在某种意义上是将胡适在新诗上采取的文言/白话的协调原则普遍化而且具体化了,他明确指出白话究竟要向文言文汲取什么,同时究竟要抛弃文言文的什么因素。

在这篇文章最后,朱光潜俏皮地引用哈姆雷特回答莪菲丽雅问其所读何书时说的"字,字,字",并将《约翰福音》第一句改译为"太初有字,字和上帝在一起,字就是上帝",来说明他所认识到的"字的权威":

---

① 李长之《论研究中国文学者之路》,《现代》五卷三期,参见郜元宝、李书合编《李长之批评文集》,页395,珠海出版社1998年10月版。

"白话文可以废弃文言文的腔调,但不可完全拒绝向文言文借用合用的字词。"

白话文对文言文的继承主要是字词的借用和化用,这是"文学革命"发动四分之一世纪之后所获得的一个很有眼光的见地。其实,鲁迅等作家一直就这么做的,并且取得了巨大的成就。但是,在鲁迅活着的时候,这种做法不仅没有收到肯定和鼓励,反而不断遭到(包括鲁迅本人)严厉的批评。

汉语的单字成词、单词成句的语法特点,本身就具有一定的文言性。周作人所谓因了汉字而生的修辞方法,也通过汉字一并进入白话,并成为判断一个作家的白话文是否成熟的标志。这在朱光潜看来,也是判断作家的语言是否具有"历史的赓续性"的标准[①]。可以说,这也是白话文直到 40 年代初才被接纳的一条标准。既然是标准,就必然会发生持此标准的批评。比如,当感情的喷发破坏了字词的典雅与沉稳时,朱光潜就有理由将这种风格视为油滑肤浅。他曾经为新诗实际上并不具备的"晦涩"("一部分就是它的声音节奏")辩护[②];为戴望舒在理论上反对诗歌借重音乐和绘画而惋惜[③];在他编辑的《文学杂志》的"编辑后记"里,推崇的作家有周作人、李健吾、施蛰存、废名、沈从文、钱锺书夫妇、林徽因女士等一大批"文白交施"的学者和作家,而抗议巴金的情盛于词的"眼泪文学"[④]。

朱光潜看重文言字词与白话文之内在关联,乃有甚深的学术渊源。我们可以简单追溯到章太炎对文学家之"小学"的强调,鲁迅在文章中对文言字词的保守和在翻译时对"文言本位"的坚持,周作人对所谓不可小视的传统的力量也即"因了汉字而生的修辞方法"的赞许,以及郭

---

① 朱光潜《从我怎样学国文说起》,转引自《朱光潜全集》(三)页 439,安徽教育出版社 1987 年 8 月版。
② 《谈晦涩》,《朱光潜全集》(八),页 533。
③ 《望舒诗稿》,《朱光潜全集》(八),页 524。
④ 《眼泪文学》,《朱光潜全集》(八),页 497。

绍虞 20 年代开始对汉字与中国文学之关系的系统探讨。

周作人在五四时期欣赏并推荐出版"诗怪"李金发的《微雨》,和周扬在 40 年代初容忍《女神》的语言,实有异曲同工之妙,都是鼓励白话文在发挥说话的精神的同时,不可丢失汉字固有的修辞功能。周氏 20 年代后期开始讨论白话文的"涩味"和"简单味",讨论新诗在"豪华""奢侈"之后不妨"节俭"和"吝啬",直接启示了郭绍虞系统研究汉字在中国文学中的作用,并促使 20 年代"最优秀的抒情诗人"冯至在 30 年代初期对早年诗作进行深刻忏悔。冯至 40 年代重登诗坛,柔美富丽的诗风一变而为《十四行集》的矜持内敛,除了受德国诗坛和学术界影响之外,五四以降"京派"文人圈对白话文的内省也是一个很大的造因。钱锺书在 30 年代中期也曾大胆猜测,"白话文之流行,无形中使文言文增进弹性(elasticity)不少,而近日风行之白话小品文专取晋宋以迄于有明之家常体为法,尽量使用文言,此点可征将来二者未必无由分而合之一境,吾侪倘能及身而见之欤!"①。他虽然没有像朱光潜这样从字词上面抓住文言白话"历史的赓续性",但周作人等探索文言白话"由分而合"的思路,还是清晰可见的。

虽然没有人将陈独秀归入"京派",但他在三四十年代锲而不舍研究汉语字词和音韵之学,却大可和"京派"宗师周作人相呼应。1942 年 5 月,陈氏在后半生倾力以之的《小学识字教本》即将完稿时病逝于重庆附近的江津。如果说陈氏研究汉字是在他终于承认汉字至少暂时不可更改的前提下进行的②,那么周作人对汉字的重视就显得更加积极了。直到 1940 年代初,滞留北京的周氏仍然继续阐发他关于汉字与汉文学之本质联系的独特思想:

---

① 钱锺书《与张君晓峰书》,原载《国风半月刊》1934 年 7 月五卷一期,转引自张文江《营造巴比伦塔的智者——钱锺书传》,上海文艺出版社 1993 年 12 月版,页 30—31。
② 参见任建树《陈独秀与文字学》,《文汇读书周报》2006 年 10 月 20 日。

"汉文学是用汉字所写的,那么我们对于汉字不可不予以注意。中国话虽然说是单音,假如一直从头用了别的字母写了,自然也不成问题,现在既是用了汉字,我想恐怕没法更换,还是要利用下去……近几年来大家改了写白话文,仿佛是换了一个局面,其实还是用的汉字,仍旧变不到哪里去,而且变的一点里因革又不一定合宜,很值得一番注意。白话文运动可以说是反对'选学妖孽桐城谬种'而起来的,讲到结果则妖孽是走掉了,而谬种却依然流传着……我以为我们现在写文章重要的还是努力减少那腔调病,与制艺策论愈远愈好,至于骈偶倒不妨设法利用,因为白话文的语汇少欠丰富,句法也易陷于单调,从汉字的特质上去找出一点妆饰性来,如能用得适合,或者能使营养不良的文章增点血色……不知道敏感的新诗人关于此点有否注意过,可惜一时无从查问。"①

周氏40年代初在日本军人屠刀下大谈汉字的重要性,盖有深意存焉②。他从白话文与文言在汉字这一维度的"历史的赓续性"发起自省,本来应该最适用于五四以后第一与第二代"去古未远"的作家,愈往后就愈少效力与针对性(除了一些刻意典重渊雅的散文小品,如40年代"孤岛"和沦陷时期韬光养晦的考古养性之作,或某些故意夸耀风雅的卖弄文笔),但"历史的赓续性"恰恰在40年代青年作家钱锺书和张爱玲身上大放异彩,也并非完全出人意料,因为这两位本来就是从诗礼簪缨之家直接落入现代白话文世界,他们在新旧两个世界的门槛徘徊,

---

① 周作人《汉文学的传统》,原载《中国文艺》,转引自《药堂杂文》,《周作人自编文集》,止庵校订,河北教育出版社2002年1月第一版,页10—11。
② 周作人这一时期言论相当暧昧。他强调汉字是维系汉文学和中国文化乃至国家统一的功臣,认为五四新文化运动造成新的语体文,其成绩"在民国政治上实较文学上尤大",足可"树立国民文学的根基",但另一方面他又说与汉字有关的思想文化乃"大东亚文学之一员",有助于大东亚各国的交通,真是两面讨好模棱两可的话。参见《汉文学的前途》,同上,页34—35。

题中应有之义,就是努力走通文言白话的壁垒。语言的"历史的赓续性"也是他们生命的新旧相济而非相克的另一个方面的表现。周作人"可惜一时无从查问"的"敏感的新诗人",应该非冯至、穆旦莫属吧。区别在于,小说家钱锺书、张爱玲不仅发挥了汉字的妙用,也以小说家的便利发挥了欧化汉语和口语的妙用,而诗人冯至和穆旦在采撷口语方面不得不稍加克制,他们的语言不可能达到钱、张小说的圆融畅美之境。

朱光潜讨论中国文学语言问题,和上述以周作人代表的"京派"实有一脉相承的联系。嘱稿于30年代初欧洲留学时期、回国后多次讲解并修改于30年代中期、成书于1942年的《诗论》,可谓五四新文学运动以来中国现代诗学特别是文学语言学的集大成者。由于诗歌在五四以后较之散文、小说已不再是文学的中心,使这部富有创见的著作之实际辐射力不能不打点折扣,但如果我们超越文类的界限而将朱氏语言思想普遍化,应当不难从中吸收许多可贵教训。他将被五四以来的文学语言学放逐到语文之外的文字重新请回来而置之于文学语言的根基处,使作家对难以把捉的语音世界的虚妄的沉迷,转变为对有章可循的文字艺术的讲求。这种革命性的洞见,乃是《诗论》的核心思想①。

但我愿意再回到《从我怎样学国文说起》。在这篇现身说法的文章中,朱光潜除了把《诗论》注重文字的思想推广到小说和散文之外,还专门针对散文、小说的语言作了谨慎的探讨。譬如他在原则上赞同白话文必须以口头语言为根基,但他并不把白话文等同于胡适之所谓"写话"。除了像《诗论》一样强调必须从文言借用字词以外,他还主张"适当程度的欧化"。鲁迅为欧化辩护,是从丰富白话文语法和字词的原则性高度立论,朱光潜主张"适当程度的欧化",重点却是"适当":他已经

---

① 拙文《现代汉语:工具论与本体论的交战》及《音本位与字本位》(均载《当代作家评论》2002年2期)论之颇详,此处不赘。

在新文学作家实践多年的欧化基础上看到了走向完善成熟的一些具体路径。比如，他认为西方文学因为长期使用白话，积累了许多经验，包括"字的平仄单复，句的长短骈散，以及它们的错综配合"。他由此出发，抓住"适当"不放，就不得不批评鲁迅的"直译""硬译"所造成的对西文的语法组织的生吞活剥以及形容词与形容字句的无节制堆砌。朱光潜的目标已经超越了鲁迅当年从原则上为欧化辩护而开始实际探索成熟的欧化之路。他要求白话文不仅向口头说话适当开放，更要求白话文向着文言传统与西方语言作适当的敞开，从而造成白话文的新境界，中庸、柔和、丰富、畅美。这，正是我们在40年代初成长起来的一大批政治倾向不甚强烈的青年作者作品中看到的。

如果说胡风的语言姿态是"肉薄"，强调个人在现实的挣扎中直接抵达语言在现实（人心）中的根源，周扬的语言姿态则是"打扫"，即根据新意识形态的要求，强硬地规定语言的新走向，而朱光潜的语言姿态可以说是追求"适当"的调试和杂糅。他没有胡风那种桀骜不驯，没有周扬的强硬，如果说他也有所坚持和强调，那就只要是坚持和强调五四新文化运动之初所开创的现代白话文的诸种可利用的因素在一种宽松的环境中自由的配合，因此那些与文化权力疏远的作家在他的理论中更容易找到印证。

但是，朱光潜中庸平和的语言之路也并非没有内在严明的界限。

首先，作家必须原则上生活在白话的世界，有能力自由地而非出于单纯的政治热情来采撷白话的因子。也就是说，他理想中的白话虽然并不带有意识形态性，他虽然不愿意看到方言土语垄断文学的局面，但他对于方言土语尤其是口头语言在白话文中的根本地位，始终有清醒的意识。

其次，作家必须有能力凭借自己的丰富学识来采取文言的字词。

最后，作家必须越过他人的翻译而直接从西方语言的逻辑语法中领会并学习西方的白话文的灵妙。

真正符合朱氏的标准而能够走进他的语言理想的窄门的作家,恐怕并不多。在 40 年代初期,可能冯至、张爱玲、钱锺书才是最佳人选吧。

### 4. "给他们许多话":胡风、路翎与鲁迅传统

路翎在《财主底儿女们》"题记"中说:

"我特别觉得苦恼的是:当我走进了某一个我所追求的世界的时候,由于对这某一个世界所怀的思想要求和热情的缘故,我就奋力地突击,而结果弄得好像夸张、错乱、迷惑而阴暗了:结果是暴露了我的弱点。但这些弱点,是可以作为一种痛苦的努力而拿出来的;它们底企图,仅仅是企图,是没有什么可以羞愧的。我一直不愿放弃这种企图,所以,也由于事实上的困难,就没有再改掉它们。"

当我们的目光投向"陪都"重庆以胡风为中心的一批年轻的作者群时,所能获得的印象恰如路翎所自供的,确实满是"夸张、错乱、迷惑而阴暗"。也诚如路翎所说,他们自己已经意识到语言上的这种面貌乃是某种弱点的表现,但他们认为这是一种有传统支撑的合法的弱点,他们一点不感到"羞愧"。

试看《财主底儿女们》的开头:

"一·二八战争开始的当天,被熟人们称为新女性和捡果子的女郎的,年青的王桂英,从南京给她底在上海的朋友蒋少祖写了一封信,说明她再也不能忍受旧的生活,并且厌恶那些能够忍受这种生活的人们;她,王桂英,要来上海,希望从他得到帮助。等不及得到回信,王桂英就动身赴上海。因为停在下关的日本军舰炮击狮子山炮台的缘故,熟人们都下乡避难去了,王桂英没有受到她所意

料的,或是她底强烈的情绪所等待的阻拦。"

只是一个简单的事件,但作者渴望在叙述过程中充分掌握这个事件中人物的复杂处境与同样复杂的心理,他还希望充分表现自己对这些事件、处境和心理的认识与评价。他要把所有这些内容纳入集中而有力的形式中,一口气说出一个完整的世界而毫无遗漏。因此,句子就不得不无休止地拉长,毫不顾及小说的叙事口吻是否符合日常说话的习惯,毫不顾及遣词造句是否符合汉字的规律及其所能负荷的极限,经常不惜将平常的汉语拉长、填满、撕裂、变形。与赵树理的质朴明快和张爱玲、钱锺书的丰美柔和相比,路翎的语言就显得特别乖张了。

再看第十四章第一节如何描写蒋秀菊在订婚期间的宗教体验:

"她向蒋淑华表露过这些她自己也觉得不可能的思想,企图证明它们是可能的。生病的蒋淑华激烈地讥笑了她。蒋家底姊妹们都认为蒋秀菊已经到了抛开'鬼知道是什么把戏'的基督教的年龄了。蒋淑华和沈丽英都是曾经——那还是孙传芳的时代——接近过这种'鬼知道是什么把戏'的基督教的。沈丽英快乐地说:'你看,什么基督教!'在说话的时候她看了看自己底身体,向蒋秀菊证明,在她底身上,是没有什么基督教的。

"蒋秀菊本能地看了她底身体,当然,她并不想在她身上找到基督教。在那油渍的、半截袖子的蓝布袍子上,是找不出基督教来的,在那兴奋得发红,然而愁苦的,常常掩藏着羞耻的脸上,是找不出基督教来的;沈丽英自己觉得这是非常值得快活的,但蒋秀菊,在一种内心底感动下,呆呆地站住了。"

这是典型的路翎式的对人物心理以及更加缥缈虚幻的人物灵魂状态直接而粗暴的呈现。路翎总是这样撇开人物行动、交往、冲突而颠顶地"突入"他们的内心,强制性地写出每个人物身体里面的秘密。这种"突入"不仅使叙事部分显得薄弱、零碎、僵硬乃至多余,而且几乎超出每一个人物在现实中可能具有的说话能力。许多时候并不是人物根据自己意识和语言能力在说话,而是作者越俎代庖替人物诉说。这种诉说不仅从根本上破坏了叙事的节奏与真实性,也从根本上改变了人物的说话方式,强行将一种语言的不可能变成可能。

比如,他对西安事变中蒋少祖思想变化的描写:

"他觉得他是被什么一个巨大无比的东西拖得太久了;他觉得他是受了希望底哄骗;他觉得,这样匆匆地、盲目的奔跑,是不必的;他觉得他已经经历过人类所有的一切了。他渴望安息,渴望一种不明白的东西。——就是说,他渴望人世底更大的赐予,这个赐予是不可能的。他想:拿破仑也未曾得到过这种东西。

"人类底各种思潮,和内心底叛逆的感情,是智识者底弱点。蒋少祖觉得反抗当代底一切是他底义务,并且,是他底权利……他觉得他是神圣的,光明在他内心照耀。另一些时候,他觉得他是错误的,然而相信这种错误是行动所必需的:他找到了更高的审判,摒绝了内心底审判。就在这些旋涡里,他匆匆地生活了十年。中国没有替他铺好平坦的道路。"

在路翎的语言中,偶尔也能看到一点文言的因子,但绝不像朱光潜所说,是为了顺应文言到白话的"历史的赓续性",更不是为了通过文言的借用和化用显出语言的多层次的典重渊雅,而纯粹是偶一为之的挪用。

口语的运用也有,但或许比文言更加稀少,更加突兀。即使在《饥饿的郭素娥》《蜗牛在荆棘上》两篇描写矿工、贫女、农民和士兵的小说中,口语也并不占有什么重要地位。这样鄙弃口语的做法,即使在朱光潜看来也是大逆不道的吧,何况作者身处左翼文学的阵营。这确实是一种特殊的左翼,拥有自己极具个性的关于语言的思考。

在路翎小说中,真正起主导作用的是大胆的欧化。但,路翎的欧化并非熟悉西方语言的学者型作家有意用西方语言的语法结构和组词方式对自己同样熟悉的汉语言文字进行系统的改写,如鲁迅所做的那样。路翎的欧化,也绝对不是傅斯年当年所提倡的所谓"直用西洋文的款式,文法,词法,句法,章法,词枝(Figure of Speech)……一切修辞学上的方法,造成一种超于现在的国语,欧化的国语,因而成就一种欧化的国语的文学"。如果说路翎小说语言存在着某种极端的欧化,那只不过是表面印象而已,实际上,用路翎自己的话来说,那主要是因为他"走进了某一个我所追求的世界的时候,由于对这某一个世界所怀的思想要求和热情的缘故,我就奋力地突击"。在这里,欧化不是对西洋语言文字的模仿,而是作者表达自己所经历的与所思考的"世界"的一种现成在手边的必需的凭借。他不得不用这种不自然的语言来奋笔疾书,否则在他自己看来倒反而显得不自然了。路翎的不自然,并不等于欧化,虽然欧化的国语在外表上往往也显得很不自然。

作为青年作家路翎的导师和庇护者,胡风不仅在私人交往中鼓励作家在这条充满痛苦的纠缠的语言仄路上勇敢前行,他也在公开的文艺思想的论辩中为路翎的语言探险提供理论支持。在某种程度上,这也是胡风的自我辩解,作为一个鲁迅之后左翼文坛重要的批评家和文学组织者,胡风本人的语言就有几乎和路翎同样的"不肯大众化"的特点[①],他对《财主底儿女们》的总体把握就充分显示了他的语言个性:

"在这部不但是自战争以来,而且是自新文学运动以来的,规

---

[①] 鲁迅临终前为胡风辩护,谈到胡风的"缺点",除了"神经质,繁琐,以及在理论上的有些拘泥的倾向",就还有"文字的不肯大众化"。见《答徐懋庸并关于抗日统一战线问题》,《鲁迅全集》(6),页535,人民文学出版社1981年版。

模最宏大的,可以堂皇底冠以史诗的名称的长篇小说里面,作者路翎所追求的是以青年知识分子为辐射中心点的现代中国历史底动态。然而,路翎所要求的并不是历史事变底记录,而是历史事变下面的精神世界底汹涌的波澜和它们底来根去向,是那些火辣辣的心灵在历史运命这个无情的审判者面前搏斗的经验。真实性愈高的精神状态(即使是,或者说尤其是向着未来的精神状态),它底产生和成长就愈是和历史的传统、和现实的人生纠结得深,不能不达到所谓'牵动葫芦根也动'的结果,那么,整个现在中国历史那个颤动在这部史诗所创造的世界里面,就并不是不能理解的了。"

令人感到惊讶的是,无论自我辩解还是为路翎不惜陈辞,胡风在语言上所寻求的传统资源都是五四以来的白话文。他不仅如此追认前驱,还要自封为前驱的嫡传,也就是说,在胡风看来五四所展开的语言道路如果按照其合乎逻辑的延伸,必然抵达他和路翎所站立的位置。

如果说"白话文"的"话"的部分的充量发展抵达了赵树理、孙犁,"白话文"的各种可能采取的因素的"融合","以口语为基本,再加上欧化语,古文,方言等分子,杂糅调和,适宜地或吝啬地安排起来"①,抵达了钱锺书、张爱玲,而"白话文"的"欧化"成分被推向极致,就抵达了胡风与路翎。不过我仍然觉得有必要加以强调,所谓被推向极端的欧化其实已经不是真正的欧化了,而是超乎欧化之上的另一种语言的生造。这是需要进一步来探讨的一种确实非常奇特的语言现象。

四十多年以后,路翎在一篇文章中生动地回忆了他和胡风之间关于语言的讨论。这确乎是两个心心相印的朋友之间关于现代汉语的一场别开生面的探讨:

---

① 周作人《〈燕知草〉跋》,转引自钟叔和编《知堂序跋》,页 317,岳麓书社 1987 年 2 月版。

中编 文体的试验

"又谈到语言的问题。胡风说,我的小说采取的语言是欧化的形态,在这一方面曾有过很多的争论。我小说人物的对话也缺少一般的土语,群众语言。他说,他隔壁的朋友向林冰就说过,我写的工人,衣服是工人,面孔、灵魂却是小资产阶级。还说:'人物缺少或没有大众的语言,大众语言的优美性被你摒弃了,而且大众语言是事实,你不尊重事实了。'我说我的意见是,不应该从外表与外表的多量取典型,是要从内容和其中的尖锐性来看。工农劳动者,他们的内心里面是有着各种各样的知识语言,不土语的,但因为羞怯,因为说出来费力,和因为这是'上流人'的语言,所以便很少说了。我说,他们是闷在心里用这思想的,而且有时候也说出来的。我曾偷听两矿工谈话,与一对矿工夫妇谈话,激昂以来,不回避的时候,他们有这些词汇的。有'灵魂''心灵''愉快''苦恼'等词汇,而且会冒出'事实性质'等词汇,而不是说'事情''实质'的。当然,这种情况不很多,知识少当然是原因,但我,作为作者,是既承认他们有精神奴役的创伤,也承认他们精神上有奋斗,反抗这种精神奴役的创伤的。胡风便大笑了。喜欢大笑也是他的特征。我说,我想,精神奴役创伤也有语言奴役创伤,反抗便会有趋向知识的语言。我说,我是浪漫派,将萌芽的事物夸张了一点。胡风又大笑了。我还说,在语言奴役创伤的问题里,还有另外的形态。负创虽然没有到麻木的程度,但因为上层的流氓、把头、地痞性的小官与恶霸地主,许多是用土语行帮语,不用知识语言,还以土语行帮语为骄傲;而工农不准说他们的土语,就被迫说成相反的了。劳动人民他们还由于反抗,有时自发地说着知识的语言。胡风赞成我的见解,他说,这样辩论很好。

"胡风告诉我,向林冰说我的小说中的人物有着精神上的歇斯底里。我说,'唐突',突击的时代我要寻找往前进的唐突与痉挛,因为时代和人的心理都有旧事物的重压,所以有这种唐突与痉挛;

沉滞的时代我也寻找,这种重压在沉滞的时代更多些。但歇斯底里,唐突,是一个爆发点,社会总是在冲突中前进的,而反面人物的唐突,也说明他心中的和环境的激战点。胡风十分赞成我的想法。他说,他也是这么说的。这也是我在后来关于描写矿场、工厂生活和农村生活题材的作品《饥饿的郭素娥》给胡风的信里说的,我要在作品里'革'生活的'命'"①。

即使当作纯粹个人的交往来看,这段回忆也足够迷人的了。但事实上,这绝不仅仅是两个朋友之间围绕语言的相互激励和彼此肯定,而牵扯到中国现代文学语言发展过程中所面临的一个根本问题,就是如何理解五四所开辟的现代白话文的道路。不过,这里所涉及的问题,已经不是单纯的白话文的"质素"和构成,而是白话文作者的立场和出发点。也就是说,不是白话文的材料,而是无论运用哪一种白话文的材料的主体的位置问题。

在胡风看来,由鲁迅开创的五四白话文运动,"不但创造了和二十多年来的民族斗争过程相应的'民族形式'的作品建立了一个伟大的传统,不但是千万的多少有文化生活的人民所共同享用的文字,而且,它底基本的语汇和语法也是大众口头语言底基础的部分",胡风显然也承认"五四新文艺底语言"需要吸收方言土语,但他坚持认为方言土语进入"五四新文艺底语言"必须经过"一个长期的艰苦的斗争过程","人民(大众)底口头语言非经过现实主义底选炼和提高,也不能在文艺创作里面获得高的艺术力量",他指责那些"完全模仿文盲大众底口头语言"的人们,乃是"对于语言底落后性——自然生长性的投降理论",他就是这样"不肯大众化",就是这样彻底否定了认为大众语言就是新的民族

---

① 路翎《一起共患难的友人和导师——我与胡风》(1989年4月23日),原载晓风主编《我与胡风——胡风事件三十七人回忆》,宁夏人民出版社1993年1月版;转引自鲁贞银、张业松编《路翎批评文集》,珠海出版社1998年10月版)。

形式中心源泉的主张。

在这个问题上,鲁迅的一段话无疑给了胡风最有力的支持,也正是这段话,使胡风终于摆脱了在材料的意义上与民族形式中心源泉论者的纠缠,而把问题清楚地归结到创作主体的语言位置与语言权力上来:

> "在乡僻处启蒙的大众语,固然应该纯用方言,但一方面仍然要改进。譬如'妈的'一句话罢,乡下是有许多意义的,有时骂骂,有时佩服,有时赞叹,因为他说不出别样的话来。先驱者的任务,是在给他们许多话,可以发表更明确的意思,同时也可以明白更精确的意义,如果也照样地写着'这妈的天气是妈的,妈的再这样,什么都要妈的了'。那么,于大众有什么益处呢?"①

胡风在许多地方一再强调,方言土语进入文学语言必须遵循现实主义的原则,甚至要在现实主义的允许下才能成为有生命的文学语言。这里无须系统地介绍胡风的现实主义理论,他自己在40年代末完成的长文《论现实主义的路》中也反复声明他所遵循的现实主义道路乃是卑微者的备受误解、充满泥泞的荆棘之途。这里只须指出,在胡风的现实主义文学理论中,关键一条就是坚持由鲁迅所开创的知识分子和先驱者的启蒙立场,而这在语言上就不得不表现为绝不迁就作为对象的人民大众的口头语言,必要时可以像鲁迅所说,知识分子叙述者完全可以"给他们许多话",使人民大众"可以发表更明确的意识,同时也可以明白更精确的意义"。

在胡风看来,鲁迅这段话是要给人民大众带来"益处"的,并不是像延安的理论所训斥的那样,高居于人民大众的口头语言之上,不尊重人

---

① 鲁迅《且介亭杂文·答曹聚仁先生信》,《鲁迅全集》(6),页77,人民文学出版社1981年版。

民大众的口头语言,自以为是地恩赐给人民大众他们根本不熟悉也与他们无关的陌生的欧化语言。

无论胡风还是路翎都认为,同情和尊重人民大众,确实要同情、尊重并且熟悉人民大众的语言。在这个原则问题上,他们和《讲话》并不矛盾。但他们认为,如果仅仅停留在原则上或者对原则作机械的理解是不够的。如果不能进而同情、尊重和熟悉人民大众在表达自己的时候所陷入的语言的困难,所一直背负的"语言奴役创伤",而只是简单地借用人民大众自然形态的口头语言,还因此沾沾自喜,那就根本谈不上熟悉、尊重和同情他们的语言了。恰恰相反,如果不突破人民大众的语言的困境,如果不"给他们许多话",如果不向处于"语言奴役创伤"中的人民大众伸出知识分子的语言的援助之手,那就会听任人民大众的灵魂一直被囚居在粗鄙的"国骂"中,于他们并无益处。

所以,无论胡风还是路翎都坚决反对用方言土语、民间形式作为新的民族形式的中心源泉,坚决反对用方言土语作为人民大众的生活的自然的界限。他们的工作,恰恰是要拆毁围困人民大众生存和灵魂的这条自然的语言界限,让知识分子和人民大众超越现成的各种伤害性与禁锢性的语言界限,用他们实际并不具备的语言来自由地交流。他们的小说叙述和理论阐述的语言之所以扭曲、紧张、夸张、变形、痉挛甚至阴暗,就因为他们的目标根本上乃是寻求一种超级语言,这种超级语言在他们看来是真正贴近知识分子或人民大众的灵魂,并非简单的"欧化"两字所能概括。

实际上,在路翎小说中,不仅要给人民大众"许多话"(正如鲁迅可以让阿Q"引经据典",路翎也让他笔下的农民、矿工、贫女、兵士口吐知识分子的思考性语言),而且还要给那些知识分子甚至领袖人物"许多话",而这"许多话"甚至并不一定落实为语言文字,而呈现为路翎自己所理解的更能够贴近这些人物灵魂的超级语言。

比如,他写陈独秀和蒋少祖会见的情景:

中编　文体的试验

"陈独秀在衣袖里拢着手,无表情地看着他,然后飞速地环顾,好像觉得身后有什么东西。

"'我不坐。你底文章我看到了!很好,很好!'陈独秀大声说;陈独秀毫未寒暄,开始谈话,在房里疾速地徘徊,从这个壁角跑到那个壁角,显然他内部有焦灼的,不安的力量在冲击,并显然地企图控制它。当他第二次走过蒋少祖身边的时候,蒋少祖注意到,他底锐利的小眼睛里的寒冷的,凝固的光芒已被一种热燥的,劣性的东西所代替,而他底眼角强烈底搐动着。蒋少祖不得不注意到这个人底内部突击着的那种刚愎的,热燥的力量了。"

胡风在为《财主底儿女们》所写的"序"里说,路翎"汲取甚至征服着几个伟大的作家(特别是 L.托尔斯泰)底现实主义",这个现实主义的精髓则是"用着最高的真诚向现实人生突进,把人生世界里的真实提高成艺术世界里的真实"。路翎在描写陈独秀的说话作风时,就自以为"突进"到了他的"内部",抓住了如果单纯记录人物语言就肯定抓不住的灵魂的秘密。这个秘密不仅高于"人生世界的真实",在存在和表达的形式上也高于"人生世界"的真实的言语,作者因此不得不超越真实的言语,而乞灵于那种可以随时"突进"人物"内部"的超级语言。

路翎因为大胆地追求这种超级语言,所以他在描写汪精卫与蒋少祖会见时,就很自然地抛开两人之间实际的交谈,另外为他们设计了一套超乎言谈之上的"密语的方式":

"他,汪精卫,明了自己底地位,明了蒋少祖。他使蒋少祖获得快乐,他谄媚自己;他底心需要无穷的养料。他在每一个人身上看出对自己的热爱;他生来便会做戏,蛊惑到别人和自己。但时常他底恶劣的阴冷的心情,好像地窖里的冷气,在他底脸上显露了出来……他做了一个手势:他欠腰,以密语的方式说。

> "蒋少祖严肃底望着他。蒋少祖安静了,良心和自尊心相结合,在他心里抬起头来。他清楚地感觉到,汪精卫是希望着和他底正直的生涯相违反的东西,他蒋少祖不能满足汪精卫。他清楚地,有力地意识到潜伏着的,将要来临的政治底风暴,在这个风暴里,指示,并主持着他的,将是他的良心。"
>
> ……
>
> "汪精卫显然很懂得蒋少祖。汪精卫垂下眼帘,轻轻地抚摸他底洁白的,柔嫩的小手,脸上有了瞑想的,犹豫的烦恼的表情。汪精卫显得疲乏,异常疲乏,他底瞑想是如此地深沉起来,以至于未觉察到蒋少祖底动作。"

蒋少祖和陈独秀、蒋少祖和汪精卫在密室会晤,却并不说话。实际上,他们如果开口说话,就反而无法表达路翎要他们表达的丰富内容。路翎干脆剥夺了他们正常说话的权利,另外赋予他们一种精神密语的奇异功能。鲁迅所谓"给他们许多话",在路翎这里不仅是给人物与其身份不合的跨越阶级和阶层的谈话内容,而且从根本上改变了人物语言:让他们闭上嘴巴,由灵魂直接"以密语的方式"彼此进行沉默无声的超语言的交流。路翎的小说许多地方因此好像又回到了默片电影的时代。

## 5. 结语:中国文学语言的一次短暂的凝定

如果说胡风、路翎所追求的是一种理想状态的超级语言,注定要被新的现实的要求所抛弃,那么赵树理、孙犁、钱锺书、张爱玲和穆旦的语言何尝不是为一种理想所催生,何尝不在后来的发展中随着现实的波动而变化。赵树理、孙犁的语言传统至迟在80年代以后就少有继承者了。穆旦的诗语到了70年代后期的作品中也渐趋质朴平缓。至于钱锺书和张爱玲,一个彻底回到了文言世界,一个则对方言土语发生了越来越浓厚的兴趣。

　　语言总是流动。但是,在某个特殊的历史阶段,因为那些影响语言的各种观念因素的凑合,总会形成某些相对稳定的风格。比如,我们这里考察的1942年及其前后,就是中国文学语言的一次短暂的凝定。

　　这样说来,语言的创造确实要经过作家个体的陶冶,而语言的整体走向却始终取决于看不见的历史巨手。

2006年10月19日改于上海

## 六　方言、普通话及中国文学南北语言不同论
### ——从上海话说起

### 1

在上海生活了二十年,我的一个基本观察是,上海人相互"弗作兴开国语"。老辈更甚,在"单位"学一点,退休扔掉,碰见说普通话的照旧"伊拉阿拉",不管人家能否听懂。文化人从小学到职场,或与外地人结婚成家,都能讲"上海普通话"甚或标准普通话,但聚在一起还是"弗作兴"。方言在方言区的力量,由此可见一斑。

当然,上海人也"接纳"普通话。首先是运用沪语的一些地方艺术形式,如传统滑稽戏和近来走红的周立波"上海清口",就经常杂用普通话①。名流、学者和一般市民偶尔也开国语,但"阿拉上海人开国语"不同于"伊拉外地人讲普通闲话"。"外地人"用学习和仰视的态度说普通话,可以暂时忘掉方言,上海人尽管"国语弗推板"(普通话不差),却无此认同,乃是姑且一说、说过就忘,顶多朝普通话大门踏进一只脚,身体

---

① 周立波最近与高晓松、伊能静共同主持的电视节目《中华达人秀》还单用普通话,不过上海人普遍反映周一旦单讲普通话,他的"上海清口"的上海味就基本消失,剩下来的只是一个普通话不过关的普通的耍贫嘴者(比如老是问参赛者"你来自于哪里",弄得对方也只好说"我来自于什么地方")。

还留在"体己"的上海话里。明星、市民在纪实或实况转播节目镜头前开国语,多半情非得已,被动扭捏之态可掬。

上海学者聚在一起的学术讨论以及某些说唱艺术"开国语",固然如语言学家所说,是方言不够用,求助于普通话(尤其碰到一些学术概念),但更多时候还是为了把某个话题用普通话包裹起来,特地拿到"上海闲话"的对面,作为个案"酿大尕窠窠"(让大家看看),而这就被市民生活气息浓厚、实用精神强烈的上海话反衬出该话题的某种异己性和陌生性。还有一种情况,就是把某个话题用普通话翻译出来,好比理想的翻译确立之前,暂用几个英文单词表达某些中文不易表达的内容,目的是有利于"译者"站在上海话角度对被"翻译"为普通话的某个概念和话题加以客观的打量。这种语言"调换",是只有上海人才深得其中三昧的独门功夫。不管哪种情况,都说明在上海人心目中,方言主权,不可让渡。

这是口头,书面又两样。近代以来上海话在绝大多数上海市民的口头交际中虽然占据统治地位,实用文体中却非主流。一个最显目的现象是,和广州迥然不同,近代以来上海未曾流行过清一色的沪语报刊,有些小报依托沪语,然而是在官话、国语基础上偶然杂用,小打小闹。再看文学领域,近代上海地区虽有过短暂的吴语小说的尝试,但旋即衰落。现代时期虽有少数作家杂用沪语,但上世纪50年代中期普通话推广以来,本地作家就很少再用上海话了。他们口头上"弗作兴开国语",却只用接近普通话的书面语来写作。

这是典型的"嘴巴坚持,手上放弃",上海口语特有的文化气息因此难以借助方言书写进入文学。80年代前后成长起来的程乃珊、王安忆、陈村、叶辛、蒋丽萍、俞天白、孙颙、赵丽宏、赵长天、王周生、王小鹰、沈嘉禄、沈善增、里程(程永新)、殷慧芬、彭瑞高等作家虽偶尔尝试在作品中不同程度输入沪语,但基本还是"言文分离"。比起那些喜欢在作品中吸收方言的"外地"作家(上海人习惯称上海以外中国所有地方为"外地"),上海作家的特点竟是语言上仿佛全无特点。这个"特点",在

90年代以后涌现出来的年轻一代作家如张旻、夏商、西飚、丁丽英、潘向黎、王宏图、谈瀛洲以及"80后"上海本地作家那里更加明显。

1892年韩邦庆《海上花列传》横空出世,作为纯粹的方言小说,对方言土语(苏州话)的大胆采用远远超过20世纪20年代开始占据中国现代文坛主流达半个多世纪的"乡土文学"对作家所在地或作品所描写的地域方言的借鉴。40年代,还有韩邦庆的后继者如周天籁、张爱玲等努力在作品中运用上海方言,如周天籁《亭子间嫂嫂》和张爱玲的部分散文随笔与短篇小说。50年代至今上海文学在方言运用上不仅逊色于同时代的"外地"作家,也愧对一百多年前"吴语小说"的伟大先锋及其在40年代的后继者们。

上海话是近代以来上海周边江、浙两省多种方言(主要是苏州话和宁波话)的融汇。现代意义上的上海话是移民造成的一种都市语言,并非上海本地原有方言(如金山话、浦东话、南汇话、嘉定话)。由于上海是一座现代移民城市,孕育了上海的"海派文化"理所当然要溢出上海方言。长期在上海生活、通晓沪语的现代作家,一般都不用上海话写作(张爱玲、周天籁是例外)。鲁迅早在北京时就曾戏言要禁说苏州话,他听上海话大概也不舒服,杂文中偶用上海话,只是刻画小市民心态的道具。这样说来,现当代上海文学不能等同于上海方言文学。上海作家不一定非用上海话写作不可,不宜单纯从方言角度来看上海文学,有时候恰恰要摆脱方言束缚,从某些超方言的角度来研究上海文学之海派风味的由来(本文只涉及母语内部的超方言策略,像哈金那样运用外语写作的超母语现象不在讨论范围)。

话虽如此,当代上海作家创作的狭义的上海文学若无一点上海话神气,终究可疑,也很可惜。出生在上海、日常生活中习惯说上海话的"上海作家",在学校基本都受过普通话训练,能说普通话,又都是读现代白话文作品长大的,普通话和上海话都是他们的母语,但二者在作家语言意识结构中的位置,上海话还是第一母语,扎根深处,再上一层才是现代汉语和普通话,那是通过学校教育和后天学习获得的第二母语。将第一母语上海话(如果可以这样说的话)排除在写作之外,母语资源只用一半,很难说是彻底的"言文合一"。

上海话固然不是面向全国的上海作家唯一的语言凭借,但上海话能否适当进入上海作家的现代汉语写作,给后者提供方言文化特有的滋养,仍然值得探讨。

上海愈成为国际化大都市,上海话版图愈收缩,这种"只说不写""有声无文"的现象就愈触目。其他方言区恐怕也有类似情况。不知道语言学界对同为母语的方言和民族共通语(比如上海人的上海话与普通话)在个体语言意识结构中的位置与功能,有无分层描述。我个人阅读现代白话文,稍加留意就会发现下意识里基本用家乡方言默读,可一旦意识到,马上就会调整为普通话。这种默读方式对"理解活动"有何意义?同样当作家采用民族共通语写作,显在的共通语和底层的方言土语对书写者当下"语感"有怎样不同的影响,又如何在最后的书面语写作中留下痕迹?我非语言学家,这里只想借助文学研究的经验,尝试作一探究。

## 2

上海话进入上海作家现代汉语(普通话)写作时究竟遇到怎样的困难?上海话和普通话在上海文学中的关系究竟如何?要弄清这一点,必须回答两个前提性问题:方言在整个现代汉语文学中的位置如何?相比其他方言,上海话在方言写作上有何特殊性?

现代汉语是现代汉民族口头使用的所有语言形式,和普通话是两个不同概念。《辞海》2000年第1版这样定义"普通话":"以北京语音为标准音、以北方话为基础方言、以典范的现代白话文著作为语法规范的现代汉民族共同语——普通话不等于北方话或北京话,因为它还吸收其他方言以及古代汉语和其他民族语言中的成分,比任何方言更丰富、更完善。"同一本《辞海》无"现代汉语"词条。"普通话"既是规范、通用的"现代汉语","现代汉语"就是被"普通话"规范之前并不通用的现代汉民族原生态的庞杂语言,包括普通话,以及尚未进入或可能不会进入普通话而存在于普通话系统之外的所有语言因素,包括现在依然活着的所有汉民族的方言、外来语和古汉语,也包括不规范(未达标)的区别于"规范普通话"的"大众普通话"①。

但是,"现代汉语"和"普通话"这两个不同概念往往被不加区别地使用,这是基于一种相当普遍的信念:"现代汉语"既称"现代",就应该逐步被规范化为"普通话","普通话"是现代汉语的将来时和理论上的归宿。许多教材称"普通话"为"狭义的现代汉语"②,就是这个意思。《现代汉语词典》除了收有少数和普通话有关(偶尔进入普通话、处于普通话和方言之间模糊地带)的方言词汇,其实就是《普通话词典》,负有规范"现代汉语"的使命,而与各种方言词典、古汉语常用词典和外来语词典并行。

但是,这毕竟只是理论上的假设和信念,"现代汉语"和"普通话"在可见的将来还无法完全合一。许多语言学家抱怨普通话推广半个多世纪,成绩并不理想,"达标"的并不多。与此同时,保护方言的呼声倒是此起彼伏(以上海广州两地为最)。上海有"宽带山"之类网站努力维持"沪语"主权,一些专家学者(如上海大学文学院钱乃荣教授)屡屡呼吁"保护沪语"。2010年世博会交通语言是普通话、上海话和英语三者并用,上海话在上海本地至今还在受保护之列,这固然说明它已经失去不言而喻的优势,同时也说明方言主权的诉求仍然不容忽视。2010年7月25日,因不满政府建议增加普通话播出时间的一条议案,广州引发了中国首次以捍卫某种方言为主题的示威游行(散步运动),并得到香港地区部分人士响应,以致出现"穗港两地齐撑粤语"的现象。这都说明"现代汉语"不等于"普通话"。周有光先生说:"1982年宪法规定,国

---

① 姚怀德《"规范普通话"与"大众普通话"》(香港《语文建设通讯》第57期,1988/10),参见周有光《关于"大众普通话"问题》,《周有光语言学论文集》页67,商务印书馆2004年12月版。
② 胡裕树主编《现代汉语》(重订本),上海教育出版社1995年6月第6版,页4。

家推广全国通用的普通话,普通话的含义等同于国语了。"①这个说话没问题,但不可以说普通话等于国语,或普通话实际行使着国语的职能。严格说来中国目前并无通行各地、人人会说的"国语",只有汉民族的规范共通语即普通话。许多汉族人不会说标准普通话而只会说方言,少数民族地区尽管根据宪法规定推广普通话,但许多场合不可强制使用普通话,更不能以普通话代替少数民族语言。

中国作为多民族融合的现代国家在语言上的这个特点,必然在文字书写上有所反映。记录、书写"现代汉语"和"普通话"的书面语叫"现代白话文",这是以"现代汉语"和"普通话"为语言基础的书写系统,分实用和文学两类,它和口语系统的关系取决于具体书写者的语言背景和语言策略。"现代白话文"若严格以"普通话"为语言基础,自然是"规范的现代白话文",但"规范的现代白话文"只有普通话水平很高的电台、电视台"普通话节目"正式演播稿以及权威报刊杂志的运用文才算得上,不会大面积出现在日常生活中。常见的"现代白话文"基本上是以"普通话"为基础、又从"现代汉语"吸取大量语言成分的不那么规范的"白话文",这样的白话文和"现代汉语"及"普通话"之间是不对称的对应关系。对应,是说"现代白话文"只能以包括"普通话"在内的"现代汉语"为语言基础,运用文更须努力靠近"普通话";不对称,是说"现代白话文"对包括"普通话"在内的"现代汉语"的不同成分允许有不同的取舍、选择、或弱化或强化的不同运用方式。在文学上,尽管普通话推广以来就一直反对"滥用方言"②,但作家还是拥有相当的自由。"现代

---

① 《普通话和现代化》,引自《周有光语言学论文集》,页 62,商务印书馆 2004 年 12 月版。
② 1955 年 10 月 26 日《人民日报》社论《为促进文字改革、推广普通话、实现汉语规范化而努力》说:"方言可以而且必然会同普通话在相当长的时期内并存,但是必须不断地扩大普通话的应用范围,要尽力提倡在公共场合说普通话,尽力提倡在书面语言中使用普通话,要纠正那种不承认普通话、不愿听普通话、甚至不许子弟说普通话的狭隘地方观念,纠正那种在出版物中特别是文学作品中滥用方言的现象。"一些作家也积极响应,比如李劼人 1955 年 9 月开始改写《死水微澜》,1958 年初出版,其中主要的改动就是把 30 年代初版中大量的成都口语转换成普通话,或者给保留的口语加上详细的普通话注释。

汉语"与"普通话"之间有广阔的文学语言的选择空间,而主要可供利用的语言资源,就是全国七大方言区的方言。

方言的多寡显隐是"现代汉语"与"普通话"的主要差异。"普通话"吸收许多方言,但排斥的更多,被排斥的方言就留在"现代汉语"里。在"普通话"强大压力下,方言努力保持版图,同时也明显收缩。不管如何收缩,一些大的方言区与普通话明显不同的部分,包括它们与普通话之间在语音、语法和词汇方面的细微区别,仍将长期存在。这就造成"国内双语并存"局面。绝大多数当代中国人既说方言也说普通话。方言是家庭、乡土或区域语言,普通话是学校、机关或社会语言。"双语并存","现代白话文"写作自然各显神通,文学更是如此。

## 3

但是,这就引起"文学/语言"关系的诸多悖论。

首先,"普通话"以"典范的现代白话文著作为语法规范",但推广普通话半个多世纪以来,许多典范的白话文著作往往被指为"不规范",甚至被逐出中学语文课本(比如鲁迅作品)。权威解释是,典范的白话文著作在语言上并不完全规范,普通话取其规范的部分而淘汰其不规范的部分。但标准何在?谁来定这个标准?

其次,许多在现代有重大影响的作家,其作品无疑对现代汉语规范化做过贡献,但作家本人并非有意识地单为了建立"规范的现代汉语"而写作。鲁迅就是突出的例子,他谦虚地自称在语言上是"历史中间物"。包括鲁迅、胡适在内的许多五四作家都说自己的白话文是"放大了的小脚"而非"天足"。此外,李劼人、沈从文、沙汀、艾芜、端木蕻良、萧红、赵树理等一大批"乡土作家"的语言都不够"规范"。即使到了1950年代以后,当代作家也很少有意识地为完善和推广普通话而写作。既然如此,怎能以他们的作品为普通话的语法规范呢?如果连他们的作品都没有资格做"语法规范",普通话的语法规范该从哪里去找?

难道当代作家及其现代前驱们只能单方面接受50年代中期开始推广的"普通话"的规范呢？果如此，普通话的规范岂不只能记录、描写在权威词典、语言政策和语言计划的图表文件、语言学著作和教材以及权威传媒"达标"的演播底稿？但这样一来《辞海》所谓"比任何方言更丰富、更完善"的"普通话"，就无法随实际的语言运用（尤其是当代作家语言艺术实践）而发展变化，不可避免成为一种抽象而僵硬的人工语言。

通行的关于"现代汉语""普通话"与文学之关系的表述并没错，现当代文学作品确实曾经是推动现代国语和普通话的重要力量和主要的规范来源，上述"悖论"只是提醒我们：现当代中国文学和"现代汉语"（"普通话"）既分又合，并非胡适所谓"文学的国语——国语的文学"那种基于理论预设的精确的一一对应。周有光先生要语言学家们注意目前普通话定义仍然潜在着一些困难，也包含这层意思。此外，学术界还越来越认识到五四以来文学史内部存在着许多不同的语言取向，我个人关于现代汉语与现代文学互动关系的研究就是要努力表明，现代文学界内部对建立怎样的文学语言，意见从未取得一致。本身并不一致的文学语言策略对现代汉语的规范问题，自然会有不同的理解。

### 4

几乎所有描述当代中国语言计划、语言政策和语言状况的论著都不约而同地强调方言在普通话压力下逐渐退缩的事实①。从宏观上看，这种说法并没错，但文学上的情况并不完全如此。

比如有学者说，"在普通话的最初创制中尽管正式规定要多多地采用各地方言的词汇，但来自非官话方言区的作者在他们的白话书面语

---

① 比如 *Langage and National Identity in Asia*，edited by Andrew Simpson，Part 2：7，*China*，by Chen Ping，Oxford University Press，2007，New York。另请参阅 *The Chinese Language*，*Its History and Current Usage*，by Daniel Kane，Tuttle Publishing，Tokyo・Rutland，Vermont・Singapore，2006。

作品中,仍然倾向于避免使用局限于本方言区的表达法,以保障自己拥有更广的全国性读者面。1950年代中期以来,伴随着作为标准语的普通话在全国的推广,书面语中回避方言土语,已成为语言规范化的一个重要方面,甚至在20世纪初期,当白话文取代文言文而成为现代标准汉语书面语时,这种倾向已经成为作家们的共同努力。在当代汉语小说中,通常很难指认作家们的方言背景,除非他们在自己的写作中有意识地展现其地域与方言的身份,但这种情况很少见。"①其实,这种描述至少并不全面。在普通话"压力"下,许多当代中国作家仍然努力吸收方言土语来写作,我们很容易认出他们的方言背景。比如,邓友梅、王蒙、王朔、刘恒、陈建功与北京方言,冯骥才与天津方言,张炜、莫言、尤凤伟、刘玉堂、陈占敏与山东方言,贾平凹、陈忠实与陕西方言,韩东等"南京青年作家群"与南京方言,阎连科、李佩甫、乔叶与湖南方言,铁凝与河北方言,韩少功、彭建明、何顿、何立伟与长沙方言,方方、池莉、刘醒龙、姜天民、熊召政与湖北(武汉)方言,曹乃谦、王祥夫与山西方言。实际上他们也是当代中国最有影响力的一部分作家。

也有相反的例子。同样住在北京,张承志就很少用北京话。同样住在长沙,残雪就很少用长沙话。残雪竭力标榜自己是卡夫卡的中国版,她的现代的无所属的存在意识不允许她对某个地域性文化和地域语言表达自己的忠诚。张承志的情况也有点类似,其强烈的反抗和鄙视世俗的精神,包括他的越来越不加掩饰的伊斯兰教信仰背景,很自然地使他远离一度拥抱过的北京一地的语言和文化,尤其北京的市井文化和市井语言。80年代后期出现的"先锋小说"及其追随者们也普遍有意识地模糊各自的方言背景,那是因为他们一则注重小说叙事观念和模式的革命,同时又比较强调文学的世界性因素,所以方言土语不是他们关心的问题。

撇开这种例外,那些有意标榜和显示地域文化特征的作家在作品中吸收方言土语的因素,就显得更加突出了。

---

① 前引 Chen Ping(陈平)文,页146,注释4。

## 中编　文体的试验

当然,也不能夸大文学上这种执着方言的倾向。上述当代中国作家吸收方言土语的程度仍然有限,他们的作品都还不能算是"方言文学"。实际上,中国内地目前还没有纯然一色的"方言小说"。即使最近几年颇为走红的上海作家金宇澄的长篇小说《繁花》也非常节制地采用上海话。他追求的只是语言中所蕴含的上海文化的气息,而不是上海话写作本身。可以将《繁花》的语言视为作者用普通话书面语对上海话的系统性"翻译"。

然而,如果一方面竭力为文学的地域文化特性辩护,另一方面又在写作中避免使用方言土语,这种情况就有些奇怪了。我指的就是以"海派文化""海派文学"乃至"上海文学"自居却很少使用上海方言的上海本地作家(不包括从外地"移民"来上海的作家)。

## 5

80年代先后登上文坛的目前上海四位重要作家,余秋雨、王安忆、陈村基本采用努力靠近普通话的现代汉语书面语,孙甘露则将此一书面语形式推向极端欧化的顶峰。王安忆《长恨歌》(1995)几乎"复活"了一个上海话名词"老客腊",但读者要懂这个词,还得由王安忆用一整章篇幅的共通书面语来"演绎"。其他上海作家如沈善增《正常人》、王小鹰《长街行》、陈丹燕"上海系列"偶尔有一点上海话,但都不是有意识地使用。和王安忆一样,他们基本以普通话为根基,偶尔在一种猎奇心理驱使下,从母语上海话中找一点有趣的表达来增加文学性色彩。

但是,就像不能夸大中国当代文学那种执著方言的倾向,也不能夸大上海作家与那些运用方言土语的"外地作家"之间的差异。我把上海作家的语言特征提出来讨论,并非要为那些使用方言土语写作的外地作家树立一个截然不同的对立面。相反,上海作家和"外地作家"同样身处"国内双语"的语言环境,只不过上海在方言和地域上的某种特殊性使上海作家在疏远本地方言而接受普通话方面,比外地作家走得更远罢了。上海作家的语言策略,未必就是那些今天还一定程度坚持方言写作的"外地作家"明天所要采取的,然而我们研究上海文学的方言状况,既要留意上海作家和"外地"作家的差异,也不能忘记二者的共通性,而差异性也只有在共通性映照下,才可以看得更清楚。

## 6

为说明这一点,有必要回到方言土语在五四以后现代文学整体框架中的地位,看看方言土语问题如何被现代文学所引入,现代作家又如何用不同方式对待方言土语①。

这里不妨简单考察一下1950年代"推普"前后中国知识分子对待方言土语的矛盾态度。

五四时期,胡适及其盟友们攻击文言文,用的武器是白话文,他们认为白话文根植于大多数中国人的口语,是"活语言",以此为基础的白话文就是"活文字",只有"活文字"才能写出"活文学"。在这场"语言革命"中,方言土语至少从理论上已经被包含在白话文概念中而得到了充分肯定。

胡适甚至将方言土语以及方言文学视为在他构想中的文学的国语和国语的文学的唯一合法的基础。在胡适的白话文和白话文学理论中,有一种明显的方言及方言文学本位论思想。他首先坚信方言是一切语言的最初形态,国语本身也是一种方言,只不过是一种接受范围比较大的方言。其次,他认为方言文学不仅优于古文学,也优于白话文学,"方言的文学所以可贵,正因为方言最能表现人的神理。通俗的白话文固然远胜于古文,但终不如方言的能表现说话的人神情口气。古

---

① 中国文学史上,自从先秦"雅言"作为共通书面语存在以来,方言土语就从来没有放弃它进入书面语的要求,只不过漫长的诗文传统过于倚重共通书面语,几乎掩盖了这一事实。尽管如此,诗文传统仍然零星保留了各时代许多"俗语"材料。宋代以后接近口语的语体文逐渐发达,"白话小说"越来越兴盛,方言土语大面积抬头,成为经典的文学语言的一部分。五四时期胡适《白话文学史》及时阐明这一历史现象,但他侧重用历史帮助现代说话,对方言土语和正在建立的民族国家接近口语的新书面语的紧张关系,极少注意。这是在胡适之后现代知识分子不断探讨的新问题,可惜至今还缺乏像《白话文学史》那样清晰的理论框架。

文里的人物是死人,通俗官话里的人物是做作不自然的活人,方言土语的人物是自然流露的活人。"(《〈海上花列传〉序》)他甚至直接根据采用方言的多寡,来判定新文学作家的成就的高低:"假如鲁迅先生的《阿Q正传》是用绍兴土话做的,那篇小说要增添多少生气啊!可惜近年来的作者都还不敢向这条大路上走,连苏州的文人如叶圣陶先生也只肯学欧化的白话文而不肯用他本乡的方言。"(《〈吴歌甲集〉序》)

胡适白话文理论的这种方言本位论思想,片面强调方言对共通语的意义,而忘记了共通语对方言的意义。同样,他也片面强调方言文学对国语文学的意义,而没有谈到国语文学在吸收方言的同时还必须摸索一条自身建设的道路。他以鲁迅、叶圣陶两人为例,认为"国语文学"大多数作者(多半是南方方言区作家)"只肯学欧化的白话文而不肯用他本乡的方言"乃是新文学的一种遗憾,但他没有看到南方作家为什么几乎一致地采取这种语言策略,也没有公平地判断鲁迅、叶圣陶的这种舍弃方言而建设国语文学的策略之实际的成绩。

不管胡适白话文理论中的方言本位论思想有怎样的偏颇,他注重方言的理论在当时还是得到普遍认同的,以周作人、刘半农、顾颉刚、常惠等为首的"北大歌谣研究会"提倡和收集各地猥亵歌谣,就是在这个语言策略下进行的,因为歌谣是纯然的方言和方言文学。但是,这个运动很快就告中断,不仅因为"猥亵"容易被文人删改,无法存真,收集来的不具有民俗学价值,还因为这场"语言革命"的宗旨是要建立"国语的文学——文学的国语",歌谣运动独重口语的取向与此不合①。50年代末

---

① 胡适在《〈吴歌甲集〉序》(1925年)中承认,他在1918年提倡"方言的文学"时,"不愿惊骇一班提倡国语文学的人,所以……很小心地加上几句限制的话"。胡适白话文理论具有方言本位论思想,而大多数五四作家虽然积极提倡在国语文学中吸收方言,一般却认为对方言必须有所限制,因为新的文学的国语不独是方言,而应该是由方言、大众口语(普通话)、文言和外来语适当的糅合,其中大众口语(普通话)才是这种文学的国语的共同基础。因此,文学创作不是胡适想象的那样,自然地"用"某种方言,而是不自然地"学"某种"新语言"。对此,朱自清在编《新文学大系·诗集》过程中撰写的《编选感想》说得最透彻:他编那本《诗集》,目的就是要让读者看看新文学初期作家们"怎样从旧镣铐里解放出来,怎样学习新语言,怎样寻找新世界"。

60年代初的"新民歌运动",强烈的政治导向不同于"歌谣运动",但不能独重口语的限制,则没有什么区别。30年代,瞿秋白及其同志对现代白话文发起了另一场猛烈的攻击,他们认为现代白话文属于小资产阶级,而他们自己的目标则是要建设"现代中国普通话"和"大众语"。在并非虚拟的"第二次语言革命中",方言土语再次作为被肯定的唯一合法的语言基础在左翼文化界得到张扬。1942年《在延安文艺座谈会上的讲话》更推波助澜,由此催生的新一轮"乡土文学"在上世纪整个40年代中后期直到90年代一直充当中国现当代文学的主流,涌现出赵树理、孙犁、西戎、周立波、柳青、梁斌、浩然、冯德英、汪曾祺、林斤澜、高晓声、何世光、古华等一大批不同程度上运用方言土语写作而成绩斐然的作家。上文与上海作家相对照而提到的众多"新时期"以来的重要作家,自然也在这份名单中。这个趋势直到90年代中期"都市文学"兴起,才逐渐有所改变。

一般将上述两次"语言革命"以及相应的文学潮流对口语的重视,类比为西方所谓"语音中心论"。现代中国倘若真有这种"语音中心论",一开始就潜在着矛盾:

> 口头中国话1:从"国语"到"普通话",上升、融入"共通语"的方言口语(主要是北方方言)。
>
> 口头中国话2:滞留本位、未能被"共通语"接纳的方言土语(主要是南方方言)。

现代汉语的发展须同时面对这两种意义上的"口头中国话"。从"语音中心论"出发,它们具有同等价值;从现代民族国家语言计划、语言政策出发,却并非如此。中国现代书面语的合法性建构一开始就以口语为基础,但是从瞿秋白到毛泽东,口语的性质和范围在阶级化的设计中越来越被狭隘化为人民群众乃至工农兵的语言,也就是说,五四时期不加分别的"口语"在20年代末革命文学起来之后也转变为一个具有界线明确的阶级性概念,口语进入文学、进入一般书面语,必须经过一种阶级论的挑选,这样一来,新的现代书面语和口语之间就产生了第一次分裂。新中国成立以后,虽然基于多民族国家的政治架构,"国语"的概念被"普通话"所取代,但这种从20年代末延续下来的狭隘的口语概念并未发生根本转向,与之对应的就是"乡土文学"及其文学语言长期统治文坛。

中国现当代文学与现代汉语(普通话)之间对应而不对称的关系,就由此产生。显然,这并非传统上的书面语(文言文)和口语的分裂。在一般的"言文分裂"、共通语与方言土语对立的外衣之下①,还隐藏着另一个长期以来被忽视的事实,就是不同的口语体系之间的分裂。其中最重要的一点就是,由于被狭隘化的口语进入文学书面语的先天条件不同,来自根据地和解放区的北方作家比较容易适应,而来自南方的作家却必须基本放弃其方言背景才能进入这个新的书面语系统,因此

---

① 有些学者片面强调中国现代标准语与方言土语的对立。耿德华就认为:"中国所采用的标准语一直以来不仅是一套基本的实用价值,也是用来抹杀通过地方语言法典及其文化想象所理解的那一部分中国的手段。中国人既然通过这些不同的语言系统来理解他们的社会,所以关于中国的理解,只要是通过与现代国家、教养、进化论理念和文明标准这些知识形态相反的语言所获得,现代中国标准语都会始终不懈地对其进行重塑。语言是瞿秋白和毛泽东建构国家的流行/大众文化霸权的计划的中心,既然此,对抗这一计划的必然就是表达自下而上的声音的那些地方语言的文本,这些文本暗示着:凡地方的东西都不可以被自上而下地化约为一体化的国家文化。现代中国标准语,无论是普通话还是国语,都一直被置于地方语言的对立面,后者被视为最适合表达那些属于过往历史、私密家常、滑稽幽默、世俗平庸、没有文化、粗俗原始的情感行为的一套语言。"参见 Rendering the Regional: Local Language in Contemporary Chinese Media, by Edward M. Gunn, University of Hawai'I Press, Honolulu, 2006. pp.3-4。这种分析显然没有看到"国语"和"普通话"的区别,也未充分估计到"现代中国标准语"内部不同的"地方语言"(local language)的差异。现代中国语言的分裂,既不同于传统的"言文分裂",也不能简单归结为标准语和地方语的对立,因为此外还存在着在建构现代共通口语和书面语过程中,由于不同方言土语获得了不同定位、受到不同对待而产生的那种分裂。比如,北方方言因为1940年代开始勃兴的革命——乡土文学成功的采用和迅速流行全国,因为与国语和普通话天然的接近,在1950年代新的书面语和文学语言中的地位,就远远高于南方各方言区的方言。本文就是从这个角度来阐述中国现当代文学南北语言之不同。

上述问题的焦点又可归结为中国现当代文学之南北方言的不同地位。这正是本文关注的中心。

## 7

方言作为地域身份的标志,联系着亲情、童年、乡土记忆、文化习俗,有时还意味着粗鄙、粗俗。作为一种方言,上海话也具有这些基本特征。在民族国家通用语以及与之相对应的占主流的文学语言被建立起来以后,方言只能属于一种低级语言,是作家们"备选"的一种可能的语言资源。

同样是方言,与"外地"作家的方言相比,上海作家的方言在文学上的地位不可同日而语。尽管上海作家和知识分子习惯在日常生活中使用他们的母语,一旦进入写作,却极少再从他们的第一母语中汲取语言的养料。这种"口头坚持、手上放弃",仍然属于五四前后所批评的"言文分离"。

上海作家这样做,是为了在全国范围得到更多的读者吗?果真如此,他们又如何处理五四时期周作人提出的"文学与地方"的关系?"语言决定思维""语言影响文化",语言学上著名的"萨丕尔—沃尔夫假设"(The Sapir-Whorf hypothesis)难道唯独在上海作家这里无效?赫尔德、威廉·洪堡、马丁·海德格尔、维特根斯坦、卡西尔、列维·斯特劳斯等西方学者论语言与思想文化、语言与生活方式、语言与存在之同一性的论著,不正是在"寻根文学"高潮中被介绍到中国来的吗?在"文化寻根小说"中倘若完全用普通话写作,如何能充分表现地方文化记忆和地方生活习俗,寻出"文化的根"?

这里恐怕首先要考虑一些语言学上的困难。上述40、80、90年代注重方言土语的"乡土文学"作家绝大多数来自传统"官话"即现在所谓"北方话""北方方言"地区,其方言接近普通话,和普通话之间更有一条巨大的差异模糊的中间地带,这就使得他们在大致不违背普通话规范的前提下，适当引入对大多数普通话读者来说并不太难懂的方言土语，而这是身处和普通话发音差别悬殊的吴方言地区的上海作家所没有的便利。

其次，不同于广东话，甚至也不同于现代上海话，当代上海话的词汇和语法越来越接近普通话。凡事得风气之先的十里洋场逐渐成熟的现代上海话在现代国语形成过程中曾经贡献不小，至今普通话里还留有痕迹。但现代国语特别是普通话确立以后，上海话就反过来逐渐受到普通话的影响。"一般说来，老派上海话跟普通话的差别较为明显，新派上海话则有向普通话靠拢的趋势。""新派上海话因受普通话的影响，语序已与老派上海话有所不同"，这一现象可以视为"共通语对方言的影响"①。因此，上海作家不可能通过生造新词和特殊语法来保存上海话的韵味，显明他们对地域文化的忠诚。海外一些号称"小上海"的华人社区一直未见沪语报刊或沪语文学作品，就从另一个角度说明上海话在文学乃至一般媒体书写中的障碍，并不完全是普通话压迫的结果，而有自身难以克服的困难。

上海话只是发音上区别于普通话，书面语无法传达发音差异，除非特殊的称谓语以及有限的正日益减弱其影响力的名词、动词、形容词和俚语。比如，上海话 Du a gu 只能写成"大阿哥"，xiao niangniang 只能写成"小孃孃"，这两个词的书面写法无法传达特殊的发音与情感含义。上海话"我欢喜你"，照样写下来，不特别注明发音，"外地"读者绝想不到其实就相当于普通话的"我爱你"。王安忆发表在1986年第1期《收获》上的中篇小说《谢伯伯、好姆妈、小妹阿姨和妮妮》，以四个极具沪语特色的称谓语做标题，但"谢伯伯"书面上看不出读音特点（"谢"读"xia"，和"伯伯"一样，都用普通话里没有的声调），另三个称谓语，普通

---

① 刘坚《上海话跟普通话不同的若干语法格式》，1988年12月发表于香港中文大学过于吴语学术会议，收入《人与文——忆几位师友论若干语言问题》，北京语言文化大学出版社，1998年7月版。

话读者可以不明其特殊发音,却不妨碍理解。但这部中篇的语言特色仅仅停留于标题,正文并未大量引入方言土语。

文学史上,近、现代吴方言地区作家基本的语言策略,有"活人死语"(现代人用古汉语)、"南人北语"(南方作家用以北方方言为基础的国语)、"中人西语"(中国作家用西方语法和词汇),甚少"公人方言"——来自南方的公共知识分子用吴语或上海话写作(极少数另外)。鲁迅讲绍兴话,作品很少绍兴方言,反而多北京话。郁达夫是浙江富阳人,小说语言用清纯的国语,诗歌则和鲁迅一样多用文言。茅盾是浙江乌镇人,小说语言也是标准的国语;钱锺书是无锡人,整部《围城》大概只有一句无锡话"乃是个好人"。张爱玲生在天津,长在上海,讲上海话,作品偶用沪语,但基本还是欧化国语加话本小说的"古白话"以及《红楼梦》等小说的近代语体文。戴望舒、艾青是浙江人,诗歌语言基本是比较流畅的欧化书面语。徐志摩用家乡"硖石土白"写的《一条金色的光痕》不仅是他个人诗歌创作上的特例,在整个现代时期南方诗人的创作上也绝无仅有。再往前推,《海上花列传》1892年发表以来,曾被胡适、鲁迅和张爱玲所推崇,却并未获得实际的流行。

这种情况和来自粤、闽(主要以厦门为中心的闽南)地区的近代作家很相似。康有为、梁启超说粤语官话,连光绪皇帝都听不懂,但他们的论文风靡天下,完全依赖文言文或语体文、白话文书写传统。前者是几千年近乎凝固的书面语,后者是近代以来流动不已的语体文,总之都和粤语无关。严复、林琴南说福建话,他们的西方学术著作和小说的翻译影响全国,所使用的语言和康、梁基本相同,而与闽语无关。来自福建的现代作家冰心、卢隐、林语堂、胡也频以及当代出生福建的作家舒婷、北村、朱文、陈希我、北北、须一瓜等人情况,也基本相似。

粤语和闽语,跟上海话在书写上的情况还不太一样。据许长安、李青梅调查,19世纪50年代基督教会创制"闽南白话字",一度有一百万人使用。截至 1987 年,惠安、厦门、泉州等地仍有十七万人使用①。闽语书写后来衰落了,粤语书写至今仍保持强劲势头。尽管如此,中国南方这两大代表性方言一旦进入全国性文学书写,弱势顿时暴露无遗,这一点和并没有成熟的书面语体系的上海话毫无二致。在整个中国现当代文学一百年中,黄谷柳 40 年代末写于香港的章回体连载小说《虾球传》,虽是唯一产生全国影响的大量吸收粤语方言的作品,但如果与《海上花列传》相比,《虾球传》的语言主要还是现代白话文,算不得真正的粤语方言小说。

可见,方言与官话、国语悬殊越大,来自该方言区的作者越不能依靠自己的方言,而不得不竭力创造或迁就当时的共同语或共通书面语②。这也就是为什么 30 年代大众语运动以上海为中心发起,虽也有包括早期理论倡导者瞿秋白在内许多左翼文化人亲自创作,却基本没有什么值得称道的成绩,倒是意外地在 40 年代北方作家手上结出真正的果实(当然更大的政治力量的介入是应该首先考虑的因素)。如果说老舍开了大量吸收北方方言(北京话)进入现代共通文学书面语的先河,中间经过左翼大众语运动推动,在后来的"乡土文学"中发扬光大,

---

① 《闽南白话字》,语文出版社 1992 年版,此处据周有光《语文闲谈》(下),页 148—149,三联书店 1995 年 5 月版。
② 派屈克·韩南研究明代话本小说,首先注意到话本作家的语言,比如关于冯梦龙,他认为,"冯至少熟悉两种口语:他自己(区域和阶级)的方言以及某一种北方方言在上流社会的腔调样式。他还能驱遣两种或三种书面语:文言;从北方方言发展起来的半标准白话文——这种白话文在他手里又呈现出北方方言区东南片的一些特征;还有他自己的苏州方言,他曾用苏州话写了一些本地流行的俗曲。但即使在收集苏州俗曲时,他为之所加的所有评注,都或是文言文,或是北方的白话(绝没有苏州话);因此很难说他在写作中采用了苏州方言。在他使用的两种书面语中,只有一种,即北方的白话文,和他日常所讲的口语(按指"官话")有联系。"参见 *The Chinese Vernacular Story*, by Patrick Hanan, Harvard University Press, Cambridge, Massachusetts and London, England, 1981, p.2. 如果韩南的分析符合事实,那么我们可以说,五四以来直至当代绝大多数中国作家,除抛弃文言文这一点之外,在书面语和口语的关系上和明代的冯梦龙并无区别,不同的只是冯的"北方白话"(northern vernacular)后来进化为"现代白话文","官话"口语进化为"国语""普通话"而已。

那么创造和维持与南北方言均保持距离的相对纯粹的现代文学书面语的作家,则主要是来自南方方言区,特别是江浙一带吴方言区。扩大一点,还包括上述闽、粤方言区,由北方南来但独立于南北方言区的客家方言区(张资平、李金发、蒲风等),以及湘方言区(田汉、丁玲、沈从文、周立波、张天翼、毛泽东、周扬)。现代时期,老舍的传统起初并不强大,40年代"乡土文学"兴盛之后,才逐渐占据中国文学主流。吴方言区作家为主体的南方方言区作家群落创造的偏重书面的文学语言传统,以鲁迅为代表,整个现代时期一直占主流,50年代以后却逐渐退居其次,而同在一个地域、创作力不甚强盛的当代上海作家,倒是勉强继承了这一传统。

和福建、广东两地作家类似,身处吴方言区的上海作家既无法将自己化装成北方方言区作家,利用其方言和普通话接近的优势,在写作中大量输入说普通话的读者可以接受的方言词汇乃至句法,以增加作品的地域文化色彩,又因本地方言与普通话的巨大差异而不得不基本放弃在写作中输入第一母语的打算。留给他们的唯一出路,就是在最低限度保留某些方言特点(称谓语和少数名词、动词、形容词)的同时,更多地模仿接近普通话的现代白话文的"声口"。又因为没有粤语作家有时可以依赖的现存的比较成熟的方言书写系统,上海作家这方面的特点更加明显[①]。但是,他们毕竟身在南方方言区,对普通话的模仿与北方作家那种本能的亲近又有所不同,他们平时说话时的"语感"和进入写作后与不断生成的书面语相伴随的想象或默读状态的"语感",距离很大,不像北方方言区作家那样,两种语感基本贴合。这就形成上海作家在语言上看似毫无特征的特征:既无北方方言区作家在共通

---

① 关于沪语"词汇",不少学者都有收集整理,甚至编成辞典,但除了"洋泾浜英语",有历史地理学家周振鹤等加以严密考证,大致可信之外,许多言之凿凿的"沪语词汇",仍难取得一致意见。这不能怪学者们考证不力,因为许多所谓"沪语"词汇,并非从长期使用、普遍认可的书面语(类似粤语词汇)收集而来,乃是局部使用、甚至由学者从不稳定的口语构拟出来,自然缺乏足够的证据。

语写作中输入方言的便利,也无其他南方方言区作家(如粤语作家)偶尔可以利用的成熟的方言书写系统,他们不得不比其他方言区作家更加有意识地追随近代以降南方方言区作家们脱离方言限制而自觉融入官话或国语的书面语传统。他们是这个传统最自觉、最无可奈何的继承者。

1987年,王安忆在广州花城出版社推出主要创作于1985年(新时期文学鼎盛期)七部中篇小说的合集,取名《海上繁华梦》,颇具象征意味。作者在序言里说:"这题名并不是我的发明创造,曾有一位旧日的文人,用此名写过此方。因觉这名与我的故事十分的贴切,便窃来了。幸而文章自古就有'旧词新用'这一说。"王安忆没有点出名字的"旧日的文人",自然是"正版"《海上繁华梦》作者孙家振,他与《海上花列传》作者韩邦庆同时,也写上海故事,却坚信他的朋友韩邦庆的语言注定会失败,因而坚持不用苏白,自觉地向白话小说的语言传统靠拢。在王安忆的《海上繁华梦》中,《流逝》《谢伯伯、好姆妈、小妹阿姨和妮妮》《海上繁华梦》三篇写上海,《冷土》《大刘庄》《小鲍庄》《蜀道难》四篇与上海无关,"窃来"孙家振的小说"题名",与其说"故事"相近,毋宁说王安忆自觉选择了类似孙家振当时的语言策略:身为南方作家,写南方故事,却甘愿放弃南方方言,靠拢共通语和共通的文学书面语传统。有些学者把王安忆及"海派文学"的渊源顺着张爱玲、苏青、潘柳黛、凤子追溯到韩邦庆,绝口不提孙家振,这就忽略了王安忆作为当代南方方言区作家真实的语言取向[①]。

片面依赖近现代以来的文学书面语传统,缺乏方言支持,结果使得上海作家文学语言长期以来一直显得过分书面语化。王安忆在《长恨歌》里竟然多次用文言色彩浓郁的儒佛旧典中"大德"一词来形容"邬桥"地方的文化气息。再比如,中国当代文学独一无二的极端

---

① 王德威《海派文学,又见传人》,《当代小说二十家》,页26—27,三联书店2006年版。

欧化文体出自上海作家孙甘露之手；孙甘露在上海文坛不仅当时被顺利接纳，直到今日，尽管他已长期停止创作，却仍然被奉为上海的代表作家之一。

这种书面语的弊病不言而喻，就是在某些作家那里始终难以摆脱"新文艺腔""学生腔"乃至屡屡出现因欠缺语文基本功而用词不当的毛病。与"外地"作家相比，上海作家的文学语言因为没有第一母语的支撑，总显得不够"正宗"，不够"自然"，甚至不够"成熟"。这不奇怪，因为他们是用学习来的第二母语书面语写作，缺乏第一母语的语感滋润。

上海本地作家甚至也不像那些移民来上海而脱离第一母语环境的北方方言区作家，比如来自河南的张生、来自广西西南官话区的海力洪、来自传统上属江淮官话区的葛红兵，这三位基本不用方言而用普通话书面语写作，但因为第一母语接近普通话，他们不掺杂方言的书面语一方面比较干燥单一，但也因此比较干净整饬，较少破绽。他们的语言身份，类似于解放后落户上海的北方方言区作家如芦焚（师陀）、茹志鹃、白桦等。全国范围内像张生、海力洪、葛红兵这样"方言背景无所属"（书面语和第一母语脱节同时也不掺杂所在地方言）的作家还有很多。尽管上文我们提到，中国目前最具影响力的一大批中老年作家仍然愿意在作品中吸收方言土语，但我们也必须看到，这种语言倾向多半来自过去长期的"乡土文学"的惯性，随着"都市文学"日益取代"乡土文学"，青年作家"国内双语教育"日益稳定，普通话日益推广，异地移民日益频繁，加之"现代派""先锋小说"等倾向于超方言的文学运动的"拔离"作用，将来中国作家在语言身份上恐怕越来越多地趋向于"方言背景无所属"这一类型。他们若生活在北京语言环境中，就泯然而为以共通书面语为书写工具的作家，比如现在大批基本放弃方言的"京漂作家"。但是，海力洪、张生、葛红兵三位生活在上海就显得比较异类，我们不难发现他们的语言和上海作家有某种细微差别。上海作家同样依赖共通书面语,但他们不像从北方方言区移民落户到上海的作家那样随身携带母语记忆,上海本地作家仍然身处第一母语(上海话)的环境中,其摒弃第一母语的书面语的"语感"多少会受到大部分时间口头实际使用的第一母语的牵扯。就像他们讲的"上海普通话",他们写出来的共通书面语因此往往也不够自然和整全,"文艺腔"和较高级的"学生腔"挥之不去。

应该说,上海作家在写作中用普通话模拟上海话的琐细平滑已经非常到家,我前面所谓上海文学某些超方言的地域文化色彩,主要就指这个。这与北方方言区作家以第一母语直接滋润书面语的情况,毕竟两样。五四新文学的"新文艺腔""学生腔"是因为一些青年作家开始写作时不善于调剂书面语和口语,尤其没有妥切地以口语润泽书面语又以书面语统驭口语,造成口语和书面语脱节的夹生现象,思想的幼稚倒在其次。上海作家因为不像北方方言区作家那样直接以第一母语支持书面语,不得不更多乃至单方面地依赖现代汉语书面语传统,无法像北方方言区作家那样在书面语写作中直接追随口语的"声口",这就使他们在继承现代汉语书面语传统的同时,也极容易将现代汉语书面语的"学生腔""新文艺腔"一并继承下来,神来之笔和稚嫩造作往往同时出现。

当代上海作家要继承现代吴方言地区作家的文学书面语并发扬光大,谈何容易。他们毕竟不像当初创造这一文学书面语传统的吴方言区那些群星璀璨的现代名家那样,旧学深厚,西学亦佳,虽然吸收口语先天不足,但即使以有限的国语语感为基础,那种"从我开始"化用文言和欧化(同时也是"化欧")的尝试,处处可见创新的神采,这就不是没有源头活水而只知敬谨接受的后继者们所可追步的。在这方面,作品不多、目前影响也不大的谈瀛洲,可算是少数的例外。他精通英语,专攻英美文学和文学理论,博士论文《莎评简史》对欧美莎士比亚研究史说得头头是道,已经用英语完成一部长篇小说,系列历史题材多幕剧(尤其《秦始皇》《梁武帝》)和随笔集《诗意的微醺》,更显示了上乘的古文功底和国学修养。随笔、历史剧还有几篇校园生活的短篇小说,语言看似平淡,实则有味;看似松散,实则谨严。他是土生土长的上海人,同样不用上海话,但其几乎炉火纯青的汉语书面语,不仅在上海而且在全国也属罕见。尽管他本人对胡适、陈西滢、周作人、林语堂、温源宁、梁实秋、梁遇春、钱锺书、张爱玲这些人的文章不见得如何欣赏,但我觉得硬要追本溯源,谈瀛洲算是上海乃至目前中国"方言无所属"的青年作家中真能发扬光大优秀现代文学书面语的一位,可惜他在上海作家中绝对属于例外中的例外。

其实,上海作家在书面语的经营上不得不付出更多努力,比"外地"作家更加考究。然而一旦考究起来,弱点便容易暴露(这还不包括余秋雨散文某些语言上的"硬伤")。这大概要算上海作家的"阿卡琉斯之踵"了吧?倒是孙甘露的欧化文风(严格说来是"翻译体"因他并不精通外文),以极端方式摆脱了上海作家的上述语言困惑。但这并非常规出路,只可有一,不可有二。留学美国、研究福克纳的王宏图小说语言也有点福克纳式的"繁复"和大量意欲毕其功于一役的长句,但毕竟已经懂得节制,不敢像孙甘露那样无所不用其极了。再如,陈东东的诗,吴亮、朱大可的文学评论,也都追求欧化的语态优雅、气势磅礴、专注于单纯的文字游戏而与口语无关的隐喻思维,然而缺乏小说的篇幅,难以达到类似孙甘露那样的极端效果,但作为上海文学语言一景,也还是外地诗人、评论家难以仿效的。

上海在全国文化、政治和经济战略中的特殊定位,对上海作家的语言策略,也有一定的制约力。1980年代以来,上海一向被定位为单纯的中国经济发动机,从未被视为政治和文化中心。这就迫使上海文学在脱离本地方言、走向共通语特别是共同的书面语传统的道路上,相对

"外地"作家来说,具有一定的义无反顾的"先锋性"。

8

方言在今日中国文学中日益衰弱、减少、濒临绝迹,却仍然有可能在上海这种大都市日常口语和语言艺术中有所维持。上海作家王安忆说上海话而不用上海话写作,上海滑稽戏演员周立波可以既说上海话也用上海话演出。80年代以来粤语歌曲大举北上,流行全国,是又一著例。在一些由青年导演执导的电影中,我们也可以看到这种明显的方言身份,比如贾樟柯系列电影与山西(晋)方言、姜文《鬼子进村》与山东方言、陆川《寻枪》(姜文主演)与贵州方言、王小帅《青红》(贵州和上海方言)、《北京单车》(北京话)、李安《色,戒》(上海话)、赵本山的《乡村爱情》系列电视剧等①。

这样说来,在经济发达的南方大都市,文学上方言和共通语的关系是否又回到现代文学的开端:口语将继续和书面语分离,一如它们在传统中国的情形?对上海作家来说,应该怎样估量他们因脱离口语(第一母语)基础而日益书面语化的文学语言的前景?他们的过分书面化的文学语言,和北方方言区作家至今仍然与方言息息相通的相对接近口语的文学语言,是质的不同,还是量的区别?中国南北两个大方言区文学语言这两种不同发展趋势,会越来越分化,还是正逐步走向统一?分化将是怎样的分化,统一又将是怎样的统一?上文提到中国现代文学以鲁迅为代表的偏向书面化的语言传统起初占据主流,40年代以后,这个主流地位即被老舍、赵树理合流所代表的接近方言土语的语言倾向所取代,而上世纪90年代以来上海作家以及大量"方言背景无所属"

---

① 耿德华对台湾、香港和大陆传媒、影视和小说中"地方语言"问题的分析,可能是这方面较早也较为系统的一项成果,参见 *Rendering the Regional*:*Local Language in Contemporary Chinese Media* , by Edward M. Gunn, University of Hawaii Press · Honolulu, 2006,尤其第三章"大陆舞台与传媒上的罪中之乐"、第四章"一个不完全的探讨:大陆中国的小说与电影"。

的青年作家似乎又不约而同回归过于书面化的文学语言的传统。中国现当代文学的语言轨迹是否走了一个"之"字形,又回到了作为伟大开端的五四时期?

上述问题,不管是书斋里凭空杜撰,还是南北作家在写作中实际遭遇的,我都愿意提出来,看能否引起进一步讨论。

2010 年 8 月 9 日初稿<br>
2010 年 9 月 26 日修改<br>
2010 年 10 月 17 日再改<br>
2011 年 4 月 9 日又改

## 七 "文学的国语"怎样炼成：
## 《围城》的语言策略

### 1. 从张先生一家说起

就叙事文学来说，"文学的国语"乃是现代中国作家创造的人物语言和叙述语言的综合。《围城》人物语言，即人物在《围城》中怎样说话，作者提示甚多，不难回答。且看第二章方鸿渐由挂名的"丈人丈母"牵线，去"在美国人花旗洋行里做了二十多年"的张先生家，让张太太"相他一下"——

> "到了张家，张先生很热闹地欢迎道：ّHello! Doctor 方，好久不见！'张先生跟外国人来往惯了，说话有一个特征——也许在洋行、青年会、扶轮社等圈子里，也并没有什么奇特——喜欢中国话里夹无谓的英文字。"

张先生说的是夹杂了许多英文的"国语"。从方鸿渐离开后张先生一家对他的品头论足看，张太太、张小姐也说类似的"国语"。他们的"国语"不但中西合璧，还南腔北调。方鸿渐打赢了牌，提醒大家付钱，张太太说：

"咱们真糊涂了！还没跟方先生清账呢。陈先生,丁先生,让我一个人来付他,咱们回头再算得了。"

"咱们""得了"是"北调","清账""回头"既可说是"北调",也可说是"南腔",很难截然分清南北。"南腔北调"本来指一个人口音混杂,实际倒是大多数中国人说话的特点,也可以说是汉语口语和书面语几千年发展自然形成的特点。愈到晚近的历史这个特点愈加明显。"近几百年——元、明、清、民国——以来,总是以北方、多少以近乎北京音的系统,认为是标准语。'官话''普通话''北方话''国语''国音'各种名称,都是代表大家公认的标准语。因为已经全国四分之三的面积,三分之二的人口多少会用,本来的语言就相近于这种语言了。"[①]从孔子时代所谓"雅言"到明代出现的"官话",中国自古以来就与各地"方言"相对而言的"通语"("方言""通语"是杨雄《方言》的概念),"通语"的基础方言主要是相对比较统一的北方话。赵元任所谓"相近",是指各地方言("本来的语言")日益靠近标准语而尚未达到标准语的水平,结果无论口语音还是读书音都很自然地成为南腔北调——虽然口语音历时变化和空间差异较大而读书音历时变化和空间差异较小。到钱锺书创作《围城》的40年代末和《围城》反映的抗战初期[②],现代"国语"的读音、词汇和语法,因人员交往前所未有的频繁,教育的普及,尤其明清以来"国语运动"的推动,越来越成为南腔北调的混杂——就文学来说,混杂不仅表现在书面语的读音上,也反映在语法和词汇方面。知识阶级尤为明显,鲁迅承认别人说他讲演用"南腔北调"是不错的,他本人干脆进一步说这个特点"还有开拓到文字上去的趋势"。鲁迅小说、杂文确实

---

① 赵元任《语言问题》,页101,商务印书馆1980年6月北京第一版。
② 本文所谈《围城》语言问题,依据四川文艺出版社1991年版《围城》汇校本,仅限于《围城》1946年《文艺复兴》连载版及1947年晨光出版社第一次修订版。

融合了许多南腔北调,尽管他"不会说绵软的苏白,不会打响亮的京腔"①——换言之,鲁迅用现代汉语书面语写作时杂糅南腔北调比口语来得更方便。这当然主要因为五四以来白话文作家一致追求书面语靠近口语,缩小传统口语与书面语的距离,其中主要一点,就是在书面语中大量吸收和融合现代国语所允许的南腔北调。这在来自南方的作家中最常见,因为他们使用的现代汉语书面语以"北调"为基础而掺入了更多的"南腔"。

张先生一家那样说话,固然包含作者的讽刺和夸张,但就那个时代的语言现实来讲也并不奇怪。他们的"国语"资格毋庸置疑——虽然不是标准的"国语",却反映了当时至少上海一地"国语"的实际。

"南腔北调",无论在口语中还是"开拓到文字上",都主要是"南人北调"。1913年第一届国语读音统一会的代表大多来自南方,虽然个别人反对,但最后还是确立北方方言为国语的基础方言,足见"南人"认同"北调"的普遍性。1932年公布的《国音常用字汇》是现代"国语"权威标准,主其事者赵元任来自吴方言区太湖片的常州,平时说话喜欢"咱们咱们"的,还夹杂着许多儿话音。这个特点在他50年代末讲于台北的《语言问题》中还保留得很明显,尽管他移居美国后很少用汉语讲课。1921年商务印书馆出版美国哥伦比亚唱片公司制作的《赵元任国语留声机片》所反映的也是一个来自南方而身负国音总教习的语言学家在用心学习说"北调"。

在历史上,由于若干朝代南方政治经济文化一度占优势,也有"北人南腔"。南北朝时期的颜之推曾指出当时的南朝通语"南染吴越",有学者认为这是指西晋末年北方移民南徙至长江中下游两岸后形成的南朝通语与吴方言的接触②。18世纪初旅法华人黄嘉略认为"由于南京

---

① 鲁迅《南腔北调集·题记》。
② 参见鲁国尧《"颜之推谜题"及其求解》,《鲁国尧语言学论文集》,页136—180,江苏教育出版社2003年10月版。

曾是明朝的首都,所以,官话是以南京话为基础,吸收其他方言而形成的"①。某些当代学者同意这种看法,认为明代官话基础方言和标准音"应该是代表着江淮方言的当时的南京话,而不是后来的北京话"②。尽管这个问题学术界争议很大,但汉语方言在历史上持续发生南北交互影响以至融合的趋势,基本可以达成共识。汉语在历史上南北分野的地理界线屡有迁移,有时候的南腔恰恰是北方移民定居南方之后形成的浸染了南腔的北调,而南方的政治经济和文学的强势又反过来从口语和书面语两个方面影响北方的口语和书面语。尤其近代以来,南方更早向西方开放门户,南方知识分子得风气之先,许多新名词新说法都由南方率先输入,虽然进入书面语之后多数仍采用当时以北方方言为基础的官话书面语或更具稳定性的似乎超越方言的文言文,却也有一些采用南方方言的译名和新创的术语,这就造成一定程度上"北人南腔"的现象③。

至于中西合璧,知识阶级不用说,大都市一般市民中间也很流行(如南方各通商口岸的"洋泾浜")。书面语的中西合璧现象也很普遍,以至于在一些文学家和语言学家那里产生了现代汉语书面语乃是某种欧化汉语的说法(不管这个说话所包含的价值判断如何截然不同)。现

---

① 许明龙《黄嘉略与早期法国汉学》,页151,中华书局2004年版,此处转引自何九盈《汉语三论》,页135,语文出版社2007年3月第一版。
② 鲁国尧《明代官话及其基础方言问题》,原载《南京大学学报》1985年第四期,此据江苏教育出版社《鲁国尧语言学论集》,页508—521,2003年10月版。
③ 美国传教士林乐知在1904年《万国公报》188册上发表的《新名词之辩惑》中声称,"余前与傅兰雅先生同译书于制造局,计为中国新添之字与名词,已不啻一万有奇矣"。这些"新添之字与名词"迅速传到日本,后来又通过中国的留日人士与日本人自己发明的汉字译名一起传回中国。到了30年代,瞿秋白对此另有一番阐述:"最近三十年来,凡是新的研究学术所用的言语,工商业发展之中的技术上的言语,政治上社会上交际上的言语,事实上大半发生于'南边人'的嘴里——江、浙、赣、粤、湘、鄂、川等省人的嘴里。"(《瞿秋白文集》卷二,页673,此处林乐知、瞿秋白语分别转引自前揭何九盈书页75—76及页123)林乐知、傅兰雅在上海江南制造局译书的同事也多为"南边人"。"南边人"发明的译名和新的名词术语主要还是"北调",但若说夹杂一些"南腔",应该也是不争的事实。

代汉语中西融合的问题非本文讨论的中心,暂不展开。

### 2. 两套语言

至此似乎就解答了《围城》中人怎样说话的问题。然而,小说中一句看似不经意的话,透露了另一个信息:

"张太太上海话比丈夫讲得好,可是时时流露本乡土音,仿佛罩袿太小,遮不了里面的袍子。"

原来,读者在纸上"看到"张先生一家讲"国语",实则他们"说"的却是带"本乡土音"的上海话。"这位张先生是浙江沿海人","本乡土音"应该就是"浙江沿海"某地方言。"张太太上海话比丈夫讲得好",张先生上海话的"本乡口音"想必更厉害。

这个细节说明,《围城》中人可能有两套语言,一套是他们在实际生活中使用的,一套是小说家帮他们"翻译"之后、落在纸上、被读者"听到"的"国语"。比如,张先生说"好久不见",其实应该是上海话"长远弗见",作者将上海话翻成国语,硬派给他了。张先生一家既然说上海话,方鸿渐作为客人也不能独自讲国语——至少在张先生府上方鸿渐应该讲上海话,而他的上海话当然也由作者译成了读者"看"到的"国语"。

《围城》提到七十多个人物,开口的不下二十,他们都说什么话?现在看来,这个问题应该分作两方面:

1.他们本来说什么话?2.作者要他们在小说中说什么话?

### 3.《围城》主要人物的语言身份

不妨就从上述两个方面,考察一下《围城》主要人物的语言身份。赵辛楣从小跟父母生活在北京,父亲过世后,母亲和兄嫂常住天津。苏文纨是赵辛楣幼时在北京的邻居,长大后跟活跃于政界的父亲(后随丈夫曹元朗)辗转上海、香港、重庆各地。苏文纨表妹唐晓芙就读于苏文纨、赵辛楣在北京的母校,"大学因战事内迁,她停学在家半年,现在也计划复学"。这个"家"当然指唐晓芙父母在上海的"唐家"。唐晓芙和方鸿渐恋爱失败,"姊姊姊夫邀她到北平过夏",不久"跟她父亲到香港转重庆去了"。赵辛楣、苏文纨、赵母(在香港出场)、唐晓芙等或自幼生在北京,或常住北方,又天南地北为家,他们的国语自然以北方话为根基,但并不像老舍小说人物那样特别凸显纯粹的北方(京津地区)方言特色。也就是说,赵辛楣、苏文纨、唐晓芙的国语的北方方言特征很大程度上被弱化和模糊处理了。另一方面,赵辛楣、唐小姐在上海时间不短,不敢肯定他们能否说上海话,但他们以北方话为基础的国语偶尔夹杂一点南方口音也并非毫无可能。苏文纨是会说上海话的,来她沙龙作客的沈氏夫妇、遗少诗人董斜川、周游西洋各国的哲学家储慎明,小说没有特别暗示他们的方言背景,估计和三闾大学的学生、教师及眷属们一样,不管来自北方还是南方,都因为生活在官场、学界等公共空间,而自然成了现代国民中说国语的主体,或许正因为如此读者才觉得不必特别提示他们的方言背景。

按照小说第一章的暗示("本乡江南一个小县……那里人侨居在大都市的,干三种行业的十居其九:打铁,磨豆腐,抬轿子。土产中艺术品以泥娃娃为最出名"),方鸿渐应该来自作者的故乡无锡。孙柔嘉(据鸿渐父母所言)乃是"外县人",老家或许就在无锡上海附近。他们一个留学西洋,"国文曾得老子指授";一个毕业于上海新式学堂,要去三闾大学"谋得外国语文系助教之职"。这样的出生和教养使他们的国语跟"张先生"一样中西合璧,南腔北调,而以南方口音为底色。可以想象,方、孙二人只在大家都说国语的公共场合说国语,鸿渐回乡或在第一任岳家、张先生家、上海人主导的银行、报馆及孙家或孙的姑妈家,包括他们夫妇独处,应该都说吴方言(无锡话或上海话)。方鸿渐出国前在北京读书,归国后短期在上海谋生，上海是他南来北往出国归国必经的中转站，但比起自幼在上海长大、读书的孙柔嘉（包括从上海出来的李梅亭、顾尔谦两人），方鸿渐上海话中的无锡"本乡土音"或许更重一些，但这一点作者并没交代——或许不值得特别说明。作为新式知识分子，方、孙、李、顾和上述赵辛楣等人一样也都属于说国语的现代国民的主体，只不过有南北口音差别而已：赵辛楣、苏文纨、唐晓芙等的国语是北方方言作底子，方鸿渐、孙柔嘉、李梅亭、顾尔谦等的国语则带有南方（吴方言）口音。

鸿渐回乡或在上海的父母家中只说"国语"，不说无锡话。孙柔嘉在家只叫"爸爸妈妈"，并非上海话的"爹爹姆妈"。只有两处例外。一是方鸿渐应邀在县立中学讲"西洋文化在中国历史上之影响及其检讨"，走进学校礼堂，一阵紧张，好像"全礼堂的人都在交头接耳，好奇地评赏着自己。他默默吩咐两颊道：'不要烧盘！脸红不得！'""烧盘"是怯场、脸红的意思，无锡苏州一带方言。作者大概怕读者不懂，加上了"脸红不得"。这是写回乡者突发的心理活动，大概没有明确跳进国语的意识层面，所以直接用乡音土语比较贴切。二是婚后回上海，方鸿渐告诉孙柔嘉天下真小，在香港碰见苏文纨，到上海又碰见苏的朋友沈太太，孙柔嘉就打趣说"你等着，还会碰见个人呢"，暗指方鸿渐还会碰见以前追求过的唐晓芙。鸿渐不知何意，就问会碰见谁，孙柔嘉笑道："还用我说吗？你心里明白，哈，别烧盘。"孙柔嘉来自无锡的某个邻县，自然会说"烧盘"。当时夫妻尚未闹僵，孙柔嘉要打趣、警告丈夫别花心，又须给他面子，故用双方熟悉的方言，既能打中要害，又可避免使用"别脸红"之类过于直露和生分的"国语"。唐晓芙说北方口音的国语，孙柔嘉用"别烧盘"而不用"别脸红"，显得夫妻亲近，免得方鸿渐在心理上感觉她把自己往外推。同样手法也两次用在苏文纨身上。一是邮船到香港，见鲍小姐抛弃方鸿渐，苏文纨主动说"我要找家剃头店洗头发去，你肯陪吗"，"剃头店"是上海话，小说中一般叫"理发铺"，比如张先生"只生一个女儿，不惜工本地栽培，教会学校所能传授熏陶的洋本领、洋习气,美容院理发铺所能制造的洋时髦、洋姿态,无不应有尽有",苏小姐这时舍国语而就乡音,是想用她和鸿渐共同的方言背景拉近距离。二是她一厢情愿地说方鸿渐因为爱她而对赵辛楣和曹元朗有偏见,"你的心我想也偏在夹肢窝里"。这是鸿渐"乡音",后来他的两个弟媳妇私下里就这样批评公婆。苏文纨肯借用鸿渐的乡音打趣他,是要将他作为头号追求者笼络在身边。方言土语"别烧盘"一见于方鸿渐心理活动,一见于方鸿渐孙柔嘉夫妻私房话,这跟让苏文纨说上海话一样,都是情境需要,偶一为之,跟他们三人平时说的国语相比不算什么,略等于他们偶尔说的外国话。

主人公如此,次要人物的方言土语更被国语覆盖。方鸿渐父母、弟弟和弟媳妇,包括"阿丑""阿凶"两个侄儿,基本都操国语。也许他们谈话中带一些无锡方言,但方言的棱角都已经被磨光,变成南腔北调,轻易看不出来了。大概只有方老先生称方老太太为"娘",还算比较清楚地保留了无锡方言的特点。曹元朗怪腔怪调地"哼诗","鸿渐一字没听出来,因为人哼诗跟临死呓语,二者都用乡音。"《围城》1946 年《文艺复兴》初刊本说"元朗原籍是闽南"(1947 年晨光社初版和 1980 年人民文学出版社定本删去此句),他"哼诗"所用的"乡音"自然是闽南话。这是曹元朗仅有的一次露出乡音。他和苏文纨结婚后,无论社交语言还是家庭用语,肯定都是国语。

再看方鸿渐一行沿路接触的方言。他们从上海乘船,首站到宁波,改坐小船靠岸时,"一路只听见嚷:'船侧了,左面的人到右面去几个。''不好了!右面人太多了!大家要不要性命?'每句话全船传喊着,雪球似的在各人嘴边滚过",这样"传喊"的乘客各自的方言并未实录(也许"不要性命"有一点吴语痕迹)。宁波旅馆里"沙嗓子女人……排房间兜揽生意,请客人点唱绍兴戏",但她讲宁波话还是绍兴话,没有交代。第二站从宁波到溪口,改坐洋车,李梅亭和洋车夫有番交涉,读者只能"读"到李的国语而"听"不到洋车夫们的浙江方言。第三站从溪口到金华,写了"沙丁鱼罐"汽车里乘客之间以及汽车夫与乘客的争吵,还有鸿渐等人与"欧亚大旅社"伙计商量饭食,全是"国语"。第四站从金华乘火车至鹰潭,鸿渐等人因为"肉芽"问题与旅店发生争执,双方全用"国语",只泛泛提到"店主……跟伙计用土话咕(哝)著"①,是否鹰潭地区的赣客土话,不得而知。妓女王美玉说:"我也是上海来的,逃难来这块的。""你们那块来的啥?""这块""那块""啥"可能是苏北口音的上海话或妓女有意搭讪这一帮上海文化人而临时撇腔学说上海话。王美玉来路不明的"上海话"仅止于此,接下来说"教书的没有钱,为什么不走私做买卖?……我爹也是教书的……我也进过学堂",还有关于车票问题"又快又脆,像钢刀削萝卜片"的"一大串话",跟她的相好侯营长一样,都是比较顺畅的国语。鸿渐在鹰潭和一个卖花生的老乡说过许多话,但都是叙述者用国语转述,不见乡谈。第五站公路汽车至南城,苏州寡妇"跟孙小姐攀谈,一口苏州话,问孙小姐是不是上海来的,骂内地人凶横,跟他们没有理讲……'我是孤苦伶仃,路上只有一个用人陪了我,没有你福气'"。明明"一口苏州话",但无论转述还是直接引用,都被翻译为略带一点口音的国语(比如"陪了我")。完整的苏州话只有两处,一是向李梅亭示好:"奈先生么,真是好人!""啊呀!李先生,个末那亨呢!"以及教训用人阿福:"打了你耳光,还要教你向我烧路头!"路头即路头菩萨(财神),烧路头有赔礼道歉的意思,无锡苏州一带方言。让苏州寡妇跟李梅亭和佣人阿福说方言,乃是"恶意"地将李梅亭拉到阿福的"同情兄"的地位,并非特别看重这几句苏州方言②。第六站在吉安,

---

① 此句初刊本、初版本和定本都作"咕著""咕着",笔者怀疑是"咕哝著""咕哝着"之误。
② 将小说人物的方言土语"翻译"为国语,在现代文学中是一种普遍现象。为现代中国小说奠定基石的鲁迅就几乎一律让他的人物——闰土、祥林嫂、阿Q、魏连殳、吕纬甫、涓生、孔乙己、华老栓——讲国语。郁达夫《春风沉醉的晚上》写工厂女工"陈二妹"第一次开口问第一人称男主人公说:"你天天在这里看的是什么书?"作者在这句话下面特用括号注明:"(她操的是柔和的苏州音,听了这一种声音以后的感觉,是怎么也写不出来的,所以我只能把她的言语译成普通的白话。)"郁达夫这句夫子自道,说的正是现代作家处理人物的方言土语的典型方式。

鸿渐一行因为要找担保取出寄自三闾大学的汇款,先后求助于银行职员、教育局长、妇女协会"一个灰布军装的女同志"及其"在公路局做事"的"男友",他们都说国语,连口音也未作交代。和三闾大学的大学生、各位教授及其眷属一样,作者对所有这些人物的"国语"的方言背景,都作了模糊处理。

以上只是根据小说描写推测主要人物的语言身份,实际上作者并不怎么给他们说方言的机会,也并不特意暗示他们的国语的"本乡土音"。换言之,《围城》人物的国语固然大多是南腔北调,但除极少数例外,通常并不特别提示哪是南腔,哪是北调。国语包含南腔北调,但融汇为国语之后,原来的南腔北调都不再具有方言的独立性,而成为共通语的有机组成了。这样的国语严格说来乃是"文学的国语",因为实际说话时南腔北调还是可以听出来,而一旦"开拓到文字上",就浑然不分了。

### 4. 钱锺书的"语文狂":强化国语/弱化方言

"文学的国语"是把当时人南腔北调(和中西合璧)的实际的国语加以书面化改造的结果——这正是《围城》语言策略的核心。所谓书面化改造的方式,主要是对方言土语的模糊化处理。

被模糊化处理的方言土语在《围城》中难以统计,它们已不再是纯然的方言土语,而成为带方言土语影子的共通书面语。苏文纨虽然舍"理发铺"而说"剃头店",并不会对国语读者造成方言的阻隔,因为上海话"剃头店"不像无锡话"烧路头""烧盘"那样和国语之间有难以消除的鸿沟。"剃头店"既是上海话,被钱锺书写进小说,就和"理发铺"一起成了标准国语(上文提到渡船乘客"要不要性命"也属此例),只不过在懂上海话的读者看来,拖了一条方言的尾巴而已。

通过这种模糊化处理,《围城》主要涉及的南方各地的方言土语就像影子一样贴在共通书面语背后,不仅曲折地传达出方言土语的地域文化色彩,也大大丰富了以北方方言为根基的现代国语书面语。南腔

中编　文体的试验

北调在新的国语书面语中水乳交融,轻易不可分拆。和钱锺书同时代的张爱玲有些随笔散文发表在上海小报上,为迎合上海读者的趣味,偶尔会刻意用一些上海话(如《有女同车》记录公共汽车上上海人的对话),但她的小说也采取了对方言土语的模糊处理法,即选用方言特色弱化、国语读者也能理解的一些词汇和表达法,避免只有上海读者才能理解的字面。

方遯翁喜欢让进入他日记和自传中的人一律说文言,作者称这种叙述策略为"语文狂"。遯翁的语言统一是虚妄的,否则也就不是"语文狂"了。指出遯翁为"语文狂"的《围城》作者允许"国语"打破真实的"双语"结构而定于一尊,虽然具有他自己所形容的"有领袖欲的人"语言心理上的那种"病态",但他所追求的并非虚妄的语言统一。方遯翁的"语文狂"用文言做书面语实现其旧乡绅的语言世界的统一,《围城》作者的"语文狂"则是用中西合璧南腔北调的"国语"做书面语来统一他的小说世界的语言。他没有忘记告诉读者许多人物其实都说方言,那些说国语的人也带着各自不同的口音,甚至也并未放弃局部地利用方言来刻画人物,但他不想凸显任何一个人物的"国语"的方言背景,小说最终要建构的乃是暗示着许多方言差异却基本磨光了方言棱角的统一的国语世界。

本文主要考察《围城》人物语言的通语/方言之结构关系,至于《围城》的叙述语言则比较清晰,主体是南方方言做底子的国语。南方作者的细密温婉绵里藏针不用说了,但"北调"也所在都有。甚至一句话当中,一个人嘴里,瞬间的意识活动,既有南腔又有北调。小说最后方鸿渐在街上被扒手偷了钱包,"身边零用一个子儿没有了","零用"的方言背景莫辨南北,但"一个子儿没有了"是货真价实的"北调"。鸿渐在本县火车站被两位记者一阵恭维,"觉得身心庞然膨胀,人格伟大了好些",这句话隐然有老舍之风。《围城》作者使用的叙述语言接近方鸿渐、孙柔嘉、李顾二人及张先生一家用南方方言做底子的南腔北调中西合璧的国语,但与赵辛楣、苏文纨、唐晓芙、董斜川、储慎明和高松年、汪处厚、韩学愈等三闾大学的学生、教授及其眷属们基于北方方言或方言背景根本模糊的同样南腔北调中西合璧的国语,也不隔膜。另一方面,作为中国现代有意炫耀学识的仅有的一部"学者小说",其叙述语言之中西合璧的作风虽然不像曹元朗《拼盘姘伴》那样登峰造极,却也一点不输给"张先生"一家。在南腔北调中西合璧这一点上,《围城》叙述语言和人物语言保持高度一致。

派屈克·韩南研究明代话本小说,首先注意到话本作家的语言。比如关于冯梦龙,他认为"冯至少熟悉两种口语:他自己(本地和本阶级)的方言以及北方方言在上流社会的某种变体。他还能驱遣两到三种书面语:文言;从北方方言发展起来的半标准白话文——这种白话文在他手里又显出北方方言东南部的一些特征;还有他本人的苏州方言,他曾用苏州话写过很少几首当地俗曲。但即使在他收集苏州俗曲时,所有评注都或是文言文,或是北方的白话文;因此很难说他在写作中采用了苏州方言。他使用的两种书面语,只有一种,即北方的白话文,和他日常所讲的口语有联系"[①]。如果这种说法属实,那么我们可以说,五四以来直至当代绝大部分运用现代白话文写作的作家,除不再使用文言文之外,在书面语和口语的关系上,和明代的冯梦龙并无二致。区别只在于冯梦龙的"北方方言在上流社会的某种变体"("官话")后来进化为"国语"和"普通话","北方的白话文"后来进化为我们在冯的大同乡钱锺书《围城》中所看到的中西合璧南腔北调乃至混杂中西莫辨南北的"现代白话文"。

"文学革命"健将们反对文学语言过于书面化,竭力拉近文学与口语的距离,但五四时期在文学上推重口语,所谓"将活人的唇舌作为源

---

[①] *The Chinese Vernacular Story*, by Patrick Hanan, Harvard University Press, Cambrisge, Massachusetts and London, England, 1981, p.2.

泉",宗旨无非要"使文章更加接近语言,更加有生气"①,并非叫作家实录人物的口语——既非照抄人物的方言土语,也不是照抄人们实际所说的南腔北调的棱角均极分明的国语,而是将人们实际所说的南腔北调中西合璧的国语"开拓到文字上",转换为书面语形式——"文学的国语"。这种"文学的国语"和明清两代在北方官话基础上发展起来的书面语的白话文学一脉相承,并没有给"口语文学"或"方言文学"留下多少余地。另一方面,尽管《围城》的语言呈现中西合璧的作风,但这只是作为对象和材料被作家加以讽刺性的运用,其主体仍然是调和南腔北调的汉语书面语,所以《围城》的南腔北调是对当时国语中的中西语言混杂现象的一种基于汉语本位的改造,它的表面上的中西合璧,仍然是以汉语来融汇吸收西语,并不等于洋泾浜的中西混杂语言。五四时期胡适、钱玄同、周作人、傅斯年、鲁迅等人一致希望以汉语口语为基础而融汇外来语和文言的"文学的国语"的理想,在《围城》中获得了基本圆满的实现。

## 5. 不平等的"双语"结构:通语之"形"/方言之"影"

按照夏志清的说法,《围城》是一部"充满了流浪汉行径的喜剧历险记"②,故事发生地点随主人公足迹不断迁移,从完全国际化的法国邮船到越南首府西贡,英语和粤方言并存的香港、九龙,华洋杂居而属吴方言区的上海,同属吴方言区的作者故乡无锡,也属吴方言区但跟上海无锡语言差别较大的浙江宁波、溪口和金华,赣方言和客家方言混杂的江西鹰潭、宁都、吉安以及属湘方言的界化陇、湖南邵阳和三闾大学所在地"平成县"(一个以湖南蓝田为原型的虚构地名),还有属西南官话区的广西桂林。方鸿渐一行没有进入福建境内,但《围城》1946年《文

---

① 鲁迅《写在〈坟〉后面》。
② *Modern Chinese Fiction*(1917-1957), by C. T. HSIA, p.442, Yale University Press, New Haven, 1961.

艺复兴》初刊本说"元朗原籍是闽南",在苏文纨家"哼诗"所用的"乡音"自然是闽南话。从初刊本看,《围城》囊括了中国南方六大方言区,这个特点在中国现代文学史上独一无二。若由赵元任那样善于学习方言的语言天才照实写来,或许要成为一部广泛记录南方非官话方言区各种方言土语的方言文学之巨构。但是,《围城》作者并没这样做。他虽然愿意告诉读者笔下人物各自所属的方言背景,对主人公所到之地的方言状况也会略有交代,却并不给他们大段说方言的机会,基本上是"强迫"他们说"国语"。

《围城》很重视人物语言的描写。指出人物说话时的特点,几乎是作者塑造人物的不二法门。比如,三闾大学伪君子韩学愈"讲话少、慢、着力,仿佛每个字都有他全部人格作担保";"大才子"董斜川满口遗少语言;以时髦哲学家自居的褚慎明死扣逻辑与煞有介事;"新古典主义"诗人曹元朗念诗时"音调又像和尚施舍,又像戏子说白……朗诵以后,又猫儿念经似的,嘴唇翻拍着默诵一遍"。赵辛楣留学美国,"最擅长对外国人演说(晨光社初版和人文社定本改为'用外国话演说'),响亮流利的美国话像天心里转滚的雷,搽了油,打上蜡,一滑就是半个上空"。还有那个沈太太,说话时总是令人担心她会扭断腰肢。总之,《围城》中许多人物说话(包括身体语言)的特点都尽态极妍地写出来。与此同时,适当点出人物的方言背景,也是《围城》透过语言写人的方法之一。比如写张先生一家,虽然硬派他们说中西合璧南腔北调的"国语",却没有忘记告诉读者这一家子实际讲带浙江沿海某地"本乡土音"的上海话。类似的还有法国邮船上贪小便宜而丢了饭碗的侍者阿刘,读者看他和别人一样讲国语,但作者交代他对方鸿渐说的乃是"广东官话"。妓女王美玉一开始用上海话和方鸿渐等攀谈,苏州寡妇用苏州话夸李梅亭"奈先生么,真是好人",更是许多《围城》读者熟知的"妙语奇文"[①]。有的

---

[①] 杨绛《记钱锺书与〈围城〉》,《围城》人民文学出版社 1980 年 10 月版"附录",页 369。

作家(如鲁迅)强调通过眼睛写人,钱锺书则抓住人们说话做文章。他自己口才妙绝,也喜欢让人物表演他们各自的"口才",通过他们的说话(包括适当的方言)来突显其精神面貌。一部《围城》,简直是各色人物表演说话的竞技场。

但是,钱锺书并不片面地模仿人物真实的说话——他让人物表演各自的口才、心思、性格,却极少让他们说方言。40年代初期开始,越来越多的新一代"乡土作家"喜欢真实记录和准确描摹人物的乡音土语,甚至叙述语言也竭力靠近方言。1942年毛泽东《在延安文艺座谈会上的讲话》把作家学习群众语言提到了政治正确性的高度;1946年,也就是《围城》在上海《文艺复兴》杂志上连载的同时,延安的文胆周扬明确要求不仅"人物语言"贴近生活实际,还要按这个标准对知识分子作家的"叙述语言"来一番"打扫"①。理论上鼓励方言土语大量进入叙事文学作品的这两个代表性意见,为40年代的文学语言指出了和五四以来依托现代国语并与现代国语一同成长的现代文学潮流迥乎不同的语言方向,甚至一度成为当时文坛的时尚。钱锺书则不然,他更多是将人物真实的话语(通常是他们的方言土语)"翻译"成民族共通语即当时在知识阶层比较通行的"国语",同时用统一全局的叙述者的"国语"告诉读者,人物实际使用何种方言土语。前者是作者"强迫"人物说的、落在纸上"可见"的语言,后者是人物实际所说、未经作者"翻译"、并不落在纸上所以读者只能在想象中"听见"的语言。前者是人物语言之"形",后者是人物语言之"影"。《围城》人物使用的是通语之"形"与方言之"影"叠合的"双语"——可以在阅读心理综合中组建起来的潜在语言结构。《围城》人物固然都能说方言土语(包括北方话),又能说国语,但绝大多数场合作者只叫他们说国语。小说呈现的是不平等的"双语"

---

① 周扬《论赵树理的创作》,1946年8月26日《解放日报》,引自《周扬文集》(一),页496,人民文学出版社1984年12月版。

结构:国语基本覆盖了方言土语。被作者"翻译"过来的国语变成人物在小说文本中真实的说话,未经作者"翻译"之前真实的方言土语只能借叙述者的转述,间接呈现出来,或在特殊场合,为着特殊目的,流露出蛛丝马迹。共通语对方言土语的覆盖,仿佛方鸿渐在邵阳一家火铺里发梦魇,梦中听见一个小孩子鬼魂的哭嚷:"别压住我的衣服!别压住我的衣服!"又听见"头边一声叹息,轻微得只像被遏抑的情感偷偷在呼吸"。

## 6. 南北方言差异在文学上的解决

1913年,民国政府教育部宣布,所有中小学和师范学校必须教授在第一次国音统一会及《国音词典》基础上产生的"国语"。当时国语基本就是北方官话,尽管制定者们大多来自南方,但南方方言区的普通国民一时难以适应,加以政权屡次更迭,推广不力,离真正的国语还很远。1932年赵元任主持的《国音常用字汇》公布,标志着现代国语建设迈出了关键一步。尽管如此,法定的标准语并不意味着人人都能接受或都能学会。从现代国语运动到1950年代中期开始推广普通话,确立现代中国标准语的成绩不容抹杀,但只限于学校语言和政府机关,对日常语言层面触动不大,只不过国语/普通话与非官话区的南方方言差别太大,因此对这些地方日常语言的挑战和促使后者改变的幅度、标准语推广的成绩,自然超过北方[①]。

国语/普通话长期存在的南北差异短时间无法消除,这在以此为语言基础的中国现代文学中必然有所折射。从中国现代文学的经验看,最值得注意的一点,就是本来应该作为国语运动中坚的北方作家,因为自身方言被容忍的方便,以及历史上共通书面语与北方方言天然贴近,而倾向于方言文学,加上1940年代以后延安方面的大力提倡,不仅来

---

① 现代国语建设中所包含的南北方言差异,S. Robert Ramsey 论之颇详,参见 *The Language of China*, by S.Robert Ramsey, Princeton University Press, 1987。尤其该书第一部分的第三节:"北方影响的普及"。

自北方的作家如赵树理等纷纷归回自己的方言世界,一些南方作家也放弃五四以来确立的现代白话书面语写作传统,转向方言写作的新范式(如大量吸收粤方言的《虾球传》作者黄谷柳)。主要以北方方言为根底的乡土/方言文学,由此长期占据现当代中国文学的主流。这个势头虽然在1950年代大力推广普通话之初有所遏制,但直到上世纪90年代新的都市文学崛起,在从小接受普通话教育的新一代作家身上才真正有根本的改变①。与此相反,国语运动中本来处于被改造被压抑地位的南方作家,却依靠千百年来成熟的共同语(官话)写作传统②,同时也借助这个群体所处地域在近代以来日益显著的经济文化优势,成为五四以来"文学的国语—国语的文学"的中坚。

为现代国语书面语做出更大贡献的不是北方作家群,而是南方作家群,但后者因此不得不模糊乃至大量放弃自身的方言土语资源,成为在方言上无所属的作家群,他们在写作中更多学习和创造中西合璧、南腔北调、超乎方言差异的现代中国书面共通语。这一方面接续了几千年来汉语文学书面语传统,也成为现代中国文学书面语的主要遗产。

散文随笔集《写在人生边上》和短篇小说集《人,兽,鬼》显示了钱锺书相当熟悉同时代中国文学,《围城》也不例外。"孙小姐的大手电雪亮地光射丈余,从黑暗的心脏里挖出一条隧道",据说借用了臧克家的诗句③。曹元朗的《拼盘姘伴》很像"好朋友"④卞之琳那首同样自注不断的《距离的组织》,并有鲁迅的拟作之风,比如讽刺未来主义的所谓"天

---

① 参见笔者《方言、普通话及中国文学南北语言不同论——以上海作家为例》,《文艺争鸣》2010年十期。
② S.Robert Ramsey说,"大多数中国人想起联合他们成为一国之民的语言时,他们心目中的'共通语'基本还是书面语——汉语书面语在中国文化中发挥的融合统一的力量不应被低估;即使文盲也总能感受到书面语的影响力。"前揭书页17—18。这种表述比较直接爽快,可以帮助我们认识五四以来"文学的国语"其实是国语的书面化改造,并非叫作家实录方言土语或者凸显日常所说的国语中包含着的南腔北调原来的方言背景。
③ 周锦《围城研究》,页18,成文出版社,1980年6月版。
④ 《围城》晨光社初版《序》称"柯灵、唐弢、吴祖缃、卞之琳"为"好朋友"。

上掉下一颗头,头上站着一头牛,爱呀,海中央的青霹雳呀"①,或戏仿徐志摩的"无终始的金刚石天堂的娇袅鬼茱萸,蘸着半分之一的北斗的蓝血,将翡翠的忏悔写在腐烂的鹦哥伯伯的狗肺上"②;李梅亭和苏州寡妇佣人阿福"我骂猪猡""猪猡骂我"的对峙,也很像阿Q和小D之间的"龙虎斗";范小姐一节还曾拿曹禺说事。才高气傲的钱锺书仍然属于中国现代文学共同体,其小说创作是和这个共同体积极对话的结果,并非一时兴起,闭门造车,苦心孤诣③。同样,钱锺书作为南方作家的上述语言策略也并非孤立现象,而是现代中国共通语运动中南北方言差异在文学上的一种典型的解决方式。

《围城》中人怎样说话?答案是:进入小说之后,他们都不说或很少说自己本乡本土的话,而是跟作者一起(或者说被作者安排着)"学说"中西合璧南腔北调的"国语"。他们不是自然地说着本乡本土的方言,乃是基本放弃各自的方言土语,学着说作者要他们说的话:正在生成中的超乎方言之上的新的民族共通语。这就使《围城》呈现出共通语/方言如影随形、一显一隐的潜在双语结构。

### 7. 方言/乡土写作与超方言/都市写作:两种遗产

同时代许多北方作家努力学习"人民群众"语言并在作品中模仿"人民群众"的自然说话,来自南方的钱锺书也在学习,但他是带着自己的人物(其中也有"人民群众")一起学习说"国语"。两种不同性质的学习,显示了对文学语言的性质与构成的两种不同理解,也因此给现代中国文学积累了两种不同形态的语言遗产。

如果说,北方作家群以方言为根基的书面语写作强调"群众路线"

---

① 鲁迅《三闲集·扁》。
② 鲁迅《集外集·"音乐?"》。
③ 据说《围城》直接的创作冲动起于钱锺书一次观看杨绛话剧的经验,参见杨绛《记钱锺书与〈围城〉》,《围城》人民文学出版社1980年10月版"附录",页364。

的政治正确性,强调"人民性"的政治/人性的结合,强调民族性、地域性文化特色必须借助原汁原味的方言土语才能获得充分表现,那么南方作家群超越方言的书面语写作则强调文学语言必须脱离方言羁绊,而脱离方言羁绊的书面语既可以表现纯粹方言写作无法表现的世界性因素,也可以借助共通语/方言一显一隐的潜在双语结构,更好地表现北方作家群所追求的上述文学要素。比如,《围城》以显在的国语遮蔽隐含的方言,大面积磨光方言土语的棱角,即使偶尔使用方言土语,也让读者轻易感觉不到,但南方文化的特色照样呼之欲出。这种情形就好比鲁迅虽然让阿Q的名字拖一个洋文,甚至让阿Q动辄"之乎者也"地掉文,什么"不孝有三,无后为大"、"不能收其放心"、"若敖之鬼馁而",却照样可以表现阿Q身上的绍兴文化特色,深刻揭示这个典型的中国农民的痛苦灵魂。

两种语言遗产在中国现当代文学中发挥各不相同的作用,高下优劣,难以遽断。不过从当下趋势看,方言上无所属的青年作家越来越多,超方言/都市写作似乎越来越有可能继方言/乡土写作之后,成为新世纪中国文学的主流。

站在这个潮流回望,《围城》的语言策略仍然有研究和借鉴的价值。

2010年11月13日

## 八　"次殖民地"·"文字游戏国"

在我国大学"中国语言文学系"目前的专业布局中,语言研究和文学研究一向隔膜。我有时纳闷,为什么非要把研究中国语言的人和研究中国文学的人放在同一个学术单位呢,既然他们这样老死不相往来?

治文学的人偶尔也会对"文学作品中的语言"做一点文体学或风格学研究,但面对专门的语言学研究仍然感到头痛,视为畏途。治语言学的人,虽然知道很勤奋地到文学作品中寻找"语料",偶尔也会像文学研究者那样谈谈某位作家的文字风格,但若要他将这种研究落实到文学史的系统考察,他多半会以专业分工为由,敬谢不敏。

大家都知道,在文学和语言之间存在着可以亦亟待开垦的一个开阔的中间地带,任其抛荒,双方都有莫大的损失。可见,文学与语言学的隔膜并非研究者心甘情愿,实有某种不得已的苦衷。

这里恐怕有两个因素值得注意。

首先,迄今为止,在我国学术界还没有建立一种大家共同认可的将语言和文学放在一起加以研究的适当的方法论。文体学与风格学固然是经常运用的方法,不过须知,文体学和风格学乃是学科边缘相当不清楚的传统的美学范畴和相应的文学批评模式,很难适应现代学科日益细化的知识谱系。语言和文学研究者同时倚重文体学与风格学,恰恰说明真正的跨学科研究方法的匮乏。

其次,现代学科的细分,往往诱导人们将某些明显的退化误认为进步。比如,中国古代以文字训诂为主的"小学"不仅作为全部人文研究的基础,也几乎包揽了全部人文研究的领域。而在现代,"小学"日益收缩,最后退回到传统的文字训诂(相当于目前汉语言专业古文字方向),这固然是学术进步,但语言文字研究对人文学科的根本意义和普遍的指导价值也渐渐隐没,以至于不仅文学研究,甚至某些摩登的语言学研究,都公然把语言文字知识的缺乏不当回事。一大批对本民族语言文字的历史和现状缺乏起码知识和感受力的学者混迹于甚至把持着人文研究的殿堂,这不能不说是一种滑稽的学术悲剧。这种情况,就好像一大帮外乡的陌生人闯进某个家庭而以主人自居,俨然谈论着这个家庭的各项事务。

其实在中国现代,语言文字学仍然充当着人文学科的基础。傅斯年主持的历史语言研究所,许多治社会史、考古、文学、哲学和艺术史的学者本身就是优秀的语言文字学家。古事弗道,即以中国新文学而论,其开端就是一场特殊的"语言学转向"。略具常识的人都知道,五四前后新文学、新文化运动同时也是一场语言革新运动。不仅中国新文学随着中国的新语言文字一道成熟,对新文学的反省也始终围绕着语言文字问题展开。"文学的国语—国语的文学"(胡适)无论对新文学还是对新的汉语言文字之学都是有效的价值公设。在现代中国,谈文学而不涉及汉语言文字,谈汉语言文字而不涉及文学,都是不可思议的偏枯。在现代语言学界之外,语言之谈论,也蔚然成风。从胡适、陈独秀、钱玄同、刘半农、鲁迅、周作人、刘大白这些五四元老到郭沫若、陈望道、林语堂、朱自清、闻一多、郭绍虞、冯至、朱光潜、巴金、陈梦家、钱锺书、胡愈之、李长之、胡风、聂绀弩、周扬、胡乔木这些继起者,无不终生究心于中国语言文字的新生与新文学发展的血肉相连。他们中间大多数都有专文和专著讨论现代意义上的文学和语言。

在新文学界内部,有关语言的思考也绝非像通行的"现代文学史"

叙述的那样到胡适为止。实际上，胡适仅仅发动了第一轮进攻，在他之后，对五四白话文运动的反思和深化才是一个更加精彩的、持续的思想运动，并且形成了值得后人认真对待的学术传统。

当代学术界是否充分认识到这一现代学术传统的意义并自觉地加以继承呢？这只要想一想 80 年代中后期，以西方哲学研究界为首的人文学界对现代西方哲学所谓"语言学转向"大表惊诧，兴奋莫名，奔走相告，就略知一二了。

我岂敢嘲笑西方哲学研究界（简称"西哲"）及其跟风者少见多怪，又岂敢指责他们数典忘宗，只是想强调一点：紧紧抓住语言文字问题，紧紧抓住近代以来备受震荡和迫压之苦并在震荡迫压中走出无路之路的汉语言文字，以此为元问题辐射开去，致思现代文化乃至现代社会诸问题，本来就是"吾家常事"，本来就是中国现代学术文化界无须烦琐论证的共识。西方现代哲学的"语言学转向"给了我们不少启发，但这种启发对我们自身的现代性问题的揭示，恐怕远远赶不上中国现代学术文化界上述共识所蕴含的思想遗产——如果今天这份遗产果真被发现并加以妥当利用的话。这是我们省思自身问题时所积累的学术话语，所探索的方法论。它不是悬空、外加的用过就丢的工具，它本身就启示着一种道路，是从我们生命内部发出的呼喊。这样的道路与这样的呼喊一旦被指明，一旦用通行的话语翻译出来，后来者应当更容易心领神会。

80 年代中期至今，国中陆续有人赓续五四话题，思考中国现当代文学与现代汉语的关系。举其大者，有作家汪曾祺访问美国时大声疾呼汉字对汉文学的决定性作用；有"九叶诗人"郑敏在 20 年代末期《学衡》杂志即予介绍的欧内斯特·范罗诺萨启示下对五四白话文运动的正面反思；有申小龙对现代学术史上围绕《马氏文通》一段公案的重新检讨，以及后来备受争议的"文化语言学"理论的相继提出；有作家李陀对毛语的灵感来袭的研究；有刘禾对"国民性话语"的重述与"跨语际书写"的视野拓宽；有王一川基于自己对中国现代性的独特理解而执著探索"现代汉语的形象";有汪晖对"民族形式讨论"中地方土语的再讨论;有老学者任洪渊先生对现代汉语诗歌问题独到而才气焕发的阐发;有高玉对现代文学发展中语言问题的系统整理。在近代汉语研究界中,意大利青年汉学家马西尼对现代国语成立与外来词的研究,周振鹤、游汝杰对近代中国"语言接触"(特别是传教士汉语学习与《圣经》汉译)的研究,也使人大开眼界。在当代文学批评领域,有关汉语问题的争论就更加丰富了,许多批评家对于赵树理、林斤澜、汪曾祺、高晓声、王蒙、莫言、韩少功、李锐、曹乃谦、孙甘露等独特的语言形式的研究,越来越显示出与现代文学和现代学术界的语言问题的有机关联。

所有这些研究,应该都是西方现代哲学的语言学转向与逐渐复活的我国现代文化界上述遗产交相为用的结果。这类研究超越了孤立无援的美学的文体学或风格学,真正进入历史研究的领域。其中,现代汉语和现当代文学的互动关系无疑是全部问题的最突出的焦点,而这正是五四元勋们主要思考的问题。历史转了一个大圈子,又回到了开端。

文贵良博士的新著《话语与生存——解读战争年代文学(1937—1948)》应该放在此一学术史序列中,才可以让读者更好地来"解读"。我觉得这部书最大的特点也可以说最大的成功之处,首先还不是著者喜欢夐夐独造因而往往奇崛生硬的术语,而是他给自己的研究预先设立了一系列限制。

海德格尔说过,"谈论语言有时比谈论沉默还要危险"。这是真的。语言无所不在又四通八达,盘根错节,你以为找到了某个蛮不错的角度,兴奋无比,跃跃欲试,可进去之后,走不多远,就会歧路亡羊,莫辨南北。这样的例子实在太多,不举也罢。我本人尽管对"现代中国知识分子的语言意识"一直感兴趣,但至今仍然停留在感兴趣的水平,不敢造次,生怕应了那句学者们最讨厌也最害怕的老生常谈:"你不说我还明白,你一说我更糊涂了。"这种痛苦我想贵良也没少尝,但他没有畏惧,持之以恒,并多少找到了克服困难的办法:限制语言研究的角度,以确保自己不至于迷失在语言问题的歧路上。

首先,他把研究范围严格限制在1937—1948年间战争年代的中国文学。这一时间段的截取,吸收了陈思和先生关于中国现当代文学"战争文化心理"的论述,以及钱理群先生后来对"天地玄黄"的1948年文学论争的分析。事实证明,这一限制非常必要。尽管他在讨论战争年代中国文学及其特殊"话语"时也频频涉及战前与战后,但这一切无不围绕战争时期特殊的语境展开,他的全部论述因此有了一个坚定的核心。

其次,他明确指出自己所从事的是"话语"研究而非一般的"语言"研究。在开始研究之前——确切地说是在研究的全过程直至完成研究之后——他认真梳理了"话语研究"的学术谱系,宣告他的"话语研究"方法论,不是索绪尔"语言"和"言语"的分离,和他主要依仗的福柯的知识考古学和话语理论也不尽相同,因为他还吸取了海德格尔"基础存在论"的思想,在"话语研究"中突出话语(言谈)主体的存在状态。他把这种合并福柯与海德格尔的研究思路称为"话语生存论",书名也叫《话语与生存》,其方法论的自觉,可见一斑。

复次,在"战争"和"话语"两层限制的基础上,他又顺理成章地提出第三层限制,或者说第三次聚焦。他的全部阐述,始终以战争年代中国文学话语的三位标志性人物——作为政治话语主体的毛泽东、作为虚悬的大众话语主体的赵树理、作为知识者话语主体的胡风——为中心,依次分析这三个话语主体的生成历史、话语特点和"存在之状",并进一步探索三种话语如何从战前的并置关系合乎逻辑地发展到战争期间和战后不可避免的互相渗透、彼此冲突、残酷绞杀直至强制同化的关系。

这部书的主要内容和精彩之处,就在这里。

但是,也带来了一些问题。我在阅读过程中经常觉得,他对战争年代文学的分析,虽然归结为"话语与生存",但许多内容又不能完全局限于"话语与生存"。如果用其他的方法(包括文学史研究的通常方法),

好像也可以达到相似的结论。比如,关于毛泽东作为政治话语主体在1943年共产国际解散之后宣告确立的过程,在高华、黄昌勇、朱鸿召、袁盛勇等学者对"延安整风"与"延安文学"的研究中已基本成型;至于赵树理的在民间与意识形态之间的虚悬主体,在众多的赵树理研究特别是陈思和有关民间/庙堂二元结构的论述中,也颇为清晰。既然如此,"话语生存论"的特殊贡献如何能够崭然显露?

我想这不能怪贵良的"话语生存论"在方法论上不够完善,主要还是中国学界在横移福柯、海德格尔等西方学者创生于西方学术文化特殊语境的理论模式时,急于为我所用因而难免削足适履的风气有以致之。

我由此想到,在中国现代,"话语"生产还有另一种或许没有被贵良充分意识到的看上去并不严肃也并不正经的方式。事情也确实不一定像贵良设想的那么严肃正经。在大多数情况下,话语的移植并不等于思想的共鸣,倒会带来思想的混乱。话语的繁殖也决不等于思想的增长,倒容易产生思想的混乱。

这是文化史、文学史和学术史经常出现的情形,现代中国这种情形或许更加明显,因为现代中国:按照胡适之的说法,是一个尚未脱离"名教"的国家;按照周作人的说法,是一个带有萨满教的相信语言的力量的半野蛮国;按照冯友兰的说法,是一个特别能够生产文字概念的国家;按照鲁迅的说话,不仅是"文字过剩国",更是"文字游戏国";按照陈寅恪的说法,是一个在语言文字上特别不自信的"次殖民地";按照胡风的说法,是一个喜欢"坐着概念的飞机去抢夺思想竞赛的锦标"的典型的东方后进国。在这样的国度里,思想的英雄也是文字的巨人,思想的侏儒也是文字的矮子。所谓思想,诚如闻一多在研究《庄子》所指出的,并不在文字之外,就在文字之中。没有离开思想的文字,也没有离开文字的思想。文字是思想乃至情感、幻想、憧憬和狂热的现象学在场的图景。因此,那种试图由表及里发现文字游戏背后的思想、权力、政治的过于严肃的话语分析,反而容易被无处不在的文字游戏所欺骗。勇敢而智慧的话语分析或许无须深求,反而恰恰要戳破文字/思想或思想/文字并无深度可言的公然的游戏本质,而不可堕入游戏之中,去追求文字游戏背后并不存在的深度所指。

举一个例子,当大家都被各种进入中国的气势汹汹的"主义"闹得头晕目眩时,鲁迅却认为这些"主义"并没有"来了","来了"的只是"来了",只是被这些"主义""旗号"所激起的一阵又一阵无谓的思想波动而已,甚至只是关于什么什么"来了"的传闻、谣言、恐吓、欣喜或一般的消息报道罢了。或许正是基于这种认识,鲁迅才很少正面对待进入中国的各种主张,而习惯于分析和解剖在中国推销各种主张的人士所怀抱的目的、所采取的方式对于现代中国世道人心的影响。这种很不正经的"话语分析",不是也能从一个角度打中要害吗?

因此我觉得,对毛、赵、胡三位的"话语",贵良的分析还过于注重语言背后权力、政治、体制、组织、生存处境和思想、意志以及个性这些其实并不难看清或者应该交给其他历史学科来处理的因素,而对语言本身的移植、繁殖、灌输、生造、大规模游戏的实情,倒有些轻忽了。

贵良并非没有意识到这个问题。一开始,他就强调话语分析不能离开语言层面的考察。事实上,无论对毛的政治话语还是对赵的大众话语,他都力所能及地考察了他们"向外"的用语方式。至于对"言用者胡风"特殊的"置身"性的语言风格和具体用语习惯乃至他的"语言创伤"的考察,更是这本书闪光耀眼之处。尽管如此,我仍然觉得不够充分。至少按照贵良的知识积累来说,还可以做得更好。我记得贵良曾经写过两篇文章,讨论李佩甫《羊的门》和韩少功《马桥词典》的"话语",非常精彩。他在分析当代文学的"话语"时,是否比分析现代文学的"话语"时,有更多的自由度呢?抑或他所服膺的福柯、海德格尔的话语理论与基础存在论过于繁杂的概念范畴本来就容易束缚中国学者的手脚?对现代中国文学进行"话语分析",固然可以借鉴福柯或海德格尔

中编　文体的试验

的方式,但是像奥维尔那样在小说或随笔中自由地描绘"新说法"(New Speech),或者分析"政治学与英国英语",也同样值得借鉴罢? 我觉得,相对于福柯和海德格尔,奥维尔的方式对于分析中国话语的中国学者来说,运用起来或许更加得心应手——而且恐怕更适合我们这些从文学专业贸然跨进语言学领地的不安分者。

这也许是吹毛求疵,也许完全出于我对贵良的学术追求的无知。果如此,那就要请贵良原谅,并有以教我了。

这本独特的著作的更多内容,著者文字俱在,不劳我来笨拙地转述。书稿放在我这里将近两月,如果从接触原稿(他的博士学位论文)算起,则差不多三四年过去了,但有些章节我至今仍然不能完全懂得。现在就把这些不能完全懂得的地方提出来,相信贵良是不会以为太过悖谬的罢。

2007 年 1 月 11 日

## 九 千古一哭有素芳
### ——读《创业史》札记

### 1

语言问题对柳青挑战极大。他笔下农民并非没有自己的语言。在他们自己的世界,农民的语言极其丰富,因此作家要写农民,首先必须学习农民的语言。柳青善于学习、提炼和运用农民语言,这是大家熟知的。

但吊诡的是,哪怕非常熟悉农民语言的作家如柳青也发现农民语言有时竟会那么贫乏,因为他要写的农民挣扎于新旧两个世界的夹缝,这种处境令他们失去了在以往生活世界和语言世界如鱼得水的那份安妥,他们被硬推到全然陌生的天地,突然变得语言贫乏,甚至根本说不出话。

《创业史》一个使命(或曰创举),就是让刚刚跨入新天地的农民学习说他们本来不会说的话。

### 2

让农民学说话,最典型的莫过于《创业史》第一部第十一章①,写土

---

① 本文引用《创业史》小说原文,若不特别注明,第一部皆为中国青年出版社1960年6月第一版,第二部上卷皆为中国青年出版社1977年6月第一版。

中编 文体的试验

改开始时,工作组将"农会小组长"高增福选为重点,要他在群众大会上"诉苦"。这位积极分子欣然领命,经常在家"独自一个人站在脚地,把竖柜上摆的瓶子、盆子和碟子,都当作听众,练习诉苦"。但这是一个十分艰巨的任务,"他总也讲不连贯,这一回练习遗漏了这件事,下一会练习又遗漏了另一件事。"高增福很着急,请示工作组是否可以不上台,回答是——

"拿出点主人翁的气魄来!"

于是"他的阶级自尊心立刻克服了他对自己讲话能力的自卑心,开始一有空闲就练习"。果然水平迅速提高,没等诉苦会召开,就预先"毫不困难地"将从前的东家、蛤蟆滩"三大能人"之一姚士杰"说得彻底无言"。

高增福如此,追求进步的其他青年农民也莫不如此,作者表现他们的"觉悟"和"成熟",一个重要标志就是必须像高增幅"练习诉苦"那样,逐渐(往往是很辛苦地)获得一种新的语言,新的"嘴才"。

## 3

《创业史》第一部读者比较熟悉,这里再从第二部举几个例子。

第二部第四章写梁生宝的左膀右臂高增福、冯有万正式入党时,"支部大会的进行甚至还遇到了难以克服的困难。两个出身悲苦的同志充满了对党的感情,却不知道怎样讲出来。"接下来有这样一段描写——

"下堡乡的共产党员们都盯着高增福和冯有万。两个人使着浑身的劲儿,很吃力地坐在长板凳上,克服他们面临的困难。显然,由于用脑过度,他们的鼻梁上和眉宇间,渗出了米粒大小的汗珠。暖烘烘的太阳从大门大窗进来，照着会议室里缭绕的吸旱烟的烟缕。但会议室里有一种挺别扭的沉闷。"

这确实是一种煎熬。人"进步"了，却尚未获得与之匹配的一套标志"进步"的语言。对高增福来说，在支部大会上面对一大群老党员发表入党感言，跟驳斥富农姚士杰，可不能同日而语！"野性子"冯有万更加犯难，这个"蛤蟆滩的老民兵队长新任灯塔社的生产队长"平时快人快语，可第一次参加党的会议，还是以自己为焦点，就紧张得不知如何是好了，"唉，黄堡镇仁义堂中药铺有治性情急躁的药吗？我有万买了鞋赤脚当生产队长，也要抓得吃几服！"

尽管如此，作者还是绞尽脑汁，让两位新党员在梁生宝一再鼓励和下堡乡党支部书记卢明昌反复启发下，终于神奇地克服了"难以克服的困难"，先后发表了各自"精彩的入党演说"。

高增福、冯有万入党一节，有柳青本人公开发表的三个版本：《入党——〈创业史〉第二部断片》（《上海文学》1960年十二期），《创业史》第二部第三章（《延河》1961年元月号），《创业史》第二部上卷第四章，中国青年出版社1977年6月第一版。《延河》版对《上海文学》版进行了较大改动，中青社版与《延河》版大致相同。对比这三个版本的同与异，有三点值得注意。

首先，高增福、冯有万两人最后的"入党演说"，三个版本基本一致，但也有不少细微改动，主要是随着版本升级，作者设置了越来越多的外部条件，特别是梁生宝的一再鼓励，卢书记的多方启发（包括从反面打压爱说空话的郭振山，以启发高、冯"怎么想，就怎么说"），以此增强叙事的逻辑性，好让高、冯后面的"入党演说"显得更加顺畅。

其次，卢明昌书记要求梁生宝在两位新党员说话之前，作为入党介绍人说说他们的情况，此处《延河》版在《上海文学》版的基础上增加了一段——

中编　文体的试验

"虽然他肚里想好个草稿了,但到会场上,在讲话前,应当重温习一遍,他才不至于在讲话中遗漏掉什么。现在来不及了。管它呢!生宝英俊的身派,勇敢地直立起来,毫不踌躇地向讲桌走去了。"

这说明柳青在整理《延河》版时意识到,梁生宝虽然比高、冯早一年入党,但在这种场合说话也有些紧张,至少没有达到他所崇敬的卢书记的水平,"爱用庄稼人的方式讲话",却处处能将道理"说得真个透亮"。

复次,上述三个版本都插入了作者用理论色彩浓厚的语言对农民入党的特殊意义进行的高屋建瓴的大段论述。因为是作者论述,所以三个版本之间并无多少差异。然而在结束论述之后,最早的《上海文学》版写道——

"但是,梁生宝介绍高增福和冯有万的情形,他的水平使他只能谈谈他们对互助合作热心的具体事实。"

《延河》版将这句改为——

"梁生宝介绍高增福和冯有万的情形,当时他分明感到一点这种意义,他也很想讲得更透彻一些。但他的水平使他只能谈谈他们对互助合作热心的具体事实。"

到了中青社版,这段文字又变成——

"梁生宝在支部大会上介绍高增福和冯有万的情形时,他分明感到一点这种意义。他很想讲点他们在这方面的觉悟。但他想来想去,只能谈谈他们对互助合作热心的具体事实。"

相对于《上海文学》版,《延河》版强调早一年入党的梁生宝在支部大会上说话有点紧张,但思想毕竟成熟许多,能够"分明感到一点"作者阐述的农民入党的意义,"也很想讲得更透彻一些",只是限于"水平",最后不得不放弃,转而介绍高、冯两人热心互助合作的具体事实。中青社版延续了这个思路,但在强调梁生宝思想成熟这一点上又有谨慎而细微的推进。梁生宝不是一般地"很想讲得更透彻一些",而是具体意识到要"讲点他们在这方面的觉悟",尽管最后同样也是放弃了,但在放弃之前还是"想来想去",内心做了许多努力。

高、冯"入党演说"确实如支部书记卢明昌要求的"怎么想,就怎么说",主要还是农民自己的语言。此前插入的对农民入党意义的作者论述高瞻远瞩,高、冯二位固然达到这个思想境界,早一年入党的梁生宝"水平"也有限,虽然能够"感到一点这种意义",却仍然不能用自己的话说出来,所以必须由作者代庖。

由此可见,柳青充分意识到农民学习新语言时是多么步履维艰,因此他很有分寸地表现着农民思想的细微进步以及与此同时语言"水平"的微妙变化。他深知这绝非一蹴而就的突变,而只能是一个积少成多的渐变过程。

## 4

从这个角度讲,当时柳青反驳青年评论家严家炎的那篇《提出几个问题来讨论》确实不无道理。

严家炎讽刺柳青将梁生宝在政治觉悟上描绘得过于成熟,超出了这个人物"性格、身份、思想、文化条件"等实际情况。柳青则抓住"觉悟"和"成熟"这两个概念的差异,强调他只是描写梁生宝在一次次政治学习、频繁接触党的干部以及实际工作磨炼中不断提高了政治"觉悟",却并没有将梁生宝"觉悟"的提高等同于政治上的"成熟"。柳青反问道:

"在艺术上表现我们这个时代的工农兵英雄人物的精神面貌,如果不涉及他们的政治学习和阶级觉悟程度,怎么能够更准确、更深刻地描写他们的行动呢?"

"许多农村青年干部把会议上学来的政治名词和政治术语带到日常生活中去,使人听起来感到和农民口语不相协调,这个现象难道不是普遍的吗?"

尽管如此,柳青还是强调,他很少直接描写梁生宝在思索和言语中过多使用政治名词和术语,免得读者以为梁生宝离开了政治学习却能独立地"萌芽"出先进思想。很多情况下,"都是作者描写他回忆整党学习会上的话,描写他回忆县、区领导同志的话。请同志们查对。"①柳青对严家炎的批评之所以感到委屈而无法保持沉默,很大一个原因是他认为严家炎没有看到小说在描写梁生宝这类先进青年农民说话"水平"逐渐提高时多么煞费苦心!

## 5

进步青年语言水平的提高尚且如此艰难而迟缓,不甘落后的老农民就更是可想而知。他们虽然也能学到一点新语言,但终究十分有限。

第二部第十二章写梁三老汉惊奇地发现,"仅仅个把月的办社活动中,任老四就学了这篇嘴才",这惹得老汉本人"舌根发痒",也想奋起直追了。后来事实证明,老汉的语言能力确实有所提高,甚至还能和"穿狐皮领大氅的'县书记'"谈得十分热络。

但这里需要注意两个问题。第一,任老四"嘴才"的提高是从梁三老汉的角度看到的,究竟有多高,也只能以梁三老汉的标准来衡量。如果用高增福、冯有万或梁生宝的标准来衡量,恐怕就说不上什么好"嘴

---

① 柳青《提出几个问题来讨论》,《延河》1963年8月号。

才"了。第二,梁三老汉居然能和"县书记"说得十分热络,固然说明梁三老汉语言能力有所提高,但同时也可能是"县书记"学会了农民语言、能够跟农民拉家常的结果,并非仅仅因为梁三老汉提高了语言能力。何况老汉固然能够跟"县书记"谈得十分热络,但也经常"两只粗硬的手颤抖着,帮助他表达心中的痛苦",——他的语言明显还是相当缺乏。他称"县委书记"为"县书记",跟蛤蟆滩人游行时将"杜勒斯"说成"杜老四",都是对新的语言相当陌生的表现。

但凡遇到新鲜事物,新鲜场合,蛤蟆滩农民依旧还是笨嘴拙舌。比如,远近各乡农民来观看高级社牲口合槽,梁三老汉"很想说几句这种场合适当的话,但他不知道说什么好。不是他缺乏机智,而是他的老脑筋对于这刚刚开头的新生活,还不是那么适应哩!"

梁三老汉、任老四在学习新语言方面,多少还有一些进步,平时不大出门的"生宝他妈"就更可怜了。第二部上卷第十一章写郭振山带着县委副书记杨国华到梁生宝家的草棚院看望"生宝他妈","头发灰白、满面皱纹的善良老婆婆,手里拿着拨火棍,在东边破旧的草棚屋里开了板门。她出来站在门台阶上,看见不只郭振山一个人,她这才紧张起来"。当郭振山向她介绍同来的就是"杨书记",而没有架子的"县书记"又主动给她打招呼,她就被"弄得手足无措",接下来作者写道——

"她手里的拨火棍,不知往哪里搁是好。最后她还是忙乱地把它胡胡涂涂丢在门台上,好像她再也不需要这东西了。"

多么传神!但如此传神写照,是付出了让"生宝他妈"完全不能开口的代价换来的。

为了让庄稼人在新社会说出"适当的话",柳青殚智竭虑,最后不得不承认,"更多的意思庄稼人嘴笨,说不好。"

进入新世界的蛤蟆滩庄稼人啊,谁的语言够用呢?

这是他们的苦恼,也是柳青的苦恼。

让农民在新社会克服不知如何说话的困难,帮助农民说出他们心里的话,是柳青面临的一大难题。

## 6

但柳青并不因此片面追求将农民写得口若悬河。他一方面写农民在以往生活世界拥有丰富的语言,一方面又如实写出他们在新社会的语言匮乏,以及他们对这种语言困难极其有限的克服。

只有在塑造"轰炸机"郭振山及其哼哈二将("低着头有了主意,仰起头就有了诡计"的"活周瑜"杨加喜,一贯巧舌如簧的"孙水嘴")时,作者才故意让他们自以为是,任凭什么场合都能说下大天来。他们的能说会道是哄骗干部群众的烟幕弹,并不能代表农民说出他们的心里话,所以卢支书批评郭振山"呀! 同志! 你的嘴才太巧了嘛!"真可谓一语中的。

描写不同身份、不同思想感情的农民各不相同的语言处境和语言能力,是柳青现实主义追求的重要一环。

场面话难说,心底秘密更难表达。第二部第十章写梁生宝"对他最亲密的助手(高增福)打开他内心最深处的秘密",显然夸张失实了。那充其量只能说是梁生宝思想中一个重要内容,即担心辜负领导希望,自觉肩上担子太重,谈不上"内心最深处的秘密"。真正的"秘密"不会这么容易就能写出来。

更多场合,柳青还是直面农民语言和"新生活"的距离,竭力追求让二者磨合接榫,让流行政治语言尽可能顺利进入农民语言的躯壳。

他这样努力的时候,其实就是采取了鲁迅所提倡的"给他们许多话"的办法[①]。《创业史》对话之外的大量叙事、抒情和描写,基本都是

---

[①] 鲁迅《答曹聚仁先生信》。

由作者揣摩农民心理，用作者的语言说出来，或者混合作者学到的农民语言与作者自己的语言，千方百计你说出农民心中的思考、议论与抒情。

"给他们许多话"，是鲁迅对"先驱者"也即启蒙知识分子说的。所谓"许多话"，主要也是指启蒙知识分子的语言，这在自觉实践鲁迅教导的路翎小说中可以看得最清楚。至于郭振山、梁生宝、徐改霞、高增福、冯有万们竭力学习得来的"嘴才"则主要是规范化政治语言与农民语言调和之后形成的混合物，也是《创业史》为农村"新人"着力打造的一套新语言。

## 7

但上述语言追求显然还不能令柳青感到完全满足。为了更好地写出农民的精神世界，他甚至不惜借助超语言的方式来表现。

《创业史》第二部上卷第五章写小媳妇赵素芳趁公公"王二直杆"死后落葬，撕心裂肺哭个不停，就是整部作品描写农民用超语言方式克服语言困难的神来之笔。

过去谈《创业史》人物，大多集中于梁生宝、梁三老汉和"蛤蟆滩的三大能人"，连改霞都很少谈到，有人甚至劝柳青删掉改霞这个人物[1]。

---

[1] 比如李希凡《漫谈〈创业史〉的思想和艺术》就认为"改霞并没有写好"，"尽管作者用了大量的漂亮词句，渲染这个美丽姑娘的容貌和性格，用不少篇幅细腻描绘她的内心生活，但是，终于由于她的生活、性格没有扎根在蛤蟆滩的现实生活土壤里，而不能取得像梁生宝那样的感人的效果，相反的，有时还会引起厌烦，使人觉得这个脱离斗争和梁生宝纠缠爱情的女孩子，并无多少可爱之处！"李希凡把改霞形象的塑造提到现实主义和浪漫主义结合的高度，认为"缺乏丰厚的现实生活基础的空虚的夸大的幻想，绝不是革命浪漫主义精神"，他的结论是："从《创业史》整个的艺术形象的创造来看，改霞的形象只是我认为的个别失败的例子。它像游丝一样黏附在《创业史》的生活和形象世界里"，"只要扯断它，《创业史》仍然是很大程度上表现了革命的现实主义和革命的浪漫主义相结合的好作品"。换言之，必须将改霞删掉，才能保证《创业史》的整体思想与艺术成就。该文原刊《文艺报》1960年十七至十八期合刊，转引自山东大学中文系编《中国当代文学研究资料·柳青专集》，1979年4月，页148—150。

柳青虽然未曾照办,但也不断提醒读者和改编者,改霞绝不是小说的中心人物①。改霞尚且如此,素芳就更不在话下了。大概只有当时正在读研究生的青年批评家何文轩(西来)着重分析过素芳的心理和命运②。据作者事后回忆,当时只想以此反驳姚文元对柳青的"极左非难",也并非对素芳特加青眼③。

但素芳在小说整体构思中的地位如果不说超过改霞,至少也是《创业史》女性群像中仅次于改霞的第二号人物。当时评论界对素芳有限的研究,主要围绕小说第一部她和富农姚士杰的关系展开,对他们二人之间露骨的性行为性意识的描写争执不下。姚文元认为,"作者过分强调了生理的因素而忽略了起决定作用的阶级的社会的因素。作者是把素芳作为一个被迫害、被摧残者来描写的,也许以后她还会从惨痛的教训中觉悟起来,可是,用'生理上是男人而精神上是阳性的动物,姚士杰给女人素芳多大的满足',以及拴拴缺少姚士杰对女人的热烈拥抱来解释素芳被这个恶毒的富农所吸引,是不妥当的,至少是缺少典型意义的,这对姚士杰的阶级本质的揭露没有帮助,可以省略。"④

姚文元关于素芳形象的质疑仅限于这段文字,何文轩则用整段文章详细分析素芳形象的塑造,强调作为被旧社会迫害和摧残的女子,素芳形象既有普遍意义,更有不同于改霞、李翠娥等妇女的特殊性,这种特殊性跟她的家庭背景、少女时代惨痛经历、嫁给拴拴后饱受阿公"王二直杠"欺负等等特殊遭遇有关,因此她和姚士杰之间看似变态扭曲的关系并非完全生理性的,背后也有社会性因素,"作者在处理素芳与姚

---

① 比如,在《延河》1961年10月号登完《创业史》第二部六七章之后,柳青在"作者附记"中郑重其事地要求所有的改编者:"不要把徐改霞当作女主人公安排。这不符合《创业史》的总意图。"
② 何文轩《论〈创业史〉的艺术方法——史诗效果的探求》,《延河》1962年2月号。
③ 《流派开山之作》,《延河》2006年9月号,这是何西来先生为《创业史》重印本所作的序言,参见作埂、邢小利、董颖夫编《柳青研究文集》,页5。
④ 姚文元《中国农村的社会主义革命史——读〈创业史〉》,《文艺报》1960年十七至十八期。

士杰的关系时,分寸也是很严的","谁也不会因为作者强调了生物性的一面而不把素芳看作社会的人",但惟其如此,"她的解放必然要经过更曲折、更痛苦的途径"。何文轩认为这个女性形象整体上"写得相当深刻,相当成功",尤其考虑到素芳在小说的主要矛盾冲突中"处于更外围的位置,在《创业史》宏阔的艺术画面上,她只是占着不太重要的一隅,然而作者竟能赋予她以如此的历史深度和艺术深度,的确是不容易的"①,但他也指出,"第一部里的素芳,直到最后,还是处在灵魂上沉睡的状态"。

姚、何二人意见大相径庭,但有一点彼此相通,即都认为素芳形象在《创业史》第一部并未完成,都预期第二部将有更多精彩笔墨落在这个次要人物身上。当时《创业史》第二部还没有以完整形式公开出版,素芳在《创业史》第一部又始终处于被描写的地位,她虽然也处于新旧世界交替的门槛上,但并不像上述郭振山、梁生宝、徐改霞、高增福、冯有万们诸人学到了属于自己的"嘴才"。姚、何二人感到不满足,并对这个人物下一步的塑造作出预期,是合乎情理的。

果然,到了第二部上卷第五、第六章,柳青让素芳用鲁迅所谓"无词的言语"——无休止的哭泣——再次隆重登场。素芳终于摆脱了蛤蟆滩农民普遍存在的语言困难,充分诉说自己——如果"哭"也是一种"诉说"的话。

## 8

在此之前,小说经常写到素芳的"哭"。

十六岁被黄堡镇流氓引诱糟蹋之后,素芳痛哭过一场,"哭红了眼睛"。

---

① 前揭何文轩(西来)《论〈创业史〉的艺术方法——史诗效果的探求》,《延河》1962年2月号。

中编　文体的试验

　　带着明显的身孕嫁给木讷的拴拴之后，公公"王二直杆"用"顶门棍""有计划地捣过几回"，残忍地打掉她的身孕，平时又凡事苦待她，而丈夫拴拴听由老爹摆布，完全不懂夫妻恩爱，素芳因此不知哭过几回。

　　"新社会"了，别人都可以离婚，唯独不名誉的她不能。她不得不继续饱受公公的苦待，不得不忍受和拴拴之间毫无乐趣的所谓夫妻生活。她因此不知暗自哭过几回——她知道在别人眼里，自己绝没有不满和哭泣的权利，"素芳没有当着旁人的面哭鼻子的理由"。

　　她爱慕邻居梁生宝，但梁生宝"因为担心他在村里的威信受到损伤"，为了"尽力提高自己在群众中的威信"，连心爱的改霞都要处处回避，何况这个名声不佳的邻居人家的儿媳妇，所以他就以村干部资格"大白天日教训了她一顿"。素芳很快就断了对梁生宝的念头，但她并没有因此害怕、回避梁生宝，"她向村干部梁生宝哭诉，她还没有解放"，希望这个邻居兼村干部"干涉"她的生活，帮助他摆脱公公直杠王二的严防死守，和毫无感情、仅仅被她称作"咱家做活人"的丈夫拴拴离婚，在新社会获得真正的"解放"。但"生宝板着脸要她好好劳动，安分守己和拴拴过日子"，"生宝硬着心肠，违背着他宣传的关于自由和民主的主张，肯定地告诉素芳：暂时间不帮助她争取这个自由，等到将来看社会风气变得更好了再说"。这就等于宣布素芳仍旧是不名誉的贱民，在"新社会"低人一等。既在感情上遭到梁生宝严厉的拒绝，又在社会政治上被梁生宝如此一番的训斥，素芳的精神世界将会发生怎样的变化，小说未做交待，但我们读者完全可以想象。她为此而暗自饮泣，应该是非常伤心而绝望的。

　　再后来就是在"堂姑父"姚士杰家磨坊里心情复杂地啜泣。她陷入了难以自拔的屈辱、偷欢、犯罪的深渊，她的哭泣因此更加不能理直气壮了。

　　县里来的青年团干部王亚梅组织"妇女小组学习会"，包括素芳最看不起的李翠娥在内的妇女们的竞相发言"一再地触动素芳的伤疤"，迫使她"一再地回忆起疼痛"。素芳几次想开口,却总是被深深的自卑感和羞耻感压迫得说不出话来。他好几次忍住几乎夺眶而出的眼泪,跑进茅房偷偷哭泣。

素芳的"哭",绝大多数场合都是暗自啜泣,谁也不知道,作者因此也就没有必要描写周围人的反应。但这些预演性的啜泣非常重要,好像一道奔涌的河流受堤坝拦阻,改变流速,失去喧嚣,却并未静止,乃是默默积蓄力量,寻找机会,等待新的出口。

## 9

于是就有了《创业史》第二部上卷第五章素芳总爆发性的"哭"。

素芳趁着以梁生宝为首的"灯塔合作社"一班人为公公"王二直杆"送葬,当着大家的面毫无节制地痛哭流涕,不听任何人解劝!她只是哭,并非边哭边诉,所以不管是旁观者,是上前试图解劝者,还是事后与她谈心的干部,都完全不理解她为何而哭。

梁生宝是"王二直杆"葬礼的主持者,素芳的紧邻,两人又有那层特殊关系,按理应该比较了解素芳,但他竟一点不懂素芳究竟为何而哭,"心里头奇怪","阿公活着的时候,把你简直没当人!老顽固这阵死了,你还哭得这么伤心?没主心骨的女人!"

灵柩到了墓地,"按丧仪的程序",跟在后面的妇女们应暂停哭泣,但素芳仍然"哭得直不起腰来",这时梁生宝就"鄙视"素芳了,"没出息的女人!","经过建社期间两条道路的教育,她还是这个样子!什么时候才能把她改造成有社会主义觉悟的劳动者呢?糊涂虫!"

与此同时"灯塔社"其他送葬的社员们也"都注意到拴拴媳妇的伤心好令人奇怪。在灵柩周围解绳的庄稼人脸上出现了迷惑不解的神情。冯有义甚至感动了,低声说:'啊!拴拴这屋里家,还是个孝敬媳妇哩!'"

死者落葬后,"按照殡葬礼仪",妇女们都应该停止哭丧,"但素芳只管她弯着腰,伸长脖子,失声断气地抽泣着。好像决心要把肠肠肚肚,全部倾倒在这墓地上,她才回家。"新党员冯有万走到他崇拜的主任梁生宝身边低声骂道:"贱骨头!"梁生宝的态度也从"奇怪""鄙视"发展到"生气",他怀疑素芳这么哭,可能跟好吃懒做的李翠娥一样,"对灯塔社的女社员将来要参加农业劳动发愁?怕劳动的,怎么会有好思想呢?"

梁生宝想到这里就"心凉了",更不想考虑自己的婚事。他对农村妇女几乎绝望,激昂慷慨地发表了一通关于"党真正的负担"在于"改造落后意识"的"墓前演说","把驻队干部和社员们都听得凝神不动"。

但是没有想到,"已经不哭的素芳听了主任的话,重新又哭起来了。"

## 10

《创业史》第二部上卷第五章就这样写素芳的哭,以及周围人的迷惑不解乃至鄙夷愤怒,第六章则试图解释素芳为何要哭。

柳青告诉读者,苦命的素芳有太多委屈,一直没机会宣泄,"阿公的死给她一个哭的好机会!"素芳究竟哭什么?原来主要是哭她和做寡妇的老娘一起受苦的根源——多年来始终被她怨恨不已的败家的父亲赵得财,"素芳在阿公尸灵旁边,哭着可怜的她爹赵得财"。正是赵得财在旧社会的堕落(吃鸦片),才使她从一个殷实人家的小姐变成到处抬不起头的自卑自贱的可怜女子,所以哭死去的父亲,实质上就是认识到"旧社会制度杀害了多少人呀"而悲从中来。

作者这种分析当然值得尊重,但不能说作者本人就完全理解他笔下的素芳之哭。70年代末,住在医院的柳青告诉前来看望他的阎纲先生,"素芳大哭,是哭旧制度"[1],这与素芳在青年团县委王亚梅面前的告白大致相同,"王同志放心!我哭是为从前的事!"

---

[1] 阎纲《〈创业史〉与小说艺术》,页225。

这显然并非洞悉底蕴之笔。造成素芳不幸的原因并不都可以归结为"旧制度"与"从前的事"。不说"解放前","解放后"素芳仍旧不得解放。她和拴拴之间无爱的婚姻,她在"王二直杠"管束下"受苦受活",她对邻居梁生宝的爱恋以及后者对她的冷漠与训斥,她和富农姚士杰之间并非始终"分寸也是很严的"的变态扭曲不可告人的关系,她在"妇女小组学习会"上不断加深的自卑感和羞耻感,她在葬礼上啼哭时梁生宝、冯有万、冯有义等人毫不掩饰的鄙夷、厌恶、疑惑、隔膜和愤怒——她在嚎啕大哭时心里想到的这一切,岂能简单归结为她对早已印象模糊的亡父的怀念,或者扩而广之,归结为对"旧制度"的憎恶?

《延河》版素芳对王同志说的那句话是:"我一定在农业社好好劳动……报答共产党的恩情!"这句话的上半截是复述梁生宝的"教训",下一截是当时的门面话,都不可能是思想有无转变的素芳对自己那一场"哭"的全部解释。但相比中青社版的"王同志放心!我哭是为从前事!"《延河》版或许略胜一筹。中青社版试图拔高素芳,《延河》版则让素芳心有顾忌,或依旧"糊涂",既不会一下子拔高到看清了自己的悲剧命运全部可以归因于"从前"的"旧制度",也不敢轻易地流露真心,而是以梁生宝的"教训"与流行的门面话遮挡过去。

尽管用理性语言解释笔下人物复杂的内心世界未必成功,柳青还是照实写来,用了整整五六两章大写特写素芳的"哭"。

"哭",是柳青为素芳找到的"本本色色"的语言,他要透过这种超语言的情感发泄来挖掘一个乡村女子的精神深井。一个谁也不理解的受尽凌辱的不幸的小媳妇在普遍隔膜中尽情吐露心声,在与同类交流的意义上尽管失败了,却恰恰由此呈现出农民(大而言之也是中国人)情感与灵魂的真实状态。

关于素芳之哭,柳青至少为我们提供了两个版本,即《延河》1961年四五号连载的《创业史》第二部第四章,中国青年出版社1977年6月第一版《创业史》第二部上卷第五、第六两章。两个版本的差异不仅在于《延河》版的一章被中青社版扩张为两章,还在于《延河》版更加强调、突显梁生宝对素芳之哭的鄙视和厌恶①,但素芳之哭本身,中青社版的改动并不大,这说明柳青对人物内心世界的把握并没有受到自己的理性思考的干扰。

## 11

鲁迅说"造化生人,已经非常巧妙,使一个人不会感到别人的肉体上的痛苦了,我们的圣人和圣人之徒却又补了造化之缺,并且使人们不再会感到别人的精神上的痛苦。我们的古人又造出了一种难到可怕的一块一块的文字;但我还并不十分怨恨,因为我觉得他们倒并不是故意的。然而,许多人却不能借此说话了,加以古训所筑成的高墙,更使他们连想也不敢想。现在我们所能听到的,不过是几个圣人之徒的意见和道理,为了他们自己;至于百姓,却就默默的生长,萎黄,枯死了,像压在大石底下的草一样,已经有四千年!要画出这样沉默的国民的魂灵来,在中国实在算一件难事","我虽然竭力想摸索人们的魂灵,但时时总自憾有些隔膜"②。

克服这困难,打破灵魂间"隔膜"的高墙,在中国文学中实在难得。

素芳之"哭",很容易令我们想到中国文学史上那些善于哭泣的女子。

《水浒传》中金翠莲"哽哽咽咽啼哭","兰陵笑笑生"笔下李瓶儿丧子之后无言的哀毁,都是无告的中国女性常见的哭泣,与素芳之"哭"有相通之处,但《水浒传》《金瓶梅》作者的笔墨何其吝啬!

关汉卿笔下窦娥的呼天抢地乃是作者激越情感的投射,并非人物

---

① 中青社版删除了《延河》版中梁生宝对素芳之哭的不少过火的反应,"'真个没彩!咳!真的没彩!⋯⋯'生宝想着素芳从前的为人,甚至气呼呼的。他想不来这号女人,怎样在世上活着哩。""生宝看也不喜看那个可怜的女社员一眼。""俗气!俗气透了!生宝心里直发呕。""大伙都回头看,生宝没回头看,有什么好看呢?不嫌羞!"

② 鲁迅《俄文译本〈阿Q正传〉序》。

本有的告白。而且,窦娥化悲为愤,"出离"了"哭",化"哭"为"诉",重点在"诉"不再"哭"。

陈忠实《白鹿原》中田小娥跟祥林嫂一样,在多次啼哭、哀嚎之后,渐渐都不会哭了——残酷的生活剥夺了她们"哭"的能力。

鲁迅《野草·颓败线的颤动》里那个老妇"举两手尽量向天,口唇间漏出人与兽的,非人间所有,所以无词的言语",有思想深刻和强烈的画面感,似乎更接近素芳之"哭",但毕竟没有叙事的广度。

相知之下,素芳之"哭"确实不同凡响。作者显然也意识到这点,所以干脆放开笔来议论一番:

"人身体里头到底能有多少眼泪呢?眼泪流得太多,对人有什么害处吗?为什么哭得时间长了,觉着脑子里头疼呢?为什么后来眼眶里也感到火辣辣的呢?曾经有过哭瞎了双眼的人。素芳现在不管这些。她只想哭!哭!哭个痛快!好不容易!阿公的死给她这样一个哭的好机会!她可以公开地、尽情地大哭它几场。哭个够!"

面对素芳之"哭",村民们的疑惑、猜测,妇女们的劝慰,干部们的思想工作,自以为"进步"的梁生宝、冯有万们的"鄙视"与"生气",以及作者在书里书外的解释,都黯然无光了。

因素芳这一"哭",我们不得不对《创业史》中完全不理解素芳的正反两方面人物做出另外的理解。

因素芳这一哭,《创业史》人物世界发生再度分裂。一边是《创业史》所有人物,一个是哭得死去活来的素芳一人,两面的隔膜与对峙,使我们得以重新体会柳青在揭示"沉默的国民的灵魂"方面取得的惊人成就。

素芳之"哭"几乎哭塌作者一手造成的整个世界!这种撼人的艺术

力量也许只有传说中孟姜女哭倒长城或《红楼梦》中贾珍为儿媳妇秦可卿之死而发的不伦之悲约略近之。

但孟姜女之哭只是传说,缺乏文学的具体描写(苏童根据这个传说创作的《碧奴》以夸张游戏笔墨写"哭"也基本失败了),而贾珍和素芳,一个是公公不知羞耻地哭那暗中与他有染的媳妇,一个是媳妇假装哭公公实则自悲其身世,二者表面相似,内涵迥乎不同。

## 12

但这种笔法只可偶一为之。

素芳之"哭"有一个蓄势过程,比如作者对素芳父母、诱奸素芳的黄堡镇流氓、王二直杠、拴拴、梁生宝、姚士杰等等相关人物细针密线的精心塑造,包括暗中审察"他的拴拴婶子""嗅见素芳脸上发出的雪花膏味道,简直要发呕"的"不曾接近过女性"的十七岁少年任欢喜"稚嫩的心"。

没有这些铺垫,素芳的无言之"哭"就犹如一面空镜子,什么也照不出。

另外,素芳之"哭"也需要他人之"哭"的衬托,才能愈加显出其独特性。

比如改霞妈妈哭她们孤儿寡母的凄惨。这种哭固然悲伤,却怀抱希望,即希望年轻漂亮的女儿在"代表主任"郭振山的帮助下有一个美好的前程。

小说也多次写到改霞哭她和梁生宝的一再错过,比如第一部第十五章,改霞久等梁生宝不至,就灰心起来,要下最后的决心不再等心上人了——

"她这样想着,突然间鼻根一酸,眼泪涌上了美丽的眼圈。这既不是软弱,也不是落后。这是为了崇高的理想而牺牲感情的时候,从人身上溢出几滴感情的浆汁。改霞用巧妙的手指,把溢出眼角的两滴泪水抹掉,往回走去。"

热恋中的年轻姑娘改霞的哭,美丽而忧伤。

穷汉子高增福,"无论你什么时候看见他,他总像刚刚独自一个人哭过的样子",高增福确实市场暗中饮泣,但又深自责备,作者写他这样强忍泪水:

"他鼻根一酸,眼珠被眼泪罩了起来。但是他掩住嘴唇,没有让眼泪掉下来。他眨了几下眼皮,泪水经鼻泪管到鼻腔、到喉腔,然后带着一股咸盐味,从食道流进装着几碗稀玉米糊糊的肚囊里去了。"

无独有偶,以"在党"为无上荣光,却私心太重,梦想独自发家的"代表主任"郭振山收到"组织"的批评之后,他的那双炯炯有神的大眼睛竟然也"被泪水罩了起来"——

"但是,倔强的郭振山不会让眼泪流出来的。他挣扎着硬不眨眼,让泪水在眼睛里打圈圈,然后在身体内部从鼻泪管流下去了。但有一滴流错了路,没有进喉咙里去,而从多毛的大鼻孔出来了。郭振山把它当做清鼻涕,用一个指头抹掉了,擦在鞋底的边上。"

郭振山之哭和高增福之哭有不少神似,但内容又微有不同!

为了说明"私有财产——一切罪恶的源泉"这个道理,作者还让一再错过改霞的梁生宝"带着爱情上失意的心情",看到乡村社会古怪的一种啼哭的场面。三兄弟中没有子嗣的老大死了,老二老三争着把儿子过继给亡兄做"孝子",为此大打出手,而这家人同时又上演着另一出滑稽戏:

> "他们的婆娘们和娃子们,在家大哭死者,尽嗓子哭,简直是嚎叫,表示他们对死者有感情。其实,他们都是对死者名下的十来亩田地有感情……"

当然写得最详细、最精彩的还是第一部第十七章梁三老汉为梁生宝视若无物的童养媳妇的死哀哭不已,"眼泪只是揩了又流,流了又揩,不断线地涌着"。

这在旁人看来,乃是"不顾体统"的"公公哭媳妇",是"丢人"之举,但梁三老汉哭童养媳妇,一则因为"俺的童养媳妇,和闺女一样亲",二则因为梁生宝"唯有上媳妇的坟这件事不当紧",老汉因此"鄙弃"他这个后妻带来的养子,认为他太没情义了,"不管怎么,总算夫妻了一回嘛!一日夫妻,百日恩情嘛!给死人烧纸插香,固然是感情上的需要;但有时候,为了给世人看得过去,也得做做样子吧!你共产党员不迷信,汤河两岸的庄稼人迷信嘛!哼!"何况清明节上坟,老汉还想起了拉扯童养媳妇长大的那些"过去的凄惶日子",这才"不顾体统地哭出声音来了"。

梁三老汉和贾珍都是有违正常伦理因而颇受非议的"公公哭媳妇",但各有各的哭法,不可同日而语。这一细节充分说明柳青写"哭"的匠心独运。

《创业史》第一部写梁三老汉哭媳妇,和第二部写素芳同样违背正常伦理观念而备受诟病的"媳妇哭公公",前后呼应,相得益彰。但写素芳之"哭",又胜过写梁三老汉之"哭"。

梁三老汉之"哭",客观上暴露了梁生宝在亲情和男女之情方面的疏忽与凉薄,但作者的本意是想说明梁生宝的公而忘私,因此梁三老汉的"哭"完全在作者操控之中,而素芳乃是面对一整个世界发出痛彻肝肠的哀哭,其撼人的气势甚至冲破了作者起初的意图,造成一种尴尬而失控的局面。

柳青写了多少人物的"哭"啊!

正是在蛤蟆滩人连绵不断的哭泣中,我们听到了赵素芳最凄厉的哭喊,也看到了更多周围人的反应,因此我们就有可能将素芳之"哭"与他人之"哭"区别开来,更深地体会柳青描写素芳之"哭"的苦心孤诣。

## 13

素芳大哭之后,即"泯为常人"。

作者本来还想给她更多描写,在和女儿刘可风的谈话中甚至详细地介绍过总题构思中对素芳后来的安排:

> "后边我要写一个情节:一次,梁大老汉借走牲口不还,大家很气愤,让妇女主任欢喜他妈去要,欢喜他妈因为过去常借人家的牲口和工具,不好意思,素芳看见,自告奋勇:'我去要!'这样就把素芳的形象推进一大步,最后,我还想让素芳当妇女队长哩①。"

但 1977 年中青社版《创业史》第二部并无这个安排。素芳大哭之后,只出场过三次,但都没有正面或突出的描写。

一次是第二部上卷第十二章,也就是大哭之后过了六章,梁生宝领导的灯塔合作社迎来第一件大事,即社员们牵着自家牲口"合槽",进行统一管理。关心社事的梁三老汉发现,"拴拴媳妇素芳"也跟在妇女队长欢喜他妈后面,帮助吆喝他家的牛。这时候的素芳还给死去的阿公戴着白孝帽,又走在最后面,但"经过两条道路的教育,特别是直杠老汉的丧事以后,梁三老汉有了新的认识,已经不鄙弃素芳了。"后来大家谈到装病不出门的梁大老汉,素芳也插进来,讲了几句关于梁大老汉的

---

① 刘可风《柳青传》,页 413,人民文学出版社 2016 年 1 月第 1 版。

话。这一节中心人物是梁三老汉、欢喜他妈以及不在场的梁大老汉,素芳只是陪衬,对她未作任何正面描写。

又过了十三章,即第二部下卷第二十五章,不愿加入合作社的梁大老汉看见素芳夹和合作社的几位妇女一起在地里劳动,也是一笔带过。

第三次是紧接着的第二部下卷第二十六章,郭振山的哼哈二将杨加喜、白占魁挑动梁大老汉闹事,灯塔合作社"遇到了成立以来的头一次风浪",梁生宝外出开会期间主持工作的副主任高增福看见许多社员都来到"社办公室院子",关心自己如何处理这件大事,"拴拴的媳妇赵素芳"也夹在众人中间,如此而已。

《创业史》全书未完成,柳青即赍志而殁,1977年中青社版的第二部,仅在"文革"前完成的一至二十五章基础上做了修改(《延河》1961年元月至10月号发表的一至七章相当于中青社版上卷一至九章),将原来的二十五章扩张成二十八章,但具体修改只限于第二部上卷一至十三章和下卷十四至十七章,剩下的十八至二十八章仍是初稿,因此柳青跟长女刘可风讲他会多写一点素芳的计划并没有落实在最终公开面世的版本上,是不难理解的。

《创业史》第一部和第二部第五、第六两章,素芳的戏很饱满,因此大哭之后的素芳究竟会怎样,作者没有留下更多的"后话",读者却不禁要猜想:除了梁三老汉不再"鄙弃"之外,素芳有没有获得周围人更多的理解?素芳的觉悟是否提高了,成为梁生宝所期待的"新人",还是仅仅偶尔出场说两句不太重要的话,夹在女社员里参加劳动,思想上依旧"糊涂",抑或思想深处发生了旁人不能察觉的另一些变化,从此看人看事都别有一番滋味在心头?

## 14

据刘可风所记1970至1978年和父亲柳青的谈话,柳青尚未决定放弃《创业史》第三、第四部的写作之前,就感到"第一部改霞就写多了,现在也不能取掉,会留下斧凿的痕迹"①。这和柳青在《延河》1961年元月至10月号登完《创业史》第二部第一至第七章之后所写的"作者附记"基本一致,在这个"作者附记"里,柳青郑重地劝告《创业史》的各类改编者:"不要把徐改霞当作女主人公安排。这不符合《创业史》的总意图"。他之所以预先发表这几章,目的之一就是要提醒读者,改霞并非"女主人公"。

一部多卷本的长篇小说写了众多女性形象,怎么可以没有"女主人公"? 取消改霞"女主人公"地位,是否需要另找一个女性形象递补上去?

从1977年出版的经过反复修改、将计划中第三、第四部或取消或压缩之后形成的《创业史》第二部未完稿来看,柳青很可能想把素芳或梁生宝新的"对象"刘淑良这两位其中之一增补为"女主人公"。刘淑良在第一部尚未登场,第二部实际描写也不多,总题形象苍白而单薄。相比之下,第一部就花了很多笔墨的赵素芳,到了第二部第五、第六两章又如此浓墨重彩加以描写,其形象的饱满程度单单在第二部就远远超过刘淑良,加上第一部的大量描写,总体分量也超过了改霞。即使柳青想让刘淑良取代改霞成为《创业史》"女主人公"(他甚至借"有万丈母娘"之口说"淑良小名也叫改线,和改霞一样"),也完全不可能了。

撇开柳青的构思,从《创业史》第一、第二部实际描写看,素芳完全可以当得起"女主人公"的称号。

## 15

但问题不在于柳青主观上想让谁取代改霞做《创业史》"女主人公",问题在于既然他已经将素芳实际上推到如此重要的地位,那么大哭之后,他将如何继续塑造这个绝非"次要人物"的素芳? 素芳惊天动

---

① 刘可风《柳青传》,页410,人民文学出版社2016年1月第一版。

地的大哭究竟有利于柳青接下来继续塑造这样一个终于摆脱旧制度旧社会的创伤记忆而顺利融入新社会的农村女性形象,还是适得其反,因为柳青写素芳之哭用力过猛,给读者印象太深,以至于反而受到牵制,接下来就无法按既定构思对素芳展开新的塑造了?

第二种可能性显然更大。无论柳青如何继续描写素芳精神上的新气象和行动上的新表现,都无法抹杀更无法澄清素芳之"哭"所包含的太多意义的不确定性。素芳之哭关涉的素芳心理和行为许多不可告人的隐痛无法消。梁三老汉只是在不知情的前提下"不鄙弃素芳了",但不说别的,单单素芳和姚士杰的关系如果大白于天下,老汉还能原谅素芳吗?

在上述《创业史》第一部第二十一节,素芳向她爱慕的梁生宝"哭诉",希望这个邻居兼村干部帮助她在新社会获得真正的"解放"。但"生宝硬着心肠,违背着他宣传的关于自由和民主的主张,肯定地告诉素芳:暂时间不帮助她争取这个自由,等到将来看社会风气变得更好了再说"。社会风气要变得怎样"更好",梁生宝才能满足素芳的请求呢?何况这还是素芳被姚士杰玷污之前的事。如果梁生宝知道了素芳和姚士杰后来发生的关系,他恐怕连这个遥远的许诺也不会赐给素芳了吧?

梁生宝性取向有没有问题,他是否"厌女症患者"(misogynist)?这些问题不在本文讨论范围之内。根据小说的实际描写,我们知道梁生宝对素芳如此冷酷,跟他一贯的政治原则性有关。作者写他为了不辜负党的嘱托,不损害党希望他为了开展工作而在群众中树立的威信,时时处处谨言慎行,绝不敢轻易和女性独处,宁可经常和王书记、高增福、冯有万这些男性"拍夜","拍嘴","合伙盖一块被窝,很畅快地过了夜"。他和高增福之间甚至"产生了夫妻一般的深情厚谊"。

但除此之外,梁生宝冷酷地对待素芳,还另有隐情。"蛤蟆滩曾经传播过生宝和这女人的流言风语"(《延河》版作"臭风声"),一贯谨言慎行、生怕因为自己失于检点而影响党的威信的梁生宝不可能不视素芳为危险人物而严加防范。更何况这个"流言风语"或"臭风声"早就飞出蛤蟆滩,飞到了欣赏郭振山而主张继续考察梁生宝的县委书记陶宽耳朵里:

"梁生宝解放初期男女关系方面有点问题,说主要是同本村的一个姑娘和一个邻居媳妇,群众里有些议论。嗯,有问题,也不大。年轻人嘛,解放前在秦岭山区躲过兵役,山里头风俗混乱,可能受些影响。"

连一贯支持梁生宝的县委副书记杨国华听了陶宽的话也非常吃惊,"真想不到梁生宝有这么一段不好的经历。"

小说没有交待梁生宝是否知道县级领导的这场对话,否则他的思想负担就会更重,对素芳的防范也就会更加严厉,厌恶也就会更加激烈。

无论社会怎样进步,无论素芳本人的思想如何被改造,已经铸成大错的素芳都很难真正被"解放"。如果说,前文提到的《创业史》第二部第十章梁生宝"对他最亲密的助手(高增福)打开他内心最深处的秘密"属于夸张之语,那么素芳确实有她不能向任何人打开的"内心那最深处的秘密"。这是蛤蟆滩第一等的机密,其机密程度甚至超过姚士杰藏在"墙眼里"的第三张国民党党证,因为姚士杰做出这一疯狂举动,至少还可以跟她的"婆娘"商量,素芳"内心那最深处的秘密"却不敢告诉任何人。她应该是希望带着这个秘密走进坟墓的吧?

柳青选择素芳做典型,本意也许是想描写这样一个拖着"旧制度""旧社会"给予的太多创痛的女性如何成为"有社会主义觉悟的劳动者",甚至打算让她担任"妇女队长",但这实在是给自己设置了一个难题!他写素芳之"哭",不仅不是解决这一难题的有效步骤,反而是在旧的难题之上又增添了一道新的难题,令他后来对这个人物的塑造难以为继。

谁也理解不了素芳。谁也帮不了素芳。素芳的哭包含了伤痛、委屈、悲愤、怨恨，是所有这些复杂情感的宣泄，但其中也有几乎无法排遣的深深的惧怕和绝望。她借着公公葬礼的机会，一个劲儿地哭，不说任何话，也不听任何人解劝，因为自己或别人的任何语言对她来说都无济于事。

至少那一刻，素芳活在了语言之外。作者除了让她大哭一场，能给她什么别的语言呢？在她登峰造极的大哭之后，还能怎样描写她的脱胎换骨、焕然一新？

## 16

柳青的主要任务是让农民学习说他们过去不会说的新语言，但他在全力以赴完成这个主要任务的时候，却将"女主人公"之一赵素芳推到了完全相反的境地。

素芳十六岁嫁到王二直杠家，七年之后，虽然生活有种种不顺心之事，但仍然是一个"眼睛灵动，口齿有利"的俊俏聪明的"乡村少妇"，绝非笨嘴拙舌之人。小说虽然没有具体描写素芳平时怎么撩拨梁生宝，被梁生宝拒绝之后又是如何严肃地求梁生宝"解放"自己，但即使透过作者转述，我们也可以感觉到素芳的伶牙俐齿。

她过去家境不错，从小住在黄堡镇上，见多识广，这才嫌弃拴拴。单看她和极其利害的公公"直杠王二"讨论是否要去姚士杰家帮佣时表现出来的那种以退为进、欲擒故纵、"摸着公公思量事情的心性"的策略，如果说素芳不仅伶牙俐齿，而且还颇有点工于心计，恐怕也并不为过。

这样一个在学习新语言方面本来不会落于人后的聪明女子最终竟然变得只会哭泣而不会（或不愿）说话，与此同时蛤蟆滩许多进步或并不进步的青年、妇女与老人都或快或慢不断提高着运用新语言的能力，他们从笨嘴拙舌变得能说会道,纷纷获得新的"嘴才",而原本能说会道的素芳却失去了"嘴才",只能将自己全部存在的复杂内容通过无言的嚎哭展现出来,并且这种展现无人理解,邻人们看着她哭得死去活来,却知道她究竟为何而哭。

无论作者有意安排还是无心的失控,素芳在语言上都偏离了柳青为蛤蟆滩农民设计的康庄大道。她藏身于非语言、超语言、反语言的嚎哭,几乎抵消了作者赋予大多数人物新的"嘴才"的有效性。

2016 年 5 月 16 日初稿完成于榆林学院<br>2018 年 6 月 8 日再改定稿

2016 年 5 月 17 日,榆林学院文学院、榆林文联、中共吴堡县委宣传部联合举办"纪念毛泽东《在延安文艺座谈会上的讲话》发表七十四周年暨柳青诞辰一百周年全国学术研讨会",笔者到会做了题为《素芳之哭及其他——"柳青模式"三题议》的主旨演讲,收入贺智利、贾永雄主编《柳青诞辰一百周年全国学术研讨会论文集》(陕西新华出版传媒集团、陕西人民出版社 2017 年 3 月第一版),其中第一部分经过改写,以《关于当代文学批评的一个模糊印象——从〈创业史〉的批评与研究说起》为题发表于《创作与评论》2016 年十期下。本文是主旨演讲第三部分(原文约两千余字)的扩充,写作灵感则来自多年前与授业恩师、红学家应必诚先生的一次闲谈,他说《创业史》写素芳的哭值得研究。如今终于敷衍成文,特此感谢他的点拨。

中编 文体的试验

# 十 汉语的被忽略与汪曾祺的抗议

20世纪80年代以来,语言问题渐渐为中国文学界所重视。始作俑者,当推汪曾祺。1987年他在哈佛和耶鲁两次演讲,皆以"中国文学的语言问题"为题,此后又连续写了多篇谈语言的文章。《汪曾祺文集》"文论卷"许多文章都和语言有关,语言问题始终是他理解文学的基点。

"语言不只是一种形式,一种手段,应该提到内容的高度来认识","世界上没有没有语言的思想,也没有没有思想的语言",这是汪氏讨论文学语言时的基本观点。"语言是小说的本体,不是附加的,可有可无的。从这个意义上说,写小说就是写语言……语言的粗糙就是内容的粗糙",这就是说,语言并非附属于文学的工具,相反乃是文学赖以存在的根据;语言直接制约着文学,作家用什么样的语言写作,直接就可以看出他的文学才性。

汪氏所谈的"语言",当然是汉语,不过他所使用的"语言"概念,并不等于西方现代语言学那个以语音为中心而排斥文字的语言概念,而是从声音与文字、"声音语"和"文字语"(郭绍虞语)、口头语和书面语的关系着眼,具体考察"中国文学的语言"。他的结论毋宁说是"字本位"的,即强调中国语言和中国文学始终受中国文字的制约:"写小说用的语言,文学的语言,不是口头语言,而是书面语言。是视觉的语言,不是听觉的语言。有的作家的语言离开口语较远,比如鲁迅;有的作家的语言比较接近口语,比如老舍。即使是老舍,我们可以说他的语言接近口语,甚至是口语化,但不能说他用口语写作,他用的是经过加工的口语。"这话看似平凡,却从根本上颠覆了五四以来认定文学语言的唯一基础只能是口语的顽固信念,重新提出书面语的地位和性质问题,而这必然要超出文学的范围,触到语言的本质的问题:语言可能并不就等于说话发声,文字也可能并不只是记录语音的工具,即并不仅仅是无关乎语言的本质的游离性存在。

正因为汪曾祺敢于批评五四,敢于对抗五四以来占统治地位的文学观和语言观,用自己的方式思考文学和语言问题(他曾多次提到闻一多对他的启发),才能说出这样的话:"小说是写给人看的,不是写给人听的","中国字不是拼音文字。中国的有文化的人,与其说是用汉语思维,不如说是用汉字思维","我不太赞成电台朗诵诗和小说,尤其是配了乐。我觉得这常常限制了甚至损伤了原作的意境。听这种朗诵总觉得是隔着袜子挠痒痒,很不过瘾,不若直接看书痛快"。80年代重提"中国文学的语言问题",汪氏虽是始作俑者,但其所见之深,远远为现在一些谈论语言者所不及。汪氏有关语言的卓见,主要表现在敢于冲破德理达所谓"语音中心主义"的西方现代语言学藩篱,主要从文字书写而不是从发声说话的方向来追问语言的本质及其对文学的制约。他甚至已经将我们对文学语言的思考从"音本位"重新拉回到"字本位",他想阐明的主要一点是:撇开汉字而致思汉语的问题几乎不可能。

在文化交往中,尽管民族语言首当其冲,却往往最不受重视,因为语言的问题在本国已然扯不清楚,向外国人以及含辛茹苦在外国语言文化中讨生活的海外华人讲中国语言和中国文字,就更容易变成对牛弹琴。在萨伊德所说的"东方学"构造自己的过程中,西方确实涌现出不少研究中国语言文字的专家,但这只限于"古代汉语",而且其成绩也实在不容高估。相比之下,研究现代中国的新一代汉学家们就很轻视现代中国的语言问题;他们以为可以穿过现代中国语言透明的墙壁直接把握现代中国。这是他们从事现代中国研究的前提性假设，如果取消这个假设，愿意整个置于汉语现代性转变的实际过程，他们的现代中国研究就应该是另外一副样子了。但是，这种情况不太会发生，因为忽略现代汉语而研究现代中国，不仅是西方汉学的方法论前提，也是西方汉学的本质。汉语包括汉字必须被忽略，否则就不可能有现代西方的汉学研究，就不可能有效地抹杀隐藏在变动不居的"现代汉语"内里的中国心灵与中国生活的丰富的差异性。

现代西方汉学的这种思想逻辑也得到了来自中国现代文化特别是中国现代知识分子语言观念的强有力呼应：中国文化的现代性转换，本身就是忽略汉字之特点进而忽略汉语之特点的一个历史性过程。一个显著的事实就是："小学"曾经是古代中国学术的基础，而"现代汉语"的研究或广义的现代中国语言学，在整个现代中国人文科学中，却仅仅满足于扮演一个甚至与文学都没有什么关系的专门学科。

汪曾祺在哈佛和耶鲁讲中国现当代文学，没有用西方人想听而许多中国作家也爱讲的现成的题目，偏偏选择西方人不想听、听不懂而许多中国作家不爱讲也讲不好的中国语言问题，不讲则已，一讲就从近代以来备受挤压的汉语言讲到更加被挤压的汉文字，讲出了不仅中国作家和学者讲不出、恐怕西方汉学家也想象不到的许多真知灼见。汪氏此举盖有深意存焉：这位秉承了现代中国文学优秀传统的温和而倔强的老人，满怀善意地向外国人介绍"中国文学的语言问题"——中国文学最根本也最易被忽略的问题——同时也借此机会，向长久忽略现代中国的语言问题的西方汉学界与中国文学界发出委婉的也是最强烈的抗议。

2002年1月7日于复旦大学

# 十一　汪曾祺写沪语

## 1

"汪迷"们都知道汪曾祺重视语言。他说,"一个作家应该从语言中得到快乐"①,"语言不只是一种形式,一种手段,应该提到内容的高度来认识","语言是小说的本体,不是附加的,可有可无的。从这个意义上说,写小说就是写语言。小说使读者受到感染,小说的魅力之所在,首先是小说的语言"。②汪曾祺对文学语言的论述,其独特的语言意识和语言追求,由此形成的语言风格,吸引了许多研究者。这方面论著不少,相信以后还会更多。

汪曾祺毕竟是作家,他重视的不是哲学和语言学理论所谈论的抽象语言,甚至也不仅仅是我们大家都身在其中的通行的现代汉语共通语的书面形态,而是比这二者更具体更丰富的生活中实际存在的语言现象,是作家在语言的大海中劈波斩浪时那些切身的感受。

经过"五四"至今数代作家不懈努力,现代汉语共通语的书面形态已经成为中国当代文学语言的主体,是许多当代作家赖以写作的语言

---

① 汪曾祺《"揉面"——谈语言》,引自《汪曾祺文集·文论卷》,页14,江苏文艺出版社1994年1月第1版第二次印刷。
② 汪曾祺《中国文学的语言问题》,1987年11月19日追记于爱荷华,引自《汪曾祺文集·文论卷》,页1,江苏文艺出版1994年1月第一版第二次印刷。

宝藏。比如,许多"知青作家""先锋作家""后先锋作家"主要就采用普通话书面语写作,只不过将其中的"欧化"或"翻译语体"加以扩张,造成他们手上看似比较娴熟的现代汉语书面语的新形态——他们甚至因此傲视"新文学"的前辈,认为前辈们的那种"新文艺腔"尚处于现代汉语书面语的不成熟阶段。王安忆、李锐、刘恒、史铁生、王小波、马原、格非、苏童、孙甘露、余华、刘震云、李洱、迟子建等都写这样的语言。更年轻的作家如吴玄、魏微、毕飞宇、乔叶、鲁敏等也走在这条语言道路上。

王小波说过,"我认为最好的文体都是翻译家创造出来的……查良铮先生的译诗、王道乾先生翻译的小说——这两种文体是我终身学习的榜样"①,"假如中国现代文学尚有可取之处,它的根源就在那些已故的翻译家身上。我们年轻时都知道,想要读好文字就要去读译著,因为最好的作者在搞翻译。这是我的不传之秘。随着道乾先生逝世,我已不知哪位在世的作者能写如此好的文字","查先生和王先生对我的帮助,比中国近代一切作家对我帮助的总和还要大。现代文学的其他知识,可以很容易地学到。但假如没有像查先生和王先生这样的人,最好的中国文学语言就无处去学"②。此言一出,不胫而走,说明它反映了许多人的心声,也揭示了一种语言的事实。

现代作家往往本人也是翻译家,正如现代最有成就的翻译家本身往往也是作家。现代作家的"欧化"是汉语与西方(外国)语言首度接触时发生的,他们知道"欧化"之前的汉语是什么样的,"欧化"也由他们一手促成。当代作家隔了一层,他们没见过"欧化"之前的汉语世界,他们一生下来,就被抛入了"欧化汉语"的世界;精通外语并精于译事当代作家的极少,"欧化"并非由他们一手造成,他们的"欧化"也是第二度和第二手的。他们中间佼佼者只能是立足现代汉语书面语却又努力靠近第

---

① 王小波《关于文体》,《精神家园》页 152,文化艺术出版社 1997 年 6 月北京第一版。
② 王小波《我的师承》,《精神家园》页 141—143,文化艺术出版社 1997 年 6 月北京第一版。

一度和第一手"欧化"、或更加靠近"欧化"之前的汉语世界的作家。前者如王小波,后者如阿城,将这二者很少地结合起来的则寥寥无几。

在许多当代中国作家的"欧化"汉语里,首先看不出显著的文言成分。即或有,也并非因为文言修养达到一定程度,自然流露出来,多半是从现有汉语书面语中不自觉感染到一点文言的残留,拿来就用,不免显得零碎,而且"来历不明",经常犯错,无法和其他语言因素水乳交融。汪曾祺看到王安忆使用"聒噪"一词,就反复追问从哪里学来。答案是傅雷翻译的《约翰·克利斯朵夫》。王安忆讲这个故事时好像没有看到"汪曾祺老"狡黠的目光①。

其次,除了贾平凹、张炜、韩少功、阿城、阎连科、金宇澄等少数几个作家,"新时期"以来的"中青年作家"也较少系统地使用方言。即或偶尔使用,也并不知道应该将方言放在怎样一个合适的位置,不知道如何让方言和作品所描写的世界密合无间,不知道如何将方言和欧化语、文言因素合理地调剂配合,形成适合自己的独特文体。

在第二度和第二手的"欧化"现代汉语书面语中夹杂一点来历不明的文言,运用一点不知如何适当摆放的方言土语:这是当代作家大致相同的语言风貌。

汪曾祺的语言之所以显得卓尔不群,大有睥睨一世之气象,就因为他既立足于大多数作家都熟悉的"欧化"现代汉语书面语——他年轻时亲历了第一度和第一手汉语欧化运动,王小波崇拜的查良铮(穆旦)和王道乾恰好都是汪曾祺西南联大同学——又具备文言童子功,更有刻意寻求的方言土语的丰富营养,而他又十分重视在实际写作语境中将这些不同的语言因素适当地调配起来,使之融合无间,构成具有稳定鲜明的个性特征的语言综合体。

---

① 王安忆《汪老讲故事》,引自《你好,汪曾祺》,页98,山东画报出版社2007年5月济南第一版。

汪曾祺说,"写小说用的语言,文学的语言,不是口头语言,而是书面语言。是视觉的语言,不是听觉的语言",他认为老舍等"京味儿"作家并不是用北京话写作,"他们只是吸取了北京话的词汇,尤其是北京人说话的神气、劲头、'味儿'。他们在北京人说话的基础上创造了各自的艺术语言"①。这是他对所谓"口头语言"的清醒认识。尽管他大量吸取了各地的方言土语,但他最后贡献出来的绝对不是"方言文学"。他的"方言"已经变成新形态的书面语。

汪曾祺小说中的文言绝非补丁式的点缀,而是大有根基的,并且和"口头语"一样不露痕迹地融入了"欧化"的现代汉语书面语,所以尽管大量使用文言,却并不让你觉得"文白夹杂",或过于"文言化"。当然,毕竟是文言,文言底子太浅的读者也会感到吃力的。他在小说《徙》中用了"书空咄咄"一词,硬被编辑改为"囊中咄咄"了!

"即使是看外国的翻译作品,也注意它的语言。我是从契诃夫、海明威、萨洛扬的语言中学到一些东西的"②,这里说的又是欧化语体进入他的文学"书面语"了。

## 2

如何调配口头语、文言和欧化外来语,使之凝聚为具有作家个人特色的新的语言综合体,即新形态的中国文学书面语,这是汪曾祺语言思想和文体风格的基本问题框架,可以写一篇大文章。本文只想着重谈谈汪氏文学语言的另一个突出特点,即方言的运用。

所谓"方言",并不等于"口头语"。"口头语"包括方言,但也可以指说普通话的一般民众未经书面修饰的日常口语,"口头语"和局限于某处的方言土语还是有所不同的。

---

① 汪曾祺《"揉面"——谈语言》,《汪曾祺文集·文论卷》,页8,江苏文艺出版社1994年1月第一版第二次印刷。
② 汪曾祺《"揉面"——谈语言》,《汪曾祺文集·文论卷》,页13。

汪曾祺很重视方言,不但经常谈论方言在创作中的意义,更身体力行,注意到处学习和掌握方言。甚至不局限于某一处,写什么地方,就尽量用到什么地方的方言。

汪氏一生足迹遍天下,"按照居留次序",先后有高邮、"第二故乡"昆明①、上海、武汉、江西进贤、张家口、北京。除了武汉,上述各处,汪氏小说或多或少都写到过。《中国当代作家选集丛书·汪曾祺》(1992)小说部分就是"把以这几个地方为背景的归在一起"②。1995年编《矮纸集》,如法炮制,但交代得更清楚:"以作品所写到的地方背景,也就是我生活过的地方分组。编完了,发现我写的最多的还是我的故乡高邮,其次是北京,其次是昆明和张家口。我在上海住过近两年,只留下一篇《星期天》。在武汉住过一年,一篇也没有留下。作品的产生与写作的环境是分不开的。"③短篇《迷路》与散文《静融法师》都写在江西进贤参加土改之事,可能数量有限,忽略不计了。上海仅《星期天》一篇,却特别提及,显然比较看重。

既然汪曾祺小说创作有如此多样的地方性,既然"作品的产生与写作的环境是分不开的",就必然要涉及各个地方的方言。

汪曾祺小说对高邮、北京和昆明方言的吸取不用说了。他熟悉这三个地方。另外一些短期"居留"之地的方言也进入了他的小说。比如,以张家口为背景的《塞下人物记》《七里茶坊》,就采用"保留了许多宋元古语"的张家口方言。《骑兵列传》写到在蒙古草原坚持敌后抗战的"骑兵司令",就注意到这位实际上是江西永新人的"黄营长"夹杂着

---

① 汪曾祺《觅我游踪五十年》说:"我在昆明呆了七年。除了高邮、北京,在这里的时间最长,按照居留次序说,昆明是我的第二故乡。"北京师范大学出版社《汪曾祺全集》(五),页157。"第二故乡"云云引用很多,但一般均省去"按照居留次序说"一语,结果昆明对于汪曾祺的意义往往被不适当地抬高,此点值得注意。
② 汪曾祺《捡石子儿(代序)》,北京师范大学出版社《汪曾祺全集》(五),页251。
③ 汪曾祺《〈矮纸集〉题记》,《汪曾祺全集》(六),页195,北京师范大学出版社1998年8月北京第一版。

江西口音的蒙古话。

若要问在故乡高邮方言之外,汪曾祺使用最多的是哪个地方的方言?读者也许首先会想到北京方言。但是,这个问题比较复杂。北京方言和普通话的界限不好确定,而且就连老舍等"京味儿"作家,汪曾祺也否认他们是直接采用北京话写作的,"他们并不是用北京话写作。他们只是吸取了北京话的词汇,尤其是北京人说话的神气、劲头、'味儿'"①,言下之意,他自己作品中有限的那些北京话就更加不足挂齿了。就运用北京方言来说,汪曾祺确实也并没有胜过其他作家的独到之处。

除了高邮、北京和昆明的方言,"沪语"(上海话)可能是汪曾祺使用最多的方言。对汪曾祺来说,"沪语"的采用非同小可,不仅丰富了他的小说和散文的语言,某些场合也是理解其构思立意的关键。

1983年夏完成的短篇小说《星期天》,写的是作者40年代末(1946—1948)在上海的一段做中学教师的经历,营造以上海话为主体的语言氛围是理所当然的事。《星期天》用到的"沪语"有:"蛮'写意'""蛮适意"(很舒服,很满足,很开心)、"操那"(骂语)、"斜其盎赛"(非常不舒服、尴尬、难堪)、"漂亮""朋友"(这两个词在沪语中有特别的发声和意思)、"必要把"(一定得)、"油氽"(油煎)、"小开"(小老板、殷实人家的公子哥儿)、"有一号"(小有名字)、"蛮难讲""难讲的""咸甜支卜""肉痛"(因为无端破费而感到可惜)、"辰光"(时间)、"瘾头"(浓厚的兴趣、不雅的欲望)、"靠"(接近)、"派派用场"(姑且让某种人或事发挥作用)、"交关"(十分)、"呒不啥"(没有什么)"晏一歇"(晚一点)、"谢谢侬""铜钿"(钱)。有些沪语现在的上海年轻人未必清楚,比如"咸甜支卜"(当零食吃的腌制小萝卜干)。他甚至还让当时的上海青年体会流行上海

---

① 汪曾祺《"揉面"——谈语言》,《汪曾祺文集·文论卷》,页8,江苏文艺出版社1994年1月第一版第二次印刷。

的北京话"帅"的微妙意义。这并非写"北京话",而是写 40 年代末一群上海青年在说流行一时的某个北京话的词儿,归根结底还是一种变形的上海话。

要问《星期天》哪句上海话用得最妙,我会毫不犹豫地说,是结尾处,被请来的围棋"国手之一"居心叵测阴阳怪气地问"国手之二",星期天舞会主角、很"帅"的电影演员赫连都会不会是共产党,"国手之二"吐出的那三个力压全篇的字:"难讲的"。上海话中,"难讲的"一词意味深长,几乎只有上海人才能体会其中的奥妙,但也可能因此暴露了上海文化最深层的信息,真是"难讲的",不说也罢。

## 3

汪曾祺正面写上海和他本人的上海经历,只有《星期天》,按理《星期天》之外的汪曾祺小说不会再用到上海话了,但事实并非如此。汪曾祺 1970 年代末"复出"之后创作的大量"故里小说"频频涉及上海,他固然描写了记忆深处三四十年代高邮古城的日常生活,也侧面描写了给高邮以深刻影响的千里之外的上海。因此,在汪曾祺的"故里小说"中仍然会用到许多上海话。

1981 年底完成的《皮凤三楦房子》是汪氏"新时期"唯一直接写高邮现实生活的小说,属于"故里小说"比较特殊的一篇,构思立意很像高晓声《李顺大造屋》,也涉及主人公高大头"解放前"的经历,高大头"解放前夕,因亲戚介绍,在一家营造厂'跑外'——当采购员","他是司机,难免夹带一点私货,跑跑单帮"。汪曾祺著作中"跑单帮"一词曾见于他参与改编的京剧《沙家浜》,从未出场的神秘人物"阿庆",据阿庆嫂说,就在上海"跑单帮"。沪剧原著有这个情节,《沙家浜》沿用了。汪曾祺写高大头"跑单帮",不管是否想到"阿庆",但"高大头"解放前和据说在上海"跑单帮"的"阿庆"干过同样营生,则确凿无疑。"跑单帮"一词暗示了高大头"解放前"经历的丰富性,也使《皮凤三楦房子》与《沙家浜》

产生某种有趣的"互文"关系。1970年代末,因参与《沙家浜》等"样板戏"创作与改编,受到反复审查的汪曾祺备感煎熬,而《皮凤三楦房子》中那两个当年飞扬跋扈的造反派却依然呼风唤雨而且不思悔改,两相对照,不禁令人唏嘘。

《八千岁》中的"八舅太爷"是汪曾祺"故里小说"中一个非常重要的人物,他不仅以同名同姓重见于小说《鲍团长》,也以别的名目活跃在《大淖记事》《岁寒三友》等其他小说中,是上海军界和青洪帮联系高邮故里的一个纽带,也是有上海背景而鱼肉乡里的高邮坏人的代表之一。此人年轻时"在上海入了青帮,门里排行是通字辈,从此就更加放浪形骸,无所不至,他居然拉过几天黄包车。他这车没有人敢坐——他穿了一套铁机纺绸裤褂在拉车!他把车放在会芳里或丽都舞厅门口,专门拉长三堂的妓女和舞女",摆明要"白相"她们。"这些妓女和舞女可不在乎,她们心想:倷弗是要白相吗?格么好,大家白相白相!又不是阎瑞生,怕点啥!"这段上海话写得味道十足。阎瑞生是民国初年上海滩著名"白相人",名为震旦大学学生,实则吃喝嫖赌无一不精。输得山穷水尽,只好绑"花国总理"名妓王莲英的票,并残忍地将她杀害,自己也难逃法网,于1920年被捕枪决,轰动上海。翌年著名导演任彭年执导了同名电影《阎瑞生》,从此"阎瑞生"就成了专有名词。八千岁彼时刚刚"在帮",还没有做出惊天动地的大事,被同为"白相人"的妓女和舞女们所鄙夷,这是他少有的一段经历,因为从来都是他"白相"别人,没有别人"白相"他的道理。"白相",是上海文化精髓之一,鲁迅为此专门写过杂文《"吃白相饭"》,指出这在上海乃是"一种光明正大的职业。我们在上海的报章上所看见的,几乎常是这些人物的功绩;没有他们,本埠新闻是决不会热闹的"。汪曾祺对三四十年代上海"白相"文化认识颇深,频频写入小说,而"白相"文化在高邮的肉身化就是"八舅太爷"。此人不仅是高邮本地流氓,更接受了上海流氓文化的影响,单单用高邮方言"八舅太爷"来命名,还不足以洞悉其奥妙。再加一个沪语"白相",就如颊上添毫,呼之欲出了。

《王四海的黄昏》写山东人王四海"走南闯北,搭过很多班社。大概五省联军总司令孙传芳到过的地方,他们也都到过。他们在上海大世界、南京夫子庙、汉口民众乐园、苏州玄妙观,都表演过"。他们诚然走过许多地方,但上海最重要。这里有来自"沪语"的两个证据。第一,"王四海"名字与上海有关。"王四海为人很'四海',善于应酬交际",作者担心读者不知"四海"何意,特地后缀了一个并列从句"善于应酬交际",加以补充说明。"四海"并非高邮本地话,另有出处。沪剧《芦荡火种》胡传魁对刁德一说,"阿庆嫂为人四海又漂亮"。"四海"原是上海方言!《沙家浜》删除这一句,因为上海以外的观众谁也不明白"为人四海"是什么意思,而戏剧对白又不能加以解释。小说《王四海的黄昏》再次起用了这句上海方言,这除了说明将沪剧《芦荡火种》改编成《沙家浜》的过程再次强化了汪氏与上海文化的联系,也说明王四海一班人虽然走南闯北,但至少对王四海本人来说,他和上海因缘最深。至少作者愿意强化这一点。

第二,王四海看上高邮城绰号"貂蝉"的客栈老板娘,不想挪地方了,这对杂耍班子非常不利,因为时间一长,"王四海大力士力胜牯牛"的神话必然露馅,所以"他们走了那么多码头,都是十天半拉月,顶多一个'号头'(一个月,这是上海话)"。紧接在纯正的北方话"十天半拉月"之后,为何不说"一个月",突然冒出"一个'号头'",还要用括号加注"(一个月,这是上海话)"?这也暗示上海对王四海的杂耍班子以及王四海本人有特殊意义。"屁帘子大"的高邮古城最终能够容纳"为人四海"的王四海对上海的思念吗?这是小说最后留给读者的悬念。

汪曾祺在分析他的老友林斤澜小说时说,"斤澜常常凭借语言来构思。一句什么好的话,在他琢磨一团生活的时候,老是在他的思维里闪动,这句话推动着他,怂恿着他,蛊惑着他,他就由着这句话把自己漂浮起来,一篇小说终于受孕,成形了"①。照这个说法,汪曾祺本人琢磨"跑单帮""白相""四海""难讲的"这些具有独特意味的沪语,是否也是"凭借语言来构思"呢?

汪氏故里小说的重点是描写在上海阴影下生活的高邮众生相。近代以来,国际资本和民族资本以上海为中心辐射全国,深刻改写古老中国的经济社会与文化习俗。汪氏笔下本属扬州文化圈的高邮古城就是在这样无远弗届的现代化影响下走向衰落,其中主要人物虽然并没有移民上海成为"苏北人",但通过那些往来上海/高邮的活跃分子,也和上海发生千丝万缕的联系,他们的命运取决于跟上海的关系,以及对待来自上海的影响的态度。在这方面,"沪语"就绝非可有可无的摆设。

比如,《小姨娘》中二舅、二舅妈和三舅都从上海商业专科学校毕业后回乡工作,举手投足有一种特殊的上海做派,语言也夹杂了不少上海话。尤其二舅妈,她是丹阳人,和二舅在上海商业专科学校恋爱,"不顾一切,背井离乡,嫁到一个苏北小县的地主家庭来"。"她嫁过来已经一年多,但是全家都还把她当新娘子,当作客人,对她很客气。但是她很寂寞。她在本县没有亲戚,没有同学,也没有朋友,而且和章家人语言上也有隔阂,没有什么可以说话的人。""只有二舅舅回来,她才有说有笑(他们说的是掺杂了上海话、丹阳话和本地话的混合语言)。""她是寂寞的。但是这种寂寞又似乎是她所喜欢的。"这位生活在"寂寞"中的上海商科毕业生只是寥寥数笔勾勒出来的一个侧影,给人印象却极其深刻,因为作者不仅设置了有关她的未来生涯耐人寻味的悬念,还写了一个在她的直接影响下爱上上海租界"包打听的儿子"而被逐出家门的"小姨娘"章叔芳。这两个人把"我"外公一家闹得天翻地覆。作者并没有交待其笔下人物具体说了些什么上海话,但读者似乎听到了一个"苏

---

① 汪曾祺《林斤澜的矮凳桥》,《汪曾祺文集·文论卷》,页138—139,江苏文艺出版社1994年1月第一版第二次印刷。

北小县的地主家庭"里几个年轻人响亮的上海话,因为作者间接地已经写出了他们说上海话时那种特殊的"神气、劲头、'味儿'"。

4

汪曾祺还在许多别的场合屡次提到上海话。

比如,《上海文学》负责联系汪曾祺的编辑姚育明本人有一篇小说,写下放在东北的上海知青,汪曾祺读了原稿之后,就写信劝作者最好让上海知青说一些彼此能懂的上海话①。

1986年夏创作、被老友黄裳誉为"最晚的力作"的《安乐居》②,写作者本人在北京住家附近经常光顾的小饭馆,中间就冒出一个"久住北京,但是口音未改"的"上海老头","他的话很特别,在地道的上海话里掺杂一些北京话……他把这些北京语汇、歇后语一律上海话化了,北京字眼,上海语音,挺绝",他撂给"安乐居"一句上海话和北京话夹杂的名言:"啊!我们吃酒格人,好比天上飞格一只鸟(读如'屌'),格小酒馆,好比地上一棵树。鸟飞在天上,看到树,总要落一落格。"

1986年1月25日,汪曾祺给《全国获奖爱情短篇小说》编者陆建华写信,要求将自己序言最后一段中的"高邮咸鸭蛋"改成"高邮咸蛋",理由是"上海人都说'高邮咸蛋',没有说'高邮咸鸭蛋'的"。一字之差,虽不至于谬以千里,但作者心理上过不去,就会影响全篇的感觉。这些细节,最可以看出汪曾祺对上海话的敏感。

小说《辜家豆腐店的女儿》发表于《收获》1994年三期,写到"东头一家是个'茶炉子',即卖开水的,就是上海人所说的'老虎灶'"。小说的背景是高邮,并非上海,可能考虑到要发表在上海的杂志《收获》上,特地加上这句上海话? 也未必。任何一个作者总希望他的小说写给所

---

① 《汪曾祺书信集》,页244,上海三联书店2016年9月第一版。
② 黄裳《也说汪曾祺》,《东方早报》2009年1月13日。

有人看，而不是专门写给小说最初发表的那个地方的读者看。这个简单的道理汪曾祺当然知道。何况《收获》也绝不是专门办给上海人看得。说高邮本地人所谓"茶炉子"，上海人称之为"老虎灶"，完全是涉笔成趣，增加小说叙事的丰富性而已，同时也说明他对上海话情有独钟。

1990年的一篇论文不同意学术界一向将温庭筠诗"小山重叠金明灭"中的"小山"解为屏风，认为若是写屏风，后一句写"鬓云欲度香腮雪"，那么"这一步实在跳得太远了，真成了上海人所说的'不搭界'"①。1987年《泰山拾零》说，"棍豆是山上出的，照上海人的说法，真实'嫩得不得了'"。1989年9月《寻常茶话》也是在回忆早期上海经历时提到一句上海话："1946年冬，开明书店在绿杨春请客。饭后，我们到巴金先生家喝功夫茶"，"曾吃过一块龙井茶心的巧克力，这简直是恶作剧！用上海人的话说：巧克力和龙井茶实在完全'弗搭界'。"1993年写《推荐〈孕妇和牛〉》，他用"糯"来形容铁凝的小说，"'糯'只可意会，难以言传。铁凝如果不能体会，什么时候我们到上海去，我买一把烤白果让你尝尝。不过听说上海已经没有卖'糖炒热白果'的了"。散文《自得其乐》说，"做菜，必须自己去买菜。提一菜篮，逛逛菜市，比空着手遛弯儿'好白相'。"这几处本来都并无必要用上海话，却竟然用了，只能说明上海话差不多已侵入作者的日常语言，即使在"不搭界"的场合也会偶尔流露出来。

有时用一句上海话，会有意外效果。《我的"解放"》回忆60年代初江青在上海召集"样板戏"作者开会，动不动自称"老子"，"阎肃说：'一个女同志，"老子""老子"的！唉！'我则觉得江青说话时的神情，完全是一副'白相人面孔'"。事情发生在上海，江青又是30年代上海一度走红的电影明星，一语双关，十分贴切。

---

① 《"小山重叠金明灭"》，《汪曾祺文集·文论卷》，页245，江苏文艺出版社1994年1月第二次印刷。

## 5

汪曾祺故乡高邮属江淮官话区,介乎吴方言区和北方方言区之间。高邮人若肯学,听懂沪语并不困难。

1935年至1937年汪曾祺在江阴南菁中学读了两年高中。江阴属吴方言区,这是汪曾祺首次涉足吴方言区。他在那里经历了刻骨铭心的初恋,"难忘缴墩看梅花遇雨,携手泥涂;君山偶遇,遂成别离"。80年代还痴情地特地去江阴寻梦,"缘铿未值"①。看来这个神秘的初恋情人就住在江阴本地。

沈从文太太张兆和是著名的"合肥四姐妹"之一,但从小移居苏州,后又就读于在上海吴淞的中国公学,一口吴侬软语。汪曾祺对这位"师母"是非常崇敬的。1946年汪曾祺在上海想要自杀的时候,沈从文从北平来信,"把我大骂了一顿","同时又叫三姐从苏州写了一封很长的信安慰我"②。

西南联大时期汪曾祺最好的同学朱德熙也是苏州人,在昆明,他经常跟朱一起"拍曲"(唱昆剧)。1940年代末在上海还多蒙朱德熙母亲的照顾(小说《牙痛》即提到朱母为他找医生看牙齿)。不知道朱母是否就和汪曾祺说上海话?

为了帮助《沙家浜》剧组吃透原著精神,1963年底江青曾安排上海人民沪剧团进京,为他们专场演出《芦荡火种》,之后还让京剧和沪剧两个剧组进行"兵对兵,将对将"的切磋。这应该是普通话和沪语之间的一次大交汇。1970年,为了移植"样板戏"《沙家浜》,上海人民沪剧团再次专程赴京,向汪曾祺所在的北京京剧团《沙家浜》剧组取经。我们

---

① 《自序:我的世界》,引自《汪曾祺全集》(六),页97,北京师范大学出版社1998年8月第一版。
② 《星斗其文,赤子其人》,引文见《汪曾祺文集·散文卷》,页139,江苏文艺出版社1994年1月第一版第二次印刷。

可以研究从沪剧《芦荡火种》到京剧《沙家浜》的改编,其实也还应该研究沪剧《芦荡火种》是否在某些地方受到京剧《沙家浜》的"反哺"。无论如何,这应该是普通话和沪语之间的又一次大交汇。

有这种"语言环境",主张作家要学习浪子燕青"会打各省乡谈"的汪曾祺最熟悉的方言,在故乡高邮话之外,应该就数上海话了。当然汪曾祺和上海话最直接最长久的接触,还要数 1946 年至 1948 年在致远中学一年半的教书经历。上海话在上世纪 40 年代末的上海中学里绝对占据权威地位,国文教师在课堂上或许可以不必讲太多上海话,但平时接触学生和同事,听不懂上海话会举步维艰。这段时间汪曾祺至少在上海话听力方面获得了飞跃性提高,而在他的方言储备中,上海话也由此牢牢占据了仅次于高邮话的地位。"复出"后汪曾祺的小说散文有不少上海话,甚至在无关上海的场合也会写上几句沪语,这足以说明他的上海情结之深不可解。

汪曾祺说过,"一个戏曲作者,最好能像浪子燕青一样,'能打各省乡谈',至少对方言有兴趣,能欣赏各地方言的美"①。戏曲作者如此,小说家也不例外。在 1993 年另一篇也是创作谈式的文论中,汪曾祺反复强调"作家要对语言有特殊的兴趣,对各地方言都有兴趣,能感受、欣赏方言之美,方言的妙处",接下来首先举上海话为例,并意外地对上海话做了一番概论:"上海话不是最有表现力的方言,但是有些上海话是不能代替的。比如'辣辣两记耳光!'这只有用上海方言读出来才有劲。曾在报纸上读一只短文,谈泡饭,说有两个远洋轮上的水手,想念上海,想念上海的泡饭,说回上海首先要'杀杀搏搏吃两碗泡饭!''杀杀搏搏'说得真是过瘾。"②

---

① 《浅处见才——谈写唱词》,《汪曾祺文集·文论卷》,页 306,江苏文艺出版社 1994 年 1 月第二次印刷。
② 《学话常谈》,《汪曾祺文集·文论卷》,页 77—78,江苏文艺出版社 1994 年 1 月第二次印刷。

汪曾祺喜欢在小说散文中使用上海话,但他对上海话的总体评价并不高,认为"上海话不是最有表现力的方言"①。为何有这种偏见?值得继续探讨。

## 6

《星期天》是汪曾祺唯一正面描写上海和他本人40年代末上海经历的短篇,其中用了许多沪语,营造了浓郁的沪语氛围。

汪曾祺1970年代末"复出"之后创作的大量"故里小说"也频频涉及上海。他固然描写了记忆深处三四十年代高邮古城的日常生活,也侧面描写了给高邮以深刻影响的千里之外的上海。因此,汪曾祺"故里小说"也用到许多沪语。

除了高邮、北京和昆明方言,"沪语"(上海话)可能是汪曾祺使用最多的方言。

这首先因为汪曾祺与上海以及沪语有特殊关系,其次也因为汪曾祺始终有意识地学习包括沪语在内的各地方言,始终强调方言在文学创作中的重要性。对汪曾祺来说,"沪语"的采用非同小可,不仅丰富了他的小说(和许多散文)的语言,也是理解他的许多小说构思立意的关键。他说林斤澜"常常凭借语言来构思",甚至说"写小说就是写语言",某种程度上也可以说汪曾祺"常常凭借上海话来构思",他"写小说就是写沪语"。

2017年7月28日初稿<br>
2017年8月8日改<br>
2017年9月16日定稿

---

① 《学话常谈》,《汪曾祺文集·文论卷》,页77—78,江苏文艺出版社1994年1月第二次印刷。

## 十二　声音、文字及当代汉语写作

最近在朋友的一再敦促下看完了莫言的《檀香刑》。我不太喜欢这部作品，但我认为这部作品为我们提供了讨论中国文学与汉语言文字之关系的一个相当合适的话题。联系到王蒙、贾平凹、阎连科、李锐等其他几位当代作家创作中出现的大致相似的语言意识，我觉得有必要将此作为一个重要现象加以认真审视。

大概从 80 年代以来，语言就受到批评界的普遍重视。记得莫言刚出道时，王晓明就写过一篇很精彩的《在语言的挑战面前》。但是，莫言那时的语言和现在这部《檀香刑》大不一样。他当时受魔幻现实主义文学的影响很大，语言也有一种魔幻色彩，非常强调贴近个人的感觉记忆和感情体验的方式。实际上，人们一开始注意到莫言，主要也是震惊于他的语言。不过，当时许多批评家都把语言作为一种修辞手段，作为整个文学活动的一部分，也就是说，把作家的语言问题降为主体的"话语"而非主体也被包括在其中的"语言"，所以讨论的话题总是作家如何"运用语言"，而没有触及作家对语言的整体认识。这显然不符合语言在生活和文学中的重要地位，不能从根本上看到语言的问题。

莫言、贾平凹、阎连科、李锐包括王蒙这些作家使我意识到应该思考文学和语言的关系这个根本问题：不是把语言纳入文学中去思考，而是（也许可以这么说）反过来把文学纳入语言中去思考。

我们的文学的基础是语言,但我们究竟选择哪一种语言作为我们的文学的基础?五四启蒙话语对中国语言进行改造,以改造过的汉语作为我们新文学的基础,于是演化出中国新文学的历史。现在许多作家对自身所处的这个历史感到不满,希望在语言上有所突破,比如莫言现在就开始自我检讨,认为自己最初的语言并不好,书卷气太浓,现在他为了追求一种"民间气息""比较纯粹的中国风格",宁可作出"牺牲",也要放弃原来的语言,而制造另外一种适合在广场上高声朗诵的语言。按照莫言自己的说法,这种新语言应该具有"流畅、浅显、夸张、华丽的叙事效果"。有人认为这是对五四以前民间语言的一种回归,但回归这种"前启蒙"话语,也就是回到五四以前的文学语言,难道是可能的吗?莫言、贾平凹等人求学和创作之始,直接面对的都是五四之后文学/语言的现实,他们真的能跨过五四话语而回到五四前的话语,即回到处于中国古代文学/语言体系中的民间文人的白话与说唱传统中去吗?

这个问题背后还潜藏着另一个更加根本的问题:当代中国作家与五四新文学的关系究竟怎样?在语言上,五四文学革命究竟给他们带来了什么样的遗产,以至于使他们对这份遗产感到不满而竭力要摆脱它?

我注意到一些朋友对《檀香刑》给予了很高评价,但我想知道他们是怎样评价莫言早期作品像《欢乐》《大风》《石磨》《透明的红萝卜》等的。那时候的莫言从直接的生存体验出发,似乎随意抓取一些天才性的文字纵情挥洒。一般认为(连莫言自己也认为)这是魔幻现实主义影响的结果,但在我看来,这种比较文学的所谓影响研究至少疏忽了莫言开始文学写作时所依靠的包含了五四启蒙话语、与启蒙话语同时存在的民间文学以及外国文学彼此混合的一个模糊的语言背景。这个语言背景虽然没有鲜明的旗帜,标志它具体属于哪一种文学/语言的传统,但正因为如此,莫言在语言的选择上才显得十分自由,从而更加有可能贴近他的文学创作爆发期的丰富体验。

中编　文体的试验

在这个意义上,我觉得他近来的创作相对来说是一种退步,即从对于一种混合型的模糊的语言背景的无意识依靠,撤退到对于旗帜鲜明的单一的所谓民间语言传统的自觉依靠。我觉得莫言是在刻意倚赖一种非西方(非欧化)、非启蒙的语言,因此很难再像前期创作那样自由地释放自己芜杂而狂放的体验。

莫言所谓具有"民间气息"和"纯粹中国风格"的语言,对作家来说确实是一种诱惑,因为它似乎未被开垦过,但这实际上是一种误会。在中国新文学的历史上,始终存在着一股潜流,就是中国的通俗文学。现在有许多中国文学研究者(比如我所认识的袁进先生)都在大声疾呼要研究中国的通俗文学,似乎通俗文学不研究,中国现当代文学就会永远迷失在启蒙话语的一元论模式中。我认为应该谨慎看待这个问题。对莫言来说,重要的不是讨论他所选择的语言传统本身如何如何,而是应该仔细分析民间语言资源的引入对作家个人生存体验的自由表达所带来的实际影响。莫言现在引入的传统语言如民间说唱的文学形式,究竟是更加激发了他的创造力,还是反而因此遮蔽了他自然、真诚而丰富的感觉与想象?

现在大家都赞同作家在文学上要想有更深的发掘,更大的突破,就必须超越所谓纯粹个人的才气和个性,而回归到一种传统,借助传统的力量说出自己的话;这也就是本世纪初 T.S.艾略特在《传统与个人才能》那篇文章中深刻揭示的问题。但是,作家要建立与传统的关系,并不等于简单地回到具体的某一种传统——至少艾略特要求作家必须熟悉的是从荷马以降的整个欧洲思想文化的传统。不错,闻一多曾经批评郭沫若等作家缺乏传统,而只知道撇开传统说自己的话,他认为那是一种浅薄的"伪浪漫派",但反过来,要克服这种"伪浪漫派",是否就应该毫无批判地回到某个一度被忽略的传统? 比如,像贾平凹那样回到传统文人小说的话语传统,或者像莫言那样回到"猫腔"?

这是一个绕不过去的问题。我总以为,所谓回到传统,必须警惕传统对作家的消化和诱惑。艾略特在强调传统的重要性时,并没有忘记作家个性的可贵。他批判的只是无视传统的个性的泛滥,而不是个性本身。而且他认为,恰恰是那些有个性的作家,才真正懂得传统的重要。传统有两面性,一方面使人有力量,一方面又会把人淹没。就贾平凹和莫言来说,他们从五四以来混合的也是日益收缩的语言背景中脱去来,转身回到一个具体的语言传统中去,在这种转变的过程中,传统对他们的淹没,显然要超过他们自己的生命力从传统中的再生。

不妨再拿另外两个作家为例,说明这个问题。40年代末以后占据统治地位的"革命话语"以及"文革"中囊括一切、笼罩一切的"政治语言",无疑是许多当代中国作家深入骨髓的语言传统。那么,如何面对这个语言传统?王蒙和阎连科就提供了两种不同的模式。王蒙确实喜欢在自己的小说中大量使用他所"熟悉"的革命话语和政治术语,但在这过程中,他并不是单一地显示这种语言本身的历史信息,而更多地倒是要显示处在这种语言洪流中个人的扭曲和被伤害、被迫害的那股子可怜加疯狂的劲儿,所以在强势的语言暴力之中,我们还能够听到一点几乎没有个人语言的个人的呜咽。我以前写过一篇《戏弄与谋杀》,主要就是研究王蒙如何通过对文革政治语言的充分模仿,使这种语言在疯狂的舞蹈之后自动露出它的荒谬。当政治语言掩盖一切的时候,身处其中的个人是很难跳出三界之外,冷静地反思这种语言的。让读者和身处这种语言的旋涡中心的人物进行平等对话,是不现实的,因为那无疑拔高了人物的思想水平,使人物和人物所置身的政治语言的旋涡脱节。王蒙的高明之处在于干脆割断读者和人物的交流,政治语言的旋涡彻底吞没思想上完全受到时代局限的人物,读者清楚地看到人物在语言旋涡中覆没的每一个细节,从而更真切地了解到那个时代的语言对人的生命的可怕的吞噬。阎连科最近的《坚硬如水》则不同,表面上,他也是想通过对铺天盖地的文革语言的频繁使用再现那个时代个人生存的真实,而实际效果却仅仅是"文革语言"的大展览,个人和时代语言,显然都被具有清醒的主体意识的作者操纵着,这个操纵者始终和人物以及人物的语言世界保持着距离,在这种情况下,哪个时代的语言就被控制在一个有限的范围,它不可能是覆盖一切的。王蒙则相反,他已经彻底化为人物,或者潜入人物的意识深处,和人物一起在语言的狂澜载沉载浮,语言的滔天巨澜占据了小说全部的意识世界。

如果说"文革语言"已经进入现代汉语的内部,成为一种语言的传统的话,对于作家来说,这个传统乃是无法对象化的,你必须切实地生活在这个传统之中,感受到这个传统和人的种种复杂关联,才能较深切地表现它或者用它来表现与它发生过这样那样历史关联的人们的生活(这是同一件事情的两个不同方面),否则就容易流为一种猎奇性的语言展览,在这种展览中,语言是语言,人是人,两不相粘。

"现代汉语",乃是一个异常复杂的概念,我倾向于把它想象为一种吸收了多种因素、无法预计其未来发展的变动不居的活的本体。讨论中国文学与中国语言的关系,就是讨论中国文学和这个活的语言本体的关系。

五四时期,在西方语言和西方文化的强大冲击下,中国文学几乎一夜间挣脱了与母语的天然联系,落入瞿秋白所批评的"不古不今、不中不西、不人不鬼、非骡非马"的尴尬境地,造成新文学大面积的粗糙。这是我们必须面对的苦涩的遗产。然而,也必须看到,正是在这种语言的破碎局面中,在中国知识分子对语言传统的激烈反抗乃至普遍的绝望中,产生了鲁迅这样的作家,对于他和语言传统的关系,我们不能像对其他作家那样进行简单的理解。比如,他对文言文有铭心刻骨的仇恨,而实际创作中与文言文的关系又非常紧密;他很好地吸收了口语,但决不像胡适那样过分推崇讲话风格对写作的绝对统治,胡适的文章都像讲演,而鲁迅的讲演稿也还是文章;鲁迅也并不满意青年作家的生造字句,但他一直更加坚定地为"欧化语体"辩护:他是要在多元的似乎无路可走的语言困境中走出一条语言的道路,其中既包含对传统的批判,也包含了对传统的新的认同,同时更包含了对当时所有的各种语言资源的巧妙改造与大胆运用。我们无法用"回归""依靠"这样的概念来定位他与任何一种传统的关系,只能说他与纷乱的中国现代语言传统有一种鲁迅式的关系。在讨论当代作家与汉语言文字传统的关系时,我总是忘不了鲁迅,总是希望能够在鲁迅的语言中找到一条中国现代的文化创造之路。我以为鲁迅的语言之路至今仍然不失为对中国当代文学的一个可贵的提醒,即提醒我们不要简单地面对传统,尤其不要自以为发现了某一件传统的宝贝而沾沾自喜。否则,我们的格局将日见其小。

莫言在《檀香刑》"后记"中告诉读者,他"在这部小说里写的其实是声音。小说的凤头部和豹尾部每章的标题,都是叙事主人公说话的方式,如'赵甲狂言''钱丁恨声''孙丙说戏'等等。猪肚部看似用客观的全知视觉写成,但其实也是记录了在民间用口头传诵的方式或者用歌咏的方式诉说着的一段传奇历史——归根结底还是声音",这种声音在小说中由不同的人物发出来,最后都汇入整体性的声音,那就是"曾经是小说的基础"的一种"民间说唱艺术"即"猫腔"。莫言的这一段创作谈使我更加迫切地意识到声音不仅是语言学上一个难解之谜,也是文学上一个重要的问题。语言的本质究竟是什么?说着一种语言的人的本质或灵魂是什么?是声音吗?那么文字的地位又如何界定?文字只是一种外在的工具,用来记录作为语言和人的本质的声音的吗?但对文学来说,难道真的可以离开文字而想象一种以纯粹声音为中心的所谓人的历史、人的生命、人的语言吗?

莫言很得意的是,《檀香刑》制造了一种"声音"。究竟什么是文学上的声音?它是否等于人们说话的声音?恐怕未必。几千年汉语言文学所表现的,鲁迅确实曾经认为那只是一个"无声的中国",在他看来,文学上的声音直接就是生命的呐喊,但由于中国传统文学简单粗暴地把自然说话的声音改造成与文字的一定结构相符的人为的声音,文人不自然的吟咏遮蔽了百姓自然的说话,汉字遮蔽了汉语,中国就失去了表达自己的语言,这大概就是鲁迅所说的"无声的中国"的意思。但是,像莫言、李锐、阎连科这些作家在作品中"让人物自己说话",是否就能够使文学语言摆脱文人字面传统的限制而回归语言的自然的声音,从而使中国文学从此能够用自然的语言发出中国人的生命呐喊呢?

这里首先应该区别两种声音:文学家制造的声音和人们生活中自然的声音。如果说文人的文字对人们自然的发声构成了一种遮蔽,那么这种遮蔽乃是不可避免的,因为文学要想将自然的发声表达出来,就非得通过文字不可。文字确实可以遮蔽声音,但文字的遮蔽作用同时也是一种敞开,或者说,文字之所以要遮蔽一部分声音,目的就是要传达另一部分声音——我们在作家的文字中确实不能像在留声机旁那样听到人们自然的发声,但我们却能听到他对自然的发声的某种选择、清理、修饰、过滤与重新组合。作家正是充分利用了文字对声音的遮蔽作用在制造了另外一种声音,而并不奢望文字像留声机那样真实地记录人们的自然发声。除了自然的发声,之所以还要有文字,还要透过文字而发出另一种声音,我想主要就是因为那自然的发声在表达生命渊深处的呐喊时总显得无能为力。如果人类在地球上只有自然发声的能力,而没有文字书写的能力,人类生存的真相又将蒙受怎样一种根本的遮蔽?

在这个意义上,我怎么也不能把书写仅仅想象成对自然发声的呆板记录,或者仅仅是自然发声的一种延长。在我看来,书写明明也是一种发声,而且是更高形式的发声,是灵魂的似乎有形而无声的呐喊。所以,一个文学家,如果他撇开文字的奥妙而专门大谈声音如何神奇,语言(说话)如何重要时,我总疑心他多半是在文字书写中败下阵来了,总疑心他所说的神奇的声音或重要的语言(说话)究竟在多大程度上是以他的文字书写经验为基础的。

莫言在《檀香刑》中抛弃了他以前主要诉诸视觉的有"魔幻气"的文字书写,全力以赴追求一种声音效果,他希望作品被接受的方式将是一种"用耳朵的阅读"。记得李锐也曾自豪地宣称,他已经摆脱了白话文的书卷气,进入了身边老百姓口语的汪洋大海;他的长篇小说《无风之树》就是摈弃一切知识分子的启蒙话语,完全让书中人物——农民——自己说话。这一切,其实都不是莫言、李锐的发明,40年代初,周扬曾经根据赵树理的小说创作指出中国文学在逼真地模仿人物语言这一点上已经很有进步,而叙述语言仍然停止不前,仍然是知识分子式的,因此应该对叙述语言来一场"打扫"。这种文学理想是把文学建立在声音层面上,把文字视为一种记录工具即声音的载体——如果文字不肯就范,那么不仅记录声音的功能将被剥夺,还会被宣布为声音的敌人,十恶不赦。如此贬低文字而解放出来的声音是什么样的,知道一点50、60直至70年代中国文学的人,都不难做出自己的判断。当然,声音压倒文字,并不是从周扬才开始,胡适认为作文就是用文字记录说话。他也把文字降到从属地位,在对文字进行善恶评判之后,几乎一劳永逸地使文字驯服于声音。可以说,五四开始的中国现当代文学对口语在文学语言乃至整个民族语言中霸权地位的强调,早就成为中国现代文化的重要传统了。口语不断侵蚀着文字,迫使文字降低到奴从的地位,这在某种程度上也正是现当代中国文学的一个特点。殊不知这个特点也正是中国现当代文学最严重的一种虚症:灵魂的声音不会从仅仅作为记录工具的文字中透现出来,文学贬斥文字,终于受到文字的报复,那主要追求声音的文学反而没有声音,反而变成新的案头摆设,新的无声的"死语言"。

我想,这也就是为什么,那些充分释放了文字力量的古代小说和诗文词曲都是可以吟咏的,同样充分发掘了文字功能的鲁迅的小说和散文也是可以吟咏的,而贬低文字的功能、单纯依靠声音的莫言们的小说,反而没有多少真正被创造出来的文学的声音,反而不能吟咏。我曾经听过莫言在《收获》杂志举办的作家朗诵会上朗诵他自己以为非常适合朗诵的作品,结果什么也没有听到。

就中国现当代文学来说,什么是声音,仍然值得一再追问。我倾向于认为,文学中的声音并不等于人们特别是某一部分人群(比如老百姓)的自然发声。鲁迅作品中的声音,主要还是人为制造的效果,他以全部生命的力量呐喊,这种呐喊不是模仿一次性的说话行为,更不是模仿中国人说话的某种强调(即使他所珍视的"女吊"的唱腔)。可以说,在鲁迅作品中,就其所要传递的声音整体来说,我们在当时乃至现在的活人口中,是无法找到任何对应物的,因为那是鲁迅精神的呈现,是通过看上去有形而无声的文字把全部精神思辨和情感力量"组构"而成的呐喊。

说到这个问题,不妨把莫言的"猫腔"与贾平凹的"秦腔"稍微做个比较。贾平凹很聪明,他知道用文字做工具直接模仿"秦腔"是无能为力的,所以他采取了迂回曲折的方式,通过不断铺垫、烘托、描写、暗示来告诉我们什么是"秦腔"。他没有用文字去"模仿"声音,而是用文字去"描写"声音。声音在贾平凹这里不是简单地通过声带、唇齿、口舌发出来,而是通过文字曲折地传达出来。莫言则简单地把文字作为模仿声音和日常说话的工具,这就很容易遮蔽作家自己应该制造出来的声音。《檀香刑》因为推重声音,结果降低为对一种民间说唱的简单模仿;因为疏离了文字的沉潜含玩,结果损失了文学应有的丰富与精细。

从个人爱好来说,我更喜欢善于驱遣文字的作家,他们的文字具有雕刻的力量,不可动摇的稳定性,可能开始是无声的,可是当我看完他们的作品以后,有一种声音却从无声的文字中弥漫了开来。我不喜欢那样一种作家,他们一开篇就给我很多的声音,就像走进一个广场,进入闹哄哄的群众集会,文字反而变成了模糊的可有可无的影子。在前一种类型的作家中,我会深切地感到在文字的徐徐展开中有一种声音被建构出来,渐渐地弥漫开来,而在后一种类型的作家如莫言、李锐以及阎连科的作品中,一种未必经过作家自己精神咀嚼过、而只是通过单纯模仿所获得的外界的声音,总是就喋喋不休地传来,不管这种声音是人物的说话,还是作者的说话,都给我以压抑感,使我难以进入他们自己欣赏的声音世界。他们作品中的声音是以牺牲文字为代价的,就好像把生活中的声音以录音的方式搬到文本中去,使文本成为一种装载的工具,并最终使文本淹没于这种我们在日常生活中其实已经相当熟悉的声音。

思考中国文学和语言文字的关系问题,应该回到五四,尽管所谓"回到五四"在许多人那里已经变成一种形式化、仪式化的口号。所谓回到五四,不是回到今天一些学者所总结的几条关于五四的结论,也不是回到五四人物的气派、成就——严格说来,这是不可能也是不必要的。回到五四,主要是回到五四所提出的我们至今尚未解决的一系列问题上去,只有这样,我们才能看清楚自己的来历和去路,看清楚自己实际的文化和语言处境。五四文学革命开辟的语言天地很广阔,只是到了后来才逐渐缩小。在我看来,即使五四人物对汉语言文字粗暴的指责与简单的改造,其中也包含着决心引入异质因素的要求。我们今天所说的鲁迅式的绝望的反抗,就是在这个过程中产生的。五四以后,我们的文学又经历了30年代、40年代、50和60年代、"文革"和"新时期"、90年代以及世纪之交的心理转变,文学所可依靠的语言资源益发显得丰富驳杂,而我们的作家在进入这个丰富驳杂的语言传统之时,也就更容易碰到选择的困难,重新认识传统的困难。如果我们轻视这个困难,随意选择某种传统作为自己的依靠,就很有可能因为自己对传统的误读,而为自己所误读的传统所欺骗。老实说,当我在李锐的《无风之树》中持续地经受他的人物语言单调乏味的叙说,当我在《檀香刑》的最后听到一地的猫声时,我是有一种恐惧感的。不是因为在整部书中只有"瘤拐"们在说话、只听见一片猫叫而恐惧,乃是因为看到中国现当代文学在这些有才华的作家那里路子越走越窄,自信心却越来越大而感到恐惧。

2001 年 12 月 25 日于复旦

## 十三　李锐:"自己说话"及其限度

《无风之树》讲述的故事和许多具体细节,确实是并不多见的一种生活图景。这不是随便想出来的,而是作家李锐多年乡村生活经验的收获。小说的成功,它的撼人心魄的效果,首先就得力于素材的新奇。

《无风之树》让我们在日益轻薄的精神风气中,又一次感受到生活的沉重。小说中几个主要人物的遭遇,无一不是沉甸甸的。唱主角的拐五叔,因为替远走他乡的哥哥照看过几亩田地,土改时划为富农,从此再也无法挣脱历次政治风暴的折磨,一辈子都得做矮人坪村"清理阶级队伍"时的活道具。善良胆小的他终于不堪忍受了,加以要保护"瘤拐"们的公妻暖玉,使她不受连累,毅然离开了这个本来就不怎么值得留恋的人世。暖玉更惨,她为了爹娘和弱弟一顿饭,就卖给矮人们作公妻,还要经常接受革委会主任的"定期蹲点"。至于其他矮人们,上自村长天柱,下至一般村民如糊米、捞饭、丑娃等等,无不整天干活受累,忍饥挨饿,不时承受"领导"的训斥。小矮人们更可怜,教育、温饱、童年的幸福根本谈不上,就是父子之情母女之爱,在极度贫穷面前,也似有若无。谁要是胆敢拿父母视若命根子的一毛钱去买"糖蛋蛋"吃,就得"剥皮饱打"。矮人坪村两个外来户领导苦根儿和刘主任,某种程度上就是矮人们悲惨生活的制造者。但是,他们的遭遇,同样只能引起我们深重的叹息。刘主任号称革命一辈子,却一无所有,一贫如洗。他之所以要

中编　文体的试验

到谁也不愿去的矮人坪村来抓革命,主要是因为矮人坪村有个暖玉。那是他手中的权力惟一可以兑换的幸福。但是,把政治把戏玩得透熟的这个老资格,并不能在暖玉身上如愿以偿。暖玉真心爱着的并不是他,而是被整死了的拐五。他后来因为苦根儿告状被撤职,"参加学习班接受审查"。烈士后代苦根儿发誓要到矮人坪村来"改天换地"。他像苦行僧一样不近女色,整天忙着用中央文件教育群众,再就是拼命干活,一心梦想着有朝一日能够把这里变成人间乐园。他的理想当然归于破灭,而且他怎么也不肯承认,正是他的神圣理想,害得自己失去正常人的思想感情,更害得矮人们成年累月劳而无功,甚至使无辜的拐五叔丢了性命。

当然,《无风之树》如果仅仅讲述了以上几个人物的悲惨故事,那么它的效果和一般报道社会问题的纪实作品,就没有多大的区别。李锐不是从某个外在视觉,描写矮人们的日常生活,而是让人物自己说话,直接呈现他们深刻的心灵真实。这里所谓"让人物自己说话",并不限于恰到好处地安排对话,或者在叙述过程中穿插人物的内心独白。李锐在这部小说中完全改变了我们习以为常的对话和独白概念,他把人物对话与独白上升为小说主要的叙述手段,通篇就是让每一个人物直接向读者诉说他们内心的所思所感。

许多描写农民生活的小说,都是用知识分子的眼光去看农民,用知识分子身份的叙述人在小说中代农民说话。这固然也能反映某种生活的真实,但是由于小说中充满了知识分子叙述人的声音,到头来,所描写的农村仍然是个无声的世界。从这种叙述中,我们得到的主要是观察者所能获得的那种知识,很难听到被观察者灵魂的诉说,或许不难由这样的叙述了解一些和农民有关的社会问题,至于农民在想什么,怎样想,我们并不知道。这就是我们阅读某些农村题材小说时总难消除那么一层隔阂的原因之一。《无风之树》基本上舍弃了知识分子身份的小说叙述人,它让我们主要不是作为观察者去看,而是做一个自始至终默不出声的聆听者,耐心地倾听每一个人物絮絮叨叨的诉说,倾听他们内心深处发出的声响。叙述者对故事的整理、讲述、分析和评论都不见了,占据前景的,是不同人物对同一事件的内心经历和讲述。人物不再是明显由叙述人操纵的行动者,而是自己跑上前来的说话人,讲述者。

比如,我们从刘主任的讲述中看到的,是乡村领导的乖戾之气,是他对待平头百姓的专横霸道,对暖玉性的贪婪和情的畏怯,政治上的豁达、自信以及因为待遇不公而产生的抱怨。拐五叔的讲述,展示出的是一个饱受歧视和迫害的底层农民无告的悲哀,对于命运的不解,特别是自杀前对生命源头与归宿"漆黑一团"的存在体验。苦根儿的讲述则生动地揭示了一个极端狂热的青年内心的偏执,对心造的幻境惊人的痴迷。至于那些表面上呆板木讷任人摆布的"瘤拐"们,每个人心中都蕴藏着一个灵魂的海洋和不尽的诉说。在沉重的、痛苦的、无聊的生活表象下面,是"瘤拐"们心灵述说的洪流。他们向情人述说,也向仇人述说;向活人述说,也向死去的亲人述说;向驴子述说,也向风述说,向树述说,向石头述说,向内心中另一个自我述说……众多的述说,汇集成一个实实在在的有声的世界。

这种努力造成小说语言上的一大特点,开辟了一个富于诱惑的语言空间,同时也暴露出不少问题。最大的问题,就是代替叙述的人物讲述语言明显的重复和单调。苦根儿也罢,刘主任也罢,暖玉也罢,拐五叔也罢,糊米也罢,每个人翻来覆去好像就只有那么有限的几句话。有些段落,甚至部分章节,为了表现人物某种激烈的情绪,或者某种模糊的思想意识,作者甚至不惜出以大段大段我称之为"有词无语"的形式,用一些词语的反复叠加,来表现正常的语言无法表现的东西。到了这时候,语文好像不起作用了,非得打乱它原有的规则,寻求介乎语言和非语言之间的某种新的表达。实际上,这与其说是李锐的一种大胆创造,不如说是李锐在吸收农民口头语言方面还未到火候。确切地说,李锐舍弃了他写《厚土》《北京有个金太阳》和《旧址》时已经相当成熟的知识分子叙述语言,转而进入毕竟还比较陌生的民间口头语言领域,必然会有这种挫折,必然要遇到这种语言的匮乏。这是让人物自己说话的叙述方式本身的限度。

小说语言知识分子化与大众化的关系,是五四以来中国新文学发展中的一大分歧与争论焦点。许多作家都在大众化还是知识分子化这个两难选择中进退维谷,困惑不已。《无风之树》有意避开这条充满泥泞的道路,却又落入另一种语言匮乏的困境。看来这个世纪性的难关,需要一代又一代作家去攻克。

## 十四　孙甘露：酿造语言的烈酒

我曾经称孙甘露为"低产闲散慢先锋"，这当然是相对于目前中国作家普遍的多产而言。其实他并不偷懒，《跨世纪文丛》有中篇小说集《访问梦境》，早就写好了的长篇《呼吸》也已出版。这两本书大致翻翻，就要花去不少脑筋。他写得那么密集，书本上短短的距离，阅读时却好像一次长长的旅行。

他曾经以有限的几部作品(《信使之函》《访问梦境》《请女人猜谜》《岛屿》《我是少年酒坛子》《忆秦娥》《呼吸》等)赈济了许多善于建构理论支撑局面的批评家，使他们神气十足地操练理论时，不至于落入巧妇难为无米之炊的尴尬。叙述 80 至 90 年代中国先锋文学短暂的历史，马原的叙述圈套与孙甘露的语言游戏，怎么也绕不过去。对孙甘露来说，这种局面与他的相对低产不无关系。低产保证了语言游戏能够展开密集的生存与想象的空间，他正是以此触动了现时代颓败而凝固的语言氛围。语言颠覆造成的强大气息，吹嘘到众先锋的高产写作中，以潜在的散播方式，勾勒出这个小说运动清晰的灵魂之象和语言之象。

《信使之函》曾用五十多个"信是……"的判断句，把书写行为巧妙地偷换为一系列生活场景。信使奔跑着，把信函投入城市的许多所在。信使所经之地的一切景观，连同由此生发的种种心象，都可以由那从未启封的神秘信函来解释。语言之外的存在似乎和语言行为有天然联

中编　文体的试验

系,甚至就只是书写行为的脚注或延伸。书写和书写涉及的对象,语言和语言所指的世界,在孙甘露的小说中并无不可逾越的界线,也没有绝对的主从关系。

从写实的原则看,这也许可以说是疏远客观世界一味放纵语言的狂欢。简单的叙事平面上,蔓延着疯长的言辞。看得出,他主要是和语言本身搏斗。

和语言搏斗也可以是写作的主要目标？语言难道可以脱离现实而存在？这类问题,孙甘露不会没有考虑。但另一类问题几乎同时存在,要想回答前者,就不得不也回答后者。这类问题是:语言为什么不可以成为写作的主要指涉对象？语言难道不可以暂时脱离现实,拥有相对的独立性？所谓现实,可以脱离语言而存在？我们的痛苦与欣喜,澄明与困惑,不都和语言难解难分吗？当我们休息时,当我们稍稍安静下来,摆脱具体事务的纠缠,不是偶尔也能听到单纯的语言的声音吗？这声音不也是我们的一种现实,甚至是我们最内在的一种现实吗？但这种二律悖反的命题还是少想为妙,因为到现在为止,还没有人真能把它说清楚。

如果有人问孙甘露究竟写了哪些现实,真是不好回答。但有一点很清楚,他的语言游戏(这个术语其实也很暧昧不清)已经构成了一种现实,而且这个现实使我们对所谓"语言本身"有了某种模糊的体认,至少对"语言本身"产生了惊奇。语言原来有这么个怪脾气,稍不留神就会让你不知所云。

同样是透明液体,有喝了没什么感觉却不喝不行的水,也有喝了五内俱热感觉强烈但又不必每天都喝的酒。孙甘露就是这样的一个稍稍有点特别的作家,他把本来是水的东西变成酒,他让你感到语言的浓与烈。"我是少年酒坛子",这少年喝了太多的语言之酒,便不免疯言疯语起来。如果你偶尔也喝了这样的酒,或许就能够从他的疯言疯语中听到什么有趣的东西罢。

上海这座城市现在除了语言（上海话）以外，确乎没有什么独特之处了。作为一个巨大的移民城市，上海话虽然也在悄悄发生变化，但这种变化是相当微弱的，并没有从根本上影响它深刻的自足性和排他性——包括对无处不在的"普通话"的排斥。这一点不能不令人吃惊。我说这些倒不是想暗示孙甘露的语言和上海话有什么社会语言学上的联系。一点也没有。但另一方面，他又确实分享或模仿了上海话在现代汉语体系中的角色位置。孙甘露语言的华贵的外表，象征着沪语惟我独尊的性格；它和现代汉语翻译文体的亲密联系，同样让人想起曾经盛极一时的"洋泾浜"，想起中西语言接触所产生的特殊的舶来风味，最终顺理成章地将它和"海派"概念联系起来。现代文学史上，"海派"小说曾经以其先达的主题演绎，开放的生活画面，现代的写作技巧使人一新耳目，但孙甘露所持以取胜的，只有语言。他在语言上的孤行独造，某种程度上复现了昔日海派的辉煌。我这样说可能他本人很不愿意接受，因为他对所谓的"海派"并没有什么好感，他在许多地方，尤其是他的趣味和理想，与今日上海生活以及影视界刻意追寻的那个海派格格不入。孙甘露一直在摆脱这一切（他始终坚持的语言游戏就是今日上海各种艺术形式根本难以有所作为因而干脆放弃的领域），但恰恰因为这种固执的努力，使他远离了肤浅的"海派"，向人们显示出真正的海派精神。

## 十五　韩少功：超越修辞学

韩少功的《马桥词典》给我触动不小，它促使我换个方向，重新思考"文学语言"这个老问题。

中国作家以往并非不重视语言。批评界和一些作家圈子，已经不止一次大讲特讲过"语言独立的审美表现力"了。但这种"重视"，一般只在普通修辞学领域打转，没有超出工具论语言观。因为看到语言是表达工具，工欲善其事，必先利其器，这才想起要小心翼翼地使用语言，建立个人化的语言风格，达到某种修辞效果。80年代至今的语言意识大抵如此。

视语言为世界之外偶尔拾来包裹世界的工具，无论如何经营锻造，都无法消除先验的迷误。这种语言观不从根本上揭示语言的渊源所自，一味在修辞平面"完善"语言，恰如把游鱼拉出水面，逼它在岸上游出各种花样，非但不能"完善"语言，反而会日益拉大语言和世界的鸿沟。路头一差，愈驰愈远，语言由此越来越离开它的根基，越来越疏远生活世界，濒临枯竭衰亡的绝境。

具有讽刺意味的是，恰恰那些语言资源极其匮乏的作家，整天嚷嚷着语言的重要，寻思如何恰当而优美地"使用"语言，效贫家巧妇勇为无米之炊。他们越看重语言，越追求美文，对语言的伤害越重（这正是许多令人啼笑皆非的"语言艺术"的正解）。往往不重视倒罢了，愈重视愈糟糕,愈修饰愈无生机,一切努力终归南辕北辙,适得其反。在这意义上,抱怨当代文学语言"太水"或"太涩""太清"或"太混""太浅白"或"太看不懂",都是不无道理的。

《马桥词典》的一项重要提示,就是如何消除现代汉语的无根性,如何弥合语言和世界、词与物的分离。作者不止把语言当做对象化工具,表演某种"语言艺术"。他也在工具意义上使用语言,然而不是"通过"语言表现语言之外的世界,像"通过"云雾,察看被蒙蔽的真实。他做的比这要多。叙述人物故事的同时,他领我们"走进"了语言。语言的发生发展蜕化变异,真正作为活的事件,应和着各种权力关系的转移、情感命运的变化,由此构成"语言—存在"的一体化世界。

在"语言—存在"一体化世界里,语言透露了一切;写作活动变成了不折不扣的关于语言的语言。作者退到词典编撰人的位置,"马桥弓"的奇人异事,都见于马桥人自己的语言,由"马桥话"自己"说"出来。词典编纂人只是努力让这个"说"更顺当些而已,他没有赶在这个"说"前面抢着说,也不落在这个"说"后面代它说。首先是语言自己在告诉我们一切,是语言在说话。作者作为听话人,在听的方面有些优先,即最先见证了马桥世界和马桥话,这才充当了马桥和读者的中介。至于马桥和马桥话之间,并无中介。马桥话"说"马桥人,马桥人"说"马桥话。长篇小说的主要事件,就是语言的根本的"说"。作者的"说"只是基于有所听闻的转述,属于第一位的"说",融入第一位的"说"。

如此变换主体、语言和世界的关系,是《马桥词典》最大的创意。在此之前,一些外国作家已经尝试过用词典形式结撰长篇小说了,我不知道这中间有多少模仿的痕迹,但倘若一定要说模仿,汉语典籍中,倒是可以找到更贴近的范本——《周易》许多卦爻的"系辞",不就是用一个或多个生动的故事来注释,不就是词与物、语言和世界这样无中介的相互"说"吗?

《周易》以极朴素的方式揭示语言和事件、命名者和所命名者之间的原初联系,正是韩少功的努力方向。泰初有言,只因泰初有人,泰初有事。人言离不开人事,反之亦然。这是语言的历时性诞生,也是语言繁荣滋长的共时性原则。用语言现象解释生活历史,反过来就是用生活历史解释语言现象。马桥等于马桥人使用的方言的总和(包括方言土语和"普通话"的各种奇妙嫁接);马桥方言,也只有放到马桥人的生活历史中才好理解。

"语言—存在"一体化的思路,不仅使讲述生活的语言更贴近生活,也使所讲述的生活有更恰当的语言来讲述,这就不止修辞学上的"完善"语言了,而是企图让语言回到生活的大地,回到它从中不断涌出又不断寂灭、不断兴起又不断隐伏的根基处。

卮言日出,自有万斛泉水,"修辞"何为?

表现生活就是表现语言,回忆往事就是在语言的隧道搜寻,就是回忆一种语言。不是有了现成的语言,你才去表现生活,有了工具,才去捉鸟。词与物,语言和世界,总在同一维度,要么一起触着、一时俱现,要么同时错过、同坠黑暗,不会容你先后获得,分别把握,像捕具和飞鸟、网罟和游鱼。

在这意义上我们也许可以说,《马桥词典》超越了工具论语言观所支持的写作修辞学,带着强烈的冒险精神,走在通往语言的道路上——目前这条道路显然还并不怎么宽广,所以我们从作者的步伐中看到某种踉跄迟疑,也是很自然的事。

以上是关于作家韩少功近来的一种语言追求说的一些话,其实这些话并不是针对一个作家说的,而是针对一个作家的理论假设说的。

作家韩少功的其他可说之处在哪里?

在小说之外,甚至,在"文学"之外。

韩少功的存在,首先并不是一个作家,更不是一个小说家,而是一个"知识分子"——这个本来含混的词在韩少功身上变得尤其含混。

他是这样一个知识分子,有很好的文学修养,文字工夫很过硬,小说、散文与诗歌甚至产生过或正在产生极大的影响,但我们还是很难把他归入"文学性知识分子",因为他的全部文学活动所依靠的智慧形态与思维形态是非文学的,他对生命,对这个世界的态度,也都是非文学性的,他写一部小说、一篇散文或一首诗歌,最终目的是告诉人们应该怎样做,社会应该怎样发展,而不是启迪人们与这个世界建立某种想象性的复杂而丰富的关系。文学在他眼里只是影响人的手段和技巧,他真正要贡献给社会的货色是一整套改造社会的"锦囊妙计"。他不认为这个世界的本相是虚空,是混乱,是目标不明确的一个航程,他认为单靠理性力量就可以轻而易举地赋予世界以意义,以秩序,条件是必须授予他一定的权力,公众必须信服他的说教,必须接受他的目标为自己的终极关怀。他总喜欢把文学和"崇高"联系起来,而不是和美联系起来;总喜欢在文学中显示一种责任感与使命感,而竭力避免迷惘或沉醉。他的职业是文学,也披了一件很不错的文学的外衣,但骨子里的东西并非文学性的。

中编 文体的试验

# 十六　王蒙文体之一：戏弄与谋杀

## 1. 讽刺作家的虚拟化抒情

在王蒙精熟的讽刺语言之侧，经常可以听到一些低沉、喑哑、细弱到若有若无的抒情性絮语（《活动变人形》作者"我"的语言；《夏之波》政治讽刺背后朦胧的罗曼史）。细心的读者会发现这是一种有意味的本文破碎现象。

如果说王蒙的小说确实存在着某种本文破碎现象，那也许最好应该解释为一个抒情诗人和一个讽刺作家两种写作欲望彼此争斗留下的语言痕迹。

王蒙实在是个未能忘怀于抒情的讽刺作家。就天性而论，他也许更适合做一个伊犁河畔的行吟诗人。然而，王蒙的社会角色又毕竟是个锐气长存的讽刺天才。尽管王蒙对这种学诗不成的天命始终耿耿于怀，可是事实上，就连最普遍的中国读者也知道欣赏他辛辣智慧的讽刺妙文，对那些讽刺语言中残留的抒情诗碎片则不大能够理解。

这多少有点讽刺意味，也是作家到底意难平的一件憾事。

但是，在我看来，对一心想做抒情诗人的王蒙来说，最具讽刺意味的还不是他终究未能做成一位理想中的诗人，而在于当他放弃做诗的奢望专心致志写他的讽刺作品时，竟然无可回避地陷入了另一种虚拟化的抒情语境。

作为彻底的讽刺艺术家,王蒙很少有机会正面抒发自己的感情,却不得不在他的讽刺文中经常模仿他的讽刺对象而大肆抒情。

通过对一种乌托邦时代泛滥成灾的语言浪漫主义出色的模仿,王蒙鬼使神差地充当了另一个完全不同意义上的抒情诗人。这个诗人的诗情正是作家讽刺的对象。

但是,这种虚拟化的抒情语言又恰恰是王蒙小说讽刺艺术的精髓。王蒙讽刺的乃是一种抒情性的现实。要深刻暴露这个现实的秘密,用以揭示的手段最好也是抒情式的。王蒙的写作,正是通过压抑作家本己的抒情欲望,用一种异己的虚拟化抒情语言模仿被讽刺的对象。

如果我们仅仅把王蒙的讽刺对象表述为乌托邦时代浪漫主义的感情泛滥,那还不够。任何一个时代的主导情感都不是赤裸裸的,它有它的寓所。乌托邦时代的浪漫主义就寄寓在那个时代同样散发着浓郁的浪漫气息的语言中。乌托邦语言不仅是乌托邦情感的表达方式,还是乌托邦抒情现实的存在方式。乌托邦的主导感情和感情化的现实就是乌托邦的语言。乌托邦首先是语言的乌托邦。一切都靠语言运转,一切都在语言之中,这本来就是乌托邦时代公开的秘密。

因此,模仿乌托邦现实的主导情感或情感化了的现实,最彻底的方式,就是模仿它的抒情式语言,模仿由某种语言吹嘘起来的抒情式现实。

讽刺作家的虚拟化抒情,对于王蒙来说,就成为借助一种虚拟的方式对语言本身的揭示。

于是,王蒙的讽刺艺术乃是指向语言本身的一种语言。这就是他的写作个性。

## 2. 在乌托邦:语言一元化运动

讽刺的目的总是认识论意义上的"揭示"。用清晰的语言揭示暧昧的现实,这就是讽刺。

在讽刺作品中,用以认识和揭示的工具语言,必须体现某种超现实和远离现实的"立场",这也是主体批判现实的价值依托。因此,讽刺作品一般总是在哲学上预先肯定世界之"现实—语言"的二元论构造。

可是,如果一种现实(比如乌托邦社会)和现实中任何可能有的语言之间的界线都发生了模糊,如果这种现实本身就是一个生产语言的巨大工厂,就是以每天大量制造弥漫性的迷狂语言为其现实神话的根基,如果现实和它的语言合而为一,现实语言化了,语言垂直性的历史、文化和审美特性都撞碎在现实即语言的平面上——极而言之,如果意识形态的话语降落为一个社会的经济基础,如果语言成了一个社会每天唯一供应的食粮——如果这样,那么,语言的认识、揭示和讽刺的潜质将被大大削弱以至于完全消失,只是在乌托邦社会的边缘和某些被遗忘的角落(比如民间社会)还依稀可见这种语言镜射现实的功能。像贾平凹、刘震云、李锐、尤凤伟、刘玉堂、张承志、张炜等作家就是致力于发掘乌托邦语言在乌托邦边缘之传统形态的民间社会的那种俏皮化改造,或者有意无意地制造两种话语、两种叙事欲望在文本中的对抗、映衬,从而在乌托邦语言的流行色涂抹不到的地方确立一种对抗、镜射和揭示乌托邦的"立场"性写作。

正所谓欲知朝中事,陌头问野夫。"假语村言"往往能够泄露流行语言的天机。但是,王蒙显然不属于这些作家之列。在关于伊犁的一些小说中,王蒙似乎也触到乌托邦语言的边际,在乌托邦语言之外发现了另一种语言。但是,作这种有意的对比显然不是王蒙写作的主要取径。把王蒙所写的新疆和张承志所写的西海固的回教民间作一对照,两位作家在语言上的归属明显不一样。同样是针砭现实的乌托邦和乌托邦的现实,张承志采取了外在超越的办法,希望在乌托邦语言之外构造另一个他心目中的语言乌托邦;而王蒙的写作,则期望着在乌托邦语言内部来一场自我粉碎性的爆破。

王蒙面对的是现实和语言一元化的乌托邦社会的核心。不仅现实和语言以及内容与形式的界线在这个核心难以分辨,就是主体—客体的对立,也通过朝向蒙昧时期倒退的历史步骤而被取消。在这个核心,不可能找到"立场"性的主体语言。

因此,我们也不应该指望像王蒙这种追忆乌托邦的写作能够站在某个根本不存在的作为"立场"的语言世界去认识和描写乌托邦的语言现实。这种写作必须寻找一种恰当的策略,指涉语言化了的乌托邦现实,即指涉作为现实之绝对权威的某种乌托邦的话语谱系。

从《青春万岁》到《恋爱的季节》,对乌托邦迷狂情感的回味,澄明为追忆那个时代迷狂的语言或语言的迷狂。我们看到,那些脸上写着激动的人们,正是要通过仓颉造字式的命名活动,用语言的方式呼唤出一个崭新的世界。一旦超出了语言的迷狂圈,乌托邦子民的热情和创造力就会顿时显得极其可疑。当然,那时候谁也不会为自己的时代语言降温,否则就会被判处柏拉图式的罪名而遭驱逐。一股平地而起的语言洪流征服了世界,各种神圣的情感都不过是每个人对这种语言意志的分享。这就是乌托邦时代典型的存在特征。人们把自己的存在完全捐献给一种语言的盛典,所以对这个时代亲切的追忆怎能不是追忆它的语言狂欢节!写作正是这样成了一种指涉语言的语言。

指涉语言的写作不可能基于某种现成的认识论的元语言。乌托邦的迷言狂语乃是整个社会通行无阻的符号系统。乌托邦的本质就是某种语言一元化运动。语言成了唯一的权威,它代替现实向公众发号施令。现实政治成为语言的专制。语言和现实完全叠合,失去了镜射现实的功能。语言似乎不是现实的产品;相反,现实仿佛成了语言的分泌物。不是语言解释现实,而是现实为语言做注脚。现实变成语言的外化形式,变成一种语言的语言。这种现实拥有强大的语言专制系统,足以抗拒和取缔任何妄图认识它和揭示它的欲望,并把这些欲望一一宣布为不合法。①

乌托邦的语言反对被认识。它有自己的认识论法典：全民必须参加神圣的语言狂舞，在此种狂舞中分享"认识"，接受"认识"。除此而外，沉默和任何形式的语言怠工都意味着犯罪。这部法典隐藏在乌托邦子民的深层意识中，包括其中的那些摆弄语言的所谓知识分子。

### 3. 指涉语言的语言游戏

但是，对于这种反抗认识的语言化现实，可以借助某种戏剧性的策略加以戏耍和逗弄。

比如，用"恋爱"（乌托邦时代最高形式的一种激情和最能体现乌托邦现实的语言表达式）这张大红喜帖遍邀那些曾经异常活跃的语言英雄；当过去时代的语言时装兴高采烈联袂而至时，主人却狡猾地躲藏起来，把接待的主题偷换为暗中窥探。这时候，对一种语言的戏弄就开始了。邀请者（乌托邦语言的追忆者）不愿充当语言大会的主人，是为了腾出位置，让被邀请者登堂入室，肆无忌惮地反客为主，主动上演自我表现的语言戏剧。这是让乌托邦语言自行被揭示、被认识的最好方式。

对于乌托邦语言来说，"主人"是唯一合适的身份。它们不是乌托邦社会的某种短暂的外在装饰，而是这个社会绝对排他性的主体和基础。在乌托邦社会，原则上只允许作为"主人"的语言存在，非"主人"的语言都被挤压、覆盖以至湮没无闻了。

要么做主人，要么被淘汰，这是乌托邦社会所有语言英雄面临的唯一选择。我们看到在王蒙大多数追忆乌托邦的写作尤其是这部《恋爱

---

① "中国真是个文字之国，在当时的文字宣传下，确实使人有一种感觉，仿佛是已经进入了共产主义社会了，至少说也到了共产主义社会的大门之外了。我当时也想，上层建筑对于经济基础的反作用可是真大，如果中国这一次试验能够成功，这可真是中国对于马克思主义的大贡献。"（《三松堂全集》第一卷，页157）冯友兰先生的这一段话，从语言泛滥说到"基础"和"上层建筑"的颠倒，很有启发意义，正可以帮助阐明本文所谓的"语言一元化运动"。

的季节》中,无数觊觎主人席位的语言访客们相互之间很快就出现了一种有趣的关系紧张状态,在主人缺席的时候自动演出了一场极具呈现效果的语言戏剧。演得好,自我暴露就越充分;演得拙劣,至少也是颇为可观的肢体呆照,反正叙述者是不打算出面调停的。

不必指责王蒙没有在乌托邦语言之外建立一套主体批判的语言,也用不着怀疑作者是以本己抒情的方式重温他的语言旧恋。这里不是没有批判,不过批判的形式完全是戏剧性的。导演不出场的语言戏剧是呈现乌托邦语言或语言乌托邦最恰当的方式。在关于语言的语言游戏中,任何主体性的出面干涉都会被讽刺对象拉下水。主体语言必须转化为一种主体缺席的无座架语言游戏,才能真正达到批判的目的。我们看到,在王蒙的这部长篇小说中,乌托邦时代的一切欲望,都超越个人或有的具体表达方式而一律诉诸语言的时装。语言取代人物成为反映那个时代的戏剧主角。在王蒙精心策划的无导演戏剧中,语言英雄们互相镜射、纠缠、揭穿、挤压、反讽、侵犯、撕咬……这个过程因为没有统一的主体而超出了表演者自我控制的范围,变成一种无休止的自我损耗性的疯狂旋转,最后力竭仆地,陈尸累累。

这场语言戏剧的真正主体在戏剧表演结束时才趋于到场。也可以说,主体一直以故意缺席的方式在场。主体这种在场的信号,就是本文中间语言戏弄者潜抑的快感。

对乌托邦语言成功的戏耍和逗弄,确实是一种颇具快感的谋杀语言的行为。那些语言的时装英雄们正是这样被一步步引向死亡之地。

## 4. 迷狂语言中存在的丢失

对于我们来说,乌托邦社会的虚伪、暧昧和狡猾,主要在于它的语言化生产和呈现方式。乌托邦是取消一切怀疑主义的语言暴政。人们沉湎于语言的迷醉中,对语言所替换的现实则不假思索。每个人都是语言上的富翁,同时又是现实的贫儿。人们领到了按需供给的语言财产,却丢失了他们的现实存在。

在乌托邦时代,作为现实的大地变得可有可无。人们一致仰望语言的天空,陶醉于对这个天空变幻万端的景观的欣赏之中。乌托邦时代的人们的确遗忘了大地,搬到语言的天国去安居乐业了。世俗的万象投射到乌托邦语言的天宇幻化为醉人的多彩天象。

如果我们仅仅把语言当作乌托邦的外衣,当作它的偶然现象,那就说明我们还是那个时代饱受戏弄的愚人,还是那些自鸣得意的天象观测家。

乌托邦是个没有深度可言的话语体系,它的最隐秘的本质就是那些已经说出来的东西,那些头上的云彩,那些在大地上肆虐的飓风。我不知道,拿"云"和"风"比喻乌托邦语言是否合适。不过,乌托邦的语言以及这种语言所催熟的现实,确实有大地之上风的无根和云的美丽。

关于乌托邦的写作,不可能触及语言之外的某个现实大地。这种写作只能是一种指向语言本身的语言游戏。它的全部才气仅仅表现为对迷狂时代丢失的大地存在的微弱的召唤。从积极的意义来说,这种写作是一种帮助人们回忆真实存在的语言学。或者说,是一种有助于人们从天上回到地上的真正的天象学。

因此,这种写作仅仅过问语言化了的现实。即使写人,它也只是抓住人的某种语言状态而不是超出这种语言状态的所谓现实的人。在乌托邦中,人的存在丢失在语言的庆典中。人的现实性仅仅是他的某种语言性。对于那些不进入乌托邦语言魔圈的人物,王蒙的把握一般总显得漫不经心。

王蒙用戏剧手段展示乌托邦迷狂语言,击破了一般小说学关于"人物语言"的神话,因为这种语言并不指向所谓人的个性和特殊性,它更多地指向人的共性,指向无个性的平均数,指向沉湎于迷言狂语中的存在之丢失状态,指向乌托邦语言对个人施行暴政的种种存在的后果。我们看到,人们快速地说话,激动地说话,痛苦地说话,或者高兴地说话,充满幸福感地说话,而实际上,这些说话活动都是无效的,都不能使他们的真实存在趋于到场。相反,他们的真实存在正是淹没在据说是属于他们的语言之中。《话,话,话》描写一对夫妻在一种多语症的家庭生活中不知不觉丢失了自我和亲人。语言在人与人以及人与自我中间形成坚如厚壁的阻隔,人们被他人的语言洪水淹没了,这是王蒙反复表现的一种存在状况,比如《说客盈门》《冬天的话题》《铃的闪》《风息浪止》《活动变人形》等等。《话,话,话》和那篇名噪一时的《来劲》,不过是两个极端的例子。

存在不在语言中到场,反而在语言中被遮蔽。王蒙翻来覆去要阐明的也许正是这个简单的问题。

乌托邦语言总是吵吵闹闹,沸反盈天,总是某种大众性时髦语言的荟萃和集锦。这种语言通常以反问的方式传达不容究诘的肯定性命题,以明确无误的语态提出模棱两可的意见,在斩钉截铁的口吻里掩饰着闪烁畏葸的心理。这是彻底分裂的语言,却总是以不遗余力地攻击矛盾事物的面目出现。用矛盾掩盖矛盾也许是这种语言维护其一元化权威的最佳方式。这种语言的所指和能指、口头和内心、形式和内容、语法逻辑和语义逻辑总是呈现出近乎儿戏般的荒唐搭配(想象一下《来劲》和《来劲》续篇的语言),但是这种混乱不堪的语言病态总是表现为堂而皇之的制度化语言,如流行的政论、文件格式、档案套话、报告和领导腔、群众朗朗上口的标准语法、用滥了的文艺语体、成语、中国式的推论(可溯源到孟子)和翩翩而至的排比……在这种语言的滔天洪水中,个性存在的灭顶之灾无一幸免。

从《杂色》的曹千里到无声无臭无色无名的 Xiang Min,王蒙越来越干脆地写出了乌托邦子民在迷狂语言中的存在丢失现象。

## 5. 快速说话的语言热症

王蒙模仿乌托邦语言的才能,主要表现为他始终能够让这种语言处于它固有的加速度运转状态和逐步升温以至燃烧沸腾的热度之中。停顿、结巴、嗫嚅、舒缓、冷寂在王蒙的小说语言中极为罕见,因为那意味着语言狂舞者已经精疲力竭,意味着对这种语言的谋杀已告得手。这时候,小说也就结束了。王蒙大多数作品的结尾都喻示着继续这种语言的迷狂已经不可能了。对于王蒙来说,小说的结尾正是一种语言大限的到来。

确切地说,无热度的常态语言只能在王蒙的小说之外去想象。乌托邦根本上排斥无热度的常态语言。迷狂时代的语言必须是语言的迷狂。

模仿语言的迷狂使王蒙的叙述表现为一种神经质的快速说话。王蒙留给读者最鲜明的印象,正是这种滔滔不绝辩才无碍的神气。这种神气也可以表述为一种语言热症、多语症,或者干脆叫做语言多动症。

这种语言习性对于那些见了"新写实"就眉开眼笑的读者肯定不太妙,因为快速说话的叙述是指向语言本身的语言操练,它只能写出某种语言一元化的现实,并不能充当"新写实"的描写工具。

王蒙很少在某个具体对象上面精雕细镂,沉潜往复,他总是天马行空,在不同的叙述单位之间作大幅度跳跃。多语误事。王蒙式的快速说话恰恰和某种渴望写实的阅读心理相抵触。一种王蒙式的"多语"恰恰是为了"误事"。对于王蒙来说,除了淹没存在的语言事件以外,确实没有什么更重要的事件值得记叙了。

通常情况下,我们耐着性子大量吞食小说家的词句,为的是最后能够看到包含在这些词句中的一些零星的现实信息组织成一个完整的实感世界,或者说写实的世界。那时候,我们就可以得鱼忘筌,到岸舍筏,把语言吐还给作家(谁叫他对我们施行语言暴政呢)。但是,王蒙式的快速说话恰恰不是为了提供某种语言之外的现实信息,而是为了更好地泄露某种语言内部的秘密,即暴露乌托邦语言内部的那些存在的丢失,那些话语的冲动、欲望和权力意志。换言之,这种快速说话不是指向语言之外的现实(这个现实根本就是一种不存在的乌托邦神话),而是指向某种语言化了的现实,指向这种现实存在的语言状态。

快速说话是一种别有所图的反写实和反叙事。对于王蒙来说,削弱乃至瓦解叙述语言的写实叙事功能,恰恰是为了通过这种自我指涉性的语言游戏更有效地击中语言一元化的现实,恰恰是为了更好地完成对乌托邦语言和语言乌托邦的戏剧性模仿。

王蒙个人写作中的语言热症,肯定来源于对某种时代性语言热症的切肤之感和刻骨的记忆。

乌托邦时代语言大于现实,形式大于内容,现实内容极度虚化以至完全消融在过剩的语言形式中。这是乌托邦浪漫主义的本质。人们失去了对真实存在的记忆,迷醉于语言的狂欢,恰似热症患者失去了对肉身的真实感觉,在通常伴有幻象、晕眩甚至昏迷的病态亢奋中缠绵不已。

对迷狂语言的戏弄和谋杀正是在一种相应的迷狂形式中完成。通过戏拟乌托邦社会那种语言过剩的精神热症,王蒙扮演了迷狂时代一位迷狂的书记官。

王蒙:乌托邦时代的行吟诗人或者那个时代说出来的秘密的再度泄密者。

## 6. 反写作:卫护纯洁的虚无

在我看来,王蒙追忆乌托邦的写作,主要在于戏耍、逗弄和谋杀乌托邦的语言。

这种写作不是为了建构某个新的语言王国。相反,它的目的仅仅是轰毁一座曾经流光溢彩的语言乌托邦。我们在这种写作中主要不是等待一种语言的新生,而是目击一种语言的衰亡。

我们看到,在王蒙快速说话的叙述甬道上,乌托邦时代的语言时装们欢天喜地,快步奔向最后的语言陈尸所。过去时代的语言英雄同归于尽,把王蒙安排的每一出语言戏剧推向高潮。

当一种语言耗尽元阳的时候,也是王蒙的写作最富生气之际。

王蒙的小说实践了一种罕见的反写作。他指挥自己的文字大军左冲右突,并不是为了攻城略地,恰恰是想把这支魔鬼的军队引向绝境。写作者不是手持语言工具的创始人,他毋宁更像一个出卖部卒的恶毒的将军,一个梅菲斯特菲勒斯,让他的追随者尽情表演死亡的舞蹈,享尽所有的浪漫荣耀,最后千红一窟,万艳同杯。

这种写作的痛苦,至少和它的快感相等。我们看到,王蒙为读者摊开了一个货物齐全的语言市场,但是他的叫卖声既显得殷勤,又流露出相当的厌烦。他是一个大度的语言收藏家,却又是极度鄙视自己的收藏品的挥霍者。他收罗的语言越丰富,就越希望一夜之间把它们全部抛空。在对待语言的态度上,王蒙一方面是个饕餮者,另一方面又是万般挑剔以至停杯投箸的美食家。①也许他更像遍尝百草的神农氏吧。他只想考验人类的胃口对乌托邦过剩的语言食料到底有多大的消化能力。

矛盾的语言观集中体现在快速说话的语言热症中。快速说话是快速吞食语言与快速排空语言这两种相反过程痛苦的统一。

反写作必须承当的最大痛苦,莫过于长久压抑写作者本己的语言欲望。如果写作者天生是一名倾吐型的抒情诗人,这种语言谋杀导致的某种虚无的痛苦将更为深重。他不仅没有机会按照心灵的律令翱翔于自己的诗语之国,反而不得不用自己的歌喉戏拟性地为非诗的语言狂舞推波助澜。这种况味,大概只有终生扮演反派角色的天才演员才能真切地体会出来。

---

① 请注意王蒙为《王蒙论文集》所写的序言《我的写作》是怎么说的:"我喜欢语言,也喜欢文字,在语言和文字中间,我如鱼得水。语言和文字是我的比人民币和美金更重要的财富,我要积累它们,更要使用经营——有时候是挥霍浪费它们。"引自《解放日报》1994年3月10日"朝花"版。

对这样的艺术家,人们通常总是既敬佩又惋惜。

在这类艺术家看来,观众如果能够分清演员和角色,已属幸事了。相比起来,敬佩和惋惜应该是最高的同情。除此之外,他还能期求更多吗?

写作者和乌托邦语言作战,即使战胜了,并且在战斗中表现出高超的艺术,也无以排遣他的失落和惆怅。

选择一种时代性的语言作为讽刺对象,对于曾经或正在那个时代生存的讽刺家来说,也许根本就是不自量力。如果被讽刺的语言还远未演完它的历史性悲剧,讽刺者就得准备担当他自己在语言上的悲剧。并且,不仅仅是语言的悲剧。

讽刺者实际上做着一种清场的工作。堆积如山的语言垃圾被倾倒干净之后,讽刺者只能坐在静寂的历史广场上,独自卫护着一份未曾玷污的纯洁的虚无。

这是他最大的赢获。

一种自我掏空的赢获。

或许,当乌托邦巨大的语言风车疯狂地轰轰转动时,勇敢的骑士根本就不想保全刺出去的长矛。

一片混乱的喧嚣掩盖了他的作品,这并不足惜;谋杀语言的反写作以堂·吉诃德式的本体解构,毕竟发出了自己的呼声。

有呼声就有语言。新语言是乌托邦退潮之后的世界景观。

那是另一回事了。在王蒙的小说中,除了乌托邦的迷言狂语,我们所能看到的,只是在谋杀语言的戏剧的幕间偶尔苏醒的洁然无染的语言,是在作者所卫护的纯洁的虚无中不时泛起的温馨的诗意。有这一点就够了,就足以感动我们了。要知道王蒙毕竟不是生活在真正的诗的季节,虽然他很可能天生就是一块写诗的好材料。王蒙的使命不是写诗,而是为真诗的出现准备条件。他的命运是等待。

## 十七　王蒙文体之二：说话的精神

在"季节系列"中，"钱文"常常充当隐含作者意识觉醒的代言人，但作为小说中一个身份明确的人物，钱文又毕竟不是隐含作者的化身，他的主要叙述功能是带领读者逐个寻访众多人物在政治漩涡里的遭遇，他不像《复活》中的聂赫留朵夫，既是主人公之一，又是主要叙事视角的承担者乃至隐含作者的化身。"季节系列"的隐含作者并非身份统一的精神主体，当叙事重心移到犁原、张银波等其他人物时，钱文便抽身隐去，而让他人的心理活动呈现出来。"季节系列"的隐含作者是一个分散的主体，一个偏重历史认识和人生体悟的智性形象，"他"既可以借钱文之口说话，借钱文之眼看人生社会，也可以戴上其他人物的面具，比如在《失态的季节》结尾，以负责"护秋"的郑仿的口吻进行《海的梦》或《活动变人形》式的逍遥游。

隐含作者身份的这种松散化设计，决定了"季节系列"的主线不是个人灵魂成长史（如我国读者熟悉的罗曼·罗兰多卷本长篇小说《约翰·克利斯朵夫》），而是社会观察、历史记录、世态分析、人物品评与生存感悟的杂糅，它在结构上是一些人事的碎片拼贴，尽管也运用了"草蛇灰线之法"，但并没有建造以单个人物心灵发展为主轴的完整的情节结构，因此，注重心理推进和精神发展的读者看"季节系列"会不太适应——"季节系列"的内在精神结构并非基础庞大却不断向中心聚集和提升的哥特式尖顶建筑,而是中国传统注重随物赋形、散点透视、移步换景、平面铺展的园林。

但是,这并非说"精神"在"季节系列"中被搁置了,"季节系列"十分注重后革命时代政治人生的精神分析,如果没有某个更加隐蔽的精神主体或精神性的隐含作者,那将是不可想象的。问题在于,认识"季节系列"的精神主体或精神性隐含作者,不能单看"他"如何塑造人物("他"也许根本不想以经典现实主义的方式来塑造任何人物),也不能单看"他"如何进行心理描写("他"也许已经抛弃了经典小说心理描写的所有程式),而只能切实感受"他"的"说话的精神"(请允许我杜撰这个概念),因为"季节系列"的隐含作者主要就是说话,他给每个读者留下的最深刻的印象就是善于说话,不知疲倦地说话,始终不渝地说话。

"季节系列"可算是后革命时代全盘政治化的中国日常生活百科全书式的记录和普通中国人心路历程的展现,但不要忘了,王蒙做到这一点,并非靠情节结构、人物塑造、心理描写,而是靠隐含作者直接站出来"说话"。"季节系列"中隐含作者的"精神",就是"他"的"说话的精神",这比情节结构更重要,比人物塑造更重要,比心理描写更重要,比统一的叙事人身份更重要,比首尾一贯的主人公形象更重要。

"说话的精神"可以通过小说中任何一个人物传达出来,但隐含作者也可以撇开情节结构,撇开人物塑造,撇开心理分析,"冷锅里冒热气",随便拎出一人、一事、一线索、一细节、一感觉、一梦境,而大肆发挥其"说话的精神"。"说话的精神"既是隐含作者的主要现身方式,也是王蒙小说所要描写的后革命时代政治化人生中运行着的中国人的精神主体,有时候我们简直无法分清哪是人物在说话,哪是隐含作者在说话,但无论人物还是隐含作者说话的目的,都只是为了传达一种"说话的精神"。

这种混合型精神主体的"说话的精神"是任何别的作家作品所没有的,它寓于王蒙独有的一心一意要将话说足说透说绝的排山倒海层峦叠嶂的文体。王蒙的精神表达和王蒙的独特文体联系在一起,"季节系列"又是王蒙文体最成熟最极端的呈现。

王蒙的文体一直颇受怀疑。那种幻灯式、碎片式和漫画式的旧人旧事的交代、讲解、感慨、评论的杂糅,难道可以作为小说叙述的主要手段吗?这甚至已经不成其为叙述,至多只能叫做"不完全的叙述",它可以随时被打断又可以随时被接续,它只是以议论和交谈为主的一种无拘无束的"说话"——也许称之为"讲述"更适合。"犁原同志"的故事,祝正鸿表舅的故事,刘丽芬从"柳芭"到"事儿妈"的故事,陆浩生书记和张银波社长的家事,农民作家赵青山的故事,交代了别人之后自己陷入痛苦的祝正鸿的故事,包括钱文的故事,费可犁的故事,刘小玲的故事,卞迎春的故事,赵林的故事,都在这种夹叙夹议的讲述中不完全地呈现出来,供隐含作者做进一步发挥的跳板,和提炼某种"说话的精神"的材料。

王蒙并非没有首尾一贯讲好一个故事的能力,《踌躇的季节》开头讲祝正鸿表舅的故事多么举重若轻、信手拈来?《狂欢的季节》讲"养猫"的故事,不就是又一篇《杂色》吗?他显然不满足于这种经典现实主义小说的叙述方式,他更感兴趣的是及早摆脱相对迟缓和封闭的叙述空间,从初具规模的故事梗概中迫不及待地总结历史经验,抒发人生感悟。比起完整动人包孕丰富可以让读者费尽猜详的虚构故事,王蒙更喜欢直接道出他的人生箴言,这些箴言在"季节系列"中俯拾即是,因为和具体人事有关,显得丰满自然,但这样一来,小说的实际描写虽然丰富了议论,却也到议论为止,罄于议论和"说话",而无法构成拥有自身发展逻辑的"实感世界":议论、"说话"随时打断"实感世界"的构筑。在"季节系列"中,几乎没有旨在构筑完整的"实感世界"和情节故事的叙述,几乎没有假设隐含作者不在场时故事情节按照自身逻辑的推进,所有故事的发展过程,都伴随着说话人滔滔不绝的讲述、议论、感叹、抒发——"说话"。

对王蒙来说,故事可以破碎,"说话"则务必痛快淋漓;故事终止了,"说话"还在继续;此故事和彼故事可以互不粘连,但这段"说话"和那段"说话"完全可以连成一片。"季节系列"不是精心结构的关于革命的一个完整细密的大故事,而是隐含作者歪着脑袋探讨后革命时代政治化人生对个人存在的意义的长篇大论——长篇的"说话"。在小说中冲破一切障碍,直接站出来痛快地"说话",这是小说家王蒙最大的特点,其小说意义的发源地不是被讲述的故事,而是讲故事的人在讲故事和不讲故事时永远蓬勃有力的自说自话。

"谈论"——谈论某一些人或某一些事——是"季节系列"主要的"说话"方式。另一种则是钱文等人的独白,而这些主要人物的独白也可以视为假设有某人倾听的谈论。书中任何一个人物都可以成为钱文和叶东菊、钱文和任何一个在场或不在场者谈论的材料,钱文和其他人物的关系,主要就是谈论和被谈论的关系。钱文夫妇聚在一起似乎不为别的,就为了围绕某个或某几个"他者"畅谈一番。对这些被谈论的"他者",钱文夫妇只能充当无能为力的旁观者,发表一通议论和感叹而已。

这种"反小说"的笔法很符合那个时代——也是一切时代——人际交往的实际:人与人彼此守望却不能相助,他们之间只有浅尝辄止小心防范的交往,往事铭心刻骨而一朝相聚却也只能化为一通不着边际的"谈论"。尤其在后革命时代无处不在的政治威压之下,人和人只剩下"斗与被斗""吃与被吃""看与被看"乃至"道路以目"的关系,"谈论"必然成为唯一合法的替代性交往模式。"谈论"取代了一切,侵占了一切,统治了一切,隔绝了一切。王蒙钟情不已的那些青年时代的歌曲,不也是"谈论"的变体吗?"谈论"成为行动的替代,历史的终结,人性的仅有的内容。古希腊人所谓"人是言谈的存在者"在此有了另一种解释:"人是政治性谈论的存在者",人的全部存在变化为对他人最终也是对自己的政治处境、政治命运的"谈论"。

不难想象,当现实生存被压扁,被抽空,生活的热情与生命的能量自然就会转移到或者被引导至语言的悬浮式空间,生活越贫乏,语言就越烦琐,越"丰富"。正是这种基本的政治化生存结构决定了"说话"在"季节系列"中至高无上的地位;其他的一切都可以因为贫乏、苍白和可笑而归到漫画中去,独有"说话的精神"必须大大地彰显。

或者说,正因为意识到政治化生存所造成的人的苍白与单调,王蒙才仅仅用漫画来收藏语言的所指世界,虚晃一枪,应付了事,而以更大的热情关注语言的能指本身,关注政治化生存中人们仅有的"说话精神",关注与人们的被压抑被扭曲的精神活动关系最密切的说话行为。

王蒙小说中不仅隐含作者伶牙俐齿,主要人物也个个能言善辩。"说话",这是王蒙小说最高的兴奋点,不管什么场合,幸福的时候,悲哀的时候,顺利的时候,尴尬的时候,适合说话的时候,不适合说话的时候,人物或隐含作者都会滔滔不绝地大说一通,哪怕只剩下最后一口气,也要卖弄才气,鼓足干劲,把话说得足够精神,说他个"六够"! 不说白不说,说了也白说,白说也要说,关键在于"说话"时要有一股子精神,要有一种自我确证、自我宣泄、自我享受乃至自我疗救的意思。

王蒙很喜欢用一些熟极而流的套语和套语的叠加来拉长句子,他善于取古汉语、现代汉语各种约定俗成的表达方式的外形结构,将现场所得的材料任意填充进去,这是他乐此不疲的一种"说话"习惯。

或者,抓住某个并不起眼的说法,利用社论和伟人诗词的某些有名段落,引申开去,类推下去,或者将汉语的形、音、意某种细微差别制造成音乐般的节奏和旋律,有条不紊一鼓作气地排列、堆砌同义词(语)、反义词(语)、近义词(语),直到一个意想不到的华彩段落,或者物极必反,得出某个完全相反的煞风景的并且明显与当初的逻辑南辕北辙的结论。

王蒙小说的"说话的精神"就表现为这种一刻不停的语言游戏——语言游戏是西方人的说法,中国古人早有"炼字"之说,因此王蒙的语言游戏或许可以称之为"炼话"？他似乎有永远得不到满足的"炼话"的情结，"炼话"的狂热和"炼话"的癖好，必须像上紧发条的一架语言机器那样滔滔不绝、横冲直撞、狂轰滥炸，他甘心使自己沦为"话痨"，也把读者带进一个除了话还是话的无边无际的"说话"的世界。

当"说话"统治一切时，革命就呈现为话语暴政以及个体以话语的方式千方百计地对抗与顺应，个体的精神状态在此过程中展现为灵魂在语言中的扭曲、挣扎、自慰、自嘲、自解、自怜乃至抗争、攻击、诅咒的舞蹈，威权政治下个人的渺小、卑微、无聊、顿悟、迷惑、无奈、迎合、侥幸、恶念、放纵、佯狂和真正的疯狂、下贱、怨恨、欢喜，鲁迅的彻底，苏轼的旷达，李商隐的深情旖旎，李白的轻狂飘逸，全都搅和在一起，变成野马奔腾遮天蔽日的"胡思乱想"与"胡言乱语"。

这是精神奴役以及现实恐吓恩威并施之下逐渐养成的病态话语，是创伤甚剧、屈辱甚深、恐惧甚大的政治化生存在语言中的真实投影，是最高指示雷霆万钧之下、群众专政众目睽睽之前、具有高度政治责任感和原则性专门解决别人的思想问题以至丧失性欲而只有斗争欲目光如炬逻辑严密所向披靡的"曲风明同志"的追问之下唯唯诺诺、战战兢兢、期期艾艾、低头欲语可又不敢出语、不屑出语、不知如何出语的思想嫌疑犯不得表达的内在语流几乎达到疯狂地步的冲撞和激荡——将这种长期压抑的语言之流和意识之流形诸笔墨，使之带着病态的亢奋而通畅放肆地爆发出来，便成就了王蒙小说80至90年代一以贯之且日益坚实的内核。

在各种强势的、冠冕堂皇的、媚俗的话语之侧和之下，一直就隐伏着、涌动着另一种扭曲着、叫喊着、呻吟着、发泄着、自我顾惜也自我作践着的语言的狂流，这股狂流甚至以其巨大的力量自下而上颠覆着嘲弄着破坏着也收编着囊括着其势汹汹的流行话语。小说家王蒙的贡献就在于以其罕有的语言天分，结合现代汉语、欧化语法的丰富弹性与久处威权之下奴性天成却又异常丰富机智幽默坚韧的北京方言的表达优势,为长期压抑在潜意识和下意识深处的沉默的大多数的语言潜流挖开了一个出口。

王蒙的"炼话",一个值得注意的重要方面,就是利用同义词、"同义语"或仅仅具有某种形式的关联而内容上并无多少必然联系的短句子进行不讲逻辑但求气势的累加,来抽空"说话"的具有特定社会所指的内容,而让说话人一味徜徉于能指层面的一泻千里的滑行,这种滑行带来的有节奏的颠簸、摇撼、振动,进一步作弄了那些本来已经被抽空意义的奄奄一息的词句,使它们彻底沦为纯粹为形式化的说话行为服务的傀儡。在这种情况下,"说话"就变成完全形式化的一种生理上的发音,说话人也以其纯粹生理性的发音行为而凸显他的说话行为的快乐原则——追求并且玩味纯粹发音的动物性快感。这种快感,当然也包含着对所谓意义世界的颠覆的恶毒的快意(我以前曾称之为"戏弄与谋杀"),但似乎也不能否认,人类语言中本来就具有的某种动物般的顽劣本性,某种无目的的创造发明与自我享受的游戏本能,不也被还原出来了吗?语言中——或者说人类的说话行为中——的这种纯粹生理的乃至动物的要素,相对于社会文化和政治要素而言,永远是一种破坏性和嘲讽性的力量,这种力量往往使得那些俨然的社会文化和政治的信息变得无效,甚至帮助人们从一定时代的语言系统中将这些无效的信息清除出去,就像那看似恶魔性的"笑",使那些虚伪做作的东西顷刻消散——所谓"自我疗救",也就是这个意思。语言的这种动物性形象的还原,也只有在特定语境中才能发生,这一现象的社会学含义,无论如何估计恐怕也并不为过。

当鲁迅让走在未庄崎岖的碎石街面上、躺在灯火明灭的土谷祠里的阿Q口出狂言说什么"手执钢鞭将你打",说什么秀才娘子的宁式床如何如何时,他已经抓住了前革命时代中国人的"说话的精神",而当王蒙让钱文趁叶东菊上班而独自在斗室里发神经般一会儿崇拜毛泽东的语言气魄、一会儿暗自庆幸仍然活着所以感谢上苍、一会儿歌颂"代乳粉"的神奇、一会儿赞叹中国人民伟大的消化能力、一会儿描写日啖一西瓜和排队买豆腐的幸福、一会儿唾骂自己的狂妄失态……时,或者,当钱文并不明确地说些什么而只是绕室徘徊哼哼唧唧撇嘴龇牙花儿时(参看《踯躅的季节》第十四章),他不也已经摸着了后革命时代中国人的神经末梢和灵魂波动的真相吗?

　　谁能轻视这种疯狂的语言和在语言中的疯狂?掀开一切俨然的语言的金盖子,轰毁一切俨然的主义学说的华屋杰构,我们到底也还只有这些。这里没有完整的"人",只有人的残肢剩体,人的漫画,以及属于他们的同样破碎、混乱、飘忽而疯狂的思想和语言。雁过留声,人过留"言"。俱往矣,但那个时代"说话的精神"依然回荡在今天的汉语天空。

## 十八　离　开　诗
——关于诗篇、诗人、传统和语言的一次讲演

不错,即使在诗艺衰萎的今天,也有各种各样的诗,也有许多据说是很优秀的诗人与很重要的诗歌流派。但我今天要讲的不是这首诗或那首诗,这位诗人或那位诗人,而是唯一的或根本的诗,诗的理想——如果这样的理想还存在的话。

因此,我也不准备介入当下围绕诗歌的各种热闹的争论。听说在这些争论中出了不少铁扫帚,正在扫荡诗坛,但这有什么呢?诗坛需要更大的扫帚来扫除太多的阴霾,包括那些神气活现的铁扫帚。

今天的主题是诗与传统。与传统相连的还有语言。选择这两个相关的角度,正是为了保证我所讲的不至于局限于这个人或那个人甚至这个流派或那个流派的诗中,而希望能够触及中国新诗的一些根本问题。

诗怎么和传统以及语言联在一起,传统和语言又怎么成了中国现代诗歌的根本问题?

先不妨从一件非常没有诗意的事情讲起。

在校园里,马路上,或其他场合,经常有幸碰见一些听过或正在听我的课的学生,他(她)们都很尊敬我,至少不至于讨厌我,可是每次突

然与我相遇时,他(她)们几乎总显得手足无措,不知道怎样打招呼才好。通常只是尴尬地笑笑,咿唔几句就含糊过去,脱身,拉倒。

我在这里绝不是趁机谴责我的学生,而只想指出一个事实:中国素称"礼义之邦",所谓"礼",无非是合乎一定的"义"的行为规范,包括做事情必须遵守的准则,说话应该遵行的话语规则——见面打招呼就是其中一项具体的内容。在这方面,"礼义"就集中体现为"礼仪",但俱往矣,旧的一套礼仪早就随着"封建礼教"的恶谥而灰飞烟灭,新的礼仪虽然制定了一些,但就拿最普通的称谓和招呼语来说吧,一会儿是惟恐不革的通体透红,一会儿是惟恐染红的一片灰色,旋生旋改,搅在一起,虽多,然而似这般没有根基,一会儿这样,一会儿那样,还是等于没有。

生在这种文化背景中的文科大学生见了老师不知道怎样打招呼,实在不难理解。这决不是孤立现象,决不应该只由他们自己或他们的师友或家长负责,整个社会对待传统的态度,全民的语言素质,尤其那些天天在宣传又天天在更换最终还是不知所云的教化的指标或者干脆就叫做教化的把戏,实在应该承担最大的责任。

礼仪不等于传统,也不能穷尽日常交往的全部话语规则,但礼仪确实是传统和日常语言的重要组成部分;传统和语言作为一定的文化心理结构,应该包括表现在外面的大家都能理解、可以不言而喻的一整套行为与话语规则。一个不懂礼貌的人能够说"有传统""有语言"吗?一个没有传统、甚至连基本礼貌用语都不讲究的生活世界,能够说有诗意或者可以为生活于其中的人提供诗的灵感与"诗的语言"吗?

我所讲的这件小事与诗的关联之处在于:今天,无论写诗的还是读诗的,都处在没有传统、没有诗意、没有基本的语言规范的"生活世界"。在文科大学生身上,这个生活世界的特征就突出表现为缺乏基本的礼貌用语;在当代汉语诗歌作者身上,这个生活世界的特征则表现为他们的语言缺乏基本的诗味——在我看来,二者并无本质的区别,都是失去传统的无家可归者同样的虚骄傲慢与惊慌失措,只不过一个表现为行为举止的粗俗不检,并以此为自我炫耀之具,一个则表现为在稿纸上胡涂乱抹,误把分行散文当作诗篇,满足于语言中仅存的一点命名的勇气和虚弱的韵律,而听任诗的基质在语言中彻底消失,就像听任起码的礼仪在交往行为中彻底消失却大言不惭地说这样的语言是诗的语言,这样的生活是幸福的生活。

我们时代的诗就是被这样的大言不惭挤走了。

1907年,T.S.艾略特完成了他的并不太长的论文《传统与个人才能》。在我看来,艾略特只是相当温和地抨击了当时英国诗歌界对传统的冷漠,但实在值得一直处在破碎的传统中的写诗与读诗的我们们借鉴。

"在英语写作中,我们很少谈到传统,尽管我们偶尔也使用这个词来惋惜传统的消失……充其量我们只使用它的形容词来描述某某人的诗歌是'传统的',或者甚至是'太传统了'。"

"传统"仅仅以飘浮的形容词而非实实在在的名词形式出现,艾略特一下子就从实际的语言应用——特别是关于诗的谈论——中,为传统的消亡找到了确凿的证据,抓住了没有传统的语言的字汇学特征。

艾略特并不满足于告诉人们传统如何已经蜕变为仅仅在交谈中偶尔提到的、并不在场的"他者",他还进一步指出了与传统消亡互为因果的另一奇特现象,即"个性"被强烈地突显出来,成为评价诗歌的唯一标准——

"每当我们称赞一位诗人时,我们倾向于强调他的作品中那些最不像别人的地方。我们声称在他的作品的这些地方或部分找到了此人独有的特点,找到了他的特殊本质。我们津津乐道这位诗人与他的前人，尤其是与他最临近的前人之间的区别。我们努力去寻找能够被孤立出来而加以欣赏的东西。"

这种评价诗歌的现代性恶习是艾略特最讨厌的，在他看来，"从来没有任何诗人，或从事任何一门艺术的艺术家，他本人就已具备完整的意义。他的重要性，人们对他的评价，也就是对他和已故诗人和艺术家之间的关系的评价。你不可能只就他本身来对他作出估价；你必须把他放在已故的人们当中进行对照和比较"。如果用这种尊重传统的方式看一个诗人，就能够摆脱个性主义的迷信，承认艾略特所说的，"不仅他的作品中最好的部分，而且最具有个性的部分，很可能正是已故诗人们，也就是他的前辈们，最有力地表现了他们作品之所以不朽的部分"。艾略特告诫那些"超过二十五岁仍想写诗的人"必须"对他自己一代人了如指掌，而且感觉到从荷马开始的全部欧洲文学，以及在这个大范围中他自己国家的全部文学，构成一个同时存在的整体"，"他必须知道欧洲的思想、他本国的思想——总有一天他会发现这个思想比他自己个人的思想重要得多"。总之，他认为诗人的使命不仅不是张扬其个性，反而是"把此刻的他自己不断地交给某件更有价值的东西"。他的名言是："诗歌不是感情的放纵，而是从感情中逃脱；诗歌不是个性的表现，而是从个性中逃脱。""一个艺术家的进步意味着持续不断的自我牺牲，持续不断的个性消灭。"

艾略特为了矫正无视传统的偏至的诗风，为了给情感万能与个性万能的诗歌理念以当头棒喝，在强调传统的重要性时，很少提及情感与个性应该与传统保持的必要张力。这一点在接受了反传统思潮充分洗礼的中国新诗人看来自然很不高明。实际上，他并不是不懂得情感与个性的重要，就在他说诗人应该逃避感情、逃避个性时，接着又说："当然，只有具有个性和感情的人们才懂得想要逃避这些东西是什么意思。"不过，他更加清醒地意识到，在现时代强调情感与个性不难，难就难在对着毫无传统意识和传统修养的人强调传统的重要性，难就难在向他们阐明：真正可贵的情感与个性只能是消融于传统再从传统的深处复活过来的情感与个性。

在中国现代新诗传统中，说到情感与个性，诗人们颔首称是，因为他们有的是根据相当可疑而又无限充沛的情感与个性；说到传统，可就没好脾气了，因为他们大多数几乎不知道传统是什么。

这里所谓的"中国现代"，只是概乎言之。我决不是说，中国现代的新诗没有传统，或者没有恰当地批判一种传统并同样恰当地建立另一种传统的内在要求。其实，现代诗歌理论界和一些有头脑的诗人，与艾略特英雄所见略同的，大有人在。

《野草》有一首"拟古的新打油诗"《我的失恋》，就是讽刺新诗人自以为是的个性强烈与热情奔放。值得注意的是，鲁迅提醒新诗人反省自己的个性与感情，特地用了极严格的手法模仿东汉诗人张衡的《四愁诗》的形式，可见他多么重视诗歌与传统的关系。将鲁迅旧体诗全部译成英文并加以详细注解的美国学者寇致铭 Jon Kowallis 甚至认为，鲁迅在 1933 年纪念三年前死难的"左联"五烈士的那篇《为了忘却的纪念》之所以写得那样古风盎然，一唱三叹，这和该文中所附的那首"惯于长夜过春时"一样，都是想用更加经得起时间考验的传统样式的悼亡诗与悼亡文（毋宁说是赋）来为逝者做永恒的哀悼，将他们的名与事镌刻在更坚固的诗文形式中，而在这样严峻的表达的关口，就可以看出鲁迅对新诗的某种抵制。鲁迅说过，感情激动时最好不要写诗，长歌当哭，要在痛定之后，否则就会抹杀"诗美"，而不幸的是新诗的特点往往就是依靠赤裸直泻的感情。20 年代中期，他在一篇应景文章《诗歌之敌》中列举了道德、理性、安逸等等对于诗歌的不利因素，初衷是回护新诗人的创作。但是，他自己对新诗人的态度并不止于单纯的回护，在根本上，他对新诗是取怀疑态度的，只是这种怀疑被他在意识形态上为新诗的辩护所掩盖了。

五四以后产生的现代文学的新形式,小说、散文,甚至戏剧,对于传统,都有明显的继承,真正被革了命的是诗歌的传统(突出表现在诗歌语言上)。失去传统的现代新诗在整体上的成就不能与小说、散文(包括杂文)和戏剧相比,就不难理解了。

周作人认为,新诗的长处也就是新诗的毛病,即过于"自由"与"豪华",而不懂得"节制"和"青涩"(另一个地方他干脆就说"吝啬"),也就是说,不懂得在反抗旧诗的束缚的同时适当吸取旧诗的优长,这可谓一语中的。周作人的"青涩""吝啬""涩味""简单味",都是他自己实际体会出来的,很有哲学味道,其确切所指,我觉得大概相当于他自己在讲鲁迅的语言时提到过的一个同样有点古怪的概念:"洁癖"。

现在大家都迷穆旦,我也承认穆旦的天才不容怀疑,但像王佐良先生的观点,认为穆旦的成功在于对传统一无所知,我实在不敢苟同。从现在出版的不少穆旦诗文选集中,我们并不难看到这位早慧的诗人实际上从小就受过良好的传统教育,1934年他十六岁时发表的《〈诗经〉六十篇之文学评鉴》,就足以说明这一点。但是,即使在他诗艺相对成熟的40年代,他也和鲁迅一样经验过沉默的充实与开口的空虚,比如《诗八首》(之四):"静静地,我们拥抱在/用言语所能照亮的世界里/而那未成型的黑暗是可怕的/那可能和不可能的使我们沉迷。/那窒息我们的/是甜蜜的未生即死的言语/它底幽灵笼罩,使我们游离/游进混乱的爱底自由和美丽。"《玫瑰之歌》则干脆说:"然而我有过多的无法表现的情感,一颗充满着熔岩的心,期待深沉明晰的固定。"在新旧交错的时代,诗人敏感到自己的语言并不能让所有的思想、所有的已经涌出的体验获得定型,这种认识甚至使他感到无法表达的"窒息"。穆旦是有传统的,不仅有古代中国的传统,还有西方现代诗歌的传统,更重要的是,他懂得对于一个诗人来说,失去传统将多么可悲,而且他还深知,在实际生活中,即使一字不识的农民,传统的因素对他们的生命来说也是非常重要的，比如一个在田间劳作的农民，古代的生命之魂不知不觉间就把他紧紧围绕，而这种情景也只有能够和无形的传统沟通的诗人才能写出（《赞美》）。穆旦大概不会认为自己的个性比传统更加重要吧。

这是我们今天重新认识穆旦这位诗人时首先应该注意的一点。

再比如冯至，鲁迅曾经说他是"中国目前最优秀的抒情诗人"，但在30年代，冯至自己却发出了这样的忏悔："我不承认我从前作的诗是诗，我觉得那是我的耻辱。""现在中国的文字可以说是混杂到万分——有时我个人感到我的中国文是那样地同我疏远，在选择字句的时候仿佛是在写外国文一般。我常常想，我将来要好好下一番小学的工夫，真正认识认识中国字，这对于作诗作文都会有很大的帮助。所谓文学者，思想感情不过是最初的动因，'文字'才是最重要的。我觉得我是非常地贫穷，就因为我没有丰富的文字。"冯至的忏悔有他当时正在那里求学的德国学术界和诗坛的风气的影响在起作用，但另一方面，我们不是也可以听到五四时期梅光迪、胡先骕们甚至20世纪初在日本大讲小学的章太炎的声音的回响吗？

我不能在这里全面介绍五四以后中国诗歌界对传统的反省，只想指出，许多文学史论文与著作都说五四中断了传统，这话其实只说对了一半。在五四以及稍后几代人手里，传统的许多方面确实被中断了，但他们很快就意识到必须在更积极的意义上接续这个已经破碎了的传统。比如，闻一多很早就指出，《女神》最大的弱点，就是缺乏"地方色彩"，而他所谓的"地方色彩"主要就是指"传统"。周作人则称那些没有传统又不能植根于民族生活土壤的片面的"世界文学"为"拔起了的树木"，"不但不能排到大林中去，不久还将枯槁了"，"我们生在这个好而又坏的时代，得以自由的创作，却又因为传统的压力太重，以致有非连着小孩一起便不能把盆水倒掉的情形，所以我们向来的诗只在表示反抗而非建立，因反抗国家主义遂并减少乡土色彩，因反抗古文遂并少用文言的字句……"，"我不是传统主义（Traditionalism）的信徒，但相信传统之力是不可轻侮的。坏的传统思想，自然很多，我们应当想法除去他。超越善恶而又无可排除的传统，却也未必少，如因了汉字而生的种种修辞方法，在我们用了汉字写东西的时候总摆脱不掉的"。

中国现代新诗的历史毕竟只有一百年不到的时间，今天就给它下定论，为时尚早。我很喜欢王船山的一句诗："龟于朽后随人卜，梦未圆时莫浪猜。"但是，这一百年不到的历史又确实已经足够让我们在某些基本方面总结诗歌的教训，至少，传统对于诗歌的重要性是不应该再怀疑了。

我想再讲一个"当代文学"的例子。60 年代酝酿于地下、70 年代末受到诗人瞩目的"朦胧诗"，据说是横空出世，无所依傍，但最近看了一点材料，发现当时几个最活跃的诗人，比如郭路生（食指）和北岛，经常交往的竟然是何其芳、臧克家、贺敬之、艾青等"现代诗人"，我于是好像有点恍然大悟，以前的某种阅读感受似乎一下子得到了解释：原来，"朦胧诗"只是相对于那些已经消磨了灵感之羽的现代诗人而言才有点"朦胧"，如果把这些现代诗人青年时代真正有光彩的诗篇拿来，和北岛、郭路生的诗略一比较，两代人诗风上的相似不是显而易见的吗？哪里谈得上"朦胧"！"朦胧诗"的诡秘之处就在于它以所谓激烈反传统的姿态掩盖了自己对某种现代诗歌的小传统的继承。五四以后新诗的一点成绩，除了外国文学的直接推动以外，五四诗人的"去古未远"也是一个不应忽视的因素。同样，"朦胧诗"的一点成绩，除了他们能够看到当时绝大多数中国人看不到的"内参读物"之外，现代诗歌的小传统也是一个不容忽视的助力。

事实上，任何一个稍稍有点成绩的诗歌运动，都不能没有传统的依托，可惜这种情形，因为种种原因，一直没有被很好地清理出来，作为我们今天探讨诗歌问题的历史坐标。

问题是，这种对于现当代文学内在复杂性的误解与忽略，助长了今日诗坛上的一种无传统的狂妄，也掩盖了当代诗歌失去传统的历史线索,所以有一提的必要。我觉得,应该让新诗人们知道:"从来如此,便对么?"更何况又并非从来如此。有件事情现在应该可以讲清楚了:我们现在的汉语诗歌创作所依据的决非一个有力的合法的传统,而多半是残破的、非法的、被严重误解了的、很可能要走向衰亡的传统。

我想这是目前能够给予中国诗人的最迫切也是最根本的一个提醒。

中国自古就是诗的国度,从《诗经》《楚辞》到汉代辞赋、魏晋南北朝古诗、民歌直至唐诗、宋词和元曲,无不惊才绝艳,金声玉振,足以傲视世界各民族煌煌大文。古代诗歌最大的特点首先并不是审美上的,而是存在论上的;换言之,古代诗歌的好处首先在于它们和古代中国人生活世界的高度统一,是古人的生存在语言上忠实的投射。诗歌中反映的语言与存在如此高度的统一,确保了汉语诗歌历经几千年,尽管题材、体式变化万端,整体上仍然维持着一个有序的传统,诗人词家在这个共同的传统中锤炼他们的语言艺术,就像是在自己家中面对亲人说话一样,不管说话的方式如何特别,如何刻意,如何花样翻新,但诗人与诗人之间,诗人和读者之间,总能相通。

诗依托于传统,传统也从根基处确保了诗在广大人民中间的可理解性。正是这种普遍的可理解性,使更大范围的群众性参与成为可能。也因为如此,诗歌才能够从民族生活的传统土壤里汲取充足的养分,维持其生命之树常青。

然而,再怎样伟大的传统也有改弦更张的时候,再怎样完美的诗歌艺术也有寿终正寝的一天。伟大传统和伟大艺术的消亡,不在于它们本身不伟大,而正因为它们的伟大。这正如果子成熟了,就一定要从枝头坠落,归于尘土,在黝黑的地底孕育新的绿色。这是我们能够理解的。因为理解,所以感动,并也因此期待空寂的枝头再度开出闹春的花朵。

然而很不幸，我们虽不必叹息"无可奈何花落去"，却不得不长久地等待"似曾相识燕归来"。五四以后，汉语写作在诗歌一道算是消歇了，曾经"百炼钢化为绕指柔"的汉语，到了现代诗人手里，顿时变得那么苍白、做作，——如果不说是丑陋的话。纵有一二精致的诗行，也大多淹没于更大的粗制滥造。现在所能指出的现代诗人最大的也许是唯一的罪状，就是他们在杀死一种传统之后，没能另造一个新传统。五四以后，我们有新散文的传统、新小说的传统、新戏剧的传统，但说到新诗的传统，恐怕再怎样乐观的文学史家都要踌躇一番。

新诗没有传统，可以从新诗的语言上清楚地看出来。宋人认为"杜诗韩文，无一字无来历"，曾经令新派诗人们狂笑不止，但他们不知道他们实际上是在嘲笑一种不该嘲笑的优秀的诗歌传统，即诗歌语言巨大的传统力量。我们现在都说唐诗宋词如何伟大，但这种伟大的一个显著特征，也许是我们不愿意承认的，就是他们严格地遵循了汉语的传统，不是乱用和滥用，而是在语言的传统中小心谨慎地挑选、斟酌、组合、磨炼，一方面是"语不惊人誓不休"，另一方面则是"无一字无来历"。伟大的唐诗宋词的伟大之处，首先就表现为语言上依托传统的严密组织；这样的依托于传统，甚至允许作者在非常有限的词汇中反复组合以见出新意。

五四以后的"白话诗"抛弃了古典诗歌严密的组织，却没能建立现代汉语诗歌同样严密的新组织，而是听任汉语冲破语言的堤防，像决堤的河水，横流漫溢，初看起来十分壮观，但用不了多久，便消失于干裂的地面。

我们说五四杀死了传统，这也许并不确切。或者应该说，是在挣脱传统的严密有序的组织、把传统的诸多因素解放出来以面对新时代的挑战时，惨遭了失败。

解放传统本来是好事，有利于传统的诸多因素的重新组织和传统精神的重新焕发。问题是解放之后一直没有新的组织。传统的五脏六肺都被公开，暴露于光天化日之下，失去整体联系的语词如脱缰的野马，狼奔豕突，无有统系，沦为真正的乌合之众。新的传统一时不建立，从旧传统中突围出来的哪怕再怎样的剽悍之师，也只能是散兵游勇，步不成阵势。海德格尔说，"语言是存在的既公开着又遮蔽着的到来"，语言的生命在于"公开"和"遮蔽"这两种力量白热化的"战斗"以趋于融合。一种语言如果长期处于"遮蔽"状态，对外界一概采取"坚闭固拒"的态度，就会止水生腐，结出许多有害的果子；这时候就需要一种强大的力量来冲击它，促使它的结构松动，向外部世界——首先是外部的语言世界"公开"，这样才能迎来自己的新生。但是，如果在这过程中只有"公开"而没有"遮蔽"，语言就将失去凝聚力，呈现出分崩离析的状态，语言的衰微也就不可避免。从我们这个关注问题的角度来看，就是语言在改革过程中，失去了自己的传统——不是单纯地失去了过去的传统，更严重的是没有在失去过去的传统的同时建立起精神上和过去的传统相一致的新的传统——民族生活在语言中既公开着又遮蔽着的到来。

这才是今日汉语诗歌最大的问题。语言的生命及其神奇的表达力，不仅蕴涵于单个词语内部，更有赖于词语和词语之间依据一个相对稳定的语言传统的相互暗示、彼此激射的变化无穷的关系网络。更重要的是，这个关系网络必须根基于民族的共同生活，不仅诗篇内部的语言必须是一个意义的完整结构，诗歌语言还必须能够隐指诗篇外面的群众语言的无边无际的银河系。诗家吟咏，只有落入这个无边无际的语言的银河系，才能激发无穷的感应，而这样的感应是民族的诗意生活最不可缺乏的重要一环，在某种程度上比诗人的诗作更加重要，因为正是这样的感应、共鸣，保证了诗人的创造和民族语言的传统以及民族生活传统的有机联系。否则，诗人的语言锤炼或语言探险必将滑出民族语言的稳定结构，或者民族语言本身就不给诗人提供这样一个相对稳定的结构，诗人的想象也如其语言，只是纯粹个人的试验，得不到来自民族传统的支撑，得不到读者的应和，变成没有意义晦涩难解的胡言乱语，这种情形,就像你突然闯入一个陌生的家,人家的日常交谈你听不懂。你的无论怎样热切的表白与真诚的抒发,人家也不明白。

认真刻意的写作于是在群众的眼里变成胡闹。诗人努力的屡屡失败,使他们无可奈何地越来越失去表达的对应物,也失去了唯一可以依赖的工具而在终极的意义上也是表达得以成为可能的唯一保障——他和相对稳定的民族语言传统的有机联系。

急剧变动的汉语没有为诗人提供必要的语言的条件,诗人的创作又进一步败坏了现代汉语的传统。那些被假定为原始而真实的情志,因为长期找不到恰当的形式,长期被堵在正常的语言表达的大门之外,于是不得不铤而走险,寻求反常的表达。

这就是我们在当代诗坛经常可以看到的景象。在杀死了真正的古典主义之后,中国诗人的情致一脚滑入了闻一多所谓的"伪浪漫派""伪浪漫主义"。他们没有传统,只有所谓的"灵感"与"个性"。无传统的灵感与个性变成了在诗歌中横冲直撞的骄傲的诗人的化身,只可惜这个宝贵的灵感个性,始终不能获得理想的表达。艾略特认为,诗人的现实情致和表现于诗篇的情致本来是不容混淆的,可悲的是中国的新诗作者恰恰不得不混淆心中所有与笔底所写,并且诗人的窘境似乎只能以这种可怜的误解而被掩饰——掩饰了窘境的诗人的灵感与个性自以为已经获得了成功的表达,于是乎急剧地自我膨胀。本来,诗应该超越诗人,所谓"人生有限而艺术无限";本来,诗的情致应该大于诗人的情致,诗最后应该落实为一些闪光的词句而不是诗人的漂亮的长发,出众的谈吐,连绵不断的罗曼史。是杜甫消失在杜诗中,不是杜诗消失在杜甫中;我们只有从诗中寻老杜,不能从老杜的生平寻诗。海德格尔在谈到乔治·特拉克尔的一首诗篇时曾经说过:"谁是作者并不重要,其他任何一首伟大的诗篇都是这样。甚至可以说,一首诗的伟大正在于,它能够掩盖诗人这个人和诗人的名字。"中国当代诗歌的可悲正在于有诗人而无诗篇,诗人自恃的灵感与个性被无情地堵在语言之外,他只能得到一些来历不明的闲言碎语,甚至堕落到收集民间的污言秽语,作为灵感与个性的衣装。闻一多在1926年所写的那篇《诗的格律》中曾经这样描述新诗人的光景:"他们压根儿就没有注重到文艺的本身,他们的目的只在披露他们的原形。顾影自怜的青年们一个个都以为自身的人格是再美没有的,只要把这个赤裸裸的和盘托出,便是艺术的大成功了……他们用了文字作表现的工具,不过是偶然的事,他们最称心的工作,是把所谓'自我'披露出来,是让世界知道'我'也是一个多才多艺,善病工愁的少年,并且在文艺的镜子里照见自己那俦傥的风姿,还带着几滴多情的眼泪,啊!啊!这是多么有趣的事,多么浪漫!"也正是在这个意义上,《诗论》作者朱光潜断然否定了新诗"生存的理由"。

确实,如果我们批评某些雕刻过分的古代诗人的语言是穿了太多的衣裳而淹没了身体的正常曲线与肌肤的光泽,那么现代诗人又走了另一个极端:他们只能胡乱抓一些质地、颜料、色泽、款式都互相不能匹配的衣裳披在身上,就堂而皇之地招摇过市,有的甚至根本就没有穿衣裳,就在大街上撒野。五四初期,有些年轻的诗人一时半刻来不及穿衣裳就跑出来大呼小叫,这倒不失为一种可爱的天真浪漫,甚至是对于已经老去的传统的积极的抗议,但是,如果长久只有思想感情而没有合适的语言,只是赤身裸体,一丝不挂,事情就必然要向相反的方向发展。不幸的是,我们的诗人大多数到现在还没有一件好衣裳,有的甚至依然赤裸着。现在大家以为好像只有"70年代出生的美女作家"才开始以"脱"为美,殊不知她们的文学先辈们一直就那样光着呢。随手举一个例子吧,五四时期为鲁迅等人欢迎的青年诗人汪静之,90年代又发表了他的爱情诗新作,就不可能取得五四时期的突破性意义了,反而让我们觉得,这不过是一个老年的汪国真罢了。如果衣服的比喻不能说明问题,那么这个例子也许可以做更好的参考。

诗人的灵感与激情没有合适的具有传统渊源的语言,就好比青春的身体没有合适的衣装。其结果,诗篇消失了,诗人满街都是。诗人据说是大胆的,敢于面对一切挑战;惟独对于传统,却胆怯如三岁小儿。如果他们还想唱出婉转优美的歌来,就必须先进传统这所学校接受必要的规训;如果他们害怕传统将扼杀他们可爱的个性、不羁的诗才,或者害得他们无暇修理漂亮的长发,那就只好去写一些装神弄鬼的诗了。

装神弄鬼的诗歌只能装饰一个装神弄鬼的时代。

现在可以得出我的结论来了——

诗歌的热情固然可贵,但传统的修养更重要,张爱玲"出名要早"的蛊惑,至少对已经走进大学门槛而想写诗的朋友,是不很相宜的。

如果我可以把在座的诗人们当作能够说说心里话的朋友,则我要抖胆劝大家离开诗。整天酱在所谓的诗中,诗将离我们远去;离开所谓的诗,转过身亲近我们的传统,亲近我们的生活本身,通过其传统并不像诗歌那样被连根拔起的其他一些文学形式——我指的是小说散文之类——努力修补我们已经破败不堪的语言。真能够做到这一点,也许那离开的还会与我们重逢。

我劝大家离开诗,就是想以同样的真诚祝愿大家有朝一日能够真正与诗重逢。

正在很起劲地写诗的人们是听不进我的劝告的。他们总喜欢把自己想象成一棵树,无论如何,生长总是唯一的使命,所以不管怎样的地面,蠢上去再说。

他们更喜欢把写诗比作游泳,总要以"在游泳中学会游泳"的至理名言来反驳叫他们歇息一下的善良的劝告,也不看看池子里还有多少水。

倘若只是浮草上的一滩烂泥,树秧子蠢上去,能长出什么呢?

倘若池水只有浅浅的几寸,一头扎下去,结果又将怎样?

(本文系 2001 年 5 月 18 日作者为"复旦诗社"所作同题讲演的整理稿)

中编　文体的试验

# 十九　中国作家的"外语"和"母语"

德国著名汉学家顾彬教授最近斥责一部分中国作家的作品是"垃圾",他同时还非常惋惜地指出,中国当代作家大多数不懂"外语",到外面转了一大圈,仍然像卡在一个小房子里,不能张开眼睛看世界,不能跟世界文学对话,也不能站在异文化立场来反观自己,而不能反观自己就不能提高自己,正如不懂外语也就不能真正懂得母语。

这确实是中国作家与生俱来的缺点。比起顾彬教授另外批评的"胆子特别小",我觉得外语这一层,更加言之凿凿,好像一记闷棍打下来,是没有必要曲为辩解的。

但我认为,顾彬教授这个说法仍然带有理想主义的情绪。母语好,连带外语也好,或者外语好,连带母语更好,这是许多人都懂的道理,也是求之不得的大好事。实际上,不少中国学者(包括笔者)也经常在文章中或课堂上为中国当代作家大多数不能掌握一到两门外语而惋惜。但惋惜归惋惜,这样的理想是否可以直接拿来做评价中国当代文学的一种主要尺度,还可以继续讨论。

语言的差异和由此造成的语言的隔阂,古已有之,至少可以一直古到《创世记》十一章一至九节巴别塔的坍塌。那些毕生从事刘禾女士所谓"跨语际书写"的作家学者们,实在应该感谢创世以来神所规定的语言差异才对。正因为客观上存在着语言差异和语言隔阂,才有民族语言的保守与民族语言的跨越这两种不同的语言实践,而无论语言的保守与语言的跨越,也才拥有了各自不可替代的意义。欧洲各民族语言差异及其融合,成就了欧洲各民族不同的文学,但欧洲各民族不同的文学及其融合,最终也并没有抹杀欧洲各民族语言的差异与隔阂。这一点,恐怕连顾彬教授也无法否认罢。

以欧洲各民族交往的频繁与深入,他们的语言尚且呈现如此差异与隔阂的局面,历史上与欧洲以及世界大部分民族长期隔绝、至今仍然继承着本民族数千年大致不变的语言文字的中国民族的文化与文学,与当今世界文化和文学继续保持一定的距离、一定的差异,并且继续固守在自己的语言文字的藩篱之内,也是不难理解的。

世界文学史上,不,就说在顾彬教授表示赞赏的中国现代文学史上吧,既有不通外语或外语很不灵光的优秀作家丁玲、赵树理、萧红和路翎,也有精通外语的半吊子作家陈衡哲、林语堂、梁实秋、林徽因。不错,现在又出来一个在美国用英语写作而大获成功、但在我看来更属于半吊子的作家哈金。哈金以后有什么造化,那是以后的事,光看他迄今为止已经出版的几本书,气象实在不大。哈金的出现再次说明了一个问题:将来中国作家(当然有人认为哈金不是中国作家而是美国作家)即使可以用外语写作(这在"80后""90后"或者更"后"的作家群中并非不可能),也不能保证就一定优秀。

难以理解的是,为什么巴别塔坍塌之后,分配给中国民族的汉语会如此与众不同,而汉语书写样式为什么又是如此古怪并具有如此恒久生命的方块字?可以理解的是,在将来很长一段历史时期,大多数中国人恐怕还得像顾彬教授所说的那样继续卡在由汉语言文字筑成的小房子里(是否就是鲁迅所说的"铁屋子"呢)。而且,即使我们国家从小学一年级就开始普遍推行双语教学,上述事实也不是可以遽然改变的。

谁能说清楚这是好还是不好呢?大概只能说是上帝的旨意罢。但如果单单从文学上讲,则无论汉语言文字是一种良性媒介,还是围困我们中国人的无形的万里长城,都为许多当代中国作家生活在地球村却仍然坚持运用顾彬教授所痛惜的"很不行"的汉语写作,并且因此将始终带着夏志清教授早在 60 年代初就惋惜的那种挥之不去的"感时忧国的精神"(obsession with China,或许也可以翻成"中国的迷思"),提供了足够的理由与合法性。天国的门打开之前,这样的写作恐怕还会一直继续下去的罢。

不错,我们国家"汉办"正在向全世界一厢情愿地推广汉语,模仿德国歌德学院的所谓孔子学院也在世界各地建了不少,一大批作家如贾平凹、李锐、张炜、莫言、阎连科、铁凝、刘玉堂等,还像当年赵树理那样,死抱住方言土语不肯放手,一些学者为汉语和汉字顺利逾越计算机的门槛而欢欣鼓舞,也有一些头脑不清的作家学者为 21 世纪的汉语擘画更宏伟的蓝图……所有这些彼此未必可以通约的现象,搅在一起,就造成了一种可怕的存在,以至于顾彬教授因此看到一大堆汉语文学的垃圾,而另一些汉学家则看到了巨大的文化(语文)"帝国"的崛起。语言文字的魔力也真能够吓唬人,古代有仓颉造字而天雨粟、鬼夜哭的传说,现在顾彬教授和一些别具只眼的汉学家们则从莫须有的汉语言文字的扩张中看到一大堆不断膨胀的文学垃圾或者一个持续扩张的新帝国。由语言文字所造成的"审判的幻景"(拜伦),看来越来越可怕了。

但另一方面,中国当代作家的母语又被宣布为非常差劲,这岂不是有点奇怪吗?

那么,对于中国当代作家来说,怎样才算是具备很好的母语能力呢? 这个问题相当复杂,顾彬教授在提出这个问题时,大概自己也没有很好地想过吧?

因为,这里首先牵涉到一系列根本的问题:什么是中国当代作家的母语? 中国当代作家当然在使用他们的母语,但在何种意义上,我们才可以说中国当代作家有母语? 中国当代作家所拥有的母语究竟是怎样一种语言? 中国当代作家是否拥有同一形态的母语因而我们可以采取某个同一的标准来衡量他们的母语能力?

正视这些问题,首先就不能单纯纠缠于中国作家母语好坏的价值判断,而应该更深入了解他们的母语内部的复杂构成。

同样是"右派作家",王蒙的语言和高晓声、张贤亮的语言就不可以同日而语,很难制定一个标准来判断他们三位的语言孰优孰劣;同样是"寻根作家",贾平凹和韩少功的语言也有巨大的差异,难分优劣;同样是"先锋作家",余华的语言比较朴实,孙甘露的却极端欧化,更无法比较优劣;同样是道德反叛的作家,痞子文学代表北京作家王朔与被现在已经日薄西山的上海《新民晚报》污为"流氓作家"的代表南京作家朱文,他们的语言,味道又完全不同;王安忆、铁凝同样是当代重要女作家,年龄相仿,但各自的语言也迥然不同。当然,另外也有更多的作家,他们的语言接近标准的普通话,但如果深入分析起来,仍然有细微的区别。比如,即使被顾彬教授斥为"垃圾"的卫慧、棉棉的作品,那里面的"母语"也有很大的不同。

五四以来,"现代汉语"在逐渐凝固为统一的国语("母语")的同时,也不断在自身内部开辟越来越多具体的语言道路,容纳越来越多具体的语言要素。虽然有抽象同一的"国语""普通话""现代汉语"或"中国作家的母语"诸概念,但至少对中国作家来说,实际上并不存在具体形态上完全同一并且无可挑选的语库。

换言之,当代中国作家是在一个越来越复杂甚至也可以说越来越分崩离析的语言背景下写作的,原来适合于古代作家或现代作家的语言艺术的一些具体标准,已经越来越不太适合当代作家。这并不是说,当代作家的语言实践就没有判断标准了,而是说在判断当代作家语言的实践时,必须首先充分意识到当代作家所置身的语言背景的复杂性,这样一来,我们至少就可以看他们在复杂的当代汉语背景中取得了怎样的语言艺术,而不能将杜甫或者鲁迅的语言艺术的标准强行加给他们。

具体地说,判断一个当代中国作家的语言水平或语言艺术,不是看他和曾经有过的汉语要素的关系(比如文言文或古代白话),而是看他与他正置身其中以及正在使用的与当代中国大多数人声息相通的那些汉语要素的关系。一个当代中国作家,比如王蒙,他也许置身于一个更大更广泛的语言背景中,他愿意处理自己和更多更复杂的汉语要素的关系,这就对他自己构成了一种特别的挑战,而这种挑战也就是我们判断他的语言成就、语言水平时适合的标准。另一个中国作家,比如孙甘露,他也许置身于并不怎么广泛的语言背景中,他也许只愿意处理自己和非常有限的汉语要素的关系,他由此接受的来自语言的不同的挑战,就为我们提供了判断他的语言成就、语言水平的另一个标准。

也就是说,如果他操纵火车,那就用操纵火车的标准来评判;如果他驾驶轮船,那就用驾驶轮船的标准来评判。倘若用驾驶轮船的标准甚至用古人骑驴的标准来评判一个火车操纵者的水平,那就非常不合适了。

当然,在骑驴、操纵火车、驾驶轮船之间,也可以判断水平的高下、难易的程度、美丑的差异,但那是完全不同的另一回事了。

语言背景的巨大转变、语言要素的急剧增加、语言标准的异常多样和混乱,是造成五四以来评判中国作家语言水平时困难重重的主要原因,当然也是造成五四以来中国作家的语言始终不能令人满意、始终必须接受来自各方面的严厉评判的主要原因。

其实,在语言上攻击中国人——确切地说,是中国人在语言文字上进行自我攻击——这从晚清以来就成了中国学者与作家的世界级强项。《新青年》集团不就从根本上否定了(不只是怀疑)那时候的全部中国当代作家的语言能力吗?顾彬教授只是先指出中国作家外语不行,然后才说中国作家"甚至"连母语(汉语)也不行(他的"垃圾说"另一个核心就是"中国作家母语也不行"),胡适、陈独秀、鲁迅、钱玄同等人的步骤则两样,他们首先认为中国作家的母语能力不行,接着认为之所以如此，是因为中国作家所依靠的母语本身就非常不行。不仅不行，还遗毒深广，罪恶滔天，所以他们认定"汉字不灭，中国必亡"！这可比顾彬教授厉害多了。然后，中国新文学的先行者们才主张努力学习外语，甚至主张用外语代替汉语，变外语为母语（吴稚晖、钱玄同、陈独秀）。这也比顾彬教授彻底多了。

如果当时的设想一举成功，外语不行——中国作家头上这块明摆着的癞疮疤——就可以一劳永逸地洗净，中国作家就可以直接用世界语、德语、法语、英语来写作了。这样一来，所有的汉学家也就只好立即从地球上消失，顾彬教授也就不可能从德国提出他的"垃圾说"来刺激我们这些被围困、按海德格尔的说法叫做"被抛"在汉语世界的不幸的当代中国人了。

世界上有用英国英语创造的英国文学，有用美国英语创造的美国文学，有用德语创造的德国文学，有用法兰西语言创造的法国文学，有用意大利语和西班牙语创造的意大利文学和西班牙文学，有用日语创造的日本文学，有用更多的弱小民族语言创造的更多的弱小民族的并不一定弱小的文学，有用各种混杂的语言创造的各种后殖民文学——但，也有用在古代就比较混杂的汉语创造的中国古代文学，有用现代以来日益混杂的汉语言文字创造的在外形上或许真的和垃圾差不多的中国现代和当代文学，这不是很自然的事情吗？

别林斯基说过，各民族的语言文字与衣饰、习俗等好比各民族的脸，各民族的文学更是如此。中国语言文字和中国文学，无论在古代、现代还是当代，都是中国人唯一的精神之脸。这张脸也许真的已经和垃圾差不多了，但它仍然是一张脸，仍然最自然地流露着我们中国人的各种灵魂的表情，若要它一夜之间妖娆动人，成为某种理想的"世界文学"标准件（比如追求和表达诺贝尔文学奖授奖辞每回必提的人类共同的理想主义），除非上帝亲自插手，否则谁也办不到。如果真有"世界文学"这回事，那也应该是各民族众多不同的精神之脸并存与共在，而不应该是用某一张脸或某几张脸去代替去覆盖其他众多的脸。

其实,非要谈论中国当代作家的外语问题,也须顾及一点特殊国情,虽然一讲国情总要引来许多嘘声。

五四前后,译事大开,王国维曾经断言,这将是继汉唐翻译佛经之后又一文化盛事;严复、林纾两位,甚至一时成为万人景仰的英雄。这以后,优秀的翻译家一直受到中国读者特别的尊重。尽管如此,仍然满足不了国人学习西方文化的热情,所以更多的人还是像严复主张的那样,越过译文而直接阅读西书。他们(包括大翻译家严复)压根儿就没打算倚赖翻译的第二手材料。这样从五四前后一直到1949年以前,学习外语、掌握外语,确实蔚然成风。当时从教会学校学生和留学生中出了不少文学家,他们的外语自然很好。但1949年以后,一方面再没有那样的外语教学条件,又赶上新一轮闭关锁国,鲁迅所谓"运输精神的粮食的航路"几乎统统关闭了,那时别说外语,就连用母语写成的书籍也扫进"四旧",而且吃饱肚子都很困难,遑论其他。

大多数中国当代作家就在这样的年代成长起来,要求他们像胡适、鲁迅、周作人、郁达夫、徐志摩、陈西滢、巴金、钱锺书、张爱玲、穆旦等人那样精通外语,难道公平吗?

80年代以后,虽然有不少不同年龄段的作家奋起学习汉语,但终于因为过了语言学习的最佳年龄,而且为着欣赏文学而学习外语,和为着学习数理化而学习外语,其困难程度毕竟不可同日而语,所以他们不得已,只好废然而止。这是很值得同情的。

即使在这种环境中,中国当代作家学习世界文学的热情也并没有完全失去。许多人千方百计接触外国文学,只不过条件所限,他们接触外国文学的渠道实在少得可怜。这就造成了一个众所周知的结果:中国当代作家对翻译过来的外国文学普遍有依赖心理。

另一方面,1949年以后也并非完全闭关锁国。俄苏文学不用说了,在一段时期内,对世界各民族各历史阶段的文学名著(所谓"文学遗产")还是翻译了不少,加上近、现代在文学翻译上的积累,实际上已经形成了相当可观的一笔文化财富。学术界有个未经证实的说法,就是认为中国人对外国文学的翻译和熟悉程度,远远超过任何一个国家对中国文学的翻译和了解。是这样吗?我期待有专家出来加以澄清。

但不管怎么说,这在客观上确实为当代中国作家不得已而倚赖翻译的外国文学作品,提供了足够的依据。我接触的一些青年作家,他们虽然确如顾彬教授所说,外语很差,但谈起外国文学作品来,简直如数家珍。他们大多数有自己佩服的翻译家,许多人还和某些翻译家过从甚密,并通过这些翻译家而和某些外国作家有特殊的渊源关系,像格非、余华、马原、王安忆、孙甘露等等,甚至都有外国文学方面的专文和专著。这不能不令人感叹,也令人敬佩。很明显,他们对于翻译成中文的外国文学作品的心理倚赖,毋宁说是他们在"外语不好"的先天条件下仍然表现出来的对于世界文学的高度的精神认同,这种认同,大概也超过了某些中文不错的汉学家对于中国当代文学的亲近感罢。

所以,用"中国作家外语不好"或者"中国作家母语也不好"来判定中国当代文学,虽然找到了病家的某一病象,却并没有抓住主要病症,更没有看到病根所在。

以后我们还是慎谈语言吧,如果不能切实地体贴那语言背后复杂的生存境遇。

2007年1月21日

中编　文体的试验

## 二十　指尖上的汉语

　　语言文字表达心灵,承载文化,辨文野,判雅俗,别善恶,明治乱,功莫大焉,但其存在和发展染乎世情,系于天道,不能自主。政治挂帅,则意识形态话语无远弗届,语言系统于是彻底泛政治化;市场经济时代,世俗化、消费化和大众化迅速渗透言语书写每个细节;而在政治、经济、文化生产乃至日常工作和生活领域全面电子化的"E时代",电脑、网络和手机这些主要的运用语言的工具,无疑将更加有力地制约语言文字的演化。

　　就拿人们通过语言文字的日常交际来说,现在就越来越依靠E-mail了,时下则更有被便捷的手机短信包办的趋势。大街上,巴士、地铁和轻轨中,办公室和教室里,最忙碌的恐怕就数拨动键盘的手指了。1月22日《文汇报》报道,2004年春节上海一地互致问候的手机短信仅除夕夜就多达一点九亿条,全国情况可想而知。《新民晚报》和东方网则联合推出新春贺词短信大赛,五花八门的作品雪片般飞来,年初一《新民晚报》"专版"还在"指尖流传真情语,空中频闻祝福声"的大幅标题下选登了其中的"佳作",据说它们的共同点是"情感真挚不乏浪漫","语言活泼雅俗共赏",并高度肯定手机短信对节日沟通情感所起的巨大作用:"字里行间洋溢着融融春意"。其实不仅年节,许多人的日常生活已经离不开手机短信之类的通信方式了,但一些重要媒体从感情传递的角度赞赏"拇指体操",并对所谓"拇指经济"和"拇指文化"作出快速反应和积极介入,不能不引人深思。

语言曾经在根本上制约着人类文明,现在文明的一个主要领域即高科技电子技术反过来制约语言的发展了。这或许是文明史上的一个重要转折,祸兮福兮,尚难断言,但仅就手机短信能促进情感交流这点而言,恐怕还是一面之词,不可偏信。

手机短信的好处是快速有效地将信件传递给别人,人们完全可以借助手机短信像往常在书面信件和电话中一样进行自由、深入和创造性的交流,并在这样的交流中不断优化语言文字本身。但是,现在的大量手机短信并非如此。

首先,许多短信超出了交往的实际目的,变成无聊时的相互挠痒,彼此"转发"一些无厘头笑话和来历不明的段子以填充生活的空虚,而空虚的生活渐渐就倚赖这些廉价填充物了。在这种情况下,繁忙的短信发送和接收,不过是人类感情虚化的一个表征而已。你能在发一个朋友的笑话中寄予怎样的情感呢?你的朋友又能从你发给他的段子中获得怎样的情感暗示?答案也许相当不妙。更加不妙的是,短信的发送和接收者们在自己的意识里并不存在这样的问题,他们之所以一有空就关心短信,仅仅出于一种习惯性的需要和心理倚赖罢了。

其次,即使祝福性的春节贺词,往往也是不知道从哪儿"抄"来的现成货,瞬间"转发"给一大班朋友。相互致意的话,可以由专门写手大量制作,"现货"供应,只要花一点小钱就可以"下载"和购买,并可以按"搞笑"类、"问候"类、"致敬"类、"求偶"类、"骚扰"类……存储起来,到时一揿按键,就可以发给适当的对象了。作为"现成在手边"的"现货"的语言资源被手机用户如此集体共享,或许就是"后现代"所谓"去中心""无深度"和"填平鸿沟"吧?人和语言在形式上无限靠近(手到擒来),实质上却无限疏离("言为心声"的定律已然失效),语言文字最后变成与我无干的皮球,被大家踢来踢去。这其中除了无节制的文字消费与挥霍,何谈语言的创造、优化与再生？

鲁迅说中国不仅是"文字国"，更是"最不看重文字的'文字游戏国'，一切总爱玩些实际以上的花样，把字和词的界说，闹得一团糟……"他批评的是那些认认真真玩弄文字游戏的政客的吹法螺和文人的做戏，我认为手机短信似乎进了一步，不仅是"文字游戏"，而且是心不在焉地贩卖、购买和"转发"过剩的文字游戏。网络通信技术提供的方便让人们在玩弄文字游戏时无须过去的游戏者们那种认真劲了，这似乎是游戏的繁荣，其实倒是游戏的末路，而走向末路的游戏使得语言文字的真实所指彻底消失。人生好像终于要被无意义的文字游戏和对文字游戏心不在焉的购买与观赏所淹没。

语言中深藏着游戏的种子，游戏也为语言发展提供源源不断的能量。孩子们练习说话，不就整天玩弄文字游戏吗？语言的交际功能容易看到，游戏本性却往往被忽略，但不了解后者就很难充分把握前者——你在使用语言文字的工具时，倘不了解其游戏本性，严肃的交际目的就很可能被它深处的顽劣性所颠覆。汉语及其天然书写系统汉字，从形、音、义三方面给游戏提供了丰富的可能；千百年来，中国人就通过汉语言文字展开自己游戏的历史，汉语言文字也就在这种游戏中一步步发展到今天，由此产生的各种修辞手段则是中国文学的最高艺术。传统"文论"的主干就是讨论文学家们运用语言的技巧亦即语言游戏的艺术，但是，此游戏不等于鲁迅所批评的"游戏"，不等于"玩弄"，不等于"滥用"，更不等于手机用户心不在焉地"转发"和"接收"——这些只可说是游戏的堕落形态。

计算机投入运用之初，许多人担心汉字和汉语能否跨过这道门槛进入高科技的21世纪。随着汉字输入法的发明和日趋精良，这种担忧已经不存在了，但"E时代"的汉字和汉语又遇到了新问题：从今往后，日益增多的电脑用户、"网民"和手机短信的收发者们，无论思考、写作、通信、娱乐和交谈，都将很快习惯于依靠电脑、手机和网络，也就是说，他们将主要通过手指和键盘而不是通过心灵、大脑、口舌、笔墨书写和面对面的交谈来接触汉字与汉语,汉语、汉字和汉文化将越来越"悬"在离开心脑一臂之遥的指尖上,其根基之脆弱,命运之不测,自不待烦言。

2004 年 2 月 2 日

# 下编 余论

下编 余 论

# 一 文学是借助文字来发挥语言奥妙的艺术

## 引言

一直说"文学是语言的艺术",这定义固然不错,但不完全,需要补充说明。

理论上,"语言"这个概念并不包括记录语言的"文字",人们习惯于把"文字"看成次要、第二位、辅助性的工具,割裂了文字和语言(口语)的血肉联系,忽略了文字对语言(口语)的意义(文字可以令语言有所提高并行之更远,孔子说"不学诗,无以言"),更忽略了文字在文学创作和欣赏中至关重要的地位,导致"文学是语言的艺术"这个原本正确的定义,在实际运用场合往往滋生许多误会,变得很不完全。

比如,当我们说"文学是语言的艺术"时,文学和戏曲、相声、小品、脱口秀等"语言的艺术"区别何在? 相声等显然更多诉诸语言,或只能诉诸语言,而文学发挥语言的奥妙不同于戏曲、相声、小品、脱口秀的地方在于:文学写作和文学接受都非要过文字这一关不可,没有文字就谈不上文学的写作与接受,也谈不上"文学语言"。

### 1. 现代语言学割裂语言/文字的关系

为什么会发生这种情况呢? 这跟现代语言学对语言的理解有关。

古人早就意识到语言与文字("言"和"文")的区别,但不用西方式的统一抽象的"语言"概念来绝对区分口语和文字,更不用统一抽象的"语言"概念来定义文学,而是比较灵活,看场合需要,有时谈文学与口语的关系多一点(如汉代《毛诗大序》所谓"情动于中而形于言,言之不足,故嗟叹之,嗟叹之不足,故永歌之,永歌之不足,不知手之舞之,足之蹈之也!"),有时讲文学与文字的关系多一点(如《文心雕龙》的《练字》等篇),总之并不绝对地偏向哪一边。通常讲口语时也捎带讲讲文字和书面语,反之亦然。直到今天,许多中国人讲语言,心里也还想着文字;讲文字和书面语,也认为自己就是在讲语言。

当然古人也许更看重文字,但这并不意味着古人只知有文字而不知有口语,否则就不会出现那么多研究方言俗语的著作,不会有那么多作家学者讲究音韵训诂(音韵训诂不限口语但也包含了对口语的研究),也不会有诗、词、戏曲、小说、散文作品中那么多采用口语的绘声绘色的描写。古人懂得文字和语言有区别,但不像西方那样一面抓住统一抽象的"语言"概念不放,一面又在这个统一抽象的"语言"概念之下割裂口语和文字的血肉联系,或者日夜不忘在口语和文字之间制定一个先后发生的顺序,与价值上高下不同的等级(从《圣经》到索绪尔)。

现代中国获得了西方式的统一抽象的"语言"概念,建立了西方式的语言学和文学理论,又经过五四新文学运动,普遍懂得指责"言文分裂"的中国文学传统,从这以后,就开始割裂语言和文字的关系了。

比如在文学理论上,"文学是语言的艺术"的说法就没有对文字的地位、特质和文字(汉字)对中国文学的意义作出必要的交代与说明,以至于在这个关于文学的定义中竟然完全看不到文字的影子。

许多新式"语言学家"专攻语言学理论、语音学、方言、语法、修辞、古文字、语言政策、运用语言学、比较语言学某一门具体学问,缺乏融会贯通,不仅语言和文字被割裂开来,文字和语言各自的许多内涵也被割裂,分而治之。就中国语言学来说,治语言学理论的人往往缺乏渊博的语言文字之学，文章越写越抽象，许多符号、公式和专门术语比理工科论文还难懂，与语言学其他领域根本无法对话。音韵训诂之学和古文字学，即使语言学专业研究者也视为畏途。从事方言调查的人因为缺乏其他方面的语言学知识而无法将调查所得的方言知识与语言学其他部门结合起来研究，反过来限制了方言研究。古代汉语和现代汉语、语法研究和修辞研究也互相隔膜。当然不敢指望这样的语言学对文学创作和文学研究有什么启发。事实上，文学研究和语言学研究早就分道扬镳了。

我不是语言学家，这方面不能谈得更细，只说一点读过中文系的人都能感受到的现象。我主要还是想谈文学创作中语言和文字的割裂，兼及文学研究和批评的一些相关的误解。

## 2. "新文学"的理论/实践的分野

大家知道，新文学运动一开始就重点批评"言文分裂"，号召以白话去带文言、以大众口语文学取代贵族书面语文学，目的是要达到新的"言文合一"，新的语言和文字的平衡。一百多年过去了，这个目标达到了吗？大致达到了，但也出现了偏差，主要就是强调语言（口语）的重要性而轻视文字，"有言无文"的现象越来越严重，以至于出现新的语言和文字的脱节和不平衡，这在文学上的表现尤其明显。

追本溯源，还得说到胡适。胡适给白话文写作制定的原则是"有什么话，说什么话；话怎么说，就怎么说"，前一句强调"言之有物"，反对"无病呻吟"，固然很好，后一句就出了问题。什么叫"话怎么说，就怎么说"？胡适本意是要给处在新旧交替之际六神无主、不敢轻易下笔、不知如何写白话文的作者们提供一种起码的文章做法，教他们照平常说话的方式大胆写去，"作文如说话"，他认为只有这样才能挣脱几千年因袭的文言文习惯，走上白话文写作的康庄大道。这在那个时代振聋发聩，行之有效，但显然很不够，因为作文除了要像说话那样亲切自然，还必须考虑到文学写作并不是说话的简单记录,必须承认文字的相对独立性,必须讲究必要的文字修养。中国几千年文化和文学传统都记录在中国文字(而不是那未曾记录下来的古人的说话)中,因此没有精深的文字修养,也就没有精深的文化修养和文学修养。光会说话,光会"写话",文学的门槛也就太低。

胡适的话在当时虽是一种理论的共识,但真正懂文学的人并不太把它当回事,更不会奉为金科玉律,甚至还有不少人站出来明确表示反对,或者加以纠正和补充。

周作人虽倡导欧化,表彰"絮语"式随笔,但也主张向传统文学学习,特别要学习因为用汉字写作而自然养成的那些修辞手段,包括被他的同学钱玄同骂为"妖孽"的骈文笔法。郭绍虞紧接着周作人的提倡,具体研究中国文学所受的汉字的许多影响。他说的影响主要不是消极的限制,而是那些值得利用的积极的便利,比如"单字成词""双声叠韵"之类。胡适从他的"作文如说话"的理论出发,主张文学越趋向口语越好,大量采用方言土语的所谓"方言文学",他认为乃是文学的最高境界。但几十年过去,"方言文学"虽然也有过局部和一时的风光,毕竟没有蔚为大国。不说别的,一部《海上花列传》经过胡适和张爱玲两代人的推介,最近又被某些文学史家奉为现代文学的开山,却一直没有吸引太多的读者。胡适甚至说《阿Q正传》若改用绍兴话写,一定更成功(《吴歌甲集序》)。有谁会相信他这个"大胆的假设"吗?30年代,有人把《阿Q正传》搬上舞台,让阿Q说绍兴话,鲁迅先生不以为然,认为编者"信手胡调",眼睛"为俗尘所蔽"了(《答〈戏周刊〉编者信》)。

三四十年代之交,著名的青年小说家吴组缃曾被誉为最能把皖南土话写入小说,但恰恰是他在1942年写过一篇文章,叫《文字永远追不上语言》,结论是"言文一致""我手写我口""怎么说怎么写"之类,都只能是一种理想,实际上"根本无此可能"。他并不贬低文字,只是说文字不必去追赶语言,文字有它的用武之地。如果让文字追赶语言,记录方言,那才是根本的错误,因为正如文字有其自身的许多奥妙无穷的修辞功能一样,语言也有其自身无穷的非亲耳听见就无法转达的变化。宏观上讲,文字是语言的延伸。但具体地看,语言是语言,文字是文字,文字永远也追不上语言。吴组缃这个意见是很实在的。现在有不少人,比如广州和上海一些语言学家和年轻作者,又在重新提倡"方言文学",我建议他们不妨去看看吴组缃先生这篇文章,相信会得到许多有益的启示。

五四初期那一代作家"去古未远",不管他们怎样追求"作文如说话",一下笔,自然还是做文章,还是讲究文字之美。他们追求"美文",小说也有"文章"做底子。鲁迅称《阿Q正传》为"文章",甚至说他所有小说都是当杂文来写的,都是"小说模样的文章"。把小说当文章做,就会大量吸取文言文的资源,结果与散文、论文和杂文一样,也变得"文白夹杂",显出过渡时期文学语言的特色来。"文白夹杂"除文言文和白话文的掺杂,还有就是口语和书面语相互吸引又彼此排斥的紧张关系。这在不同作家那里会有不同的表现。同样是"文白夹杂","周氏兄弟"的文体就多么不同!但"文白夹杂"的作家有一点相同:他们的文字功夫都很过硬,很少因为不懂得文字的含义和习惯用法而滥用、误用,所以"文白夹杂"的另一面又是"文从字顺"。这听起来有点怪,其实很自然,因为这代作家都认得许多汉字以及和这许多汉字相联系的许多中国文学固有的精神信息与表现手法。有了这个基础,他们就能根据自己的情况,在文字上进行新的创造。

"鲁郭茅"之后,新一代作家起来,到了30年代,情况慢慢变化。但这变化还只是认得汉字的多寡之别,并非完全不同。我有一个初步估计,不晓得是否正确,我认为文从字顺的传统直到王蒙那一代还没有完全失掉。王蒙可能是不大写错字病句的最后一代中国作家的代表,他的语言大胆挥洒,往往到了令人吃不消而不得不提出怀疑、非议和抗议的程度,但你可以抱怨和指责他不加节制,过于繁复、炫耀,却不太容易挑剔他的遣词造句上的破绽。

讲白了，这其实就是一个语文基本功的问题，一点不玄妙。从王蒙往上追溯，四五十年代之前的现当代中国作家大多从小受过良好的语文基本功训练，加上整个社会的语言环境能够起到良好的语文监督作用，出错的机会自然少得多。这和古代成名作家一般没有语病，道理相同。当然也有例外，南京大学王彬彬教授就曾指出梁斌《红旗谱》许多语文错误，甚至说这部"红色经典"几乎"每一页都是虚假和拙劣的"。但是，这种情况毕竟还是少数。

王蒙那代作家之后，情况发生逆转。作家普遍缺乏良好的语文基本功，编辑和文学研究者、批评家也一样缺乏必要的语文基本功的训练。不仅如此，他们还普遍轻视语文基本功，甚至为作家、批评界和学界同行的语病辩护。一旦有人"咬文嚼字"，就说这人不懂得文学批评，专门说鸡毛蒜皮的小事。可想而知，由他们组成的专业文学读者圈自然也就难以发挥良好的语文监督机制，错用、误用层出不穷，中国文学因此也就渐渐脱离中国语言文字的正轨，缺乏中国语言文字的滋养，日益变得单薄、贫乏乃至错误百出，毫无感人之处了。

### 3. 举例：当代作家普遍缺乏语文基本功

举几个例子。莫言回忆其成名作的标题原来叫"金色的红萝卜"。他当时在解放军艺术学院读书，该院文学系主任、老作家徐怀中帮他改成《透明的红萝卜》。用"金色"形容"红萝卜"，好比用"蓝色"形容"绿叶"，这样的搭配居然出现在标题上，作者的语文基本功有问题！莫言成名后，不断有读者对他的作品进行"咬文嚼字"，也就很自然。

李锐的长篇《张马丁的第八日》写年轻的外国牧师"张马丁"被教堂逐出，又得不到当地农民谅解，无处安身，病倒在冰天雪地的野外。北方的严寒冻得他浑身疼痛，如"敲骨吸髓"一般。"敲骨吸髓"只能形容剥削之残酷，没别的意思；用来形容痛苦，只能说是误用或错用。李锐爱读鲁迅,也许模糊记得《野草》《复仇》(其二)描写耶稣被钉十字架时有一句"碎骨的大痛楚透到心髓了",于是重新组装,变成"敲骨吸髓"?我这样推测。实际如何,不得而知。

"复出"的先锋作家马原的长篇新作《牛鬼蛇神》曾经被大肆炒作,我翻开来一看,第一页写文革中大元和李德胜两个红卫兵在北京串联认识了,当大元知道对方竟然起了一个毛主席的曾用名,就大惊失色,而这也引起李德胜的激烈反应:

"李德胜?大元的疑窦令他受到了伤害。他拿出他的学生证,翻开首页。是李德胜,就是,一字不错。"

这短短一段话就有许多纠葛。带问号的"李德胜?"三字是在描写谁的心理活动?不清楚。如果指大元的疑惑,接下去就该详细叙述大元如何如何,不应马上转到李德胜受到伤害;若是写李德胜不服气,也不该以这三字的问句起头。至于后面接连三个"他"字,从上下文来看,当然都指李德胜。既然如此,"他拿出他的学生证"的"他的"两字就该"承上省",否则就很可笑,难道李德胜还能拿出别人的学生证?到此为止,所谓语文问题还仅限于叙述中的逻辑不清造成含义不明、颠倒混乱、用词重复,而"大元的疑窦",就牵涉到对字意和用法的误解了。从《汉语大字典》提供的"疑窦"的用例看,这个词一般指客观事物的可疑之处。常见的"疑窦丛生",并非主观上疑心、疑惑。该字典也说有"疑心"的意思,但没有提供具体用例。通常所谓"心生疑窦",并不能直接理解为心里产生了怀疑,也可能是心里觉得有可疑之处,心里在琢磨某个可疑之点。总之把"疑窦"当怀疑和疑心用,并不稳当——大概只能在"心生疑窦"这样比较模糊的成语中才能勉强使用吧?像"大元的疑窦令他受到了伤害",把"疑窦"从成语中拆开来,当"疑心"的意思来单独使用,就属于不通。

翻到第二页,写大元建议李德胜更名为李文革,遭到李的拒绝,因为"他这辈犯这个'德'字,下辈犯坚,下下辈才犯文"。这里应该按中国人习惯用"行"字,却胡乱抓了一个"犯"字顶替。"犯"当动词使用,有"触犯""冒犯""侵害""发作"等义,跟姓名中代表行辈的"行"字不相干。或者来自方言吧,但这种方言用法太不具普遍性,至少须做一点说明,否则读者哪里会知道?

一部小说,开头两页就出现这么多叙述逻辑混乱、用词不当的现象,叫人怎么有信心和耐心坚持看下去?

再看王安忆的《天香》写莲藕、菱、池水和桃林的关系:"莲藕和菱,养得池水丰而不腴、甜而不腻,出污泥而不染,所以才有了那样的桃林。"已经有批评家分析过这句话的种种错误,这里就不啰嗦了。我专门写过文章,分析余华《第七天》、郭敬明《爵迹》的文字错误,这里也不多说。总之缺乏语文基本功,这在当代中国文坛绝非偶尔一见,而是非常普遍也非常严重的现象,不得不引起我们认真对待。

小说,不管中篇、短篇或长篇,如果充斥着语文上的败笔,不管是无心之失,还是因为修养、才能不够而无法避免的错误,或编辑错看、漏看或误改所致,要想在字里行间打动读者,让读者获得愉悦和启发,岂不难矣哉!

王蒙那辈人之后,五六十年代出生的作家里头也有文字功夫比较过硬的如贾平凹、韩少功、刘庆邦、格非、李洱、毕飞宇等。我想这除了语言天分好之外,主要还是得力于后天的有心积累和积极学习。说到学习,不免又想到王安忆,她的文字本来不错,只是《长恨歌》之后整个创作越来越书斋化,语言也跟着越来越书面化,而书斋化书面化的语言是她刚刚学来或正在学习的东西,还没有与她的思想磨合得恰好,就急于派用场,结果自然显得夹生。《长恨歌》喜欢用"大德"一词称呼得道高僧,扩而广之,也用来形容一切有修养的人,乃至一切有内涵、有历史、有深度和厚度、令人肃然起敬而又轻易不能说清楚的人与事,这当然都可以,但她似乎对这个新学到的佛家名词情有独钟,一用再用,乃至无处不用,就显得小家子气了。《天香》许多败笔大抵也如此,或是学

《红楼梦》得其形似者,或是学《红楼梦》学得不够到家的半吊子模仿品,或是完全误会了而纯属生造,其肯于学习的精神固然可嘉,但急用先学、边学边用的方式不足为法。马原过去语言破绽相对较少,那时他专心布置批评家吴亮所谓"叙述圈套",文字上没什么追求,"辞达而已","上下都很平坦",反而不容易出乱子。《牛鬼蛇神》不再玩"叙述圈套",文字顿时暴露在前台,经不起推敲了。余华的情况跟马原相似,过去语言上一直比较简单直截,也就不容易露马脚。总之,50年代以后出生的作家,包括一些60后、70后和80后、90后,文字上出乱子,大多因为想主动出击,有所作为,只不过超出实力允许的范围而露出马脚。不出乱子的作品,则往往因为善于藏拙,本质上还是实力不够、修养不够。出了乱子不必气馁,不出乱子也不必侥幸。对批评家来说,看出同时代作家语言上的极限,更不必沾沾自喜,而应该多一点善意的理解和提醒,因为批评家的语言也很贫乏,他们和作家共处一个语言环境,象喜亦喜,象忧亦忧,也就是了。

### 4. 回到现代:一些作家、批评家的文字语言的自觉,启发当下

30年代初,留学德国的冯至给国内好友杨晦写信,说他自己20年代的诗歌全是失败之作,甚至是他的耻辱,因为那时候他还没有认得几个中国字,对中国字的理解还不够亲切。以后如果再写诗,最要紧的便是认真学习中国字,好好下一番"小学"的功夫。

1906年,章太炎在东京留学生为他举行的欢迎会上发表演说,着重提到文字对文学(文辞)的极端重要性:"文辞的本根,全在文字,唐代以前,文人都通小学,所以文辞优美,能动感情。两宋以后,小学渐丧,一切名词术语,都是乱搅乱用,也没有丝毫可以动人之处。"

冯至、章太炎所说的文字,不仅仅是字典上一个个孤立的汉字,而是和这些汉字紧密联系着的中国文化、中国生活、中国人的喜怒哀乐的丰富内容,自然也包括作家的思想、感情、逻辑训练、观察能力、知识面、

想象力、感受力,这些内容和文字是一而二、二而一的关系。若无文字背后丰富的内容,文字是死的,而这些内容若离开文字,也就失去唯一的载体,正如德国诗人格奥尔格说的,"语言破碎处,无物复存"。

闻一多、孙犁、汪曾祺等人都有过类似的说法,这里不必一一列举。

明白了这个道理,对于1938年蔡元培先生为《鲁迅全集》写序,说鲁迅的文学天才就在于"用字之正确",也就不难理解。用"文字之正确"解释鲁迅的文学天才,不是对鲁迅的贬低,而是真正懂得文学的人的发自肺腑的赞美。

优秀作家,一字一句都不会随便写出来。善读者遇到优秀作家的精心之作,一字一句也都不会随便看过去。这时候,作者与读者的交流,深入字里行间,深入文学的内在肌理,才真正说得上是文学的交流。

说了半天,不晓得有没有说清楚。我意思很简单,就是认为"文学是语言的艺术"这个定义在实际运用时需要做一点补充说明。比如不妨说:"文学是借助文字来发挥语言奥妙的艺术"。当然,如果你说"文学是语言的艺术"时,切实想到那些像精灵一样跳动着的汉字,这个定义也就无须修改了。

下编 余 论

## 二 什么是好的汉语

5月15日至19日,"世界华人文学国际学术研讨会"在悉尼大学召开,顾彬教授提交的报告《何为好的文学?何为好的文学语言?何为好的汉语文学语言?》原稿是英文,但他临时改用流利的汉语娓娓道来,可见准备之充分。

近年来顾彬有关"中国当代某些作家的作品是垃圾""现代文学是五粮液当代文学是二锅头"等系列讲演和访谈,在汉语/华文文学界掀起轩然大波。这次专从语言角度发问,显然是以往论述的继续。

"什么是好的汉语?"据说这个问题由诗人欧阳江河多年前提出,国际汉学界迄无深入讨论。不管学术界现在或将来如何对待这个问题,顾彬认为中国当代文学和世界华文文学的语言都将成为一个悬念,留待后人评说。他自己作为中国文学勤奋的翻译者的经验是:译古代和现代优秀作品时很用心,唯恐遗漏字里行间精彩之处;译当代文学或当代世界华文文学则完全两样。他认为当代汉语/华文文学最大的缺点是啰嗦而不准确,太多可有可无、不能击中要害的废话。他相信美国的葛浩文也跟他一样,只肯翻译作家们的思想而害怕翻译他们的语言。

有代表问啰嗦不准确的汉语的反面是什么,顾彬毫不犹豫再三举《藤野先生》为例,认为这篇散文第一句"东京也无非是这样"的"也"就符合既准确又简捷的标准,看似毫不经意,绝非可有可无。他也提到诗人欧阳江河和翟永明,向他们的"低产"致敬。他觉得汉语的恶化首先因为许多中国作家轻率的写作态度和片面追求产量,其次才是语言修养差。他引用2011年3月28日《中国日报》报道,说2010年中国网上注册作家一百四十六万,发表(上传)小说四百一十万部,某著名作家每天写六千字。顾彬惊呼:中国文学成了百万人参加的马拉松,但肯定只有为数不多的几位合格运动员,而判断是否合格,最便捷的方法就是看他们的语言。

　　顾彬为中国文学确立语言标准的苦心值得同情,但这也只是重申一个古老的命题而已。一千多年前韩愈就呼吁"文从字顺各识职",标准也是简捷准确。契诃夫的名言"简捷就是天才",弄笔者悬为不刊之论。蔡元培给《鲁迅全集》写序,也说鲁迅的天才在"字句之准确"。古往今来多少作家为追求简捷准确而殚智竭虑,"善为文者,富于千篇,穷于一字",刘勰这话绝非夸张。杜甫"为人性僻耽佳句,语不惊人死不休",卢延让"吟安一个字,捻断数茎须",方干"吟成五字句,用破一生心",正是刘勰劝人避免的"秉牍以驱龄,洒翰以伐性",或《传道书》告诫的"著书多,没有穷尽;读书多,身体疲倦",而韩愈徘徊于"推敲"二字,王安石几易其稿得一"绿"字,贾岛"两句三年得,一吟双泪流。知音如不赏,归卧故山秋",顾文炜"为求一字稳,耐得半宵寒",早已传为佳话。同样追求简捷准确,落实到不同作家,又呈现不同的语言风貌。心中可以存一个抽象的简捷准确的标准,所能看到的却只是这个那个作家的简捷准确。天才作家的简捷准确产生于他们置身的语言环境,后人只能学习他们追求简捷准确的精神,和如何针对他们的语言环境进行创造的匠心,而不能直接学习他们简捷准确的文体本身。生硬的模仿注定徒劳,盖因在语言上犯了误认时代的错误。司马迁引《尚书》一律改为汉朝人能懂的语言,没人说不妥;宋祁一味好古,宜乎遭到欧阳修的捉弄。希望当代作家懂得鲁迅"用字之准确",只是号召他们学习鲁迅文字上精益求精的态度,揣摩鲁迅作为"历史中间物",在特殊过渡时期如何将尚未彻底退场的文言文、刚刚取得合法性的口语、排闼而入的外来语和古白话文杂糅配合，为我所用，自成一格，而并非要大家直接搬用鲁迅的词汇、语法和口吻，更不是拿鲁迅的语言做标准约束当代作家，那样就脱离了当代语言环境。用老派术语讲，不能只要美学标准，丢掉历史标准。

当代汉语／华文作家的语言无论好坏，都反映了当代汉语／华文的实际，标准应该来自这个实际的语言环境，看他们置身各自的语言环境有怎样的作为。以古代或现代优秀作家的语言造诣作为静止的标准，通不过就枪毙，那就失去了语言判断的起码的历史意识。

推敲字句，是中国文学批评的传统，《文心雕龙·指瑕》就专门研究作家的语言错误，但这种推敲一不小心也会误解作者的用心。和《文心雕龙》同时的《颜氏家训·文章》也有大段"指瑕"，列举吴均、蔡邕、王粲、曹植、潘岳、陆机、何逊等许多当世名家的用语不当，其中就有不够公允处，比如说陆机因《诗经》有"孔怀兄弟"而径以"孔怀"代"兄弟"属于不通，陈望道《修辞学发凡》举《南史·刘湛传》为例，认为这种"藏词"法乃当时文人惯技，并非不通。周振甫注释《文心雕龙》，也指出《指瑕》类似的偏误。

这并非要替顾彬批评的某些当代作家啰嗦不准确的汉语辩护，只是想引入"语言环境"的概念，以便在分析类似语言现象时能够区别对待。

比起古代或现代作家，当代作家语言功底薄弱，人所共知，但古代和现代作家的语言是否生来就纯金足赤？当代作家的语言是否绝无贡献？对此古人倒并不拘执。善于"指瑕"的颜之推承认同时代作家缺乏古人的"宏材逸气，体度风格"，但也说古人有"辑缀疏朴，未为密致"的弱点，而"今世音律谐靡，章句偶对，讳避精详，贤于往昔多矣"。他主张"以古之制裁为本，今之辞调为末，并需两存，不可偏废"。颜之推所谓"古人""今世"不能简单类比"现代""当代"，但他知古人之长并知古人之短,见今人之短也见今人之长,主扬长避短,取长补短,融通古今,这就贤于今之论者割裂现当代,拿当下汉语"规范"批评鲁迅不够规范,或像"鲁党"反唇相讥,以鲁迅文白夹杂中西合璧的白话之丰盛恢宏来鄙薄规范汉语的僵化单薄。这种割裂法,也看出现当代各自的长短,却使二者势同楚汉,无法扬长避短,或取长补短。语言研究缺乏历史意识,非但使古代和现代长期不通声息,恐怕也将令现代与当代老死不相往来。

作家尽可以"思接千载""视通万里",根本却只能立足当代,在属于自己的语言环境中有所作为。对此古人也很通达。刘勰主张"征圣""宗经",但他在语言上并不复古。他看到汉以后"小学转疏""率从简易",迥异"前汉小学,率多讳字",但并不鄙薄汉以后文学,倒是体谅当时作家,"今一字诡异,则群句震惊;三人弗识,则将成字妖矣"。要求汉以后作家像汉以前那样用语古奥,不啻逼他们为"字妖",但他也并不以汉以前小学发达文采斑斓为非,那样的文章他也追慕不已。时代变了,"难易"也随着改变,"后世所同晓者,虽难斯易;时所共废,虽易斯难",总之作家所处的"时"与"世"最重要。他说的是用字的难易,也关乎语言的好坏。

立足同时代的语言环境、针对同时代读者的接受能力进行创造:这是在语言上有所作为的作家的共性。有长期语言生活的泛政治化,便有王蒙对臃肿俨然的政治化语言的滑稽模仿;有丰富而影响力巨大的翻译文学,便有孙甘露极端欧化的语言实验;有北方广大乡村对方言土语的固守,便有贾平凹晚近对方言文学的全面恢复;有普通话和方言之间广阔的模糊地带,便有阎连科穿越两套语言系统的大胆生造;有部分读者对文言之美的眷恋,便有晚年孙犁、汪曾祺、柯灵、张中行、余光中作品的一度流行。明白这些作家怎样应对语言环境,再谈他们语言的好坏,才有的放矢。王蒙戏仿臃肿夸饰的政治语言,自己是否也感染到这种语言的痼疾?孙甘露的欧化实验难以为继,原因何在?贾平凹堆砌方言,是否一俊遮百丑?五四先贤划定的白话文五要素——口语(含方言土语)、文言、外来语、古代及近代白话文——收缩为清一色的方言土语,是否会导致境界的萎缩?阎连科的生造是否会破坏汉语基本的语法规则而造成理解障碍?文言成分在当代汉语写作中还能保持多久?如何估计其消极或积极的价值?

不同时代作家相同的语言使命,都只能是在借鉴古往今来优秀作家语言经验的基础上,最终把自己时代的语言写好。

这不是取消标准,而是让标准从天空降至地面,由抽象变为具体。

好的汉语,只能是立足自己时代的语言环境而有所创造并积极影响自己时代语言环境的那种写作。糟糕的汉语,并非因为不如鲁迅,不如周作人,不如沈从文,不如钱锺书,不如张爱玲,不如孙犁、汪曾祺,而是因为面对自己时代的语言环境,作者们都交了白卷。

据说网络时代,语言资源更丰富,写家互动更便捷,汉语或许因此翻到新的一页。但是,几亿人除了围着"给力""神马都是浮云"之类小花样激动不已之外,还能激发更有意思的创造吗?

# 三 为什么粗糙?
## ——"中国现代知识分子语言观念与现当代文学之关系"引论

### 1. 流行的中国现代文学史忽略了语言文字的重要性

我们已习惯了就与社会变迁一致的文学观念、文学体裁和思想感情等因素来描述中国文学由传统向现代的转变。比如认为:在文学观念上,五四以前是依附性的"文以载道",五四以后则是独立的基于个人体验的抒情达意;在文学体裁上,五四以前是古诗文词曲占主导地位,五四以后则是现代白话小说、诗歌、散文和戏剧占主导地位;在思想感情上,五四以前是几千年凝固于古代中国生活世界的"古人的思想感情",而五四以后新文学的"内容"则是现代中国人立足本土现实并放眼世界的现代性的思想感情。

对不谙中国语言文字的外国人来说,这样描述中国文学的古今演变,实无多少可议之处,但对中国人自己来说,却很难称得上"博观而圆照",因为这种文学史叙述严重忽略了汉语言文字的历史变革在中国文学古今演变中的作用。

如果超出由人所控制的"语言运用"的范围,比如超出"话语研究""文体风格研究"之类,而在更宏观的文学史层面讨论语言对文学的作用,甚至将语言问题当作讨论文学史发展的基本出发点,那么,敏感的人道主义哲学家或文艺理论家马上就会反驳说:语言还有超出这一切

## 下编 余 论

之外的别的什么决定性力量？难道不是人一直决定着语言吗？语言不是随着人类社会的发展而发展吗？文学的语言不是具有一定的思想感情、文学观念并选择了一定的文学体裁的创作主体选择与创造的结果？语言难道可以越过这些因素直接作用于文学？

语言决定着人以及人的文学，还是人以及人的文学决定着语言：在文学研究领域讨论这类问题是不合适的。和哲学的终极问题一样，追问语言、人、文学三者谁决定谁，也许都过于僭越，最终归于无解。我们至少可以说，在影响文学的各要素中，语言的力量较诸观念、体裁和思想感情，绝不会更小。无视人和文学受到语言文字的制约，无论如何都是不明智的——尽管我们还无法清楚地解释这种制约的本质究竟为何，或描述这种制约的程度究竟怎样。而且，文学发展所呈现的像地质学上的年代层次，表现在语言文字上，比表现在观念、体裁和思想感情方面，也往往更加确凿。仅仅在这个意义上，略去语言文字不讲的文学史，要想清楚地描述文学发展的线索，也会碰到许多困难。

倘说流行的中国现代文学史完全忽略了语言文字问题，那是不符合事实的。任何一部这方面的著作，几乎都有专门章节讲五四文学革命中异常激烈的"文白之争"。问题在于，对"文白之争"的讲述可曾告诉读者，以"白话取代文言"为标志的汉语言文字的现代化变革，究竟给中国现代文学提供了何种值得注意的基质而使它迥异于古代文学？没有。通常在讲完"文白之争"以后，文学史家们便无例外地抛开这种例行公事的叙述，又回到上述将语言文字问题撇在一边的文学史描述模式。名义上讲了一通"文白之争"，实际上并不想深究"文白之争"对中国文学古今演变的实际影响。

为什么？因为文学史家们深信语言文字只是工具，比如一件外衣，它的改变对中国文学从传统走向现代并无本质的意义。流行的中国现代文学史叙述模式有一种坚定的信念：包括"文白之争"在内的汉语言文字的现代化转变,必须纳入主要着眼于文学观念、文学题材、体裁和感情模式、主题思想等文学史叙述模式,才能揭示其对中国文学古今演变可能有的影响。此外,语言文字的变革以及人们在这种变革中对母语形成的态度与认识,在文学史上并不具有独立意义。正是受这种文学史观念和语言观念的支配,曾经作为五四文学革命的核心与依托的语言文字问题,在流行的文学史叙述中顺理成章地被降为附属于文学观念、文学题材与体裁以及思想感情的一个不起眼的角色,仅仅作为发生在五四前后的阶段性事件而被镶嵌在文学史的某个角落。这种处置方法,不啻完全取消了汉语言文字的现代化转变对中国文学古今演变的作用。

中国现代文学史研究忽略语言文字问题,和现代文学界对语言文字的粗糙理解,是互为因果的:现代文学的奠基者对语言文字的理解本来就有许多简单化乃至根本错误的地方,研究现代文学的学者们受此影响,也不把语言文字当作文学史研究必须慎重对待的问题,这就导致了双重的粗糙:一是和古代文学相比,中国现代文学因为对语言文字的许多简单化理解而显出的文学的粗糙;一是现代文学研究界因为不注重语言文字问题而在理解和描述现代文学历史时暴露出来的学术的粗糙。

仅仅指出事实当然不够,关键是要具体分析这双重粗糙产生的思想与社会背景,重新理解汉语言文字的现代化转变对于包括文学在内的中国文化现代化转变的根本制约,将语言文字问题从流行的文学史叙述模式中解放出来,恢复其本来面目,并以语言文字问题为原点反过来考察一向作为文学基本问题的观念、题材、体裁和思想感情等等,从而对流行的文学史叙述模式真正有所触动。

## 2. 应重释"文学革命"与"语言革命"之关系,并阐明中国文学"古今之分",就语言文字而言,乃"精粗之别"

晚清开始对汉语言文字的反思与实际变革,以及白话书刊和白话文运动,到了五四,和新文学家的"语言体验"结合,遂达到最后完成。除鲁迅之外,胡适之、陈独秀、钱玄同、周作人、刘半农都不能算纯文学作家,却一致享有作家的盛名,就因为他们所谈的语言问题都和文学有很深的关系;除钱玄同之外,包括当时的刘半农都不是语言学家,却都有语言方面的专门论著,就因为他们在推动文学革命的过程中始终把语言文字的工具的革命放在首位。五四文学革命也称作语言革命,就因为这两个革命具有互相促进、不可分割的联系。

但是,这只是流行的文学史叙述模式,在解答"文学革命"和"语言革命"的关系时,流行的文学史叙述基本延续了胡适《建设的文学革命论》所提出的"国语的文学—文学的国语"那种循环论证,即认为二者相互促进,没有孰先孰后的分别。这样的历史叙述是非历史的,包含了极大的含糊性:在五四前后展开的新文化运动中,"语言革命"和"文学革命"关系究竟怎样?简单地承认二者的紧密联系以及同时达到完成,似乎不够;这种承认回避了根本的问题,即是"文学革命"造成了"语言革命",还是"语言革命"造成了并且包含和支撑了"文学革命"?

这个问题可以归结为:哪一种"革命"是首位的、具有根本的和决定性的意味?

约瑟夫·列文森在他的《儒教中国及其现代命运》一书中认为,中国和整个东方的思想观念与文学艺术对西方文明的影响始终局限于"词汇"层面,故不足以改变西方社会结构和生活方式,也就不能上升到对西方文明"语言"层面的冲击。相反,西方对东方和中国的冲击,却从根本上改变了佛教传入中国时那种浅层次的甚至为中国文化所化的影响模式;近代西方文化对中国的影响,短短几十年就从"词汇"层面进到"语言"层面。列文森借语言为隐喻,或者就是从实际的语言观察的角度,提出了他看待中西方相互影响的两种模式:东方影响西方仅限于给西方提供某些词汇;西方影响东方则不仅给东方提供了大量新词汇,还从根本上促成了东方语言的变革。在列文森看来,中国文化现代化的开始,就以东西方文化相互影响的这种巨大反差为标志:"只要一个社会在根本上没有被另一个社会所改变,那么,外国思想就会作为附加的词汇,在国内思想的背景下被利用。但是,当由外国势力的侵入而引起的社会瓦解开始后(这种情况在中国而不是在西方发生过,而且在中国也只发生在 19 世纪和 19 世纪之后),外国思想便开始取代本国思想。"在中国开始它的现代化之前,"中国文化也许一直在扩张,在现代中国与现代西方之间的对话过程中,它的词汇丰富了,但中国文明则保持它的老样子,仍然用它自己的语言来表达自己"(按:这种情形也许略近于晚清士人津津乐道的"中学为体,西学为用"),而一旦进入现代,中西方相互影响的均衡关系随着西方对中国的全面入侵和根本的心理征服而被打破,从此,"西方给予中国的是改变了它的语言,而中国给予西方的是丰富了它的词汇"。就中国来说,这种语言的变化进一步改变了思想影响的方式:"而当语言和社会一起变化,外国提供的思想作为有价值的东西得到承认时,它们的外国含义也就在尽可能的范围内被清除掉了。"新思想正是借助于已然被改变了的新语言而长驱直入,作为中国的而不再是异己的、域外的、陌生的、为人所敌视的东西扎根于中国。至此,中国的现代化过程才真正开始①。

尽管列文森的"刺激—反应"模式长期以来不断受到各方诘难,但它至少对我们理解近代中国的语言变革具有极大的启发性。我们也许可以这样设想:西方近代文明只有最后触及中国文明的"语言",才算完成了它对传统中国最深刻的冲击与改变,而身处这个冲击与改变中的现代中国知识分子的思想与文学的觉醒,也只有进到语言层次才算是最深刻的觉醒。

当然,在列文森模式之外,我们还可以找到许多类似的方法论支

---

① 约瑟夫·列文森《儒教中国及其现代命运》,郑大华等译,中国社会科学出版社 2000 年 5 月第一版。

持。如果我们同意海德格尔的说法,"语言的存在就是存在的语言","语言是在的家,而用此语言说话与写作的人则是这个家的守护者",或者我们赞同维特根斯坦的观点:"想象一种语言,就是想象一种生活方式",又或者我们仍然拥护古典语言学家威廉·冯·洪堡特在其《论人类语言结构的差异及其对人类精神发展的影响》一书中提出来的"语言乃是人类精神的表现"的基本观点,以及意大利哲学家克罗齐"直觉即表现即艺术即语言"的思想——实际上所有这些思想都深刻影响了现代中国知识分子对自身语言的思考——那么我们就不难体会现代中国知识分子在中西古今冲突中所遭受的巨大精神震荡,根本上乃是一种语言的震荡,是语言世界的物换星移带给他们的异常强烈的精神刺激。

当然,中国现代知识分子在这种劈头盖脑的震荡与刺激中,不仅陷入了巨大的恐慌与痛苦,也因此获得了一种强大的历史力量(通常所谓"势")的支持,并渐渐学会了重新思考乃至重新说话的方式,包括学会了如何改变民族国家的文学现状的方式。新思想是随着新语言进入中国或在中国人自己的思想搏斗中趋于定型的,同样,新的文学观念与实践也只能诞生于新语言产生之后,而不是相反。一种新的语言世界提供了与之一致的所有意识形态包括文学观念与文学体制的运作方式。

意大利青年汉学家斐德瑞科·马西尼所著《现代汉语字汇之形成及其向着民族语言之演进:1840 到 1898 之间》①,通过对现代汉语词汇的研究得出一个结论:汉语的改变不是五四新文学的结果,恰恰相反,五四新文学得以开展,倒要感谢中国语言文字固有的传统根基以及基本完成于 19 世纪末的汉语言文字的现代化转变。这个结论值得我们

---

① The Formation of Modern Chinese Lexicon and It's Evolution toward a National Language: The Period from 1840 to 1898, by Federico Masini,美国加州大学伯克利分校《中国语言学报》(*Journal of Chinese*)1993 年专题系列之六,中文本由黄河清译,汉语大词典出版社 1997 年版。

认真对待。实际上,当钱玄同认为应该将刘献庭的《新韵谱》当作"国语运动"纪元时,不也已经把语言变革远远地提到文学革命的前面去了吗?

问题的关键是如何理解"语言革命"。如果把"语言革命"仅仅理解为五四新文化运动以及与"文学革命"同时的一次人为提倡的运动,它的巨大的历史纵深立刻就被大幅度压缩。这样理解的"语言革命"必然成为突然兴起并迅速取得成功的一次人为决定的事件,与此同时,事件的发动者和主持者的功劳必然也就没有理由不被夸大。但是,如果我们在更加宏观的历史视野中将"语言革命"理解为西方冲击东方而对东方造成的缓慢然而也是根本的变革,理解为东方知识分子在这种变革中所有精神震荡的综合表达,那么,"语言革命"就不能局限于五四前后知识分子的振臂一呼,文学史叙述上"语言革命"和"文学革命"的先后次序也就应该有所调整,胡适之、陈独秀、钱玄同、刘半农等五四人物在历史上的实际作用也不得不重新认识,也就是说,不得不去掉他们身上长期存在的始终困扰着历史叙述的神奇光环。

这种历史叙述的调整,归结为一点就是:更大范围的"语言革命"先于并且包含了较小范围的"文学革命"。

新的语言"先于"新的文学,这可以从两方面来看。

一方面,旧文学或不赞同新文学家之文学主张的其他文学群体与文学派别的失败,首先并不是文学本身的失败,而是语言的失败。语言的失败才是根本的失败。没有一定的语言,何来一定的文学?旧文学家以及不赞同新文学家之文学主张的其他文学群体和派别在文学知识和文学观念上与新文学家斗法,并不逊色多少,有些地方甚至略胜一筹,但他们所立足的语言的地面不幸已经发生了类似地球板块漂移那样的历史巨变,阵脚大乱,据地尽失,再奢谈兵法攻略,就不免成为带点滑稽气味的悲剧了。比如,旧诗与新诗对垒,往往能对新诗的弱点下有效的针砭,但既然整个语言世界都根本改变了,在白话文的汪洋大海中自然不能单独为技术纯熟的旧诗保留一座孤岛或一块飞地①。另外一个有趣的现象似乎更值得注意：当时新文学的论敌们所写的辩论文章，没有一篇是纯正的文言文。不是他们没有能力模仿某朝某代的文言文，而是一旦和新文学争辩，进入新文学的问题范围——也就是新文学的语言领域，争辩者们也就不知不觉一脚跨进了新文学提倡者们所存身的语言世界，而这实际上也是争辩者们自己业已进入或部分进入了的语言世界，他们的文体，因此不得不有所变换。一个更加显明的现象是，在"文学革命"的呼声远未发出的 20 世纪初期的日本留学生周氏兄弟的笔下，就已经出现了无论内容还是语言因素都异常庞杂的被大大改变了的文言文了。

另一方面，新文学的胜利首先也不是文学的胜利，而是语言的胜利。且不说胡适等人的文学观念本来并不高明，就是一部《狂人日记》，也没有那么大的能力可以独自扛起几千年旧文学的黑暗闸门。新文学家的胜利，首先在于语言的胜利，或者说，他们抢先依附了语言变革的大势，以语言的胜利为自己的胜利。在新的语言世界，再怎样精致的古文学都要不得，而再怎样稚嫩的新文学也应该得到宽容，这是语言世界的变幻带来的强硬逻辑：历史的合理性彻底取代了美学的感动。

如果我们承认语言的变革"先于"文学的变革，如果我们继而在理论上承认语言的变革也是文学变革的根本条件，不是"文学革命"导致了"语言革命"，而是"语言革命"导致了并且始终制约着"文学革命"，我们就不得不从汉语言文字的历史变革的角度，重新思考中国现代文学产生的基础，以及在这个基础上产生的中国现代文学必然具有的某些特殊基质。

中国现代文学和中国古典文学之间最大的区别，就在于现代文学

---

① 最近有不少论者提出，现代文学史应否将现代作家的旧诗写进去，这确实是个有趣的问题，但如果不从现代文学的语言基础说起，恐怕也很难有妥当的解决。

的发端,是传统语言文字的衰亡,是知识分子对母语自信心的丧失,是新语言形成的过于仓促,是作家们急于表达他们认为最重要的"思想感情"而普遍视语言文字为雕虫小技,这就决定了中国现代文学普遍的粗糙。

中国文学的"古今之分",在语言文字上,乃是"精粗之别"。

不同语言之间,很难分出高低、优劣或精粗,所谓"精粗之别",主要着眼于中国现代文学和"现代汉语"的关系不同于中国古代文学和"古代汉语"的关系。古代作家和现代作家所面临的语言问题,不是修辞学上的,而是存在论上的。恐怕谁也不敢说,现代作家不像古代作家那样注重语言文字的推敲。实际上,有些现代作家推敲语言文字的癖好甚至为某些古代作家所不及。但是,同样注重语言文字的推敲,古代作家和现代作家所依据的语言文字的存在论的地基是迥乎不同的。在长期封闭的社会文化圈里,古代文学和"古代汉语"关系异常紧密,作家们懂得如何充分利用其稳固的语言资源来创作,而在不断开放的弱势文化环境中,现代文学和"现代汉语"的关系不得不有所疏离,作家们往往苦于没有古代作家那样相对稳固的语言资源可供利用,尽管在表面上,他们面对的语言材料大大超过了古代作家,但实际上,这些语言材料有许多恰恰是他们必须与之激烈搏斗的障碍与敌人。

正是在这个意义上,才发生了中国文学真正的"古今之分"。

西方冲击东方,带给东方的主要是思想的兴奋与社会的骚动,在相当长的时间里都不可能真正抵达大震荡之后语言的重新趋于稳定。借用海德格尔的术语来说,因为西方冲击对东方语言的根本改写,就使得东方语言的自身变化,在一个相当长的时间里,不得不偏重于不断的"开放",即不断地吸纳各种新的语言要素而为我所用,无意也无力完成新的"聚集",使这些新的语言因素克服单纯的工具性而成为精神血肉的一部分。

目睹"现代汉语"的急剧膨胀,周作人曾经敏感地认识到这种膨胀给新诗带来的只是"豪华"而缺乏"节制",他劝新诗人们应该更多地懂得一些"吝啬"。他特别劝最有希望的散文家们,不要单纯追求或单纯顺应语言的膨胀,而应该对这种语言的膨胀有所节制,有力地驾驭新的语言之流,不要让它淹没自己,而要使之成为自己口中出来的"絮语",要让它冲决一切的凶狠的力量有所减少,而显出"涩味与简单味"。要达到这种境界,具体说来,"文词还得变化一点。以口语为基本,再加上欧化语,古文,方言等分子,杂糅调和,适宜地或吝啬地安排起来,有知识与趣味的两重统制,才可以造出有雅致的俗语文来"①。

周作人的见地不可谓不深刻,但真正做到的,能有几人?周作人自己的文章恐怕先就不符合这个要求。在中国现代文学家中,也许只有鲁迅一人,能够屹然独立于新语言的狂风怒浪中,硬将各种新的语言要素一一驯服于自己的笔下。但是,鲁迅毕竟是孤独者,而鲁迅的孤独在语言上尤其显得刺目。

---

① 《〈燕知草〉跋》,收在《永日集》,此据钟叔和编《知堂序跋》,岳麓书社 1987 年 2 月版,页 317。

## 四　文体学的小说批评方法

从语言学角度研究和批评小说的风气越来越盛。这是一个全新的小说研究和批评模式,因为我们以前一直以为,诗歌的艺术效果直接获自诗家对语言"诗的处理",散文小说的美学魅力则主要寓于其主题、结构、性格和叙述中,与小说家的语言运用没有直接联系。当然,这并不是说我们一直就没有注意过小说语言本身的审美功能,问题是,这种注意往往是印象式或比喻式的,即以诗家的语言锤炼比喻小说家的语言运用,以论诗的传统方式道出批评家对小说语言风格的某种整体、含混的印象。这种现象在时下不少所谓小说语言研究的文章中也相当明显地存在着。把小说语言的批评研究上升为一门科学的、自觉的研究和批评方法,这项工作目前做得还很不够。这里对小说文体的概念、小说文体学的研究目的和小说文体研究与批评的一般方法,作些理论上的探讨,希望能够由此引出有关这个问题更加切实精到的研究。

从理论上界说小说文体的概念,有一种似是而非的意见必须首先破除。这种意见认为,语言既提供了小说的内容,又提供了小说的形式,既然不存在语言以外的主题、情节、结构、人物、场景、叙述、象征,那么,小说语言(文体)就是小说本身,小说文体＝小说,小说文体学＝小说学。目前不少文章使用的文体一词,就是这种意义上的大文体概念。

这种对小说文体的误解,不利于小说语言研究的科学化和自觉化。

语言的确同时为小说提供内容和形式,但文体是专指小说语言形式的概念。文体不是小说语言的所指构成的小说内容以及这个内容的形式,而是指小说语言的能指本身的特殊组合方式,亦即小说家个性的语言运用方式。

文学创作中,文体往往有多种不同的从属主体,或者说多种不同的影响文体形成的超语言因素。文体有时指特定文学时代或流派中某种统一的语言运用风格,比如17、18世纪英法小说的"书信体"、英诗中的"维多利亚体""绮丽体"、中国小说中乡土派和荷花淀派的文体;文体有时又指具体某位作家的语言习惯,如曹雪芹的文体、鲁迅的文体、沈从文的文体、普鲁斯特的文体、海明威的文体、福克纳的文体。此外,影响文体形成的还有描写对象、体裁形式等。作为个性的语言运用形式的文体,总是与一些超语言的X未知数联系着。X(如时代、流派、作者、题材、体裁)从各自的角度影响和制约了文体的整体面貌,从中可以找到文体形成的渊源。这个X未知数叫做文体的义域(style domain)。

小说家写作时牵涉到的文体义域很多,这就容易模糊小说文体分析的逻辑起点和必要的范围设限,而这乃是任何一门独立的学科首须确定的。

时代、流派只是在一个大的背景上影响作家的写作,这种影响往往是外在于写作主体的。对于那些卓尔不群的大家来说,冲破时代流派的一般好尚,自立法度,正是他们最深刻的文体追求,何况时代流派本身就是变动不居的,不可能在具体作品上都有它们统一清晰的印记。比较起来,把作者视为文体的统摄性义域,似乎更加妥帖一些。时代、流派、题材、体裁等都必须通过作者才能对文体形成产生实际的影响。在"心理文体学"(mind stylistics)看来,文体的形成主要源于作家的个性心理,文体直接就是作者心理在语言运用上的表现。朗吉弩斯最早提出这种理论,他认为崇高文体乃是"伟大心灵的回声"。近世也有人把文体视为"思想的外衣"，Pope 在他有名的《论批评》中就持这种观点。但是，作家的个性心理是个复杂变动的概念，即使像鲁迅这样一个将个性深刻在所有作品中的大手笔，如果细考《中国小说史略》《野草》《呐喊》《彷徨》《朝花夕拾》《故事新编》《两地书》和前后期杂文，那种因心理的发展引起的文体风格上的不统一还是相当明显的。那些在个性心理上不太稳定的作者，他的文体风格更难以其个性心理为准加以研究。把作者当作统摄性文体义域还嫌宽泛了。义域越宽泛，对文体的描述也就越容易流于一般含混，越缺少确定性和准确度。

这就把我们带到小说文体的一个初看起来似乎并不重要实际上却具有真正统摄作用的焦点义域：小说文本。上述各义域之所以不能作为小说文体学的逻辑起点和必要的范围设限，主要是因为这些义域都是以和其他义域互相制约的方式共同影响小说文体的形成。这种互相制约的方式不是其中哪一义域所能单独决定，只能视某一特定的文本和文本群的具体情形而定。选择某一特定文本或文本群为小说文体的焦点义域，不是出于一种动力学上的考虑，因为文本不可能为文体的形成提供原动的造因，而是出于数学的考虑，即影响小说文体的诸义域互相制约的先后、主次、隐显的数学关系，只有放在特定文本范围才能给以确定的描述。在这个意义上，可以把小说文体进一步界定为"特定小说文本中语言运用的个性方式"。

小说文体学，如果简单定义为对小说文本的语言学研究，那它只是为了语言学的目的，把小说文本当作语言事实着手的一项语用学研究。实际上，我们研究小说文体，是因为我们总想借助语言学的手段解释、探求一些别的东西。具体点讲，小说文体学总抱有含蓄或直率地解释语言运用和艺术效果之间在特定文本范围的相互关系之企愿。否则，我们将不能发现王蒙或林斤澜小说文体有什么研究价值，除非这种研究能够告诉我们关于小说家王蒙或林斤澜一些美学上的事情。英语

style 一词有"文体""风格""特征"的意思,中译"文体"也有语言表达和美学品评二义,如钟嵘《诗品》称渊明诗"文体省静,殆无长语",显然既涉及陶诗的用语实际,又指出了与此密切关联的美学风格。

把语言学家关心的语言描述和批评家关心的美学效果联系起来加以研究,这是小说文体学的主要目的。这是一种"互返性相关探讨",形而下的语言学观察启发形而上的文艺学鉴识,形而上的文艺学鉴识反过来启发或修正形而下的语言学观察,二者彼此促进,互为参证,如下图所示(Leech and Short: Style in Fiction, p.14)。

一些更为严密的统计或文体研究,始终旨在发现某些作品被湮没的作者。这种统计有时不得不过多地关注那些和艺术可能并没有多大联系的语言事实,比如对文本内部的方言调查、词汇的选择范围、特定虚词的出现频率,等等。这种文体分析显然超出了上文规定的文体学研究范围,暂将它归入尚待深入探求的"附属文体学"范畴,下文不予申论。

小说作品的任何一种构成因素,自一个角度看,属于小说形式的一部分;角度转换了,又成为小说内容的一部分。小说语言是一种高度的指物性语言,不像诗歌散文语言在局部细节上有重重修饰,因此,相对于诗歌散文,小说语言的语义层更加明晰稳定一些。当我们把视角瞄准小说语言的语义层,探讨它的主题、意境、人物、象征时,我们是把小说语言当作小说的内容看待的。另一方面,小说语言在局部细节上,如句长、句式排比、字数、韵律上虽然不像诗歌散文那样讲究严格的修饰,但是整体上,小说语言毕竟不同于日常实用的文字形式,它有其独特的为了理想地表现其艺术对象、理想地传达主体的情志和理想地感染自己的读者而建立起来的一整套修辞方式。这种修辞方式和小说语言的语义层融为一体又彼此可以分离开来。当我们把视角瞄准小说语言这后一个层面时，我们是把小说语言当作形式看待的。小说文体学就是侧重从形式方面研究小说语言事实以及相应的美学效果的一门学问。

小说家写作时牵涉到的文体义域比起诗人、戏剧家、哲学家和科学家，要广泛复杂得多，因为小说这种文学体裁具有吸收同化其他文体的巨大灵活性。对于一个特定的文本或文本群来说，要想了解它的文体风格，首先必须顾及直接或间接地影响文体形成的全部义域，并且考察这些义域在特定文本范围内影响文体形成的不同程度与方式。其次，以日常语言习惯为参照，研究特定小说文本中一系列值得注意的语言事实，比如，哪些词汇被强化使用了，哪些词汇被隐讳了，词汇的选择是繁多还是简约，哪些句法被突出地运用了，与日常语言比较，小说语言是刻意创新求奇，还是力求模仿日常的语言习惯。声音层面上，小说语言可以按物理学标准分成低调、中调和变调，按照叙述者与人物的关系又可分为独白和对白。小说文体分析的关键是如何把这两个步骤统一起来，从总体上把握文体的美学特征。将第一步义域分析定在 X 轴，语言分析定在 Y 轴，然后组合起来构成从总体上确定文体风格的美学批评。

小说文体的声音层面主要一项内容，是小说家为叙述者设计的一种演述语调即叙述语调（narrative tone）。叙述语调同时显示着隐含作者（implied writer）对叙述对象和隐含读者（implied reader）的距离控制，也就是一定的情感和价值判断。通过对叙述语调的体验感受，可以直接混成地把握到创作者主体的心理倾向。对于小说家来说，设计叙述语调的成功与否，意味着他面对读者和生活对象时是不是找准了自己适当的位置和适当的演述姿态，意味着他能否顺畅开笔。托尔斯泰说他创作《哥萨克》时，"起初曾用四种不同的调子写作过，每一种调子写了约莫三个印张,然后就搁笔不写了,因为不知道选择哪一种调子好……"写作《哈泽·穆拉特》,托翁也是因为调子的关系而数易其稿,"我对哈泽·穆拉特作了许多思考,准备了材料。但总是找不到那种调子。"苏联作家尤里·卡扎科夫也有类似的经验之谈:"有时候,短篇小说一开头就写不出来,写了两三页,就觉得找不到我所需要的那种音响。在这种情况下,我干脆不写下去,……这就完了。但往往也有相反的情况。……刚刚写了一两段,就感觉到:行啦,某种力量把你抓住了,你沉浸到这部作品唯一必不可少的那些和谐的音响和声调中去了。"许多小说叙述语调一开头就奠定了。"幸福的家庭是相似的,不幸的家庭各有各的不幸。"《安娜·卡列尼娜》开头很少感情色彩的中调判断句,基本上规定了长篇小说沉静而非高亢的叙述语调。鲁迅《伤逝》开头"如果我能够,我要写下我的悔恨和悲哀,为子君,为自己",阴郁的语气带着抑制不住的悲怆,预示着全篇将是对一段往事低回沉痛的追忆。王蒙《春之声》开头写主人公岳之峰在黑夜降临的车厢里的感触,那种重返光明的欣喜欢快的语调贯穿始终。张承志《胡涂乱抹》开篇就沉浸到一种酒神式的狂喜冲动,那种激荡喷涌的高调叙述直至终篇也丝毫不减其势。《棋王》开始用一种漠然超然的平静语气描写本来应该以热情洋溢的语调叙说的知青下乡的送别场面,透显出作者在全篇努力表现的那种旷达苍凉的人生体态。

由于主体心理个性和叙述语调紧密关联,有论者直接把叙述语调当作作者的心理投射,推及某种特定的创作方法和风格流派,也可以大致不差地判断其相应的叙述语调。浪漫主义小说大多属于高调叙述,如缪塞、雨果;现实主义小说大多属于中调叙述,如狄更斯、巴尔扎克;现代主义多数流派,像黑色幽默、存在主义小说,大多采用低调叙述。

但是,强调小说文体声音层面中叙述语调的重要性时,不能忽视作品其他部分发出的声音。比如,《红楼梦》石头的叙述语调和人物以及人物与人物之间的语调都不尽相同。叙述语调和人物语调在《包法利夫人》中表现出非常显目的差异。爱玛是神经质的热情亢奋,福楼拜则始终不改其研究解剖的超然语调,一点不为主人公的多舛命运所动。《死魂灵》描写的人物几乎一概乏善可陈,但叙述语调中别有一股超越笔底世界的热情和希冀。语调上的巨大差异使这部把无价值的人生撕毁给人看的讽刺文同时又是一首充满希望饱含热情的浪漫长诗。"总的音调(按指叙述语调)同表现在作品里的各种各样的、彼此有差别的调子打成一片;构成这部作品的语气系统。"语气系统是对小说文体声音层面的完整描述。

经典现实主义小说中语气系统个别的差异,一般都消融在叙述语调中,按巴赫金对托尔斯泰小说的研究,"作者的声音包容了人物最后一句对话和独白"⑥。近代理性"世界是可知的"这一最高信条,赋予大多数现实主义作者一种批判的自信和责任感,他们常常采用第一或第三人称全知视角,广泛深入地揭示和评价社会人性诸现象。描写对象(人物)一般也有行动者的自我意识,但这种自我意识并不能抬高到足以和作者对话的意识水平,他们的语调为叙述语调所包含也就是势所必然的了。语气系统的这种结构特征为小说带来了总体上的反讽效果。

叙述者独白的反讽语调至批判现实主义最后一个重镇陀思妥耶夫斯基始遭怀疑和改造。陀氏极端重视个体自我意识。自我意识,即个体对自我与社会的独特感受和看法,乃是陀氏成熟小说的真正主人公。陀氏赋予每一个人物以无限发展的可能性、不完成性和不确定性,人物在作者整体构思中获得极大的自由,他们自我剖白、自我申述、彼此争论的话音冲破了原来包括一切的叙述语调。作者相对收缩了他的全知视界,其一己的声音则汇入和人物并列的众声合唱。这就是陀氏创造的"复调小说"在文体声音层面的特征,它与传统的独白语调形成了鲜明对照。

由于各种义域的综合作用,特定小说文本在文体的遣词造句方面,大致呈现出主观和客观、繁与简、雅与俗三组相对的风格,请分而述之。

小说家遣词造句,首先碰到的问题,是一定的遣词造句方式应该更多地服务于对客观世界的描写还是应该更多地服务于主观内心的表现? 一般说来,二者难以平均用力,这就造成了所谓主观型文体和客观型文体之分。有人认为,威廉·福克纳小说句法冗长繁杂插句丛生过于雕琢的原因,在于福氏客观的写作倾向:"(福克纳)总想告诉我们一切,一切的一切,每一个最后的根由、线索、性质或条件,以及每一个前景的背景:所有这一切都要在一次惊人集中的努力之中全部告诉我们,似乎要使每句句子都成为一个微观世界。"也就是说,福氏对文学客观性的追求,超负荷的信息量,造成了这种几欲包罗万有的繁复句法。也有人认为,从根本上讲,福克纳是个主观型的作家,"他的沉思的习性使他不断探索并解释着他的题材"。这种习性进而促使他进一步向读者"陈述种种联想"而较少顾及客观世界的完整性,"他总是坚持把事实性的客观叙述改成描写性的限定性语言……在戏剧性叙述的同时,表现主题的抒情性成分和色彩"。两种文体研究的结果,孰是孰非,不易遽断。也许,在福克纳设计其繁复句法的动机中,描摹客观与表达主观兼而有之? 也许,这种文体是小说诞生以来就互相颉颃的两种艺术倾向的一种生动的调和?

小说文体的雅与俗,指小说家遣词造句时对非文学或口语言说习惯或规避或模仿两种不同的选择。古代话本和传奇笔记相对于正统诗文,属于俗文学一种。但在这一科之内,文体上也有雅俗之分。话本源于说书艺术,贴近市井生活,遣词造句不事雕琢,且杂入大量俚言俗语。传奇笔记(包括后来的拟话本)则为案头文学,名为做小说,实际上不过是文人借以逞其诗文才具的手段,走的仍是清正风雅一途。新时期小说文体雅俗之分,不再是某种外在的写作趣味的反映,而显示出作家更自觉的艺术追求。有论者称青年作家张承志为"最后一个浪漫主义骑士",是有道理的。张承志的浪漫主义精神除了在小说人物塑造、心理描写、象征、情节、主题上有突出表现外,文体上也有清晰的投影。作者遣词造句总是务求脱俗超奇,努力在字里行间不断对读者造成新的触动,句子的长短节奏也尽量符合激情的倾泻方式,绝少平铺直叙,文势却能如决大堤,奔涌腾跃,不可阻遏。徐星、刘索拉、刘西鸿等青年作家的作品呈现的是另一种有人称之为"粗鄙"的文体风格。词汇方面,他们似乎不经意地信手拈来,并不刻意翻空出奇,同时大量俚俗之语甚至"国骂"也进了小说;这些难登大雅之堂的词语,偏偏与一些庄重典雅的连用,遂成一种滑稽戏耍的用语效果。造句方面,这些作者往往不太遵守常规,不讲究长短句的错杂分配和整体上的匀称,长得叫人窒息,短的前后无援兀然挺立,句子成分往往缺漏不全,像戏台上的褴褛小丑。如果说,张承志的文体透显出作者嫌恶流俗、高蹈远骛的个性心理,那么徐星们的文体则包含着对权威的蔑视,对现代人生活的迷惘和嘲弄。

小说文体在字句层面表现出来的繁与简,既有区别,又有联系。刘勰把"精论要语,极略之体"和"游心窜句,极繁之体"不分轩轾地一道讨论,是深知艺术辩证法的。繁简同是一种艺术抽象,都能以各自的艺术功能体现出艺术创造的完整严密。繁体更能以繁茂密致的铺陈在模仿再现的意义上争奇览胜,如左拉、福克纳的小说;简体更能以单纯疏朗的构图强化地表现某种富有包孕的生活形式,如法朗士、卡夫卡等的小说。

文体简化是小说艺术走向抽象化、表现化和简化的一个重要环节,这是现代艺术的大势所在。通观卡夫卡的重要小说,很容易看出作者是运用有限的词汇和句法在写作。文体的简化使他的小说世界不像经典现实主义作家的作品那样丰满逼真,人物、情节、场景似乎都被蒸馏过,扁平、单调、苍白,像幻象一样。作者以其简化的文体,遏制读者的活跃想象,逼使他进入一个枯燥、沉闷、荒诞、变形的别构天地,这是卡夫卡给资本主义异化社会的一个天才塑型。

卡夫卡文体的简化同时又是另一意义上的繁化。有限的字句造成单调枯燥的简化效果,同时又带来重复唠叨的繁复格调。卡夫卡句型文势都很少变化,像《地洞》《城堡》《中国长城建造时》的叙述,看不出哪一部分显得亢奋,哪一部分显得低回,哪一部分畅达,哪一部分滞涩,哪一部分迅疾,哪一部分迂缓。缺少变化的文体给人的感觉似乎小说叙述可以在篇中任何一个地方中断或接续下去。卡夫卡的很多小说没有结束,跟这种文体大概不无关系。卡夫卡习惯于用娜塔丽所谓的现代小说无名氏主人公"我"自我剖析、自我告白,他的叙述实际上成为对人物心理的单纯模仿,不能不使整篇文章变成个人的喋喋不休。

　　文体的繁简并不直接说明小说家的个性心理和世界观,比如《骑兵军》作者、苏联当代著名短篇小说家巴别尔说他写作时总是"尽量把副词和形容词从手稿中逐出……三个形容词在一个句子里——这是杀害语言……只有天才能在名词上加两个形容词"。"就让名词独自呆在那儿好了。""多用句号!我真想把这条规则列入作家必须遵守的政府法律中去。"这样,他的小说字少了,句子短了,他的解释是:"这也许多少与我多年气喘有关。我不能说长话,说长话喘不过气来。长句子越多,呼吸越困难。"不过,对于审美批评来说,文体的繁简总是"有意味的形式",多少透露出小说家的个性和心理动机。"谓繁与简,随分所好。"这个"分"就是作家的艺术个性。刘勰把艺术家分成"思赡""才核"两类。"思赡者善敷,才核者善删。善删者字去而意留,善敷者辞殊而意显。"想象丰赡的作者善于汪洋恣肆地铺写,形声迥异的言辞汹涌澎湃,要传达的意境显著彰明;才情简赅者善于裁斥冗言,洗涤芜辞,以精炼的文体保持意旨的显豁要明。繁简既各有其妙,故作家可以"引而申之,则两句敷成一章";也可以"约以贯之,则一章删成两句"。

## 五　道术必为天下裂，语言尚待弥缝者
　　——中国现代学术的语文认同

### 一

中等水平以上读者"看不懂"当代中国某些人文社会学科的论著，已是司空惯见，但回想起来，这也有一个渐变过程。

20世纪80年代中期前后，以人文学者为主的"第四代学人"（当时社会科学还刚复苏）也招来过"看不懂"的抱怨，那基本是青年学者知识及话语系统急速变换所致，属于从"现代"延续下来的正常现象。这以前，胡风的理论与批评就曾以险怪著称①。再早一点，青年鲁迅"读不断，当然也看不懂"章太炎的文章（鲁迅《且介亭杂文末编·关于太炎先生二三事》）。自称"瞎嚼蛆"的吴稚晖行文也极富跳跃性②。但这主要

---

① 胡风对其理论批评文章的"难读"也有充分自觉。他坚信新文学既然是世界进步文学在中国新拓的一个支流，就势必要在与各种主客观的旧势力痛苦"挣扎""搏斗"中开辟道路，无论内容或形式都不可能是现成的，而必须是探索性创造性的，创作和理论批评的语言令人感到陌生，因此也就十分自然，比如那种明显的欧化句式。胡风的语言冗长、纠葛，却并无多少实质上的"不通"。鲁迅在《答徐懋庸并关于抗日统一战线问题》中提到胡风在理论上有拘泥的倾向，文字不肯大众化，并没说这种倾向造成了文理不通、用词不当。这是我们在讨论现代文学创作和学术理论批评的"难懂"时应该注意的一点。
② 被胡适称为"科玄之争"的"压阵大将"的吴稚晖，在《一个新信仰的宇宙观及人生观》中宣布他看不起那些"不能叫人简单了解，存心摆他学者的臭架子"的各种"学"，"一变成'学'，便必定容易忘了本旨……将自己的字眼同别人的字眼炫博"，而他自己则是"乡下老头靠在'柴积'上，晒'日黄'，说闲空的态度"，是柴积上日黄中的"瞎嚼蛆"。引文见中国国民党中央委员会党史史料编纂委员会1969年出版，罗家伦与黄季陆主编之《吴稚晖先生全集》（卷一）页1至页94；对"吴稚晖体"的分析，参见郜元宝《惘然集》，页18至页26，湖北教育出版社2004年10月第一版。

还是难懂,根本"看不懂"的并不多,像章太炎的令人"看不懂"则是曲高和寡。上述诸家很少被指为生造词语、玩弄概念、用词不当或文理不通,实在令人费解的个别学者要么像所有时代文理不通者一样很快淡出,要么改弦易辙,重新为人接纳。从晚清"新学"勃兴到80年代,学术理论文章"看不懂"的现象并不严重。

90年代以后,人文社会科学得到政府大力扶持,一派"繁荣"景象。文史哲等传统学科很快告别了90年代初的惶恐与愤激,犹如绝处逢生,因应社会需要的新兴学科更迅猛发展,由"带头人"负责的"学术梯队"和相应的学术机构纷纷建立,国内外学术会议川流不息,各种簇新的"话语"和学者肉身一样到处"旅行",项目如山,颁奖频繁,出版方便,著作如林,但恰恰这时候学术语言的问题日益凸显,看不懂、无法沟通的抱怨此起彼伏,有时还升级为严厉指责,即认为许多学术文章令人"看不懂",并非学问高深,常人难得通解,或苦心孤诣,出现了某种程度上可以理解的艰深晦涩,而是某些作者学养不够,准备不足,满足于搬弄空洞的连自己也不懂的话语概念,甚至缺乏起码的语文素养。学界和网上不时公布一些著名学者用词不当、概念模糊、文理不通、不知所云的"硬伤",令人触目惊心,而在语言表达上心中无数,下笔狐疑,"方其搦管,气倍辞前,暨乎成篇,半折心始"①,也是不少学者羞于启齿的虚症。"学术繁荣,语言退化",似乎成了"盛世学术"尴尬而难解的悖论。揆其要害,无非两点:一是缺乏基本语文素养;二是过分依赖某些学科新近建立的一套夹生而封闭的话语体系,致使学术语言脱离民族历史的语言脉络和当下日常的语言母体,流于空虚玄远。第二点又有两种可能。一是虽依赖概念和话语,却愿意浅易明白,可惜能力不及,结果仍不免模糊难懂,甚至变得文理不通起来。这是"非不为也,乃不

---

① 刘勰《文心雕龙·神思》,刘勰原是描述文学创作中言不称意的现象,这里借来指学者找不到合适的语言表达自己的思想。

能也"。第二则属于鲁迅所谓"贵乎难懂"的"作文秘诀",故意叫人看不懂,迎合国人"崇拜'难'的脾气",同时也有助于"修辞"("遮丑")以确立"学者"的地位。久而久之,便只能一"难"到底,再也写不出"人话"来了,而若有人把他们的"修辞"翻成白话文,往往空空如也,根本不通(鲁迅《南腔北调集·作文秘诀》)。这就并不是"非不为也,乃不能也",而是"既不能也,亦不为也"。

当代中国人文社会科学者的语文素养和话语方式问题已关乎学术文化的根本与全局,不容再回避了,但学术界对此一直比较麻木,大多数人身在其中,感觉不到,诚所谓"久入鲍鱼之肆,不闻其臭",也有一些学者认为只要有学术、有思想,语言差一点又有何妨?正是这种割裂学术和语言、以为学术可以离开语言、甚至只要学术而不顾语言的观念直接导致并且一再纵容了学术语言的滑坡。其实一国之人文社会科学研究倘若与中等水平的广大读者之间出现语言的隔阂,甚至令后者完全看不懂,对后者来说,该国有无人文社会科学便是一个疑问。一国之人文社会科学者倘若相互之间无法沟通,学者们在彼此隔绝毫无交流的状况下自说自话,盲目生产,则该国有无真正的人文社会科学,就更值得怀疑。

从局部的不甚严重的"看不懂"突变到大面积的比较严重的"看不懂",分界线在90年代。这是我的一个尚待论证的初步假设。倘若假设成立,处身90年代以来学术潮流的我辈就有必要回过头去,研究晚清至80年代这一整个历史阶段中国学术共同体在学术语言上究竟提供了哪些经验与教训,以为殷鉴。

但是,现代中国学界古今中西之辩、阶级阶层之别、宗派集团之分大大超过当代,有无"学术共同体"首先还是一个疑问。不过,倘若着眼于现代学者共同置身的先秦以降历时性语言背景和五四以来共时性语言环境,着眼于学者与学者之间、学者与一般读者之间语言上的可沟通性,着眼于这种可沟通性既表现为语文层面的文从字顺,也表现为学术话语层面的生、熟、难、易、深、浅之间的融通,则似乎又可以说存在着一个由相对稳定的语言认同所维持的学术共同体。

## 二

姑举数例说明之。

1.《新青年》集团和林纾、《甲寅》杂志、"学衡派"围绕新文化运动的争论,80年代以来的研究不可谓不深入,但一个显然的事实始终未曾引起足够的重视,或者被有意遮蔽了:当年那些激烈的论争者们一直都在不断跨越"文言白话"的鸿沟,都没有把对方当堂吉诃德的风车来搏斗,也没有抱怨"看不懂",他们并非徒然击打空气,往往倒能够搔到对方的痒处,彼此要讲什么也心知肚明。知识界因语言和话语问题引发的千年未有的大分野为何奇迹般地并未导致基本语言认同的丧失?

我想主要因为文白两大阵营尽管观点相左,知识谱系大相径庭,所属社会政治的派别壁垒分明,白话和文言作品的情感经验和想象天地也相去甚远,但主张白话的能操文言,保守文言的也并非不能用白话。胡适《文学改良刍议》本身就是浅近文言,林纾1897年创作的几十首《闽中新乐府》则被胡适称为"当日的白话诗"予以揭载(胡适《林琴南先生的白话诗》)。20年代文言卫道士吴宓到了30年代已公开主张对白话文不妨"'异量之美',兼收并蓄",他还欣赏《子夜》的语言,认为"茅盾君之文字系一种可读可听近于口语之文字,近顷作者所著之书名为语体,实则既非吾华之语亦非外国语,惟有不通之翻译文字差可与之相近",茅盾本人对吴宓的评价也颇为首肯,甚至说"《子夜》出版后半年内,评者极多,虽有亦及技巧者,都不如吴宓之能体会作者的匠心"(茅盾《我走过的道路(中)》)。吴宓的学生钱锺书则认为"苟自文艺欣赏之观点论之,则文言白话,骖靳比美,正未容轩轾",白话文的流行还会增进文言的弹性,反过来文言也会影响白话文,比如现代小品文就取法晋宋以迄明代的小品而"尽量使用文言",他甚至预言"将来二者未必无由分而合之一境"(钱锺书《与张君晓峰书》)。文言白话在现代学人那里"明隔暗通",论争双方拥有远远超过后来同在白话世界讨生活的人们彼此之间的语言认同。晚清士人历数"言文分离"的害处,其中一点叫做"手口异国"①,不免形容太过,但今日许多长篇大论尽用白话,而中等以上文化水平的国民能够听懂看懂的,恐怕倒真的寥寥无几了。

再看新文化阵营内部,胡适和鲁迅同治小说史,一写白话,一操文言,并不妨碍彼此呼应、相互欣赏。蔡元培是新文化运动的护法,始终关心新文学发展,晚年日记还大段摘引巴金小说《电》《雷》原文(《蔡元培日记(下)》),但蔡元培平日著述、书信、日记,仍以文言和"语体文"为多,他为《中国新文学大系》撰写的总序以及回忆录《我在北京大学的经历》堪称优美的白话文,但若衡以胡适的白话文标准,恐怕都还不够"白"。蔡元培有言:"我素信学术上的派别,是相对的,不是绝对。所以每一种学科的教员,即使主张不同,若都是'言之成理、持之有故'的,就让他们并存,令学生有自由选择的余地。最明白的,是胡适之君与钱玄同君等绝对的提倡白话文学,而刘申叔、黄季刚诸君仍极端维护文言的文学;那时候就让他们并存。我信为应用起见,白话文必要盛行,我也常常作白话文,也替白话文鼓吹。然而我也声明:作美术文,用白话也好,用文言也好。"(《我在北京大学的经历》)可见对这种亦文亦白的文体实践,蔡元培是有充分自觉的。在现代像蔡元培这样兼跨文白两界的现象十分普遍,他们的文章往往"文白夹杂"。过去根据简单的进化论,总认为"文白夹杂"是现代白话书面语的初级阶段,或借用鲁迅的自谦的说法,认为"文白夹杂"是白话文进化过程中的一个"历史中间物",

---

① 黄遵宪《日本国志》卷三十三《学术志》(二)"文字"篇:"居今之日,读古人书,徒以父兄、师长递相授受,童而习焉,不知其艰,苟迹其异同之故,其与异国之人进象胥、舌人而后通其言辞者,相去能几何哉?"裘廷梁《论白话为维新之本》:"于是文与言判然为二,一人之身,而手口异国,实为二千年来文字一大厄。"

其实"文白夹杂"的现代作者们虽然还不能做到绝对的"白",却比较善于融汇各种语言因素而基本达到"文从字顺"的境界,也基本能够避免令人"看不懂"。

2. 现代学者大量的优秀"语体文"著作从另一侧面证明当时中国学术文化界虽有文白之争,却"明隔暗通",无论主张白话还是保守文言的人都不难在"语体文"中部分地找到他们所主张的语言的理想和所固守的理想的语言。

关于"语体文"不妨多说几句,这至今仍是尚待确切定义的概念。就其脱离文言旧轨而比较接近口语来说,一般认为"语体文就是白话文"固然不错,但现代学者"语体文"著作(如熊十力《新唯识论》语体文本、冯友兰《贞元之际六书》、陈寅恪考据文章、钱穆《国史大纲》等)即便和同时期白话文著作相比,文体差异也一望可知。"语体文"作者不想充分口语化或白话文化,但他们所写的毕竟又不同于文言文,不仅加入许多口语因素,所保留的文言因素也大大缩减并通俗化了。"语体文"的前身或许是清末"新文体",但现代学者的"语体文"主要阐发学术思想,已脱尽"新文体"的报章气息,告别政坛而退守书斋的梁启超本人的语体文著作《中国近三百年学术史》就明显不同于早年专为报章而写的"笔锋常带感情"的"新文体"。部分现代学者不肯径用已经流行的"白话文"概念而另称其文章为"语体文",乃是故意要和白话文有所区别,对此熊十力的意识就很明确,他说他的《新唯识论》语体文本"虽是语体文,然与昔人语录不必类似。此为理论的文字,语录只是零碎的记述故。又与今人白话文尤不相近。白话文多模仿西文文法,此则犹秉国文律度故。大抵此等文体不古不今,虽未敢云创格,要自别成一种作风"(熊十力《新唯识论语体文本·初印上中卷序言》)。或者可以说,"语体文"是在白话文流行之后,一些不愿跻身白话文作者行列而又自觉不能再写纯粹文言文的现代学者有意探索的介乎文言白话之间的一种特殊文体。钱穆虽无熊十力那样的文体自觉,但30年代中期修订

《国史大纲》时也感到过去《先秦诸子系年》《中国近三百年学术史》所用文言已不甚适合,《国史大纲》需面对更加广大的读者,他们虽"自称知识在水平线以上之国民"(钱穆《国史大纲·凡读本书请先具下列诸信念》),却往往"于本国文字素养太差"(钱穆《国史大纲·书成自记》),这就迫使钱穆不得不使其惯用的文言文浅显化,增加"语体"的成分。单纯从文言或白话的角度很难给"语体文"下一个准确定义,因为"语体文"作者们有意"别成一种作风"。一定要追本溯源,仅就其长于说理的一面而言,现代学者"语体文"与其说源于"新文体",毋宁更近于中译《圣经》的"浅文理本"。不同学者"语体文"风格也很不相同,他们既然不把"语体文"看作文白之间临时的过渡品或替代物,而是经之营之,矢志靡它,其文化精神自然灌注其中而极富个性,比如王国维、陈寅恪表面上属于浅近文言实则具有语体(乃至欧化)性质的论著,读者既可以带着学术问题去研究,也完全可以当做寄托作者人格的"美文"来欣赏。"先生之著作,或有时而不章。先生之学说,或有时而可商。惟此独立之精神,自由之思想,历千万祀,与天壤而同久,共三光而永光"(陈寅恪《清华大学王观堂先生纪念碑铭》),而与此独立精神和自由思想同样不朽的应该还有他们的文章格调罢?胡适说陈寅恪文章"实在写得不高明,标点尤嫩(懒?),不足为法"(胡适 1937 年 2 月日记,引自汪荣祖《陈寅恪评传》),很可能是不满陈寅恪始终不肯写白话文,以及所谓"遗少"气味(胡适语,参见余英时《陈寅恪的学术精神与晚年心境》),但"遗少"与否同文章好坏无关,而白话文也并不合适做"语体文"的标准。据说钱锺书认为"从文言的标准看,陈氏的文言文就显得不够典雅"(参见汪荣祖《陈寅恪评传》),这恐怕也用错了标准,因为陈寅恪文章是一种别致的"语体文",而非钱氏心目中的文言文。以"述学之语"而论,陈文美感实在十分彰显,不仅有从孟子、韩愈而来的浩然之气(绝无现代白话文以及某些现代学者的文言文习见的鄙吝、油滑、做作、卖弄),更有源于孟、韩而又暗中吸取西文语法、几乎为陈寅恪所独具的那种一唱三叹与清明周致。在整个现代中国学术语言演变史上，陈寅恪的文风高标独举，罕有伦比，其论著可当特殊种类之"美文"欣赏的何止《王静安先生遗书序》《王观堂先生挽词序》《清华大学王观堂先生纪念碑铭》《赠蒋秉南序》《柳如是别传·缘起》等议论而兼抒情之作（这些文章胡适和钱锺书都写不出）。陈文之美感，不单源于类似其诗作中俯拾即是的兴亡之感与文化托命意识，更深植于《四声三问》《从史实论切韵》《与刘叔雅论国文试题书》《东晋南朝之吴语》《庾信哀江南赋与杜甫咏怀古迹诗》《元白诗笺证稿》等论著所显示的对汉语言文字之特点及其与中国文学之关系的深切把握与独到见解①。在现代学术史上淬炼其"语体文"而能"成一家之言"的何限陈寅恪一人，此处仅以他为代表，略述这种常遭误会的特殊体式的"述学之语"所蕴含的现代中国学者的语文认同。

3. 我一直觉得，很可能因为知识界和大部分官员在文白问题上"明隔暗通"，国民政府才不肯听从胡适劝告，弃文言而就白话（胡适《新文化运动与国民党》），而是安居文言天地，意识不到五四以后全社会的语言转变，失掉了以白话为一元主导的更大范围的新的语言认同，遂于政治军事败北之前，在语言文化上先输一城。相反，抗战和解放战争期间，中共与国民政府公文往来，中共领导人与国民党高层或民主人士通信，基本以文言为主，有意迁就后者的语言政策和语言习惯②，而内部

---

① 吴宓《空轩诗话》有言，陈寅恪"《与刘文典教授论国文试题书》及近作《四声三问》一文，似为治中国文学者所不可不读者也"。引自蒋天枢《陈寅恪先生编年事辑》，页84，上海古籍出版社1997年6月第一版。

② 国民党高层和民主人士也有写白话文的，如吴稚晖、冯玉祥等，但究属少数，而"党国要员"们的文言也有深浅难易之别，某些人（如陈布雷）的文言文已近乎"语体文"，但与纯粹的白话文仍有根本不同，这里只能概乎言之。第二次国共合作期间及其前后，中共与国民党高层书信往来多用文言，直至1982年7月25日《人民日报》公开发表廖承志致蒋经国公开信，仍沿袭这一习惯。1949年以后台湾当局的公文虽仍以文言为主，整体上已经由深转浅，1982年8月17日宋美龄给廖承志的复信就是一例，但由此更可以见出中共高层针对国民党的语言策略之历史养成的惯性力量。

则力求使用日益成熟的白话文①,这实在是巧妙而充分地利用了文言白话"明隔暗通"的情势,用文言的手段与国民党政府周旋,在自己控制的领域则清醒地依靠五四以来以白话为一元主导的全新的语言认同。灵活的语言策略不仅确保了中共语言文化取向在全民族范围的先进性,也极大地巩固了自身组织的严密性,提高了具体工作的有效性,从而在政治军事全面胜利到来之前,已然赢得了语言文化的胜利。

倘若上述猜想属实,岂不更反证了文言白话"明隔暗通"如何保障着知识界和政府各部门的可沟通性,乃至被蒙蔽的国民政府直到败退台湾之前都未能察觉正在崛起的以白话文为一元主导的新的语言认同的伟力吗?一边是文言白话"明隔暗通",一边是白话文一统天下,两种语言认同的共存深刻影响了两大政治集团的命运,却并未造成知识界语言沟通的困难。

4. 1923 至 1924 年"科玄之争",参加者流品甚杂,彼此知识背景和学术取径差别很大,对话往往难有交锋,整体学术水平并不高,胡适为后来结集的《科学与人生观》作序,甚至说这场论战差点"成了一场混战",陈寅恪则讥之为"不通家法科学玄学,语无伦次中文英文"(陈哲三《陈寅恪先生轶事及其著作》),但大家并未抱怨"看不懂"对方文章,更未感觉到语言沟通上有障碍。现代哲学家们都很注意尽量不为读者设置语言障碍,"科玄之争"中的梁启超、张君劢、梁漱溟、丁文江、陈独秀、

---

① 毛泽东从 40 年代延安整风开始,就一直关注党和国家重要媒体和领导人的文风问题,新中国成立初期,他还应胡乔木之请,委托胡乔木专门就各大区领导的公文写作风格召集政治局常委开会,力求使公文写作达到简练明晰的境界,并直接指示安排吕叔湘、朱德熙在《人民日报》连载《语法修辞讲话》,该报还专门为此配发社论《正确地使用祖国的语言,为语言的纯洁和健康而斗争》,明确指出:"我们的学校无论小学、中学或大学都没有正式的内容完备的语法课程。""正确地运用语言来表现思想,在今天,在共产党所领导的各项工作中具有重大的政治意义。"一段时间内全国范围掀起了学习语法、教学语法、研究语法的高潮。也就在这种氛围中,《中国语文》《语文学习》《语文知识》等相继创刊。学校普遍加强了语法教学,机关干部、工人、部队也开始以《语法修辞讲话》和其他语法著作为教材,动员范围之广,史无前例。

吴稚晖是这样，在一般哲学和中国哲学史和美学史研究领域用白话文或"语体文"撰述而影响较大的胡适、金岳霖、冯友兰、熊十力、贺麟、张荫麟、宗白华、朱光潜等也莫不如此。现代中国哲学旨在汇合中西，融通古今，同时对广大读者负有启蒙任务，这就迫使哲学家和哲学研究者们在语言表达和话语运用上努力做到"深入浅出""为浅人说法""极高明而道中庸"。

近来哲学界颇有人批评现代中国哲学尚未"走出翻译时代"，因为现代中国哲学主要通过翻译来建构自己，而这就是"一切精神赝品、思想译本的根源"，"我们身处的这个翻译时代远未终结，而能够守护思想的、真正的现代汉语也尚未到来"（丁耘《走出翻译时代》《知其不可译而译之》）。这自然也有其所见，但论者似乎忽略了现代中国哲学家们如何沉潜往复，殚精竭虑，努力将"拿来"的西方哲学与中国既有思想融会贯通，凭借汉语言文字所涵蓄的中国智慧加以阐发说明，务使其能为中才以上的读者所理解。"心通而辞达"的"翻译"并用汉语加以重新表述的功夫本身就是哲学探索的一个不可分割的部分，舍此即无从建构所谓中国自己的哲学。抗战期间冯友兰《贞元六书》借西方哲学方法（维也纳学派的逻辑实证主义和部分的马克思主义）整理中国古代哲学，在此基础上建构"新理学"体系，提出他对当时中国社会、家庭、政治、战争、道德、艺术、教育各方面的见解，一时激起不少争议，而冯氏也尽显其过人的文字功夫[①]，他能将一切概念都放在中西哲学和文化大背景

---

[①] 何炳棣认为冯友兰之所以能以北大出身而居清华大学要津达二十年之久，除了头脑清晰、深通世故和善于办事之外，另一个十分重要原因就是"国学根底雄厚，文言表达能力特强"，他认为出于冯友兰之手的一些"公文"对清华大学的发展功莫大焉，《国立西南联合大学纪念碑文》则是不朽的"至文"，见何炳棣《读史阅世六十年》，页185，中华书局2012年6月第一版。《国立西南联合大学纪念碑文》开头很像毛泽东撰写的人民英雄纪念碑文的句式，这是偶然巧合还是有先后影响的关系？值得探讨。另何氏所谓"文言表达能力"大可扩张为"文字表达能力"而不必限于文言文。冯氏在现代哲学界享有盛名与其突出的文字功底有关，正如80年代以来李泽厚的广受欢迎，也离不开他在文史哲三界均罕有伦比的辞章功夫。肯定冯、李的辞章功夫，并不会导致对他们的哲学理论水平的低估。

前解析开来并充分调动五四以来白话文资源而使之成为明白晓畅的日常谈话①。再如熊伟译海德格尔，不仅为80年代以后海德格尔的翻译热、研究热开了先河，许多译名也给后来者以启迪，如译Dasein为"亲在"，就不易为后起译家随便改换。当代中国哲学家在"哲学学"上固然不难后来居上，但仅就语言文字论，先贤仍有后学所不可及处。当代中国哲学研究者们大多并不具备现代中国哲学家们的语言文字功底。

5. 现代甲骨学有"四堂"之说，罗振玉（雪堂）、王国维（观堂）、董作宾（彦堂）、郭沫若（鼎堂）的身世、经历、学养、方法、趣味相差极大，但学界公推他们是甲骨学四大重镇，他们之间或彼此欣赏，或有所商兑，学术语言上并无分裂与隔绝。再看甲骨学和古史辨，信古和疑古，作为现代"上古史学"双翼，对真正意义上的"现代史学"之建立关系甚大，双方观点有时冰炭难容，但"述学之语"仍可相通。和上述古文字学、现代新史学相关的现代时期历次读经与反读经的争论也有类似情况。三四十年代，新文化运动许多领袖人物如蔡元培、鲁迅、陈独秀、曹聚仁、周予同、傅斯年等都先后著文反对"读经"，其中郭沫若与胡适的学术训练不同，政治立场的分化昭昭在人眼目，郭沫若还曾撰《驳〈说儒〉》，尖刻地讽刺胡适《说儒》于甲骨文金文不懂装懂，但正是这两位所写的反读经的文章，不约而同引王国维为例，认为就连王氏都承认《诗经》《尚书》有许多地方看不懂，又怎能鼓励普通人或中小学生读经（胡适《我们今日

---

① 冯友兰对哲学语言的重视固然受到维也纳学派影响（同时鼓吹维也纳学派最有力的还有在昆明主编《学术季刊》的洪谦），但与其扎实的中国语文修养也大有关系，他的中国哲学史研究往往有赖于传统的文字训诂，许多地方都能提出一己之见。这也不限于哲学，他对李商隐"永忆江湖归白发，欲回天地入扁舟"的解释就发人所未发。这个特点实为当时许多哲学家所共有，冯氏就曾借用沈有鼎的说法，认为"六十而耳顺"应为"六十而已顺"，"耳"是"而已"急呼而成的合字。冯氏又能利用五四以来的白话文资源，他在严格的语法意义上使用"底"字，就使人自然联想到鲁迅的独特的翻译文体。冯友兰的这个特点被康生看到了，他说"冯友兰的哲学，说什么抽象的意义，实际上他的哲学并不是什么哲学，说好一点是语言学，只是玩语言上的诡辩"，见1958年6月5日《康生同志在中宣部召开的政治理论教育工作座谈会上讲话》，此处引自陈徒手《冯友兰：哲学斗争漩涡历险记》，《书城》2012年12月号，页6。

还不配读经》;郭沫若《沸羹集·论读经》)？当时已届暮年的章太炎寓居苏州,力疾为诸生讲国学,见到胡适等反对读经的文章后,不管他们抗议无知军阀和政府教育部门的背景,对以王国维的话为借口而主张"不配读经"的论述方式大加挞伐。章太炎认为不必将王国维"奉以为宗",因为经学之于王氏也"本非所长",即使王国维的话符合事实,也不能作为后人不配读经的借口,当年高邮王氏父子就并非先认全了经书上的字才来读经,而是"奋志为之,成绩遂过前贤远甚。使高邮亦曰我不配读经,则亦终不能解矣"。他的结论是要在胡适等人"我们今日还不配读经"之后立即加上一句:"以故今日不得不急急读经"(章太炎《星期讲演会记录》第五章《再释读经之异议》)。其实郭、胡与章太炎的观点并非完全相左,他们说"不配读经",只是说经典太难,不适合一般人和中小学生,并未说不许学者去研究,而章太炎所谓"不得不急急读经",也并未否认经书之难读,或主张一般人乃至中小学生"急急读经",其所瞩望的也是少数学问精深的学者。无论如何,上述争论皆显示了胡适、郭沫若、章太炎等对共同的语言传统中那些看不懂的部分的敬畏,所谓"其于所不知,盖阙如也"(许慎《说文解字叙》)。反推过去,他们对共同的语言传统中可以读懂的部分的珍惜爱重也不言而喻。正是这种对民族语言遗产"横竖是水,可以相通"的态度形成了现代中国学者相对稳固的语言认同。

6. 1928年,后期"创造社"诸君子用鲁迅当时已开始接触但自知还不甚谙熟的马克思主义理论来批评鲁迅,讽刺他"醉眼陶然",看不清社会现象,鲁迅则毫不客气地指出对方在军阀和民众之间态度暧昧,这里留一点朦胧,那里留一点朦胧,论争不可谓不激烈,以至一方首领污蔑鲁迅是法西斯蒂加封建余孽的"二重的反革命"(杜荃(郭沫若)《文艺战线上的封建余孽》),数年之后鲁迅也给对方送去了"才子+流氓"的雅号(鲁迅《二心集·上海文艺之一瞥》)。鲁迅对创造社理论批评的文风并不怎么恭维,创造社的批评家成仿吾对鲁迅的语言也一直有所非议①，但无论当时还是日后，双方都没有说对方发生了严重的语言问题，或宣布交流有障碍。

7. 20 年代中期瞿秋白和戴季陶为首的国民党右派理论家大打理论战，一用白话，一用文言，并未减却论争的白热化程度，足见双方在文白易趣、理论背景迥异的复杂政治理论话语层面的可沟通性，这自然有赖于他们在政论语言上化难为易、化生为熟、化深为浅的功夫。戴季陶骂瞿秋白"痨病鬼"，却不敢说瞿秋白文句不通；瞿秋白痛恨戴季陶的反动思想，也不能说戴季陶缺乏语文基本功。30 年代初期，瞿秋白从政治领导岗位退下来，暗中指导上海的左翼文化运动，写下大量文学论文，攻击五四兴起的白话文乃是胡适之流学阀买办非驴非马的骡子文学，但他自己使用的也是这种白话文，并非所主张所向往的"大众语"，以至于胡适反唇相讥："现在许多空谈大众语的人，自己就不会说大众的话，不会做大众的文，偏要怪白话不大众化，这真是不会写字怪笔秃了。"（胡适《大众语在哪儿？》）无论与政治上的对手如戴季陶还是文化上的劲敌如胡适之间，瞿秋白都一直保持着基本的语言认同。这也是中共早期领导人在语言上的一个共同点。

以上七例涉及语言论争、哲学、史学、政治评论、文学批评诸多领域，自然不能涵盖现代学术之全体，但也足以说明现代学术界在日趋分裂的同时仍能维持基本的语言认同。

但是，这并非说现代学者的语言千篇一律，毫无差别。实际上随着学术演进，现代中国"述学之语"和同时期的"文学语言"一样都有激烈分化，但这种分化并未造成不同的学术领域和文学流派以及学术文学与社会语言母体之间彼此脱离，乃至发生学者、作家和读者的交流困难，而是分化中仍有沟通，参差不齐中仍隐然见出一种秩序。这方面还

---

① 成仿吾《纪念鲁迅》（1936）认为"他（按指鲁迅）的文学与写作都不通俗，不易为一般所了解"，《成仿吾文集》，页 277，山东大学出版社 1985 年版。

可以举两个极端的例子。胡风理论批评文章个性强烈,不易读解,但这并不影响他在30年代批评周作人、林语堂等一大批作家(参见胡风《林语堂论》《"霭理斯的时代"问题》),也不影响被批评者提出反批评(周作人《霭理斯的时代》)。到了抗战时期,胡风的文风也没有影响他与重庆各界文化人士共事交往。赵树理和张爱玲的小说语言一土一洋,趋于极致,但假设二人有机会接触对方作品,也不会发生"看不懂"的问题吧?

文学、学术在分化,文学语言和学术语言也不得不发生剧烈分化,但操不同语言的作家学者仍能保持有效的语言沟通,他们一方面大胆拆除汉语言文字的藩篱,吸纳巨量的外来语言要素,改变千年如斯的书写和欣赏习惯,同时努力维持汉语言文字生命所系的基本同一性。这个局面可用一句话来概括:"道术必为天下裂,语文尚待弥缝者。"前句典出《庄子·天下》,我改"将"为"必",因这已是后世学术发展所一再昭示的事实。后句出自陶潜《饮酒》第二十首:"羲农去我久,举世少复真。汲汲鲁中叟,弥缝使其淳。"过去重视现代学术界的分野、分化、分裂,忽略了现代学人以其基本的语言认同所完成的"弥缝"之功。周作人特别欣赏陶潜用"弥缝"一语评价孔子的劳绩,"这弥缝二字实在说得极好,别无褒贬的意味,却把孔氏之儒的精神全表白出来了。"(周作人《自己所能做的》)张爱玲也说"我们中国本是补丁的国家,连天本是女娲补过的",她愿意在"补丁的国家"和"补丁的彩云的人民"中"沉到底"(张爱玲《中国的日夜》)。周、张两位对中国思想传统和生活(情感)方式的描绘颇多相通之处,也颇能借过来说明现代中国文化人对大变动中的汉语言文字的爱惜敬重之情以及竭力使其获得新生的虔诚努力。

## 三

为什么现代中国学术可以分化、分裂乃至对垒,学者却仍能保持基本的语言认同?我想原因不外以下四个方面。

1. 随着学术演进（不一定是进步），分科分化日益细密，通才型学者日益减少而专家型学者日益增多，学术话语的分野和沟通困难本来也属于正常现象。李泽厚80年代末曾预言今后中国学术"将是一个专家的世界"(《李泽厚十年集·走我自己的路》)。抗战期间冯友兰也说过类似的话(冯友兰《新事论》第七篇《阐教化》)，但那时专家和通才分化尚不明显，"一事不知，儒者之耻"，许多专家仍努力做通才。90年代以后信息大爆炸，专家和通才彻底分开。通才型学者在学术话语上一般善于化生为熟，化难为易，化深为浅，善于在专门术语和日常语言之间建立恰当的联系，顾到各层次读者；专家型学者则各自为战，新旧、生熟、难易、深浅不同的话语日益隔绝，操同一学术话语的人聚在一起或能"相悦而解"(据说如此)，操另一话语、依靠另一知识谱系的学者就只能望洋兴叹。统一的学界被不同的学术话语包围，分裂为彼此隔绝的若干小型帝国，这个态势一旦形成，对难懂的学术语言的指责似乎也变得不那么理直气壮：你想懂我们的话？请加入我们的圈子，否则免开尊口。这当然又加剧了"看不懂"的痛苦！

尽管陈寅恪认为"国人治学，罕具通识"(陈寅恪《陈垣敦煌劫余录序》)，但与当代相比，现代学者很多还是通才与专家的结合，他们既有专门的学术著作，也有显示其博学通识的经典性普及读物(如鲁迅、朱自清、李四光、竺可桢、王力、费孝通)。通才与通才不容易出现交流障碍，通才的好处还在于既能耕耘"自己的园地"，也能欣赏和批评专家的专门之学，比如陈寅恪两次为冯友兰《中国哲学史》写审查报告，提醒专治中国哲学史者要熟悉哲学思想发生的各种社会文化背景，"其对于古人之学说，应具了解之同情，方可下笔"，便是站在通才地位衡量专门的哲学史研究(陈寅恪《冯友兰中国哲学史上册审查报告》)。陈寅恪在现代学术界所以享有特殊威望，就因他往往能以卓越的史家之通识补文学史、哲学史、语言学史、社会学史、医学史诸多专门学科之阙漏。若一人而兼具通才之识与专家之能，则其通才之识更能为其专门研究服务，尽可以专注于某一专门问题而不为此问题所拘囿，视野开阔，左右采获，上下议论于其间。这是通才型专家的特点。就"述学之语"而论，通才型专家在清儒所谓"窄而深"的专门之学上钻得再深，跑得再远，也能随时回到常识平面，其学术话语始终有来自"常言"和"常识"的支撑，不至于"思锐才窄"，往而不复，成为孤立枯竭僵化荒谬的"学术话语"，以为自给自足，顷刻可以憔悴①。易言之，在现代通才型专家那里，学术话语和民族语言共同体始终保持着适当的张力和互相滋养的关系，新名词、新话语和日常语言之间并非那么格格不入，学术研究因此也就不会过于逸出公共视野之外而变成独立王国。

2. 现代学者多半也是文学家，这就更使他们的学术语言能够和不断创造、更新、生长的民族语言母体息息相关。章太炎、梁启超、王国维、周氏兄弟、胡适、刘半农、郭沫若、陈寅恪、王力、赵元任、朱自清、钱穆、钱锺书……个个都是学者兼作家（诗人散文家小说家），现代学术语言和文学语言之间并无森严壁垒。《古史辨》上有刘半农、周作人、俞平伯的小品文式考证和议论，这三位主要是文学家而非历史学家，更非上古史专家，他们也完全不采取当时已兴起的长篇论文格式，但这并不妨碍他们以文学家身份和方式参与古史讨论。"古史辨派"不把这三位拒之门外，"古史辨派"自己的语言风格也明白洗练，他们对现代白话文学术语言的进步起了巨大的推动作用。也不独《古史辨》如次，现代中国影响巨大的一些综合性杂志如《东方杂志》《新青年》《新潮》《新月》等都把文学创作和学术理论放在一起，这种编辑方针和《古史辨》异曲同工，有助于促进文学语言和学术语言的沟通。再看鲁迅，他的《中国小说史

---

① 有关当前中国学术话语的危机与自我建构的策略，吴晓明《中国学术话语体系的自我建构》(《中国社会科学》2011年二期)及《论中国学术的自我主张》(《学术月刊》2012年7期)多有创见。吴文虽然重在梳理西方哲学本身对哲学话语的反省，他批评中国学术之缺乏自我主张和学术话语过于封闭，自己也难以走出既有的哲学话语，但吴文无论对西方哲学的认识还是对中国学术困境的解析都有卓识，是近年来一篇难得的有思想也有"语感"的哲学论文，笔者构思此文过程中得到吴文的启发不小，故特为标出，以鸣谢意。

略》《汉文学史纲要》《魏晋风度及文章与药及酒之关系》《门外文谈》《上海文艺之一瞥》《中国新文学大系小说二集导言》以及其他大量收录在杂文集中的学术文章,学术语言和文学语言不可分拆,既无学术的空架子,也并不过事文饰。他甚至模仿标准"述学之语"写《阿Q正传》"第一章　序"和《故事新编·理水》个别章节,用小说和杂文笔法来做"学匪派考证"。"读一篇极精彩的论文时,每每能浮起读文学作品的兴趣,而从伟大的文学作品中又似乎能读出一篇论文来。"(胡绳《夜读散记·谈理论研究与文学欣赏》)现代作家和学者往往能让读者体会到这种文学语言与学术话语彼此渗透交相为用的胜境。40年代末,胡绳就曾专门呼吁理论工作者要"学习鲁迅的文体"以造成中国学术的民族化(胡绳《学习鲁迅的文体》),现代作家和现代学者语言上彼此亲和,由此可见一斑。胡风也说过,鲁迅语言的好处在于一切名词术语都能为我所用,化为自己的表达,绝不依赖现成的概念术语,结果在鲁迅著作中,"思想本身的那些概念词句几乎无影无踪"(胡风《关于鲁迅精神的二三基点》)。竹内好也认为鲁迅尽管"一方面翻译了大量的文学理论,一方面却又终生与抽象思维无缘","他在气质上,也和借概念来思考缘分甚浅"(竹内好《鲁迅》)。胡绳、胡风、竹内好三人的说法,皆可谓真知灼见。

　　鲁迅当然也会有取自别人的概念,但绝非不加分析地拿过来作为现成的无需证明的东西来使用,比如《"硬译"与文学的阶级性》的"硬译"和"阶级性"都是别人的概念,但都赋予了个人的理解和阐释,与其说是借用概念,毋宁说是鲁迅借用这些概念讲了自己的话。明白了鲁迅的意思之后,读者大可丢弃这些概念,而不必在鲁迅之后继续依赖性地使用这些未经个人消化的现成词语并使其"术语化"。鲁迅对别人的概念、术语始终保持一种距离,往往在怀疑甚至讽刺的意义上姑且一用。他本人研究小说史时使用的一些概念和提法就是如此。比如,他认为《官场现形记》的特点是掇拾一些官场和民间流行的"话柄"(类似今天的"段子")来炫人眼目,不善于刻画人物和叙述场景(鲁迅《中国小说史略》)。这是鲁迅的重要观点,作为这个观点之核心的"话柄"一词却并非抽象概念,而是借用研究对象内部的一个词语来指称鲁迅自己赋予清楚界定的文学现象,就地取材,脱胎换骨,读者看到这个词语,不会纠缠于它作为一个概念的内涵与外延,而会跳过这个词语,领悟到背后的所指。胡适十分赞同并且借用过鲁迅关于"话柄"的说法(胡适《官场现形记序》),但在鲁迅和胡适之后,"话柄"并没有成为中国小说史研究中一个化不开的棘手概念,而文学研究中哪一个概念通常不都是异常棘手的呢!鲁迅这种避免大量生产和借用非生产性僵化概念的论学方式在现代中国学者那里比较普遍,这使得他们的"述学之语"具有文学语言的直接性和透明性,不易板结为空洞玄虚的概念而诱使读者与同行做无谓的纠缠(胡适讨论屈原时用诸葛亮草船借箭故事提出的"箭垛式人物"的概念也是如此)。

当然,学术语言和文学语言相得益彰要有一个度,不能妨碍学术表述的质朴明晰,也不单单是给学术著述增加一层文学的修辞,那反而要不得。关键是要找到文学语言和学术语言的契合点,亦即语言的高度及物性和表现力,从而达到韩愈所期望的气盛言宜、"物之浮者大小毕浮"的境界(韩愈《答李翊书》)。闻一多称这种境界是"文辞与意义兼到",思想、学问和文章浑然一体,他认为这对文学家已颇不容易,至于"纯粹说理的文做到那地步尤其难,几乎不可能。也许正因为那是一种几乎不可能的境界,有人便把说理文根本排出文学的范围外,那真是和狐狸吃不到葡萄,说葡萄酸一样的可笑。要反驳那种谬论,最好拿庄子给他读"(闻一多《庄子》),闻一多认为庄子做到了思想家和文学家的高度合一,"他的文字不仅是表现思想的工具,似乎也是一种目的……读庄子,本分不出那是思想的美,那是文字的美……世间本无所谓真纯的思想,除了托身在文字里,思想别无存在的余地;同时,是一个字,便有它的含义,文字等于是思想的躯壳"(闻一多《庄子》)。优秀学者的学问和述学之语必定是高度同一性的关系,有学必有言,有言必有学,不存在没有学问的语言,也不存在没有语言的学问。学问不好必然要在语言上反映出来,语言破碎必然显示着学问的驳杂不淳。这应该是凡以文章问世者皆心知其意的共识,不必(亦不易)详加解说。

3. 现代知识分子在文言文向白话文的过渡时期,很快找到了一系列"改写汉语"的正确方法①。不妨就用胡适做代表,他曾被反对者目为白话文的"大帝",老家绩溪则被讽刺地称为"上京"(章士钊《评新文化运动》),胡适的白话文理论和白话文著作对现代白话文的影响无人可以替代,如果他有什么"作文秘诀",那也是大多数现代知识分子的写作方式。

和五四以后众多优秀的白话文作者一样,胡适文章写得好,首先因为他古今中外书看得多,熟悉中国悠久的文言和白话的书写传统,由此养成一种"语感",知道文章何为"通",何为"不通"。"语感"好坏,除语言天赋外,主要靠后天培养,亦即平日读书养性与专题研究,二者结合就是"学问"。"语感"从"学问"而来,"学问"即"语感","语感"即"学问",有怎样的"语感"便有怎样的"学问",反之亦然。"语感"并非语言学家总结出来的那一套给人当拐杖来依赖的语法规则,而是读书、研究、写作过程中以直觉形态呈现的对语言规律和美感的自由灵活的把握,其作用远远大于单纯从语言学教科书上习得的外在语法知识。

"语感"是现代学者的看家本领,也是习惯于依赖外在语法知识的当代学者所欠缺的。"文从字顺"需要"语感",克服原有语言共同体和新近发明的话语体系的裂隙,促成学术话语和日常语言良性互动,审定和大规模使用外来"新名词""新术语",更需要良好的"语感"来"弥缝"。

---

① 这里借用耿德华(Edward Gunn)的 Re-writing Chinese 的提法,概指近代以来(尤其五四以后)中国知识分子在汉语书面现代化上所付出的努力、所提出的方案。参看 *Rewriting Chinese, Style and Innovation in Twentieth-century Chinese Prose*, by Edward Gunn, Stanford University Press, Stanford, California, 1991。

## 下编 余 论

"新名词""新术语"的翻译既要真正了解一个概念在外来语言中的确切所指,更要在翻译者自己的语言中找到最匹配的词语,难度可想而知。严复所谓"一名之立,旬月踟蹰"(严复《〈天演论〉译例言》),绝非夸张。章太炎可能是汉语世界第一个使用"外来语"一词的人(史有为《汉语外来词》),但他强调使用"外来语"必须和启用"废弃语"和"新造"术语一样,"特当审举而戒滥"(章太炎《文学说例》),甚至断言不通"小学"也就不会制造合适的"新字"(新术语)①。陈望道进一步指出,"为了精密正确,我们要拒绝偷懒的省力、无结果的容易、内容空泛的简洁和油腔滑调的流畅,而敢于接受沉着凝重的语体,担负创造新词新字,吸收外来语的麻烦;倘充实不妨详尽,倘严肃不妨粗糙生涩"(《再进一步》,1934年6月25日《中华》副刊),这就似乎已经触及了后来学者所谓使用外来语的"柔性规范"②。但并非有了好的外来语的译名就大功告成,无论怎样理想的一个或一套译名一旦进入本民族语言,必然引起或大或小的语言地震,惊扰周边语言,使其发生连锁反应,因此这以后的化生为熟、化难为易、化深为浅的"弥缝",将是更艰难更紧要的持续性工作。以胡适为代表的现代学人在这方面相对来说都比较成功,他们的文章很难看到与汉语格格不入因而含义模糊的夹生概念,以及这种概念对周边语言的侵害。在周作人的读书随笔和小品文中就能经常欣赏到他

---

① "近来学者,常说新事新物,逐渐增多,必须增造新字,才得应用,这自然是最要,但非略通小学,造出字来,必定不合六书规则。至于和合两字,造成一个名词,若非深通小学的人,总是不能妥当。"引文见章太炎《东京留学生欢迎会演说录》,姜玢编《革故鼎新的哲理——章太炎文选》,页146—147,上海远东出版社1996年7月第一版。
② "所谓柔性规范,就是承认规范问题的模糊性和不确定性,承认影响规范的是具有多个因素,并在此认识上建立多因素参与的规范模式,按照不同类型采取不同的方案和力度去指导现实的规范工作","语言是一个非常有柔性的系统,我们只能以柔性的手段去处置它。与其夸夸其谈很多做不到的理想,设置许多硬性的规定,不如少说多看,有所为有所不为,甚至无为而治,静待自然选择。总之,我们应该实事求是,突出重点,模糊处理,留有余地,顺水推舟,因势利导,这样才能达到柔性规范的目的,也才是规范成功之所赖"(史有为《汉语外来词》,页195—201,商务印书馆2000年版),这里说的是一个个孤立的外来语的规范问题,却也可以启发我们思考因为整个语言系统变化而必须担负的语文弥缝的任务。

大段节译外国文学和学术著作而竟然不觉是在翻译的恰到好处、天衣无缝的"弥缝"。良好的"语感"使他们无法忍受新名词新术语和固有语言体系的龃龉,也使他们懂得如何用尽浑身解数来"弥缝"语言生长过程中必然产生的话语与常言、话语与话语之间裂隙。从这角度看,语言认同的主要两个层面——日常语言和学术话语——是休戚与共的关系,不能以日常语言的惰性拒绝新的话语融入,但也不能以新话语的融入来任意破坏日常语言的规范。理想的状况是新话语应该能够为日常语言不断输送新鲜血液,日常语言应该有宽广的胸怀和能力有序地接纳新话语。

海德格尔认为,人的正确的"说"(包括"写")必须基于对一种语言的正确的"听",若无这种"听",抢在语言的前头或落在语言之外,就是"不恰当的讲",而在"不恰当的讲"中,事物也就"不能以其本来面目为我们的思所知"。"讲是对我们所讲的语言的听。"(郜元宝译海德格尔《人,诗意地安居》)海德格尔所谓"听"而然后有所"说"的涵养,就是这里所说的"语感"。

胡适还有一项专利发明,就是认为白话文等于"写话","有什么话,说什么话,话怎么说,就怎么说"(胡适《建设的文学革命论》),这固然容易给读书不多的人造成误会,诱导他们轻视文字的作用,以为写文章可以不读书,不借重文字,完全如黄遵宪所谓"我手写我口"就够了(胡适白话文理论这一侧面很快被周作人、郭绍虞、朱光潜、李长之、吴组缃等有识之士所纠正)(参见郜元宝《汉语别史》《鲁迅与当代中国的语言问题》),但对那些饱读诗书的人,胡适的理论又不失为一种经验之谈,他告诉大家不妨用口语中固有的各种资源和智慧来充实文章,不妨用口语中固有的语法来调整和规范行文——这后一条对于刚刚摆脱(失去)文言文的声韵、节奏、腔调、字法、句法而走进似乎散漫随便的白话文世界的作者,尤其显得至关重要。五四以后优秀作者正如鲁迅所说,一方面从广泛深入的读书经验中领会作文方法,"在旧文中取得若干资料",

"没有相宜的白话,宁可引古语",一方面则"将活人的唇舌作为源泉,使文章更加接近语言,更加有生气","一定要它读得顺口",用活的语言来充实、引导、核准书面文(鲁迅《写在〈坟〉后面》《南腔北调集·我怎么做起小说来》)。胡适反复强调白话文的直白、清白和黑白之"白",周作人提倡"絮语"式的"美文"(参见周作人《燕知草跋》《美文》),和鲁迅"将活人的唇舌作为源泉"意思相同。这可以说是现代白话文作者的第二条作文秘诀。如今只知道在本学科"理论话语"迷魂阵中打转念咒而写不通文章的学者,若非读书太少,就是不懂"向活人的唇舌学习",或兼而有之。

第三,胡适竭力抨击各种现代"名教"玩弄虚无的概念游戏的恶习(胡适《名教》),这也不啻给后来所有大搞"话语崇拜"的学者们进一忠告①。"名教"只是崇拜"文字",而这"文字"尚在日常语言系统中,至于许多"学术话语"则早已脱离日常语言系统,成为某种"元语言""超语言",对后者的"崇拜",危害恐怕要远过于单纯崇拜文字的"名教"。

凭这三点,胡适便有资格作为白话文理论权威,号召和指导大家对中国数千年延续下来的书写系统进行全面"改写",以顺应汉语言文字迟早要完成的现代转换,而他也并没有像当时许多反对者深惧而痛诋的那样,成为汉语言文字的千古罪人。

4. 得力于一些关键人物的呼吁和警戒。在中国现代,语言文字不仅是文化表达的工具,更是文化保存和文化创造的归宿,兹事体大,舞文弄墨者无不究心于汉语言文字的进化与完善,甚至因为爱之深而恨之切,一度发生过取消汉字改用拼音文字的激烈主张。但是,无论爱恨不同或爱恨交加,笔下都不含糊。反之,文墨不通,语句破碎,不仅要不

---

① 有关胡适与现代名教及名教批判思想与当下文化的关联,可参看郜元宝《在新的"名教"和"文字游戏"中穿行》(收入郜元宝评论集《另一种权力》,华山文艺出版社 2002 年 1 月第一版);尤其可参见金理《胡适"名教批判"论纲》,《现代中文学刊》2011 年第六期,页43—51。

齿于冠盖之伦,也会腾笑于普通学子之口。

且看一些代表人物对语言文字如何再三致意,强聒不舍。

1903年章太炎亡命日本,在东京留学生欢迎会上发表演说,提倡保存国粹,而他心目中的国粹,第一就是语言文字,其次才是典章制度和杰出人物。他甚至认为,"文辞(文学)的本根,全在文字。唐代以前,文人都通小学,所以文章优美,能动感情。两宋以后,小学渐衰,一切名词术语,都是乱搅乱用,也没有丝毫可以动人之处"(章太炎《东京留学生欢迎会演说录》)。章氏从其"文学复古"立场出发,认为文学是否感人,取决于作家是否懂得"本字古义"。他后来对此说法似乎有所纠正,即认为作者不仅要考究本字古义,也要看到本字古义在后世(口语、方言和白话文中)的衍变,但他又说这种工作比单纯考究文言更困难,因白话所依赖的口语方言"藏古语甚多","白话所用之话不知当作何字者正多也","是故不详识字,动笔即错","古人深通俗语者,皆研精小学之士","小学"修养必须达到颜之推、颜师古祖孙的水平,方能写白话文,他本人还"不敢贸然为之",因此他的结论还是"非深通小学,如何成得白话文哉"(章太炎《星期讲演会记录》第二章《白话与文言之关系》)。由章太炎所引起的有关文学与文字之关系的讨论还会继续下去,但无论如何,他对语言文字的爱护和珍重之情,仍然不难为有识之士所认可。

1936年日本大举侵华已成事实,华北即将不保,在那紧要关头,周作人致信胡适,与这位《新青年》时代的战友相约,以汉字为最后文化防线誓与日寇周旋,希望政治军事上失去的,要在文学和文化上重新夺回(周作人《国语与汉字》)。尽管木山英雄教授称这是周作人的失败主义者的梦幻般的抵抗(木山英雄《北京苦住庵记》),但在周作人身上,不是也能看到从章太炎一直下来的对本民族语言文字相同的信赖与爱惜吗?在中国现代文学史上,周作人是对语言学最感兴趣的一位作家,他说出门旅行或养病的时候,最想携带的书就是有关语法的著作,对西方修辞学和现代语言学,对中国古代的"小学",周作人可谓如数家珍,他一生保持这方面的浓厚兴趣,目的只有一个,就是探索现代"国语"和"国文"的建设之路。他给自己最高的评价,也就是"常识略具,国文粗通"(止庵编《周作人自编文集·苦口甘口》)。作为一个学者和作家,他对自己与国文教学的姻缘非常看重,在他的意识中,文学创作和学术研究都必须具有清楚的语言意识,都必须清楚地知道应该写怎样的文章才算合格。周作人的"杂学"未必人人服气,但周作人在"国语文"写作上取得的杰出成就,凡是懂得一点白话文写作甘苦的人,都会肃然起敬。

1938年蔡元培为《鲁迅全集》作序,特地提到鲁迅的文学天才在于"用字之正确",诚为不刊之论,其基本着眼点和章太炎毫无二致(蔡元培《鲁迅先生全集序》)。我们几乎已经习惯地将"文学语言"的"美"理解为"正确"基础之上的进一步修饰,而不把"正确"本身看作"文学语言"最高的"美"。其实种种修饰所要达到的最高境界,不就是"正确"地表达作者构思想象中的图景吗?文学语言只要"正确",也就包含了"美",这个道理古人揣摩得很透:"孔子曰:'言之不文,行而不远'。又曰:'辞达而已矣!'夫言止于达意,即疑若不文,是大不然。求物之妙,如系风捕影,能使是物了然于心者,盖千万人而不一遇也,而况能使了然于口与手者乎!是之谓辞达。辞至于能达,则文不可胜用矣。"(苏轼《答谢民师书》)换言之,"达"(正确)不只是"文"(美)的前提,真正的"达"必然也就包含了"文"。蔡元培对鲁迅的文学天才仿佛有点出人意料的概括,其实也就是苏轼所谓"辞至于能达,则文不可胜用矣",这或许可以帮助我们改变对"文学语言"的"美"的一些误会。"用字之正确"不仅是文学语言的美的极致,也是学术语言的最高境界。"正确"一字,几乎道尽了现代学者语言认同的全部内涵。

稍稍再往前推,1932年留学德国的冯至写信给《沉钟》时代的老友杨晦,为自己过去的诗歌感到羞愧,觉得那时他跟汉字太疏远,以后如果还写诗,首先要下一番"小学"的功夫,好好认识认识中国字(《沉钟社书信选粹(二)》)。这不正是章太炎理论的一个活的注脚吗?

鲁迅乐于"咬文嚼字",他对章士钊误解和误用"每下愈况""二桃杀三士"咬住不放,虽然夹杂着个人恩怨,但警戒大家不要轻率掉文,也情见乎辞。鲁迅和胡适一样始终反对"文字游戏",认为这是把中国文化变成酱缸的罪魁祸首。他不仅告诫自己不要生造只有自己才看得懂的字句,当他的学生胡风遭到围攻时,也肯坦然承认胡风在理论上太"拘泥",文字"不肯大众化"。《答徐懋庸并关于抗日统一战线问题》这段关于胡风的话出于冯雪峰之手,但获得了鲁迅首肯,足见鲁迅如何看重理论文章的平易近人、清新可诵(叶圣陶对胡风的不满也集中于这点)。鲁迅固然以"用字之正确"显示了他非凡的文学天才,但他修改文章时一丝不苟精益求精的态度也一样令人肃然起敬。正因为在文字上有一种"洁癖",他才甘愿为青年作家担任校对,以苦为乐,甚至炫耀自己替人做校对的才能。

胡适白话文理论既针对一般白话文写作而发,自然也适用于学术论著。中国现代学术语言新范型的奠基者首推胡适,他在文、史、哲、教育、政治等诸多学术领域的开山性工作,留在学术语言上的影响和留在具体学术方法和学术观念上的影响,可以等量齐观。胡适对学术语言的要求很简单,就是把学术研究成果"用明白晓畅的文字报告出来,叫有眼的都可以看见,有脑筋的都可以明白。这是化黑暗为光明,化神奇为腐朽,化玄妙为平常,化神圣为凡庸"(胡适《整理国故与打鬼》),这也就是胡适心目中理想的现代学术语言,他是这样主张,也是这样实行的。受他影响,现代中国学术语言的主流基本达到了"四化"标准,而90年代以来中国学术语言是否"明白晓畅",是否善于"四化",是否可以"叫有眼的都可以看见,有脑筋的都可以明白",就要打一个大大的问号了!

说到对语言文字的监督,当然更不用说毛泽东将文风作为党风的表现上升到政治高度来综合治理,还有政坛和学界权威如胡乔木、吕叔湘等对包括理论语言在内的语文全体日夜警惕的守望……这一切目标不尽相同，但有一个基本共识，就是鲁迅所说的"伟大也要有人懂"（鲁迅《且介亭杂文二集·叶紫作〈丰收〉序》）。一个"懂"字，蕴涵太多，远不止对"文学语言"的审美要求，而几乎囊括了文化人透过文字对自身文化准确而生动的把握，是语言和生活之间的全部灵性纽带。

## 四

对学术研究来说，所谓语言认同有多层含义。首先，是"文从字顺"，要求学术论著应该没有用词不当或语法错误。这是基本的语言认同。其次，指学术理论话语必须经过化生为熟、化难为易、化深为浅的一套融会贯通的功夫，必须具有中等水平以上读者通过学习和思索也能大致理解的稳定而明确的所指。再次，新的学术话语和旧的学术话语、新的学术话语相互之间，都要能形成有效对话。学术语言最好还能够和日常语言保持持续有效的交流，至少不能脱离日常语言而成为孤立神秘的符咒。学术语言甚至还应该像上乘的文学语言那样准确而生动地表现客观情境与主观情志。这样的语言认同不仅表现为对语言文字的一种观点和态度，也不限于对作为交流工具的语言文字的深刻领悟与熟练运用，更联系着语言文字背后复杂深邃的社会历史和精神文化信息，是全身心的投入而非单纯理智的关切。

语言认同在终极意义上就是价值认同，但考虑到语言认同诸多不同层面，它往往又并不能直接等于某种具体的价值认同。具有基本语言认同、能做到"文从字顺"的学者们不仅很可能拥有截然相反的语言观（如《新青年》和《甲寅》《学衡》），更可能在语言以外其他价值领域不共戴天，"十七年"和"文革"的语言现象就是如此。那时从现代延续下来的语文素养至少在学术界还不太容易马上丧失，即使最极端最荒谬的政治话语也不得不遵守起码的语文法则的约束，甚至在某些语文表达上还显示了天才的创造，但政治及其特有的"以其昏昏使人昭昭"的自上而下的概念游戏强行绑架了文学与学术，语文正确而语义荒诞的现象很快就成为公开的秘密,文学和学术围绕一些强行推广、高深莫测、莫名其妙的既定教条、概念和话语体系疯狂地跳舞,最后演化为政治话语全面占领包括学术和文学在内的日常生活语言每个角落①,一篇批评理论或学术研究文章往往就是在遵循基本语法规则和用语习惯的前提下反复摆弄有数的几个当令的政治话语,最后使文章变成闭着眼睛念咒,和今日一些学者供奉着"现代性""文本""后殖民""帝国""政治""性别""资本"等概念而大念咒语,颇有几分相似。基本语言认同并非学术文化正常发展的充分条件,只是学术文化正常发展的必要条件。但是,也只有具备基本的语言认同,才有可能感受到正确的语言形式与荒谬的内容共存的痛苦并在痛苦中保持一种反思。如果失去基本语言认同,就不会有起码的生存领悟,整个文化势必陷入彻底的盲目与毫无自觉的荒谬。

乔治·奥威尔在《政治与英国英语》中指出,一定的语言状况总是联系着一定的政治状况,尤其是集权政治必然表现为极端的语言游戏。在极端的语言游戏中,有学术良知的学者只能维持基本的语言认同,或转而伏藏于外文和古文天地。钱锺书《管锥篇》坚持使用文言与古往今来作者对话,不仅是要验证他四十年前所谓"白话文之流行,无形中使文言文增进弹性(elasticity)不少"(钱锺书《与张君晓峰书》),也想远避时代的语言潮流而有所抵抗②。陈寅恪反复说旧体诗创作和欣赏不仅

---

① 王蒙短篇小说《来劲》即戏谑地模仿这种语言/政治现象,参见郜元宝《戏弄与谋杀:追忆乌托邦的一种语言策略》,《作家》1994年二期。
② 钱锺书在给德国学者莫妮卡(Monika Motsch)著作的序言里说,"四十多年前真如隔了几世。那时候,对比较文学有些兴趣的人属于苏联日丹诺夫钦定的范畴:'没有国籍护照的文化流浪汉'(passportless cultural tramps)。他们至多只能做些地下工作,缺乏研究的工具和方便。《管锥编》就是一种'私货',它采用了典雅的文言,也正是迂回隐晦的'伊索式语言'(Aesopian language)",引文见艾朗诺《钱锺书写〈管锥编〉的动机与心情》,《东方日报》;"伊索式语言"也就是俄罗斯作家谢德林所谓"奴隶的语言",它固然是被压迫者的语言,却也是被压迫者巧妙地反抗压迫的语言。五四以降,"周氏兄弟"对"奴隶的语言"最有心得,迤逦而至钱锺书,可见这种语言的反抗策略的普遍性。

要善于运用"古典",更要使"古典"与"今典"高度融合(参见陈寅恪《读哀江南赋》,《柳如是别传·缘起》),他在50年代之后创作的许多旧体诗便是透过一般读者难以知晓的古典与今典的微妙关联,曲折传达他对当时政治的高度敏感。周作人、穆旦、巴金等一大批现代作家在50年代以后投入大量精力于文学翻译,也是殊途同归。外文和文言是当时语言暴力下最好的遁逃薮,然而极端的语言游戏一旦放弃对学术的捆绑,学者就不能满足于消极的语言认同("文从字顺"以及在文言与外文里夹带"私货"),而必须向自己和同行要求更高的语言认同,诸如各种学术话语之间的可沟通性,学术话语明确而稳定的所指,流行的学术话语与文化历史以及日常生活语言的有机联系……等等。

今日许多学术著述不仅谈不上更高的语言认同,连起码的"文从字顺"也做不到。学术界打假之声盈耳,规范呼吁不断,结果只弄出大量莫名其妙的论文格式和装模作样的所谓脚注与尾注,唯独对学术语言毫不讲究。这就好像一个人不修边幅,却浑身挂满商标饰品,岂非咄咄怪事!

没有语言认同,就不会有真正的文学创作和欣赏,不会有真正的人文科学建设,整个社会也无法维持有效的对话与交流。瑞恰兹说,"有史以来文明就依靠语言,词语是我们相互之间、我们与历史之间的主要纽带,是我们精神遗产的通道",艾兹拉·庞德说,"词语的坚实有效是由该死的被人小看的文人学士来照顾的,如果他们的作品腐烂了(我指的不是他们表达了不得体的思想),当他们使用的工具、他们的作品的本质即以词指物的方式腐烂了,那么,社会和个人思想、秩序的整个体制也就完蛋了"(均引自陆建德《思想背后的利益》)。"词语破碎处,无物复存",德国现代诗人史蒂芬·安东·格奥尔格这句诗,马丁·海德格尔在《语言的本质》和《词语》两文中曾经加以反复阐释,其目的也无非要说明语言和存在的高度统一性的关系不容破坏。王国维说,"夫言语者,代表国民之思想者也,思想之精粗广狭,视言语之精粗广狭为准,观其言语,而其国民之思想可知矣"(王国维《论新术语之输入》),这基本可以概括上文所引从章太炎到冯至的一大批现代知识分子的语言认同,和这里所引瑞恰兹、庞德、海德格尔的话也可相通。语言认同不能简单归入"民族主义""国粹主义""保守主义"或"语言纯洁主义",它毋宁更是"东海西海,心理攸同"的文化与存在的双重自觉。

学术语言是社会语言的一部分,不仅相互之间需要维护基本的语文认同,和广大受教育的知识分子读者群体之间也要有基本的语文认同,这样学术才能扎根社会文化的现实土壤而受到滋养,才能接受现实和大众的检阅,在滋养和检阅中健康发展。缺乏基本的语文认同,便谈不上学术共同体;和广大知识分子读者群缺乏语文认同的学术界即使形成了自己的共同体,也只能是一座封闭狭隘不宜久居的围城。

"道术必为天下裂,语文尚待弥缝者",这是现代学术界所一再昭示的事实,也是当下学术界所应具备的自觉。任何人,不管工作如何重要,职位如何崇高,都无权破坏和践踏一个民族共同的语文平台,除非他是上帝,为要折辱人类的狂妄而推到巴别塔、"变乱口音"。但是,维持语言认同的愿望,恐怕也并不比躲进"学术话语"或无人能懂的"文学语言"的小型帝国颐指气使,更加显出人的狂妄吧?

马修·阿诺德因为批评美国第十八任总统、南北战争中的常胜将军和实际的最高军事指挥官尤里斯·辛普森·格兰特文句不通,遭到马克·吐温的嘲讽,马克·吐温说格兰特将军一纸电文便可以改变美国历史,而像阿诺德这样的文士即便每天吐出成堆的正确典雅的英文,也不过尔尔。马克·吐温除了用格兰特对美国的巨大贡献来回护其语法错误(后者被形容为太阳黑点),还翻箱倒柜找出一本《现代英语文学:其瑕疵与错误》,据说该书捉到莎士比亚、弥尔顿、兰姆、司各特等二十多位名人的语言错误,并宣布挑剔格兰特语法错误的阿诺德本人的文章也有两处严重的语法错误和多处不规范现象。从阿诺德对格兰特的批评中,马克·吐温或许因为敏感地嗅到英国知识界对年轻的美国文化的优越感而被激恼（马克·吐温《格兰特将军的语法》），但马克·吐温在这过程中运用的逻辑，并不能成为今日学者和文人轻视语文的借口，否则对语文的监督机制将荡然无存，学者的语言认同随之解体尚属小事，全社会陷入语言混乱、语言暴力和语言狂欢才更可怕，而我们对此也并不陌生。

# 原跋：我怎么"研究"起语言来

近十年来，对中国作家文体风格和"现代中国知识分子语言观念"一直有兴趣，系统研究却谈不上，陆续写了一些文章，方法、角度都不尽相同。现在这些文章收集在一起准备出版，几天前写了一篇绪论式的序言，似乎仍然意有未尽。

从1995年开始阅读鲁迅作品时，我就已经越过单纯的作家文体，触及中国现代语言观念问题。因为鲁迅是具有清醒的语言意识的作家，他在语言上的追求，影响、折射了整个现代中国的语言实践。

认真算起来，我的零星的语言研究，早在序言里提到的海德格尔研究之前，就已经开始了。20世纪80年代后期研究小说叙事学，曾对结构主义叙述学理论背景下的"小说文体学"感兴趣，并试图翻译英国理论家Leech和Short合著的《小说文体学》，可惜没有完成，但据此写了一篇《文体学的小说批评方法》，强调从"文体"——"特定文本中语言运用的统一形式"——来研究小说。这可说是我的第一篇语言研究的文章。

后来就是关于海德格尔的博士学位论文，主要讲海德格尔的语言观。那时模糊地以为，语言问题始终就是海德格尔存在论思想的一条主线。

但是，无论是研究叙述学的话语理论与文体学，还是研究海德格尔、维特根斯坦或者其他西方学者的语言哲学,对我来说都只是"知识"积累,而非"自觉"。直到我比较了鲁迅和胡适对中国现代语言道路的不同规划及各自的语言实践之后,才接触到现代中国语言问题的真实内涵。

我觉得现代文学和现代思想文化中一直强调的所谓"鲁迅的道路"这个概念,如果不想继续承受泛政治化的歪曲,那么,它的精义在鲁迅的语言观和文体特征中或许可以更切实地把握到。一旦触及鲁迅的语言观和文体特征,以前所学的那些文体学的小说解读法、叙事学的话语理论、海德格尔语言观等等所指向的某种一直弄不清楚的黑暗领域,顿时被照亮。

语言是一个历时展开的过程,语言是一种方法,语言也是一条道路。我迷恋鲁迅的语言,现在也还是这样。如果说我对鲁迅思想或许有所疑惑甚至不满,那么我对鲁迅的语言则可以说是没有怀疑也没有什么不满。这并非价值判断,审美批评,乃是历史领悟。透彻地认识一件事情之后,唯一正当的反应是:只能如此,应该如此,如此就好。

怎么说呢?首先,"鲁迅的道路"就潜伏在鲁迅的语言中,延伸在被瞿秋白讽刺为"不人不鬼不中不西不古不今不三不四"的"白话文"中。我解说鲁迅的语言思想,最看重两篇文章——不是大家都知道的《门外文谈》那篇长文,也不是鲁迅无条件地赞同文字改革和拼音方案的多次答记者问——而是《而已集·当陶元庆君的绘画展览时》和《二心集·关于翻译的通信》。

在《当陶元庆君的绘画展览时》这篇文章中,鲁迅谈到当时为众人所诟病的"语体文",他与大家的观点不一样,认为那一代人的"语体文"(也即五四新文学主要运用的"现代白话文"),既非"Yes,No",也非"之乎者也",而是一个可能很不成熟的语言,但鲁迅恰恰从这很不成熟的语言中看到中国语言的必然道路。因为作者们都是现代中国人——不是西方人,不是古人——所以他们只能写这样的文章。这里面就有一种必然性。要衡量这种文章,也不能用适合于外文或古文的既定标准,而"必须用存在于现今想要参与世界上去的事业的中国人的心里的尺来量"。鲁迅这段话使我对中国现代各种语言问题的论争豁然开朗起来。我曾经把《"胡适之体"与"鲁迅风"》那篇文章的副标题叫做"作为方法的语言",我觉得鲁迅已经不是单纯地谈论语言问题,而是从(不是"借")语言问题自然地谈到中国现代文化的根本方法和根本道路的问题。

我的想法很简单。首先,鲁迅也承认中国语言的失败,"失败论"乃是现代中国知识分子的共识(别的方面的失败他们可能还不肯承认,语言方面的失败却是不得不承认的)。问题在于,可能除了鲁迅之外,再没有人把这种失败作为宝贵的经验来"占有"。别人在承认中国固有的语言失败之后赶紧转过身去寻找一种理想的语言,比如"大众语""世界语""方言土语"之类。鲁迅则不然,他在承认中国固有语言的失败之后进一步承认代之而起的"现代白话文"也是失败的,但他在作出这样的失败论的承认的同时赶紧补充说:我们也只能依靠这种新的失败的语言("语体文"或"现代白话文"),并在这种失败的屈辱乃至绝望的经验中有所作为——此外别无选择。

在现代中国,有两种语言失败论:一种是承认失败了,赶紧离开,换一条路,这是绝大多数人的选择;一种是在失败的现场挺立不动,在几乎没有路的地方寻找出路,这是鲁迅。

那篇《母语的陷落》只谈了一个方面,即中国现代知识分子对母语的集体失败感,从这里出发,孕育出各种新的语言神话;就是说,大家都希望在这个失败的语言现场之外寻找和创造一种不带有任何以往的失败印记并保证将来不再失败的强有力的新语言。整个中国的现代时期,知识分子岂不是始终就在寻找某种一劳永逸的理想语言来帮助我们摆脱失败之命运吗?鲁迅则不然,他叫人们不要存这种幻想,"我们的语言"恰恰是中国现代命运的象征,我们只能用它来探索、来说话、来创造。

我讲鲁迅语言,实际上就是讲鲁迅思想,讲一个失败者怎么面对失败。我最初就是从这个角度来把握鲁迅的语言观的。

因此,我的语言研究跟一般语言学的语言研究完全是两回事。一般语言学把语言作为科学的对象即"他们的语言"来研究,我则把语言作为"我们的语言"来研究;所谓"我们的语言"乃指:语言是"我们的"的各种存在困境最忠实的反映。我的语言研究不是描写性的词汇学、语法学、语音学的特征分析、横向比较或历史梳理,也不是审美论和认识论的风格学和语言社会学。我想讨论的中心话题是中国现当代知识分子在一系列语言论争中暴露出来的观念,或许可说是一种观念史研究吧。

这一系列文章,我写了四篇,组成《汉语别史》"上编"。"下编"则是一些具体作家作品的语言研究。我把这看作是从鲁迅那里得到的"自觉"——语言的自觉[①]。

《母语的陷落》是系列论文第一篇,总结现代中国知识分子所经历的母语失败感,后来的一系列语言观念都被这个失败感逼出来,是对付失败的各种策略。

比如《同一与差异》一文所讨论的两种相反相成的语言观念和语言计划。在现代中国,是尽快让分崩离析的语言变成新的统一体,还是容忍长久的不成熟与差异化呈现?这个问题争论得非常激烈。更多的知识分子急于定于一尊,急于把刚刚发现的失败的语言转化为一种胜利的语言。正是在这个意义上,很多人指责鲁迅,说他的语言有太多的妥协,太多的生涩和不成熟、不规范,比如白话文中夹杂那么多外文字母,文法(尤其翻译时)过于复杂纠缠,佶屈聱牙,又保留了太多文言因素,没有充分吸收口语和方言材料,不够大众化,等等。当时大家(至今还

---

[①] 这篇跋文为旧作,所谓"下编",相当于本书新版的"中编"——作者自注。

有许多人)认为这都是鲁迅语言不成熟的一面,其实这恰恰是鲁迅语言成熟的一面。成熟不成熟,不可从所谓语言规范化标准来讲,只能将一个作家的语言作为他的思想道路以及此一思想道路怎样吻合民族国家共同的思想和语言的道路来把握。

现代中国知识分子曾经设想汉语言文字同一于世界语,也曾设想过同一于瞿秋白所说的"绝对的正确和绝对的中国白话文"。这是瞿秋白在被鲁迅收在《二心集》里的一篇讨论翻译的通信里提出来的概念,他认为当时知识分子有责任制造一种"大众"听得出、读得出和看得懂的"绝对的正确和绝对的中国白话文",他相信在一些大城市,这样两个"绝对"的白话文已经产生了。鲁迅和瞿秋白的语言观念截然相反,在上面提到的我所看重的鲁迅谈论汉语的另一篇文章即《二心集·关于翻译的通信》中,他认为虽然经过五四语言革命,经过了"大众语"的提倡,基本战胜了文言文一统天下的局面,但中国并没有从此产生一种老百姓看得懂、写得出、读得出的"绝对的正确和绝对的中国白话文",广大作家和翻译家们仍然只能去写"不三不四"的"语体文","不三不四"的"语体文"才是当时中国唯一现实和合法的语言。鲁迅主张容忍语言的差异化呈现(如容忍翻译上"多少的不顺"),瞿秋白则急于求成,在语言上搞清一色。瞿秋白的语言理想,一九四〇年代以后在延安的进一步语言改造中,终于被推向极端。

还有几种"同一化"的理想,比如同一于文言文(就是不断抬头的"文言复古"思潮),这个姑且不论。还有就是同一于某种"方言"——这是五四时期大家公认的语言远景,也是20世纪40年代初"民族形式"讨论的中心问题,事实上也确实出现了赵树理这样使语言尽量同一于老百姓的口语型作家,但整体上这只能是新的失败——赵树理本人成功了,而把赵树理作为"方向"推而广之,对整个民族的文学语言来说却是失败。这些都是语言上坚持同一的理想和实践。鲁迅的语言没有凝固,他的方向(如果说他有某种语言方向的话)是首先承认母语的失败,然后在失败中进行探索,在探索中容忍差异化。

另一个问题更加有趣,曾经深深地吸引了我很长时间,现在也还在吸引着我,那就是现代中国知识分子普遍强调口语、怀疑文字书写的倾向。在现代中国知识分子的语言观念中,始终存在着"音本位"和"字本位"的对立。绝大多数作家把创作当作语言、说话、声音的模仿与记录,忘记了创作是"写字",也忘记了文字有传统而文学创作往往就要依靠这个文字的传统。我并不轻视声音,只是说这里面有偏差,把声音抬得太高,压抑了文字,从而特别使得中国现代文学越来越偏离它须臾不可偏离的文字的根基。这或许可以说是现代中国特殊的"声音中心主义",背景相当复杂。

"音本位"的语言思想是一种极端的语言理想,是纯洁语言的幻想,其核心是认为声音由于未受文字污染,所以纯洁,而文字因为被古代文人锻炼了几千年,垄断了几千年,玩弄了几千年,浸透了封建思想的毒液,是"有毒"的(胡愈之语)。就连鲁迅,不是也认为汉字是附着在中国劳苦大众身上的一个结核,一个毒瘤,以至于"汉字不灭,中国必亡"吗?当然这只是说说而已,鲁迅一刻也没有放弃他运用汉字写作而力求"上达"的执著,但从他的偏激之谈中大概可以感受到文字(汉字)在现代中国的形象之恶,几乎达到了极点。那时候人们普遍认为,声音(口语)因为直接从活人的唇齿和口舌发出,可以少受甚至不受几千年来文字型文化的毒化,是生物学意义上的真理,是拒绝历史的当下经验,纯洁、清新、活泼、健康、有力。所以,现代汉语的改造应该走声音化这条道路:这是现代中国知识分子非常值得注意的又一种语言同一的理想。

《现代汉语:工具论和本体论的交战》一文所讨论的也是知识分子对待语言的两种态度以及主体由此和语言结成的两种关系。把语言当作"他们的"而不是"我们的",必然导致把语言当作工具,而不把语言把握为"我们的家园"。从现代直到当今,许多知识分子都是从一定距离来把握自己的语言,现代语言学就是这种把握方式的极端表现;从一定距离来批评语言,则是风格学和美学把握语言的方式,它们都不同于本体论语言观念——我们没有把自己放到这种语言中去,没有把这种语言接受为"我们的"语言、我们一刻也不能离开的空气。

之所以产生"我们"和语言的距离,背后还是那个幽灵、那个逃避失败的情结在起作用。我们不敢像鲁迅那样脚踏实地在失败的语言中走出一条道路,"在刺丛中姑且走走";我们总希望一朝获得某种理想的语言,否则就姑且用"在手边"的语言;我们和语言因此疏远,没有那种命定的血肉关系。在语言问题上我们没有真正获得自我意识,不断失败的现代汉语经验没有成为现代文学和现代思想的资源,反倒成了竭力唾弃和回避的惨痛历史。

前面说过,我不是从语言的审美主义出发,也并非讲究科学的语言学研究者。我把自己设想为语言的回忆者。通过回忆性的研究,使语言从"他们的"变成"我们的"。我想让我们的文学、我们的知识分子能够像鲁迅那样坦然地走进已然陷落的母语。

我说中国现当代文学整体上是"粗糙"的,指的也是一种距离感:我们和我们的语言之间有距离,有分裂,我们没有充分"占有"失败的母语的可能性资源。这里面首先并非好坏美丑之分,乃是一个距离问题。因为我们没有回忆、没有返回、没有进入语言,所以我们的文学不是用我们的失败的语言来从容地"说话",我们的文学没有和我们的语言合拍,我们的文学之路没有和我们实际的语言之路合并,我们的文学某种程度上总是超语言乃至脱离语言的,或者说,文学小于语言,文学和语言严重不对称。大多数现当代作家都不能像古代作家那样从母语中汲取丰富资源,反过来,他们的创作也不能为共同的语言之家添砖加瓦。

之所以说,中国现当代文学小于语言,和语言不对称,主要因为我们从作家、学者的作品中很难感受到集大成的语言,即那种把失败的经验充分呈现出来的写作。我们只知道向作家要求美的语言,却忘记了向作家们要求真的语言——如同在思想论争中,我们只欢迎"国学大师"、勇士、斗士、大学问家、先锋,却不欢迎更加丰富真实但也许可能貌似黯淡的失败者。在语言中也一样:我们只想得到超越我们的语言,结果被一次次戏弄。没有回到"我们的语言"中去,没有充分占有和分享语言的失败,也就不能看到语言再生的希望。

为什么鲁迅以后中国现当代文学再没有出现语言大师?是的,我们出现了一些"语言优美"的作家,比如应用方言、应用某种特定的书面语、应用古体诗的格律章法、应用文言文……等等很成功的作家,但再也没有出现像鲁迅那样包罗万象、把失败的经验悉数囊括的语言大师。"语言大师"的意思,不是说他的语言能够引起你单纯的审美愉悦,而是说他的语言可以让你走进在失败中不断觉醒的母语陷落的现场,和它重新结成亲密联系;或者说,他的语言可以引起人们对语言的回忆,从而再次把自己的语言当作生存的最贴近的可能性来领会。

思考中国现代语言问题,我总想到鲁迅;研究鲁迅时,我也总想到包括鲁迅在内的中国现代知识分子的语言观念和语言实践。鲁迅的影子无处不在。

正如康德对"物自体"保持沉默而努力清点主体认识能力和实践理性,海德格尔也认为语言几乎无法谈论却始终固执地"走在通向语言的路上"。我这本研究中国现代语言观念的小书只是一个尝试,我想知道说着和写着现代汉语的现代中国人究竟能够怎样接近现代汉语,究竟能够和现代汉语结成怎样的关系。我反复申明这不是什么语言之研究,而是一种语言之体验,而语言之体验乃是生存体验的一个基本方面,所以我并不奢望这些零碎想法能够挤进语言学的宫殿。我只想和那些以语言为家并且走在通向语言的路上的人们对话,对于恰巧同时看到的沿路风景,彼此能够心领神会,也就足矣。

2005 年 6 月 17 日写<br>
2009 年 10 月 19 日改

图书在版编目(CIP)数据

汉语别史/郜元宝著. —上海:复旦大学出版社,2018.10(2020.1重印)
ISBN 978-7-309-13797-2

Ⅰ.①汉… Ⅱ.①郜… Ⅲ.①汉语史-研究 Ⅳ.①H1-09

中国版本图书馆 CIP 数据核字(2018)第 160686 号

汉语别史
郜元宝　著
责任编辑/邵　丹

复旦大学出版社有限公司出版发行
上海市国权路 579 号　邮编:200433
网址:fupnet@fudanpress.com　http://www.fudanpress.com
门市零售:86-21-65642857　团体订购:86-21-65118853
外埠邮购:86-21-65109143
上海四维数字图文有限公司

开本 787×960　1/16　印张 31　字数 384 千
2020 年 1 月第 1 版第 2 次印刷

ISBN 978-7-309-13797-2/H·2846
定价:88.00 元

如有印装质量问题,请向复旦大学出版社有限公司出版部调换。
版权所有　侵权必究